生年金保険の給付の図

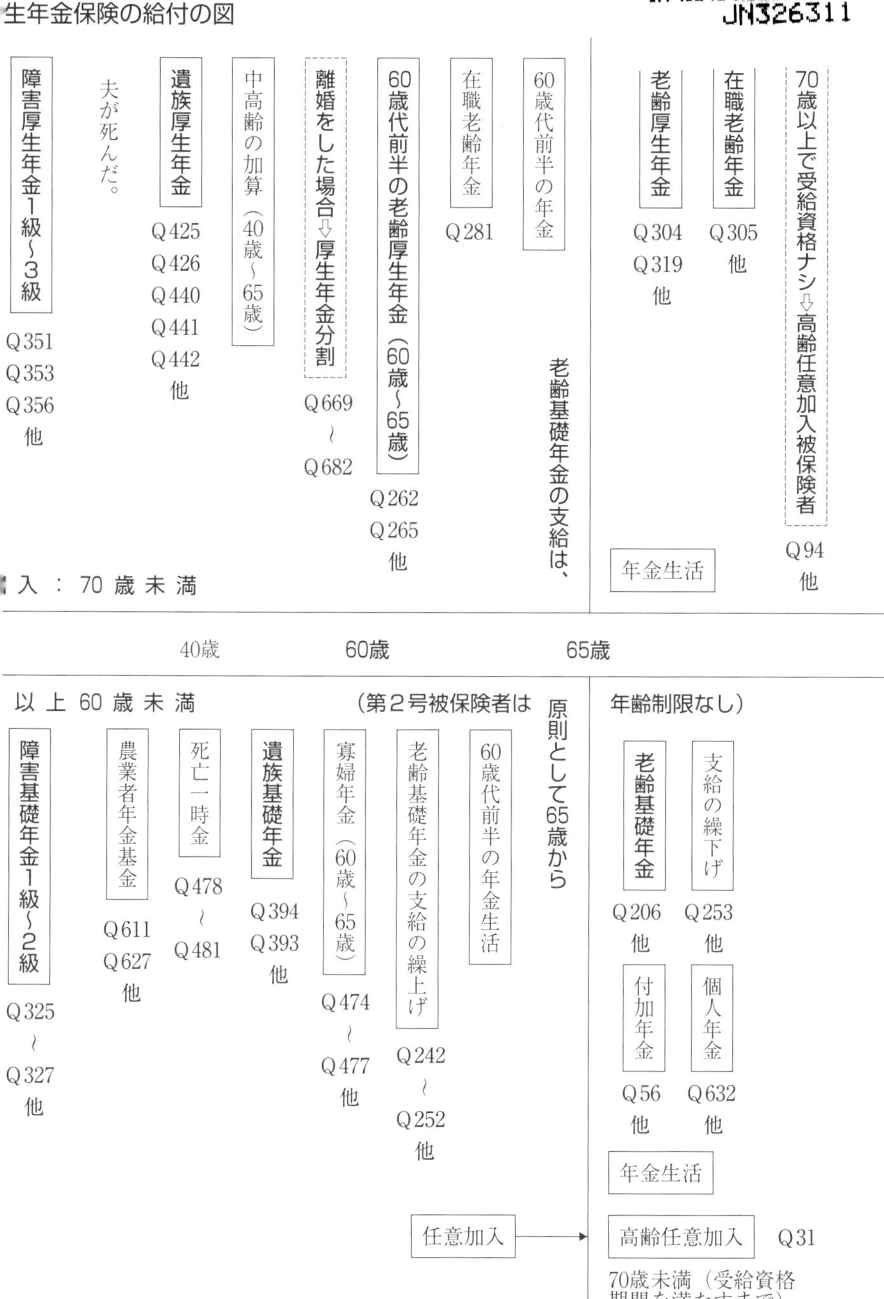

JN326311
障害厚生年金1級～3級
Q351
Q353
Q356
他
夫が死んだ。
遺族厚生年金
Q425
Q426
Q440
Q441
Q442
他
中高齢の加算（40歳～65歳）
離婚をした場合⇩厚生年金分割
Q669～Q682
60歳代前半の老齢厚生年金（60歳～65歳）
Q262
Q265
他
在職老齢年金
Q281
60歳代前半の年金
老齢基礎年金の支給は、
老齢厚生年金
Q304
Q319
他
在職老齢年金
Q305
他
70歳以上で受給資格ナシ⇩高齢任意加入被保険者
Q94
他
年金生活
入：70歳未満
40歳
60歳
65歳
以上60歳未満
（第2号被保険者は
原則として65歳から
年齢制限なし）
障害基礎年金1級～2級
Q325～Q327
他
農業者年金基金
Q611
Q627
他
死亡一時金
Q478～Q481
遺族基礎年金
Q394
Q393
他
寡婦年金（60歳～65歳）
Q474～Q477
他
老齢基礎年金の支給の繰上げ
Q242～Q252
他
60歳代前半の年金生活
老齢基礎年金
Q206
他
支給の繰下げ
Q253
他
付加年金
Q56
他
個人年金
Q632
他
年金生活
任意加入
高齢任意加入
Q31
70歳未満（受給資格期間を満たすまで）

年金 Q&A 680 [第6版]

東京都社労士会　年金指導員
秋保雅男 [著]
東京都社会保険労務士会
年金指導員登録番号第1180号

社会保険労務士　年金アドバイザー
古川飛祐 [補訂]

税務経理協会

『年金Q&A 680』第６版はしがき

1993年（平成５年１月20日）に『年金Q&A 500』が発刊されてから経過した年月は22年と，20年を超え，大きな年金の改正の都度に版を重ねて，この度第６版として見直しをいたしました。

平成16年制定のマクロ経済スライドが，条件付でしたが，いよいよ，人為的に，実施することになりました。デフレ経済が，経済成長により相殺解消された時点から，マクロ経済スライド制による年金へ移行することになっていましたが，相殺解消を人為的に行うことにより，平成27年度からはマクロの年金となります。

第５版においても，マクロの年金について解説していますが，いよいよ実施されることになりました。人口の推移と経済成長の動向等により，給付と負担のバランスが崩れて，人口減少社会が到来し，少子高齢化の傾向は継続し，年金制度についても修正せざるを得なくなりました。

社会保障制度は，文明先進諸国においては古くから存在し，イギリスの友愛組合は，17世紀後半から発展してきたといわれています。社会保険の方式で社会保障制度を実施した国としてはドイツが有名で，日本の明治時代の軍人恩給制度等は，ドイツの法律を参考にしたといわれています。

今回，第６版の発行にあたり，㈱税務経理協会の鈴木利美氏のご配慮により，実現しましたことを心から感謝しております。

内容の校正にあたり，全面的に協力して下さった社会保険労務士古川飛祐氏は，著書も多く，実務経験も豊富で，厳密な校正と加筆により，充実した本となりました。22年間存続し続けた公的年金本として，初版の驚異的売れゆきと，ご好評をいただいたことが，昨日のように想い出されます。

今まで数多くの協力者の方々，とり分け読者の方々に，心から御礼申しあげます。

秋　保　雅　男

は し が き

年金社会の本格的到来が迫ってきた。国民の人口構成が変わりつつある。**ピラミッド型から筒型への変遷**である。この要因は，**死亡率の低下と出生率の低下**である。世界一の『**超高齢化社会**』がそこまできている。昭和22年から24年のベビーブームの時に生まれた団塊の世代の人たちが，平成26年には65歳以上になる。

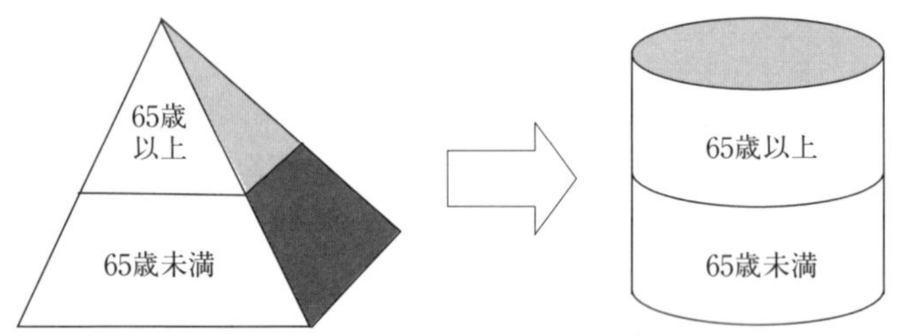

さて，明治時代，軍人，官吏の恩給制度として出発した**公的年金制度**は，その後，昭和14年制定の船員保険，昭和17年の労働者年金保険，昭和19年の厚生年金保険，昭和29年の同法改正，そして昭和36年の皆年金の発足，**昭和61年4月施行**の新年金制度である基礎年金へと発展してきた。

この現在の年金制度は，先進欧米諸国と比べると未成熟である。成熟した年金と異なり，今後の出費は増加を続ける。現在年金生活をしている人の金は現役労働者の保険料で賄っている。今現役労働者が年金生活者になるときの金は，現在の子供たちが支払う保険料で賄われるであろう。このことを『世代間扶養』といっているのである。将来成熟した年金の支払額として，ある試算によれば，平成32年度の支出額は現在の約7倍以上の金額，国民年金が約13兆円，厚生年金保険は約103兆円となると予測されている。金額だけ単純にとらえれば，国の年間予算に匹敵するような支出といえる。これが年金のスケールの大きさなのである。

何であれ，国民すべてが関心をもたねばならない。『年金Q&A 500』は，すべての人に正しい知識を身に付けてもらうために役に立つであろう。

本書は，年金のプロ，**東京都社会保険労務士会登録『年金指導員』**で実務経験20年近い著者が，**講義時間２万時間超**の体験に基づき書き下ろしたものである。

『年金Q&A 500』は，当初執筆しはじめたときは，厖大な頁数が予測され１冊にまとまらないと危惧をいだいたが，何回も書き直し解説も半分程度に留め，まとめあげたものである。図解・計算例をふんだんに入れた『年金Q&A 1000』をそのうち書きあげたいと思うが，４分冊程度になると思われるので，今回は，コンパクトにまとめた本書を世に問うことにした。

各種年金講座の副読本としても役に立つと思う。

最後に，本書の刊行に当たっては，特に，税務経理協会書籍編集部課長鈴木利美氏の協力によるところが大きく，終始助言して下さり，完成に導いて下さったことを，この場をかりて厚く御礼申し上げる次第である。

1992年12月

秋　保　雅　男

第２版はしがき

平成５年度スライド率1.107が公表されたので，すべての年金額を平成５年度価格に修正し，内容も加筆した。

初版本が幸いにも好評で，かくも短期間で，第２版が刊行されるのは，大きな喜びである。

読者諸氏に心から感謝している。

1993年４月

著　者

第３版はしがき

平成６年11月２日，**財政再計算**の改正が国会を通過した。

この第３版は，将来の年金制度に多大の影響を与える今回の改正点をおり込み，内容を一新した。平成７年４月からのスライド率を乗じた最新の資料で記述している。

なお，初版本のはしがきに述べているように『年金Q&A 1000』に向け，第３版で100問増やし，**『年金Q&A 600』**とした。今回増やした内容は，**農業者年金基金**，**個人年金**，及び**改正点Q&A**である。特に，平成６年が財政再計算で大改正が行われたため，第７章として平成６年財政再計算Q&Aを63問設け，**『改正点のすべて』**を特集として，明らかにした。

今後とも，より充実した内容としていきたい。

1995年６月

著　者

第４版はしがき

平成11年度財政再計算の年を迎え，改訂版の作成を手がけた。『年金Q&A』のように，やさしく書かれ，かつ詳しいものは，他になかなか見あたらず，存在意義が大きいと思われる。

現在，年金の将来は，論議の的となっており，少子・高齢化社会を迎えている為，方向性が定かではない。

しかしながら，公的年金がゆるぎもなく存在し続けていかねば，社会保障制度国家が実現しない。

給付と負担のバランス上，改革をしていくにせよ，公的年金制度は，必要不可欠のものである。確定拠出型年金の新設が主張され，実施されようとしている現今であるが，あくまで公的年金が主柱になるべきである。今回の改訂にあたり，社会保険労務士，兒玉美穂氏の大きな協力を得た。心から謝意を申し上げる次第である。

2000年３月

著　者

第５版はしがき

本書は，平成４年８月に，年金の本格的なQ&A本を執筆したいと考えていた私が，(株)税務経理協会に電話をしたところ，鈴木編集長が電話口に出られたことがきっかけとなり誕生しました。当時の私は，年金Q&A 500か1,000を執筆したいと申出をしたわけですが，鈴木編集長はこれを快諾され，とりあえず「年金Q&A 500」から始め，いずれは，1,000まで増やす方針となったのです。

その後，年金は，平成６年，平成12年に大改正があり，改訂版を刊行しました。今回は，平成16年の改正で，国庫負担割合の引き上げ，保険料水準固定方式の導入，マクロ経済スライドの導入など年金財政の抜本的な改革が図られ，また，国民年金保険料の多段階免除制度の導入（平成18年７月実施），離婚時の夫婦の年金分割制度の導入（平成19年４月実施）その他の改革が図られたため，全面的に内容を見直し，第５版として刊行することになりました。思えば，『年金Q&A』も，足掛け15年となりました。

今回の改正は，根本的大改革であるため，全ページに渡って見直しが必要でした。そこで，改正点については，法律条文が充分に理解できる執筆者の協力が必要となりました。

奥田章博氏は，能力，学識とも卓越しており，全面的な協力をしてくれました。小生は，この道25年超の職人でありますが，奥田章博氏を指導し，共にこの道を歩んだ期間も10年を超えました。将来本書のような名著を継続していくためにも，彼の協力が必要でした。心から感謝の意を表したいと思います。

2006年４月

著　者

『年金Q&A 680』の特色，利用の仕方

1　**Q&A方式**で，**680問**という異例の数の多さ。解説は，難しいところ，重要なものは，徹底的に説明しました。

2　構成を，**国民年金法**，**厚生年金保険法**を中心に，共済組合や企業年金制度等で必要なものを選択しました。

3　直近の大改正である「平成16年の改正」の内容をくわしく取り上げ，その後の改正を第６版で加筆しました。

4　質問については，年金制度の特色を意識し，現在の姿を問うものに限らず，過去の姿，将来の姿を問うものも選んで，年金の全体をとらえられるようにしました。

5　解説は，柔軟に簡単に済ますところと，くわしく解説するところを使い分けました。

6　なるべく，**条文に忠実**に解説し，**行政解釈**も取り入れていますから，**年金相談の専門家**の人たちにも役立つでしょう。

7　**社会保険労務士**をめざす人や合格後の人たちにも十分役に立つと思われます。

8　目次によって，読んでも，通読しても，わかるように，**体系的整理**もしてあります。

9　**手続書式**は，必要なものだけにとどめるようにしました。書式や条文で，ページ数を占めることがないように留意したのです。

10　参照した本は，巻末に20冊程度あげておきましたが，執筆上，確認のために，参考にさせていただいた本は，他にも，10冊程度あります。**最新の内容**で，**専門家の方たちの使用にも堪える内容**をとのねらいです。

目　　次

第５章　老齢に関する給付（Q206～Q324）……………133～220

参　考　図　解

年金制度のしくみ

自営業者，学生，無職など	サラリーマンの妻など	民間の会社員など	公務員など
日本国内に住所 20歳以上60歳未満	20歳以上60歳未満 サラリーマンに扶養されている配偶者 住所要件なし	原則として，年齢，住所要件ともになし	原則として，年齢，住所要件ともになし
		厚生年金保険	共　済　組　合
国　民　年　金 第１号被保険者	国　民　年　金 第３号被保険者	国　民　年　金 第２号被保険者	国　民　年　金 第２号被保険者
国年法第７条の第１号に定めてあるので第１号とよんでいる。	国年法第７条の第３号に定めてあるので第３号とよんでいる。	国年法第７条の第２号に定めてあるので第２号とよんでいる。	

三つの年金

（給付の内容）

公的年金	厚生年金保険	老齢厚生年金 障害厚生年金 障害手当金 遺族厚生年金
	国民年金	老齢基礎年金 障害基礎年金 遺族基礎年金 寡婦年金 付加年金 死亡一時金
	共済年金	退職共済年金 障害共済年金 遺族共済年金

◎国民年金は，**基礎年金**

◎厚生年金保険
◎共　済　年　金 } は，**被用者年金**

（被保険者になる人）

◎　**強制加入被保険者**

(1)　**第１号被保険者**……20歳以上60歳未満の自営業者など（国年法７①一）

(2)　**第２号被保険者**……厚生年金保険の被保険者又は共済組合の組合員等（国年法７①二）

(3)　**第３号被保険者**……第２号被保険者の被扶養配偶者で20歳以上60歳未満（国年法７①三）

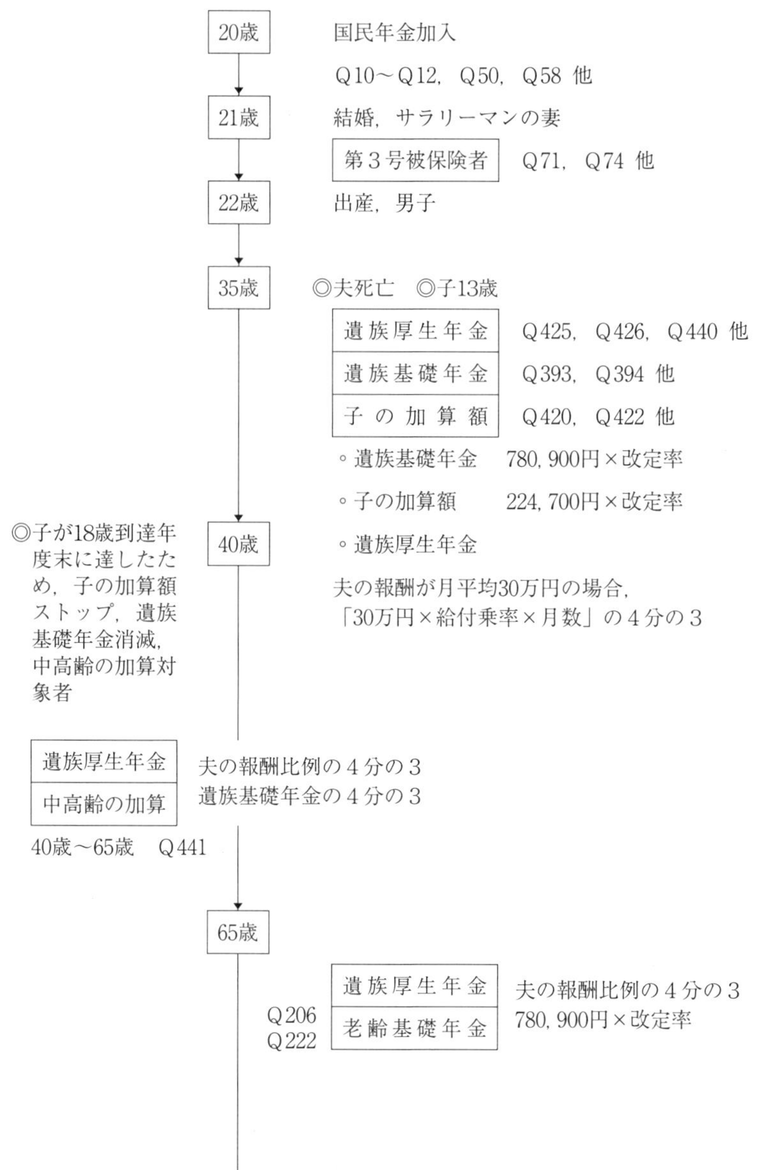
Ａ子さんの年金人生
20歳
国民年金加入
Q10〜Q12，Q50，Q58 他
21歳
結婚，サラリーマンの妻
第３号被保険者
Q71，Q74 他
22歳
出産，男子
35歳
◎夫死亡　◎子13歳
遺族厚生年金
Q425，Q426，Q440 他
遺族基礎年金
Q393，Q394 他
子の加算額
Q420，Q422 他
◦遺族基礎年金　780,900円×改定率
◦子の加算額　224,700円×改定率
◎子が18歳到達年度末に達したため，子の加算額ストップ，遺族基礎年金消滅，中高齢の加算対象者
40歳
◦遺族厚生年金
夫の報酬が月平均30万円の場合，
「30万円×給付乗率×月数」の４分の３
遺族厚生年金
中高齢の加算
夫の報酬比例の４分の３
遺族基礎年金の４分の３
40歳〜65歳　Q441
65歳
Q206
Q222
遺族厚生年金
老齢基礎年金
夫の報酬比例の４分の３
780,900円×改定率

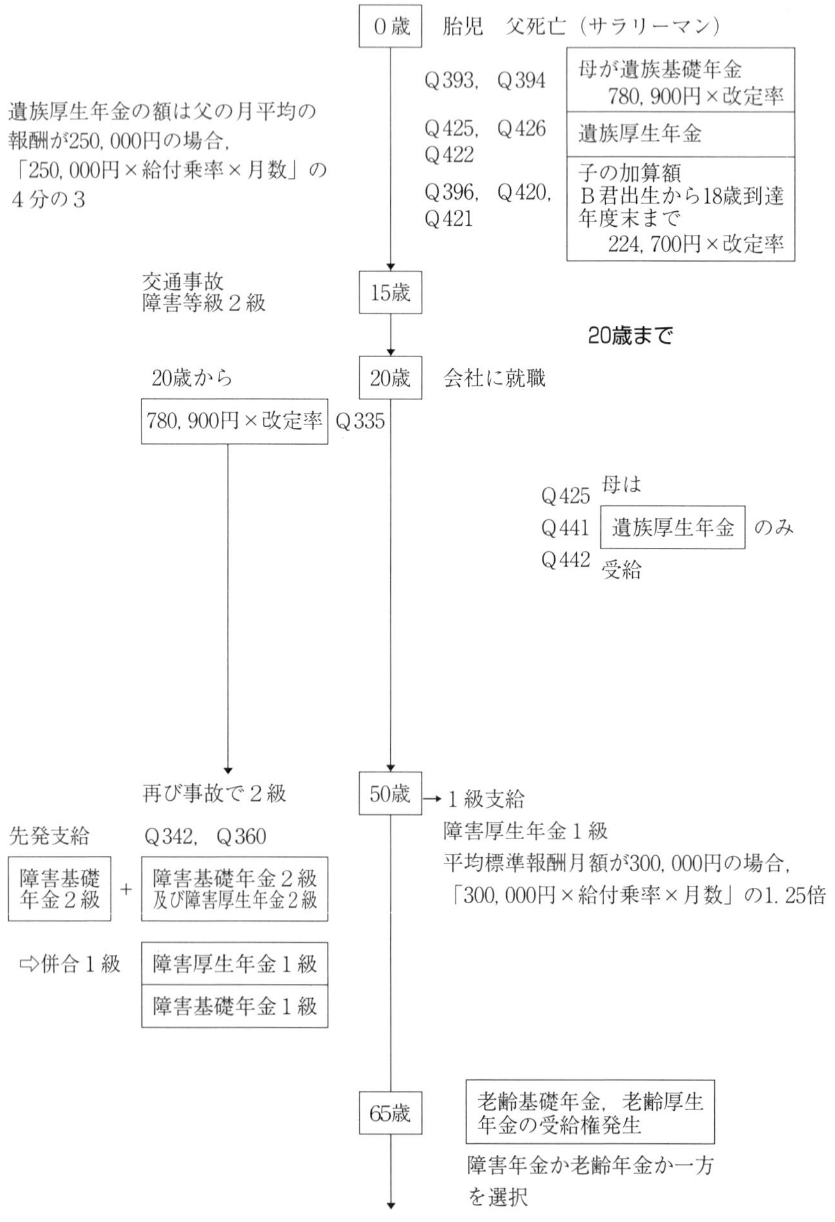
B君の年金人生
0歳
胎児　父死亡（サラリーマン）
Q393,　Q394
母が遺族基礎年金
780,900円×改定率
Q425,　Q426
Q422
遺族厚生年金
Q396,　Q420,
Q421
子の加算額
B君出生から18歳到達
年度末まで
224,700円×改定率
遺族厚生年金の額は父の月平均の
報酬が250,000円の場合,
「250,000円×給付乗率×月数」の
4分の3
交通事故
障害等級2級
15歳
20歳まで
20歳から
20歳
会社に就職
780,900円×改定率
Q335
Q425
Q441
Q442
母は
遺族厚生年金
のみ
受給
再び事故で2級
50歳
1級支給
先発支給
Q342,　Q360
障害基礎
年金2級
+
障害基礎年金2級
及び障害厚生年金2級
障害厚生年金1級
平均標準報酬月額が300,000円の場合,
「300,000円×給付乗率×月数」の1.25倍
⇨併合1級
障害厚生年金1級
障害基礎年金1級
65歳
老齢基礎年金，老齢厚生
年金の受給権発生
障害年金か老齢年金か一方
を選択

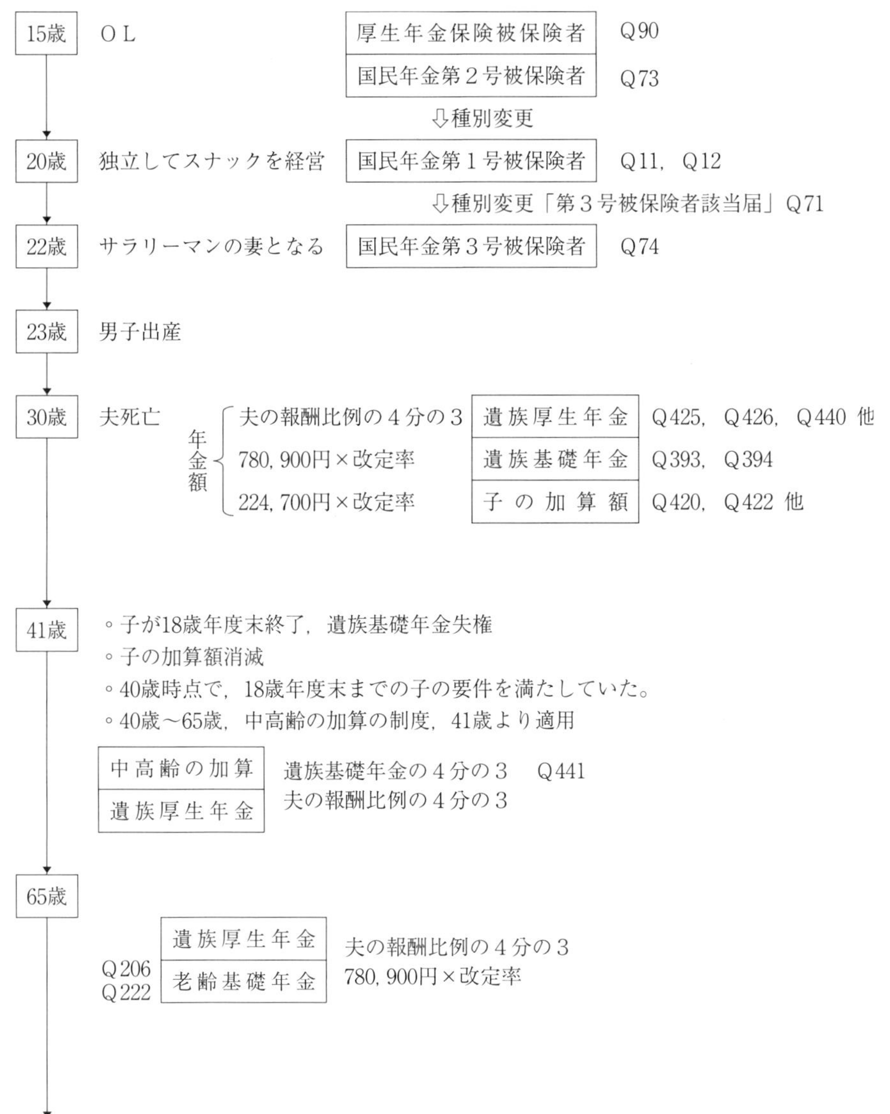
C子さんの年金人生
15歳
ＯＬ
厚生年金保険被保険者
Q90
国民年金第２号被保険者
Q73
⇩種別変更
20歳
独立してスナックを経営
国民年金第１号被保険者
Q11，Q12
⇩種別変更「第３号被保険者該当届」Q71
22歳
サラリーマンの妻となる
国民年金第３号被保険者
Q74
23歳
男子出産
30歳
夫死亡
年金額
夫の報酬比例の４分の３
遺族厚生年金
Q425，Q426，Q440 他
780，900円×改定率
遺族基礎年金
Q393，Q394
224，700円×改定率
子の加算額
Q420，Q422 他
41歳
◦子が18歳年度末終了，遺族基礎年金失権
◦子の加算額消滅
◦40歳時点で，18歳年度末までの子の要件を満たしていた。
◦40歳～65歳，中高齢の加算の制度，41歳より適用
中高齢の加算
遺族基礎年金の４分の３　Q441
遺族厚生年金
夫の報酬比例の４分の３
65歳
遺族厚生年金
夫の報酬比例の４分の３
Q206
Q222
老齢基礎年金
780，900円×改定率

凡例（略称について）

昭60法附則……国民年金法等の一部を改正する法律（昭和60年法律第34号）
平６法附則……国民年金法等の一部を改正する法律（平成６年法律第95号）
平８法附則……厚生年金保険法等の一部を改正する法律（平成８年法律第82号）
平12法附則……国民年金法等の一部を改正する法律（平成12年法律第18号）
平16法附則……国民年金法等の一部を改正する法律（平成16年法律第104号）
平25法附則……公的年金制度の健全性及び信頼性の確保のための厚生年金保険法等の一部を改正する法律（平成25年法律第63号）

国　年　令……国民年金法施行令
国　年　則……国民年金法施行規則
厚　年　令……厚生年金保険法施行令
厚　年　則……厚生年金保険法施行規則

昭61措置令……国民年金法等の一部を改正する法律の施行に伴う経過措置に関する政令（昭和61年政令第54号）
平６措置令……国民年金法等の一部を改正する法律の施行に伴う経過措置に関する政令（平成６年政令第348号）

第1章

公的年金制度
（Q1～Q9）

「**公的年金**」制度とは，どのような制度のことをいうのですか。

公的年金とは，簡単にいえば，**社会保障の一環として，国その他の公的機関が責任を持って運営している年金制度**のことです。

全国民共通の基礎年金を支給する**国民年金**，被用者のための年金制度である**厚生年金保険，共済組合・共済制度**が，これに該当します。

サラリーマンのより豊かな老後を保障するものとしては**厚生年金基金**がありましたが，平成26年４月施行の改正により，財政状態の良くない基金は５年以内に解散することとされました。自営業者等に対し基礎年金の上乗せ年金を支給するものとしては，**国民年金基金**があります。

◇ **現在の公的年金制度の姿**〔公的年金制度を補完する制度を含む〕◇

現在の公的年金制度は，２階建ての年金制度とよばれています。また，国民年金基金，企業年金を加え，３階建ての年金制度とよばれることもあります。

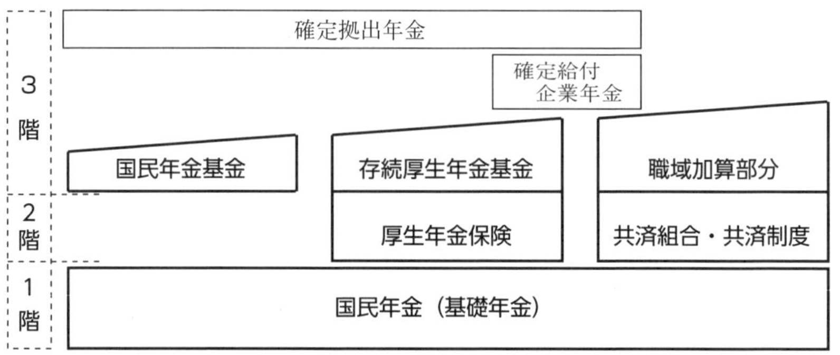

※　確定給付企業年金……確定給付企業年金法に基づく企業年金制度をいう。

※　確定拠出年金……確定拠出年金法に基づく企業年金制度をいう。個人型と企業型がある。

※　平成26年４月以降５年以内に解散しない厚生年金基金についても，10年以内に解散し又は他の企業年金制度に移行することとされている。

平成16年の年金制度の改正で導入された，「**マクロ経済スライド**」とは，何のことですか。

A　公的年金制度については，原則として，５年に一度，財政再計算を行い，給付に見合う保険料を設定するなどの改正が行われてきました。平成16年はこの財政再計算の年であったため，抜本的な大改正が行われました。

この改正により，年金財政の均衡の考え方は，次のように改められました。

従　　来	**将来にわたる財政の均衡を保つ**ことが目標
今　　後	財政検証＊ごとに向こう**約100年間の財政の均衡を保つ**ことが目標 ＊　財政検証は，５年ごとに行われる。

そして，財政の均衡を保つための具体的な手段として，「保険料水準固定方式」や「**マクロ経済スライド**」を導入することにしたのです。

さて，本題です。「**マクロ経済スライド**」とは，社会経済の情勢を年金額の改定に反映させるもので，従来の改定の基準である**賃金の変動**，**物価の変動**に加え，**公的年金全体の被保険者数の減少**や**平均余命の伸び**をその改定の基準に含めるものです。そうすることにより，**被保険者数が減少**して**年金を支える力が弱く**なってしまったり，**平均余命（年金の受給期間）が伸び**て**給付費が増大**するような場合でも，**うまく調整**して，**給付と負担のバランス**を保とうとしているのです。まさに，巨視的な展望による年金額の自動調整の仕組みといえます。

給付と負担のバランスを失えば，公的年金制度は崩壊の危機を迎えます。これを回避するため，「マクロ経済スライド」のような仕組みが導入されたのです。

なお，**平成16年の年金制度改正の具体的な内容は，第４章でくわしく取り上げます。**

Q3 「**公的年金**」制度の**メリット**を教えてください。

A　公的年金は，一定の加入期間を満たすことを要件に，誰にでも訪れる**老後の所得保障**として，生涯にわたり老齢年金を支給する**終身保障**です。

しかも，国民年金が支給する基礎年金についていえば，その費用の半分を**国が負担**することになるので，これから加入する人も，平均で，納付した保険料の総額の1.7倍以上の年金を受けることができるといわれています。

さらに，賃金や物価の変動にあわせて，年金を支える力と給付のバランスをとる仕組みにより年金額が改定されるため，年金に加入（20歳）してから年金を受給（65歳）するまでの間に，経済社会が大きく変化したとしても，**年金の価値が保障**されることになります。

また，公的年金の給付は，老後のための老齢年金だけではありません。加入期間中にケガや病気で重い**障害**が残ったときには，障害年金が支給されますし，加入期間中に**死亡**してしまったときには，その遺族に遺族年金が支給されます。

このように，公的年金は，人生のあらゆるステージで国民をサポートするものとなっています。

Q4 日本の「**公的年金**」制度の**特徴**を教えてください。

A　わが国の公的年金の最たる特徴をあげるとすれば，①**国民皆年金**，②**社会保険方式**，③**世代間扶養**，でしょう。

国民皆年金とは，何のことですか。

国民皆年金とは，**原則としてすべての国民が，必ず公的年金制度に加入すること**をいいます。

わが国の公的年金制度においては，**国民のすべてが国民年金制度に加入**し，基礎年金給付を受けることになります。現在では，このような形で，**国民皆年金**が実現されているのです。

さかのぼれば，自営業者等を対象とする旧国民年金制度が**昭和36年**に本格的にスタートし，**国民皆年金**がとりあえず実現しました。しかし，当時は，民間サラリーマンを対象とする厚生年金保険，公務員などを対象とする数種の共済組合，自営業者などを対象とする国民年金というように制度が分立していたため，加入している制度により給付と負担の両面で不公平が生じていました。

このため，昭和61年から，全国民共通に支給される基礎年金を創設するとともに，厚生年金保険，共済組合（被用者年金）を，**基礎年金**の上乗せとして報酬比例の年金を支給する制度に再編成し，現在に至っています。

	被用者年金制度	**国民年金制度**
自営業者等	―	すべての者が，要件＊に該当すれば，**国民年金**に加入することになる。
専業主婦等		
サラリーマン・OL	**厚生年金保険**に加入	
公 務 員 等	**共済組合・共済制度**に加入	

＊　たとえば，自営業者や無職の人であっても，年齢が20歳になったときから60歳になるまでの間は，強制的に国民年金の第１号被保険者とされる。

なお，サラリーマン・OL，公務員等は，それぞれの制度の被保険者，組合員等になると同時に，一定の場合を除き，国民年金の第２号被保険者とされます。

Q6 **社会保険方式**とは，どのような方式なのですか。

社会保険方式とは，**国民の生活保障を目的として，その制度を社会全体で支える保険の方式**をいいます。

わが国の**公的年金制度**は，この**社会保険方式**をとっています。そのため，基本的には，保険料を納めなければ年金はもらえませんし，納めた期間が長ければ支給される年金も多くなります。しかし，**社会保険**は，厳密な保険の理論だけで運営されるものではありません。たとえば，現役時代に納めた保険料の額が少ない人にも一定以上の年金を保障するといった，いわば**所得再分配**の機能を持ったものとなっています。

また，**社会保険**は，一般の保険とは異なり，**強制加入**の仕組みをとっています。公的年金についていえば，**現役世代の国民は，公的年金を支えることを義務づけられている**ということになります。こうすることにより，安定した保険集団が形成されるのです。

Q7 「**世代間扶養**」って……，何のことでしょうか。

A

世代間扶養とは，**現役世代がルールに従って納めた保険料により，その時その時の高齢者世代を支える**という考え方です。1人1人が私的に行っていた老親の扶養・仕送りを，社会全体の仕組みに広げたものといえます。

この考え方のもとでは，基本的には，今，年金を受給している人たちの給付費は，今，会社等で働いている現役世代が納めた保険料で賄い，将来的に，今の現役世代が年金を受給するようになったときの給付費は，その時の現役世代が納めた保険料で賄う，ということになります。

少子・高齢化の進行や，年金の空洞化（国民年金の未加入・保険料の未納，厚生年金適用事業所の未加入の増加）は，この世代間扶養の考え方を揺るがす大問題となっています。

平成16年の改正では，国庫負担の割合を増やす，年金積立金を取り崩す，保険料の徴収を強化する，給付水準を抑制するなどの手段で，**現役世代の負担の増加を抑えることが定められました。**

Q8

お恥ずかしい質問ですが，**被保険者**って，一般的にはあまり使わない言葉（用語）ですよね。簡単に説明していただけますか。

A

被保険者とは，法律上の用語です。これを簡単にいえば，**その制度に加入している人**をいいます。加入中は，**保険料を支払う義務**がありますが，一定の要件をクリアし，給付事由（事故）が生じたときには，**給付を受ける権利**を持つことになります。なお，厳密にいえば，**給付を受けるとき**には，**受給権者**とよばれます。

国民年金には，第１号被保険者，第２号被保険者，第３号被保険者及び任意加入被保険者といった種類があり，厚生年金保険には，当然被保険者，任意単独被保険者，高齢任意加入被保険者，第４種被保険者といった種類があります。それぞれ，加入要件が取り決められています。

Q9

単純な質問です。**国民年金**には，“保険”という文字が入っていませんが，**厚生年金保険**には，“保険”という文字が入っています。何か意味があるのですか。

A

そうですね。ちなみに，**国民年金**では，「**給付**」といいますが，**厚生年金保険**では，「**保険給付**」といいます。ここでも“保険”のあるなしに違いがあります。

これは，**国民年金に社会福祉の要素がある**からだといわれています。国民年金には，保険の原理からかけ離れた**福祉年金**を支給する制度が存在します。制度加入前の20歳前の傷病による障害に対しても障害基礎年金を支給する制度がそれです。これに対して，厚生年金保険には，このような福祉年金は存在しません。しかし，一般的には，国民年金と厚生年金で話は通じますから，試験勉強でもない限り，“保険”のあるなしに敏感になる必要はありません。

なお，もともと，**国民年金のスタート**は，**福祉年金の支給**だったんですよ（**昭和34年11月**から無拠出型の制度として始動）。さらに補足しておきますが，今もなお老齢福祉年金の支給は続いています。

ちなみに，この**国民年金**が保険料の徴収も開始し，拠出型の制度として**本格的にスタート**したのは，**昭和36年４月**からです。

第2章

国民年金の基礎知識（Q10～Q76）

Q10 国民年金とは，何のことですか。

A **公的年金**の一種ですが，全国民共通の**基礎年金**を支給します。①自営業者，農民，漁民，昼間部学生，国会議員，地方議会議員等，②サラリーマン，公務員，③サラリーマンの妻（専業主婦）等すべての人が加入することになっています。昭和36年４月１日，自営業者等（上記の①）のための制度としてスタートした国民年金は，**昭和61年4月1日**から，**全国民共通の基礎年金**を支給する制度となったのです。

国民年金に加入したら「被保険者」とよばれるようですが，これにはどのような種類があるのですか。

A　はい，国民年金の被保険者は，**第１号被保険者**，**第２号被保険者**，**第３号被保険者**に分けられています。また，これらに該当しない人でも任意に加入できる制度もあります。

基礎年金の図解

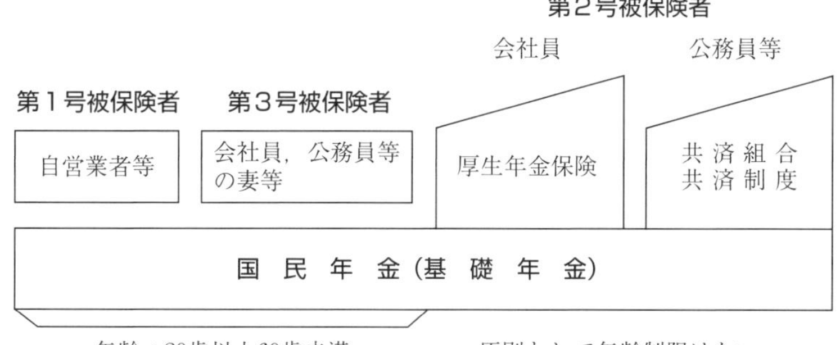

※　**第１号被保険者**と**第３号被保険者**は**年齢要件**があり，**20歳以上60歳未満**の人である。**第２号被保険者**には，原則として**年齢要件がない**ので，たとえば18歳で会社員になれば，被保険者になる。

※　強制加入が原則であるが，**任意加入の制度**もある。任意加入すると，**第１号被保険者に準じた扱い**を受ける。

※　第１号被保険者は，国内居住要件があるので，日本国内に居住地を有している必要がある。

※　第２号被保険者と第３号被保険者は，国内居住要件は求められないので，外国に居住地を有していても，そのまま被保険者になれる。

Q12 「第１号被保険者」とは，何のことですか。

A 自営業者，農民，漁民，国会議員，地方議会議員，昼間部学生，無職の人たちをいいます。この人たちは，**国民年金**のみに加入し，基本的には**１階建の年金だけ**を受けることになります。ただし，付加保険料を収め又は国民年金基金に加入すれば，上乗せ年金として**付加年金**又は**国民年金基金の年金**を受けることができます。

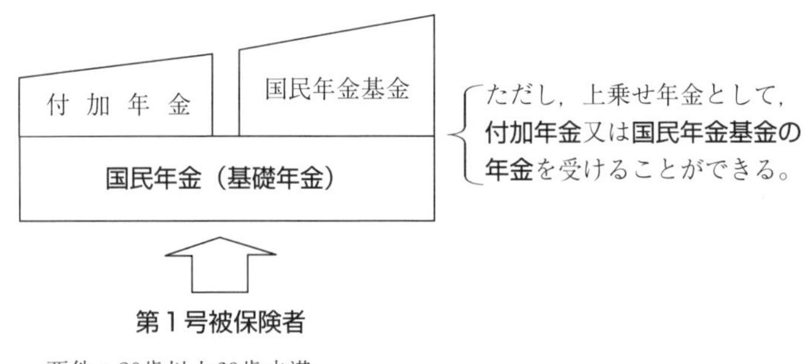

「**第１号被保険者**」という呼び名は，国民年金法第７条第１項第１号に規定されているためです（法７①一）。

Q13 **学生**も被保険者になりますか。

A **昼間部学生**は，**平成３年４月１日**から**強制加入**となりました。20歳以上60歳未満であれば，**第１号被保険者**となります。この改正により，**学生**が**交通事故によるケガ**等で障害者になった場合でも，年金が受け取れることになりました。

Q14

国民年金の給付には，どのようなものがありますか。

A

老齢基礎年金，**障害基礎年金**，**遺族基礎年金**の三つの基礎年金があります。これら三つの基礎年金の他に，国民年金独自の給付として，**付加年金**，**寡婦年金**，**死亡一時金**があります（国年法15）。また，平成７年度から短期滞在外国人のために，**脱退一時金**の制度ができました。

Q15

国民年金の管掌は，どこですか。

A

国民年金事業は，**政府が管掌**しています（国年法３①）。

Q16

被用者年金各法とは，何のことですか。

被用者年金とは，**サラリーマンや公務員等の年金**のことです。その各法律は，次の四つです（国年法５①）。

①　**厚生年金保険法**

②　**国家公務員共済組合法**

③　**地方公務員等共済組合法**

④　**私立学校教職員共済法**

※　平成27年10月１日予定の法改正が実施されると，厚生年金保険法に一元化されます。

Q17

国民年金手帳は，誰が作成するのですか。

厚生労働大臣が作成します（国年法13）。

Q18

国民年金原簿とは，何のことですか。

A

厚生労働大臣は，国民年金原簿を備え，これに被保険者の氏名，資格の取得及び喪失，種別の変更，保険料の納付状況等を記録することになっています（国年法14）。

原簿に記録された保険料の納付状況などが**事実でない**場合や，納めたはずなのに**記録されていない**と考えられることもあります。そのような場合には，平成27年３月１日施行の法改正により，厚生労働大臣に**訂正の請求**をすることができます。

厚生年金保険の原簿（【Q127】を参照）についても，同様に，訂正の請求ができるように改正が行われました。

Q19

年金の**支給期間**は，いつからいつまでですか。

A

年金給付の支給は，これを支給すべき**事由が生じた月の翌月から支給**を始めます。死亡等で権利が消滅した場合は，その**消滅した月**の分まで支払うことになっています（国年法18①）。

Q20

国民年金の支払期月は，何月ですか。

A　年金給付は，毎年**2月**，**4月**，**6月**，**8月**，**10月**及び**12月**の６期に，それぞれの前月までの分を支払うことになっています。ただし，前に支払うべきであった年金を，支払っていなかった場合とか，権利が消滅したり，年金が支給停止された場合等特別な場合は，支払期月でない月でも，支払うことがあります（国年法18③）。

Q21

死亡の推定とは，何のことですか。

A　**船舶**が沈没したり，**航空機**が墜落し行方不明になった場合は，**3か月間経過**した時点で，船が沈没した日，航空機が墜落した日又は行方不明になった日に，死亡したものと**推定**し，必要な給付を行うものです。できるだけ早期に，残された遺族に給付を行うための制度といえます（国年法18の２）。

Q22

未支給年金とは，何のことですか。

A　年金給付の受給権者が死亡した場合の**未支給分**については，その者の配偶者，子，父母，孫，祖父母，兄弟姉妹又はこれらの者以外の三親等内の親族で，死亡の当時その者と生計を同じくしていた者は，**自己の名で**，その未支給の年金の支給を請求することができます（国年法19）。

Q23 年金に**税金**はかかるのですか。

A **原則として，税金はかからない**ことになっているのですが，老齢基礎年金と付加年金については，課税の対象とすることになっています（国年法25）。

Q24 年金を**差し押さえる**ことはできますか。

A 給付を受ける権利は，保護されており，**原則として**，譲り渡したり，担保に供したり，**差し押えはできない**ことになっているのですが，老齢基礎年金と付加年金について国税滞納処分により差し押さえることは，認められています（国年法24）。

Q25 年金給付の**端数処理**は，どのようにするのですか。

A 年金給付の額に，**50円未満の端数**が生じたときは，**50円未満は切り捨て**，**50円以上100円未満**は，**100円に切り上げ**ることになっています（国年法17①）。

年金たる給付を**計算する過程**で生じた**50銭未満の端数は切り捨て**，**50銭以上１円未満の端数は**，**１円に切り上げ**ることができることになっています（国年令４の３）。

平成27年10月１日からは，年金給付を受ける権利を裁定する場合又は年金額の改定の際にも，１円未満の端数処理となります。

Q 26

基礎年金拠出金とは，何のことですか。

A　被用者年金制度（サラリーマン等の年金）は，基礎年金の給付に要する費用に充てるため，**基礎年金拠出金**を国民年金に対して拠出しています。基礎年金拠出金の計算方法を示します。

$$\text{基礎年金の給付に要する費用} \times \frac{\text{第２号被保険者総数＋第３号被保険者総数}}{\text{国民年金被保険者総数}}$$

この拠出金は，**厚生年金保険の保険料**，**共済組合等の掛金**によって賄われることになります。

Q 27

国民年金に対して，国は，どのような援助をしていますか。

運営に必要な費用について，次のような**国庫負担**を行っています。その財源は，公費（税金）です。

① **基礎年金の給付に要する費用**（注）→ その費用の**２分の１相当額**

② **事務の執行に要する費用 → 予算の範囲内で全額**

（注）　老齢基礎年金の給付費のうち保険料免除期間に対応する部分や，20歳前の傷病による障害基礎年金の給付費については，さらに高い割合で国庫負担が行われています。

Q 28

任意脱退とは，何のことですか。

A　国民年金法第10条では，老齢基礎年金を受給するための受給資格期間が25年に満たない者は，いつでも厚生労働大臣の承認を受けて，被保険者の資格を喪失できると規定しています。しかし，保険料滞納によって資格が得られなくなった者の脱退は，認めていません。強制加入の意味がなくなるからでしょう。この任意脱退は，日本に**永住の意思のない外国人**が，日本に居住するようになったような，特殊な場合に認めているようです。

Q29 **任意加入**は，どのような場合にできるのですか。

次の人は，**厚生労働大臣に申し出れば**，**国民年金に任意加入**できます。

① 日本国内に住所がある**20歳以上60歳未満**の人で，**被用者年金各法による老齢給付等の受給権者**

② 日本国内に住所のある**60歳以上65歳未満**の人

③ **外国に居住**している**日本人で20歳以上65歳未満の人**

（注） 平成７年４月１日から，65歳以上70歳未満の人が，受給資格期間を満たすまで加入できる高齢任意加入の制度が実施されています（**【Q31】**を参照）。

この任意加入被保険者は，加入が認められた後は，**第１号被保険者**と同様に取り扱われます。

Q30 60歳以上65歳未満である間に任意加入することに意味があるのですか。

A

日本国内に住所のある60歳以上65歳未満の人が**任意加入**できますが，これには利用価値があります。昭和36年から拠出型国民年金が発足したといっても，被保険者期間が，受給要件の25年間にわずかに足りない人もいるはずです。60歳までの強制加入期間では25年間の被保険者期間を満たすことができなかった場合は，たとえば22年間で３年間被保険者期間が足りない者なら65歳までの間の３年間任意加入することによって，年金を受け取れるわけです。

また，25年間の期間を満たしている場合であっても，40年加入することにより満額の年金を受けることができるのですから，任意加入を60歳から65歳まですれば５年分に見合ったより良い年金を受け取ることができます。

たとえば，老齢基礎年金の満額が780,100円のときですと，25年間保険料納付済の場合の年金額は780,100円×$\frac{25年}{40年}$≒487,600円ですが，30年間保険料納付済の場合ならその分を増加して，780,100円×$\frac{30年}{40年}$≒585,100円となり，任意加入した分の年金額が多くなるのです。

※　平成27年度の満額の老齢基礎年金の額は**780,900円×改定率**で，**月額で65,008円**と発表されました（年額にすると780,100円）。

Q31

国民年金の**高齢任意加入**の制度は，どのような内容ですか。

A　従来，国民年金には65歳以後に任意加入する制度はありませんでしたが，平成７年４月より，**65歳以上70歳未満の間**で，**受給資格期間を満たすまで任意加入し得る制度が新設**されました。その対象者は，当時“**昭和30年４月１日以前**に生まれた人”に限られていましたが，平成16年の改正で対象者が拡充され，平成17年４月からは，“**昭和40年４月１日以前**に生まれた人”とされました。受給資格期間を満たすまでとなることは従来どおりです。

なお，**日本国外に住所**を有している場合は，**日本国籍を有している人**という要件も加わります。

（注）　70歳以上になると厚生年金保険の高齢任意加入制度しかありません。厚生年金保険の高齢任意加入被保険者の場合は，受給資格期間を満たすまで加入することが可能です。

Q32

年金手帳をなくしてしまったのですが，どのようにしたらよいのでしょうか。

A

国民年金手帳をなくしたときは，ただちに「**再交付申請書**」を提出して再交付を受ける必要があります。

Q33

国民年金の保険料について，**世帯主**は，家族の保険料についてまで納付する義務を負うのですか。

A

世帯主は，その世帯に属する被保険者の保険料を**連帯**して納付する義務を負います（国年法88②）。

また，**配偶者**は，お互いに**連帯**して**保険料の納付義務**を負っています（国年法88③）。

Q34

昭和61年４月１日から**新法**になったと聞きましたが，どのようなことですか。

A

公的年金制度は，**昭和61年４月１日**を施行日として，画期的な改正がなされました。そのため，**昭和61年３月31日以前を旧法，昭和61年４月１日以後を新法**と称しているのです。

国民年金法は，昭和36年４月１日に施行されたのですが，自営業者等を対象にしたものでした。ところが，昭和61年４月１日以後は，全国民を対象にした基礎年金になったのですから，大改正です。考え方が根本から変わったので，新法とよんでいるのです。

Q35

国民年金法の老齢に関する給付として，**旧制度の適用**と**新制度の適用**は，どこで分けるのですか。

A

まず，**大正15年４月１日以前生まれ**の人は，昭和61年４月１日にすでに60歳以上ですから，旧法の適用を受けます。旧国民年金，旧厚生年金保険，旧船員保険，旧共済組合の老齢（退職）年金，通算老齢（退職）年金の対象となります。

大正15年４月２日以後に生まれた者であっても，昭和61年３月31日以前にすでに旧厚生年金保険，旧船員保険の老齢年金の受給権がある者は，旧法の適用です（旧法時代に55歳で受給権が発生した人がいるからです)。

もう一つ，旧法の適用者がおります。昭和61年３月31日以前に共済組合の退職年金，減額退職年金の受給権があって，さらに，昭和６年４月１日以前生まれですと旧法の適用になります。

大正15年４月２日以後生まれで上記に該当しなければ，新法の適用ですから，老齢基礎年金を受け取ることができます。

Q36

年金の**受給者数**は，今後どのような状態になるのでしょうか。

A

年金受給者数は，平成７年度末に約2,900万人であったのが，平成24年度末には**約3,900万人**に達しました。今後も増加すると予想されています。なお，年金加入者数は，平成25年度末において，約6,736万人です。

Q37

少子・高齢化の進行を表す数値を示していただけませんか。

A　わが国の**高齢化率（総人口に占める65歳以上の高齢者の人口の割合）**は，昭和45年に７％，平成６年に14％となった後，平成16年に**19.5%**，平成25年には25.1％に達しました。これは，総人口のうちおおむね４人に１人は高齢者という数値です。さらに，平成72年には39.9％に達すると見込まれています。

その要因は，**出生率の低下**による人口の減少と**平均寿命の伸び**にあり，その傾向は今後も続くようです。

なお，平成25年において，**合計特殊出生率**は**1.43**（平成24年は1.41），**平均寿命**は男**80.21歳**，女**86.61歳**という数値が発表されています。

Q38

会社員だった人の**給付水準**は，現役労働者と比べた場合に，どのくらいになっているのですか。

A　厚生年金保険の被保険者として**40年加入**の**夫婦の場合**ですが，現在，**現役男子被保険者**の**平均的な標準報酬月額（税，社会保険料は控除します）**の**6割近く**といわれています。なお，この割合は，今後低下していきます。平成26年の財政検証では，30～40年後に５割未満となるケースも示されました。しかし，国の方針としては，**５割は確保**することにしています。

Q39

国民年金の被保険者の**資格を取得**するのは，どのようなときですか。

資格取得の時期については，国民年金法第８条に規定があります（国年法８一～五）。

①　20歳に達したとき（20歳の誕生日の前日）

②　20歳以上60歳未満の者が，日本国内に居住するようになったとき

③　被用者年金各法の老齢（退職）年金の受給権者が，受給権者でなくなったとき

これは，次のケースの国会議員にのみ適用となります。受給権が消滅した日に第１号被保険者の資格を取得するのです。

国会議員であった者が，旧国会議員互助年金法の老齢給付の受給権者であったとします。旧国会議員互助年金法の第14条では，国会議員が３年を超える懲役又は禁錮刑に処せられたときは，老齢給付の受給権が消滅するとなっております。昭和61年４月１日以後年齢20歳以上60歳未満の国会議員は，第１号被保険者となります。

④　20歳未満の者又は60歳以上の者（65歳以上で老齢・退職給付の受給権を有する者を除く）が就職して，厚生年金保険の被保険者又は共済組合の組合員等になったとき

⑤　20歳以上60歳未満の者が，第２号被保険者（サラリーマン）の被扶養配偶者となったとき

Q40

国民年金の被保険者の**資格を喪失**するのは，どのようなときですか。

A　資格の喪失については，理解し難いところもありますが，基本的なものをあげてみましょう。

①　死亡したとき……その翌日に喪失

②　第１号被保険者が，外国に住所を有するようになったとき……その翌日

③　第１号被保険者，第３号被保険者が，60歳に達したとき……その日（60歳の誕生日の前日）

④　第１号被保険者が，被用者年金の受給権者になる等適用除外に該当したとき……その日

⑤　第２号被保険者が，退職する等で被保険者，組合員等の資格を喪失した

場合……その日

⑥　第３号被保険者が，収入が多くなったり就職する等して，被扶養配偶者でなくなったとき……その翌日

なお，何らかの被保険者**資格を新たに取得**したことによる**旧資格の喪失**の場合は，「**その日の翌日**」ではなく「**その日**」に資格を喪失します。

国民年金の任意加入被保険者の資格の取得と喪失について，教えてください。

A　**資格の取得**については，「厚生労働大臣に任意加入の申出をした日」です。

資格の喪失については，いろいろな事由がありますが，基本的なものをあげておきます。

①　死亡したとき……その翌日

②　厚生労働大臣に資格喪失の申出をして受理されたとき……その日

③　65歳に達したとき（特例の場合は70歳に達したとき）……その日

④　保険料を滞納したとき……国内居住者＝督促状の指定期限の翌日。海外居住者＝滞納後２年を経過した日の翌日

⑤　65歳未満の任意加入被保険者については，満額の老齢基礎年金を受給できるようになったとき……その日

⑥　65歳以上70歳未満の特例による任意加入被保険者については，老齢基礎年金などの老齢・退職年金を受給できるようになったとき……その翌日

その他，強制加入の被保険者に該当したときや任意加入被保険者の要件に該当しなくなったときに喪失します。

Q 42　任意加入をした場合でも，**付加保険料**を納めることができますか。

A　任意加入をしても，加入が認められた後は第１号被保険者と同様の扱いになるわけですから，**保険料**と**付加保険料**を納めることができます。ただし，65歳以上で特例による任意加入をしている者は付加保険料を納めることはできません。また，保険料は納めないが付加保険料だけ納めたいと申し出ても，これは認められません。保険料を納めた者だけが付加保険料を納めることができるのです。なお，**国民年金基金の加入員**は，**付加保険料**を納めることはできません。

Q 43　**国民年金基金**について，説明してください。

A　平成３年４月１日から，本格的に**国民年金基金制度**が発足しました。自営業者等第１号被保険者のための**上乗せ年金**です。任意加入であることと，上乗せ年金である点は，付加年金に似ています。

老齢基礎年金の受給権者に上乗せ年金を支給することが主たる業務ですが，死亡一時金の受給権者に上乗せの一時金を支給することもその業務に含まれています（国年法115，128，129）。

国民年金基金の種類には，**地域型国民年金基金**と**職能型国民年金基金**の２種類があります。いずれも国民年金の第１号被保険者によって組織される公法人です。ただし，保険料納付の免除を受けている人及び農業者年金の被保険者は除かれます。

Q44

地域住民のための国民年金基金とは，どのようなものでしょうか。

A

地域型国民年金基金は，各都道府県ごとに１個設立されるものです。同一の都道府県の区域内に住所のある第１号被保険者で組織されます。なお，1,000人以上の加入員がなければ設立することができません（国年法118，118の２，119④）。

Q45

同一職業の人の国民年金基金とは，何のことでしょうか。

A

職能型国民年金基金は，**同種の事業**又は**業務**につき全国を通じて１個とします。その事業又は業務に従事する第１号被保険者で組織されます。なお，3,000人以上の加入員がなければ設立することができません（国年法118の２，119⑤）。

Q46

国民年金基金の**掛金**は，いくらですか。

A

基金の加入員は，**毎月一定の掛金**を負担します。掛金の額は，選択した年金の型，口数，加入時の年齢によって異なります。最大限は，月額68,000円（加入時に46歳以上の人及び保険料免除を受けた期間の保険料を追納する人は，一定期間につき102,000円）まで納めることができます（国年法134）。この掛金は，全額**社会保険料控除**の対象となります。

国民年金基金

国民年金基金	掛金は希望により，１月68,000円まで。 付加年金とは同時加入できない。 第１号被保険者のみの上乗せ制度。
国民年金（自営業者等） **第１号被保険者**	

Q47

国民年金基金を**中途脱退**したら，どのようになるのですか。

A 基金の加入員資格を喪失し，別の地域，職種の基金に加入したり，会社に就職すれば，中途脱退ということになります。そのため，中途脱退者への支払は，**国民年金基金連合会**から行われることになります。

納めた分は，将来必ず年金として支給されます。未納になってから，２年以内に掛金を納めれば，年金が減ることはありません。

Q48

基金の設立について，教えてください。

A 基金を設立しようとするときは，地域型国民年金基金では，設立委員（300人以上）が規約を作成して，創立総会を開き，**厚生労働大臣の認可**を受けます。**職能型国民年金基金**では，発起人（加入員になろうとする15人以上の人）が規約を作成して，創立総会を開き，厚生労働大臣の認可を受けなければなりません（国年法119，119の２，119の３，119の４）。

平成25年度末現在，地域型国民年金基金は**47基金**，職能型国民年金基金は**25基金**が設立されています。

Q49 国民年金基金が**自営業者**の**上乗せ年金**だということですが，どのくらい上乗せされるのですか。

A 概略だけお答えします。加入する口数は，いくつか選べます。基本的には，１口目は，年金月額２万円です。２口目から１万円ですが，どこまで選択できるか，各基金によって異なります（各規約で決められます）。現在，**７種類**の年金が設けられており，加入後も１口目以外については毎年口数を**増減**できます。

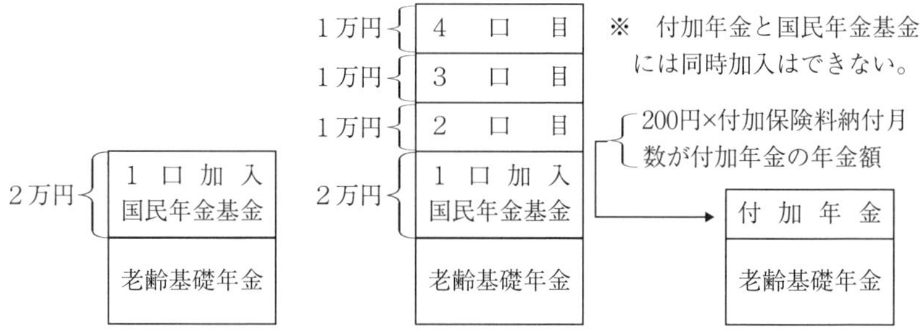

※ 加入口数によって年金月額が決まる。

▶▶▶ Ａ子さんの具体的事例によるＱ＆Ａ

さて，ここで，Ａ子さんの具体的な事例でくわしく，質問と回答を展開してみましょう。

Ａ子さんは，昼間部の女子大学に通う学生です。彼女のケースで，徹底的に，年金の説明をしてみましょう。Ａ子さんは，18歳で女子大生になりました。４年制の大学です。彼女は，平成26年10月１日に**満20歳の誕生日**を迎えました。

彼女の親からの仕送りは，月５万円で，足りない分はアルバイトで補っています。大学は国立ですから，学資はそれほどかかりません。それでも，親の年収は約600万円ですから，苦学は覚悟しています。

さて，20歳になった彼女に，ちょっとした事件が起きました。「国民年金」の問題です。将来「高齢化社会」で頼りになるのは，公的年金だと父から聞いていました。理解はしていても，ピンときません。40年後の老後を心配しろといっても，所詮無理というものです。それより，現在の月**１万円台**の保険料の出費が痛いのです。40年後の老後のためとはいっても，この毎月の出費は，大変です。父親は，中小企業のサラリーマンですから，これ以上の収入は望めません。そこで，調べてみると**免除の制度**があります。それ以外に，老後というとピンときませんが，**交通事故**で**障害者**になった場合というのは，**身近な問題**です。それでは，国民年金についても，もっと研究してみましょうということで，相談にきました。

Q50 手続きは，どこでするのですか。

A 貴方は，誕生日の前日の９月30日から「**第１号被保険者**」に該当します。したがって，国民年金に加入することになります。その手続きは，住所地の**市区町村役場又は年金事務所**で行います。なお，保険料は，**月額15,590円**（平成27年度）で，コンビニ払いや銀行振込ができますし，自動振替もできます。**前納制度**というものもありますから，まとめて納めることもできます。

平成17年度	月額13,580円×保険料改定率（平成17年度は１）
平成18年度	月額13,860円×保険料改定率（平成18年度は１）
平成19年度	月額14,140円×保険料改定率
⋮	毎年度，基本額を**280円ずつ**引き上げ
平成26年度	月額16,100円×保険料改定率 ＝16,100円×0.947＝15,246円→15,250円
平成27年度	月額16,380円×保険料改定率 ＝16,380円×0.952＝15,593円→15,590円
平成28年度	月額16,660円×保険料改定率
平成29年度以降（最終水準）	**月額16,900円×保険料改定率**

※　平成28年度の保険料は，平成27年１月30日に厚生労働省から発表された。それによると，**16,660円×保険料改定率**と計算した結果，**月額16,260円**となっている。

Q51 **誕生日の前日**の９月30日から適用というのが理解できません。なぜでしょうか。

A 民法関係に「**年齢計算に関する法律**」という法律があります。そこに，**年齢は出生の日から起算**すると書かれています。翌日起算の原則の例外です。出生日の午前零時から起算しますから，たとえば10月１日生まれの貴方は，９月30日に満20歳に達するわけです。国民年金法第８条，資格取得の時期の条文では，20歳に達したときに資格を取得するとあります。20歳に達した日は９月30日ということになるので，**権利発生の日**は**誕生日の前日**になります。

Q52

前納制度について，教えてください。

A　保険料は，毎月**翌月末日**までに納めなければなりません（国年法91）。この保険料を毎月納めるのがめんどうな人，又はまとめて納めたい人は，**前納**という制度があります。前納する場合の保険料は，年４分の利率により複利現価法によって計算して割り引いた額を納めることになります（国年法93，同令８）。前納保険料を現金で払う場合は，厚生労働大臣が交付する専用の「納付書」によって納める方法がとられています。口座振替による方法もあります。

貴方の場合は，第１号被保険者ですから，この**保険料の他に**，**付加保険料**を納めれば，**付加年金**が上乗せ支給されます。

Q53

保険料の**前納**が，**２年分**まで可能になったと聞きました。

A　はい。平成26年４月末口座振替分からは，**２年前納**が認められています。２年前納は，**口座振替**（自動引き落とし）に限定されています。納付書に現金を添えて支払ったり，ATMから振り込んだり，といった方法では認められません。あらかじめ手続きをしておく必要があります。

Q54

１年分の前納は以前から認められていたようですが，**2年前納**をすると，何か得になることがあるのでしょうか。

A 前納の場合は保険料が**割引**され，新設された２年前納が，もっとも割引率が高くなっています。とはいえ，２年分もまとめて払うのは，なかなか大変ですね。

次の表は，１年前納と２年前納の比較です。１年前納は平成27年度の，２年前納は平成27年度・28年度の保険料で計算してあります。

1年前納	現金納付	187,080円－3,320円＝183,760円
1年前納	口座振替	187,080円－3,920円＝183,160円
2年前納	**口座振替**	382,200円－15,360円＝366,840円

Q55

割引率がもっとも高いというのは魅力的ですが，２年もの間には，何があるか分かりません。後で**保険料免除**の適用を受けたいという状態になったとき，前納した分は戻ってくるのでしょうか。

A はい，戻ってきます。この点についても，平成26年から改正されています。前納した人が，後に保険料免除の適用を受けることになった場合には，免除該当日前に前納した保険料のうち，**免除該当日の属する月以後**のものについて，還付可能となりました。

Q56　**付加年金**とは，何のことですか。

A　**付加年金**というのは，第1号被保険者についてだけ認められている上乗せ年金の制度です。国民年金の老齢基礎年金は，20歳から60歳まで40年間保険料を納めたとしても，年金額は78万円程度です。これだけですと，厚生年金保険に加入していた会社員と比べると，老後の所得がかなり低額といえます。そこで，この付加年金の制度があるのです。

たとえば，貴方が，通常の保険料の他に，**月額400円**の**付加保険料**を支払ったと仮定します。40年間支払った場合の，支払総額と支給される年金の額を計算してみましょう。

月額400円×40年（480か月）＝192,000円

この**192,000円が支払保険料の総額**です。65歳から支給される年金に上乗せされる付加年金の方は，次のようになります。

200円×40年（480か月）＝96,000円

したがって，老齢基礎年金の額に**96,000円が加算**された**年金**が，**65歳から死亡するまで**出るわけです。仮に，80歳まで受け取った場合は，

96,000円×15年＝1,440,000円

支払総額192,000円に比べると，かなり率がよいですね。単純に計算すると，**1,248,000円**も得をします。

なお，基礎年金のほう，**スライド**（自動調整）されるのですが，この**付加年金は**，**スライドされません**。

Q57

付加保険料を，**後から**払うことはできるのですか。

A

平成26年４月施行の改正により，**過去２年分**まで可能となりました。

通常の保険料の納付が遅れた場合には，**消滅時効**にかからない２年分は普通に納めることができますので，それに合わせたものです。

なお，保険料を**免除**された過去の期間について，付加保険料だけを納めることはできません。

Q58

さて，現実問題になりますが，私は市区町村役場へ行き，**どんな書類を提出**するのですか。

A

貴方は，自分の住所地の市区町村役場へ行き，「**国民年金被保険者資格取得・種別変更届書**」を提出します（年金事務所でも提出できます)。これは「**第１号被保険者該当届書**」ともいいます。

国民年金被保険者　資格取得届（申出）書
国民年金被保険者種別変更(第1号被保険者該当)届書

※届書コード			※処理区分		
2	0	0. 新規／再取得 6. 種別変更	1. 届　書 2. 申出書	01. 手帳一括	送信

本籍地	都道府県

① 基礎年金番号又は手帳記号番号	② 生年月日	③ 手帳記号番号	④ 手帳記号番号	送信
	★1. 明治 3. 大正 5. 昭和 7. 平成			

被保険者氏名	性別	郵便番号	※市区町村コード	⑥ 被保険者住所
(フリガナ)	★ 男．1 女．2		○○郡市区町村	(フリガナ)

★⑦ 外国人区分	⑧ 被保険者通称名	送信
1. 米国人（強制） 2. 1以外の外国人	(フリガナ)	

⑫ 資格取得(種別変更)の年月日	⑬ 種別	資格取得（種別変更）理由（第1号）		資格取得理由（任意）
年　月　日	1. 第1号 2. 任意	学生	0. 学生	★ 2. 老齢(退職)年金受給 3. 60歳以上 4. 海外在住
		学生以外	1. 適用漏れ　3. 第2号被保険者からの移行　10. 中国残留邦人等該当 2. 20歳到達　5. その他　11. 外国からの転入	

⑯沖縄特例	⑳喪失予定年月日	65歳以上加入申込区分	手帳送付者表示	強制付番指定	年金手帳の作成	送信
★ 1. 令63条3項該当 2. 令63条2項該当	年　月　日	1. 加入申込 2. 加入取消	1. 手帳送付者	1. 強制付番指定	1. 年金手帳再交付	

資格取得(種別変更)前の氏名又は資格取得前の住所と現在の氏名・住所が異なるときのみ記入してください。	旧氏名	旧住所	(備考)
	(フリガナ)	(フリガナ)	

上記のとおり届出(申出)します。

市区町村長
社会保険事務所長　殿

平成　　年　　月　　日
届出(申出)者住所
届出(申出)者氏名　　　　印
電話　（　　　）

受付印	
市区町村	社会保険事務所

1. 文字は楷書ではっきりと書いてください。
2. ★印の欄は該当する項目を○印で囲んでください。
3. ※印の欄は記入する必要はありません。
4. 資格取得年月日が昭和61年3月31日以前の届書については、資格種別「1」を「強制」と読み替えてください。
5. 「資格取得理由(任意)」欄の「4」を○で囲んだ方のうち(日本国内に協力者がいる場合)は、「備考」欄に日本国内における最後の住所を記入してください。
6. 被保険者が自ら署名する場合には、被保険者の押印は不要です。
なお、被保険者以外の方の押印を省略することはできません。

(管轄の機関によっては，本様式を使用していない場合又は内容の異なる場合があります。)

Q59

国民年金の保険料には，免除制度があると聞きました。私には現在所得がないので，ぜひこの制度を活用したいのですが，くわしく教えてください。

A

現在，国民年金の保険料の免除制度には，①**法定免除**，②**申請免除**，③**多段階免除（一部納付・一部免除制度）**，④**学生納付特例**，⑤**若年者納付猶予**の５種類があります（③を除き，保険料の全額を免除するものです）。

なお，多段階免除制度は，平成18年７月から導入されたもので，従来の半額免除に４分の３免除と４分の１免除を加えたものです。

Q60

法定免除について，教えてください。

法定免除については，法律に定められている要件に該当すれば，届出だけで免除されます。その要件には，次のものがあります。

① 障害基礎年金，障害厚生年金１級又は２級，障害共済年金１級又は２級，旧国民年金，旧厚生年金保険，旧船員保険，旧共済組合の障害年金等政令で定める**障害年金**を受けられる場合

② **生活保護法**の生活扶助を受けられる場合

③ ハンセン病療養所，国立保養所などに収容されている場合

手続きとして，「**国民年金保険料免除理由該当届**」に年金手帳を添えて，**住所地の市町村役場**に提出します（国年則75）。

この届出をしないでいると，法定免除に該当していても滞納扱いとなってしまいますので，注意が必要です。免除事由に該当した日から14日以内に，届け出ることになっています。

もし，届出が遅れても，時効で消滅しない限り要件に該当すれば，要件に該当した日の属する月の前月まで遡って免除が行われます。

国民年金保険料免除理由該当届

① 年金手帳の基礎年金番号	② 生年月日	被保険者氏名	備考
	★ 5. 昭和 7. 平成　年　月　日	(フリガナ)	

届書コード・処理区分	届書	届書内容	③ 該当年月日	★ ④ 免除理由	＊ ⑤ 届出年月日	＊⑥ 法免継続表示	送信
6 2 1 1		免除理由該当届	★ 5. 昭和 7. 平成　年　月　日	法第89条　1. 1号該当　2. 2号該当　3. 3号該当　4. 1号・2号該当　5. 1号・3号該当　6. 2号・3号該当　7. 1号・2号・3号該当	7. 平成　年　月　日	1. 継続	

○免除理由に該当しても申し出により国民年金保険料を納付すること（または納付済のままにすること）ができます。
納付申出を希望しますか。　★（1. はい　2. いいえ）1. はいに "○" をしたときは、下の国民年金保険料免除期間納付申出書（任意）を記入してください。

国民年金保険料免除期間納付申出書（任意）

○納付申出を希望する方は、下の③及び④に納付を希望する期間を記入してください。終期を指定しないときは、（★59歳11か月まで）に○を付してください。
※この申し出をする方は、裏面の確認事項を必ず確認してください。（記載例は裏面に記載していますので参考にしてください。）

届書コード・処理区分	届書	届書内容	③ 納付申出始期	④ 納付申出終期	＊ ⑤ 申出年月日	＊⑥納付書抑止表示	送信	備考
6 3 8		免除期間納付の申出書	7. 平成　年　月	7. 平成　年　月 ★ 59歳11か月まで	7. 平成　年　月　日	1. 納付書作成しない		

○付加年金または国民年金基金の加入状況について該当する項目に○をお願いします。

1. 現在、付加年金または国民年金基金に加入中ですか。	★ 1. 付加年金に加入している　2. 国民年金基金に加入している　3. どちらも加入していない
2. 上記の1または2に加入中の場合、納付申出後も継続して加入を希望しますか。	★ 1. はい　2. いいえ

☆国民年金保険料免除期間納付申出（任意）を同時に行う場合は、裏面の確認事項を確認したうえで申出してください。

平成　年　月　日

日本年金機構理事長　あて

住所
氏名　　　　印
電話

受付印	
市区町村	年金事務所

1. ★印の欄は、該当する項目を○で囲んでください。2. ＊印の欄は、記入する必要がありません。
3. 納付申出（任意）には、国民年金手帳もしくは基礎年金番号通知書の写しを添付または原本の提示をしてください。（国民年金保険料免除理由該当届のみの場合は、添付等は不要です。）
4. 裏面の注意事項をよくお読みいただき確認欄に印をお願いします。

（管轄の機関によっては，本様式を使用していない場合又は内容の異なる場合があります。）

Q61

法定免除に該当しても，将来のために**保険料を払う**ことが可能となったそうですね。どのような趣旨ですか。

A

将来の**年金権**を確保するためです。たとえば，**障害基礎年金**は，厚生年金保険の障害等級３級にも該当しないくらい障害の状態が軽減した場合は，３年を経過するか65歳になると，**受給権が消滅**します（いずれか遅い時期)。老後は老齢基礎年金を生活費の足しにしようと考えた場合には，法定免除の期間は**国庫負担分**しか金額に反映されないため，年金額が低くなります。法定免除の事由に該当しても保険料を払うことにより，その期間は**保険料納付済期間**となりますので，年金額が高くなります。

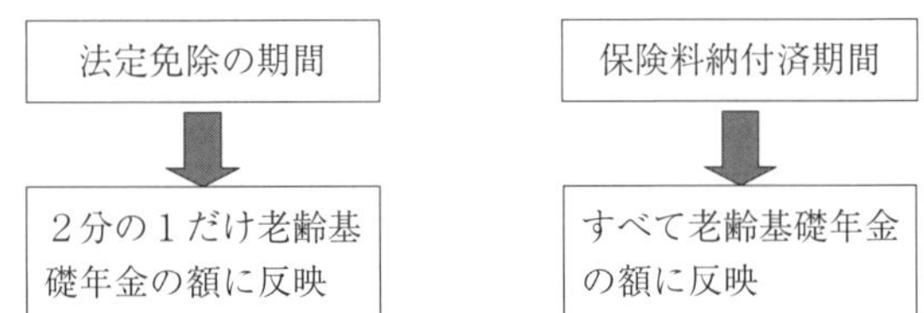

Q62

さかのぼって法定免除が適用されることになった場合には，すでに払った保険料は**還付**されるそうですが，この取扱いに例外はありますか。

A

平成26年４月から改正され，**本人の希望**があれば保険料を還付せず，**保険料納付済期間**とすることになりました。これも，将来の年金権を確保するためです。

Q63　申請免除について，教えてください。

申請免除については，次の要件に該当する人が，申請をすれば，適用されます。

①　前年（一定の場合は前々年）の**所得**が**所定の額以下**である場合

②　被保険者又はその世帯の人が，**生活保護法**による**生活扶助以外の扶助**や，これに相当する援助（教育，住宅，医療，生業などの扶助や援助）を受けている場合

③　地方税法に定める障害者又は寡婦で，年間の所得が**125万円以下**の場合

④　上記の①から③に該当しないが，保険料を納めることが**著しく困難**な場合

手続きとして，「**国民年金保険料免除・納付猶予申請書**」に，国民年金手帳を添えて，**日本年金機構**に提出します。**窓口は，市区町村役場又は年金事務所**です（国年則77）。

なお，申請免除の場合には，所得の要件等については，世帯主・配偶者も含めて判断します（国年法90）。

Q64　**多段階免除（一部納付・一部免除制度）**について，教えてください。

A

これは，要件に該当する人の**申請**に基づき，保険料の**一部を免除**するものです。**４分の３免除**，**半額免除**，**４分の１免除**があります。免除の要件や手続きは，**【Q63】**の**申請免除とおおむね同じ**ですが，免除の要件のうち，**所得の要件は免除の段階ごと**に別途定められています。

なお，所得の要件等については，世帯主・配偶者も含めて判断します（国年法90の２）。

Q65 **学生納付特例**について，教えてください。

これは，要件に該当する人（**学生・生徒等**である第１号被保険者）の**申請**に基づき，保険料の**全額を免除**するものです。

免除の要件や手続きは，**申請免除とおおむね同じ**ですが，免除の要件のうち，**所得の要件は申請免除より緩やか**になっています。

なお，所得の要件等については，**本人のみで判断**します（国年法90の３）。

Q66 **若年者納付猶予**について，教えてください。

A

これは，平成16年の改正で設けられたもので，平成17年４月から平成37年６月までの時限つきの措置です。**30歳未満の若年者**であって，要件に該当する人の**申請**に基づき，保険料の**全額を猶予（免除）**するものです。

免除の要件や手続きは，**申請免除と同じ**です。

なお，所得の要件等については，配偶者も含めて判断しますが，世帯主は含めません（国年法平16法附則19）。

保険料免除制度の所得要件のまとめ（平成27年１月現在）

<table>
<tr><th>免除の種類</th><th>所得要件 ⇒ 前年（一定の場合は前々年）の所得が，次の金額以下であること</th><th>誰の所得で判断？</th></tr>
<tr><td>申請免除</td><td>（扶養親族等の数＋１）×35万円＋22万円…単身なら57万円</td><td rowspan="4">本人
＋世帯主
＋配偶者</td></tr>
<tr><td>４分の３免除</td><td>78万円＋扶養親族等あるときは１人につき原則38万円</td></tr>
<tr><td>半額免除</td><td>118万円＋扶養親族等あるときは１人につき原則38万円</td></tr>
<tr><td>４分の１免除</td><td>158万円＋扶養親族等あるときは１人につき原則38万円</td></tr>
<tr><td>学生納付特例</td><td>118万円＋扶養親族等あるときは１人につき原則38万円</td><td>本人</td></tr>
<tr><td>若年者納付猶予</td><td>（扶養親族等の数＋１）×35万円＋22万円…単身なら57万円</td><td>本人
＋配偶者</td></tr>
</table>

Q67

免除された期間の取扱いは，どのようになるのですか。

A

免除された期間は，単なる保険料の未納・滞納期間とは違います。**国民年金の被保険者期間（保険料免除期間）**となります。したがって，不幸にも，その期間中のケガや病気で**障害**になったり，その期間中に**死亡**してしまっても，**障害基礎年金・遺族基礎年金の対象**となります。また，**老齢基礎年金の受給資格期間**（原則25年以上必要）**にも算入**されます。

なお，**老齢基礎年金の額**の計算においては，“すべて納付済扱い”というわけにはいきませんが，**その一定割合*が反映**されます。ただし，**学生納付特例と若年者納付猶予による免除期間**は，**額の計算には一切算入されません。**

＊　たとえば，法定免除・申請免除による全額免除期間については，その２分の１（平成21年３月以前の期間は３分の１）が，老齢基礎年金の額の計算に反映されます。

Q68

追納制度とは，何のことですか。

A

これは，先に説明した**保険料の免除制度によって免除された保険料**を，**後で納付**するものです。**追納した場合**には，保険料免除期間は**保険料納付済期間**となります。ただし，追納することができるのは，過去**10年以内**（厚生労働大臣の追納の承認を受けた月の前の10年以内）**の期間に限られています**。また，老齢基礎年金の受給権を得たら追納することはできません。

なお，追納する額については，過去の保険料額に一定の額が加算されます（時の経過にあわせ，若干の利率がかかります）。

免除された方も，後で余裕があれば，できる限り追納をして下さい。それが保険料免除と追納の制度の趣旨ですし，また，老齢基礎年金の額は正規に計算されることになりますので，年金額が増えることになります。

Q69

追納は，過去に免除された保険料について，部分的に（一部について）することができると聞きましたが，その際，優先順位があるそうですね。

A

一部について追納する場合は，**先に経過した免除期間**から順次に行われますが，学生納付特例による免除期間と他の免除期間があるときには，**学生納付特例による免除期間**から**優先的**に追納が行われます。

しかし，学生納付特例による免除期間より前に他の免除期間があるときは，学生納付特例による免除期間かその前にある他の免除期間のいずれから追納するかを**選択**することができることになっています。

（注）追納の際に，若年者納付猶予による免除期間は，学生納付特例期間と同様に取り扱われます。

<例　示>

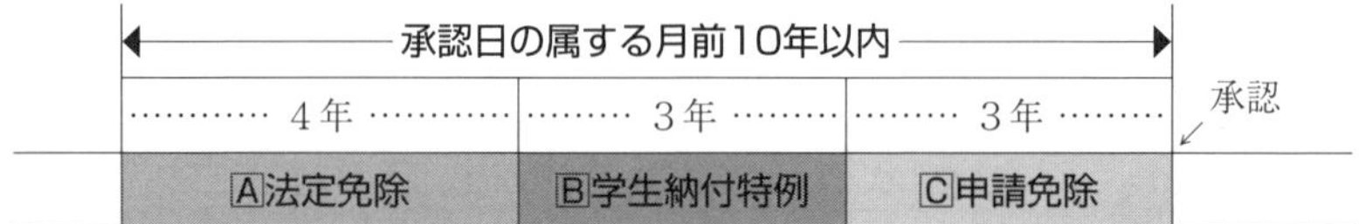

上記のケースで，5年分の保険料を追納すると仮定した場合は，①「B→Aの2年分」の順で追納するか，②「A→Bの1年分」の順で追納するかを選択することができます。

①の趣旨……年金額に反映されない学生納付特例の分を先に納付済にする。

②の趣旨……10年以内の期間が経過しそうなものから先に納付済にする。

Q70　**追納の手続き**は，どういうものですか。

「国民年金保険料追納申込書」に，国民年金手帳を添えて，年金事務所に提出します。

さて，A子さんの事例は続きます。彼女は，20歳で国民年金に加入し，保険料は，学生納付特例制度により，**免除**を受けました。彼女はその後，21歳で**会社員の妻**となったのです。

「第１号被保険者」 ⟶ **「第３号被保険者」** ⟶

△ 18歳	△ 20歳	△ 21歳	
入学	国民年金加入 学生納付特例制度による保険料免除	結婚	**・「第３号被保険者」** **・種別変更届**

Q71　私は，**会社員の妻**になりました。そのまま大学へ通学しています。「国民年金」についての手続きは，必要ですか。

A

必要です。貴方は，**「第１号被保険者」**から，**「第３号被保険者」**になったのです。この届出については，**「国民年金被保険者資格取得・種別変更・種別確認届」**を提出します。**「第３号被保険者該当届」**ともいいます。用意する書類は，国民年金手帳，配偶者の国民年金手帳，配偶者の健康保険被保険者証等です。この届出は，夫の会社を経由して，**厚生労働大臣**に対して行います。この届出をしっかりしないと，損をすることがあります。国は届出がないと，貴方が結婚後収入があるのかないのかわかりません。**年収が130万円以上**あると**第１号被保険者**に該当します。**第３号被保険者**の資格要件は，**第２号被保険者（貴方のご主人はこれに該当します）に扶養されている配偶者**

であって**20歳以上60歳未満**の人です（**扶養されている**というためには，**年収130万円未満**であることが原則です）。

そうなりますと，**保険料納付済期間**として扱われることになります。保険料を納めていないのに保険料納付済というのは，おかしいと思われるかもしれませんが，実はご主人の厚生年金保険料の中に貴方の国民年金保険料が含まれていて，給料から控除されているのです。

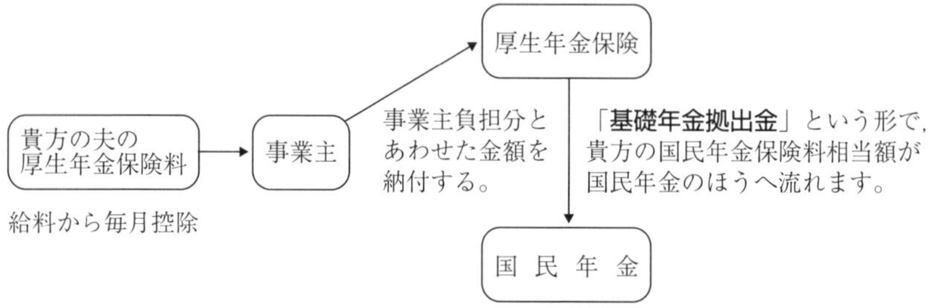
厚生年金保険
貴方の夫の
厚生年金保険料
事業主
事業主負担分と
あわせた金額を
納付する。
「基礎年金拠出金」という形で，
貴方の国民年金保険料相当額が
国民年金のほうへ流れます。
給料から毎月控除
国 民 年 金

図解のように，結局，貴方の国民年金保険料は，夫の厚生年金保険料を通じて納付されることになります。厚生年金保険料の総額の中に，会社員の妻などの保険料相当額も含まれているということです。その国民年金保険料は，**基礎年金拠出金**という名のもとに，厚生年金保険から国民年金のほうに金が流れる仕組みになっています。しかし，**第３号被保険者**に該当する旨の届出を忘れると，この権利は**２年間で消滅**し，権利が失われてしまうこともあるので，注意が必要です。なお，この届出については，２年間の制限なしに権利が復活する特例措置が設けられています（**【Q188】**を参照）。

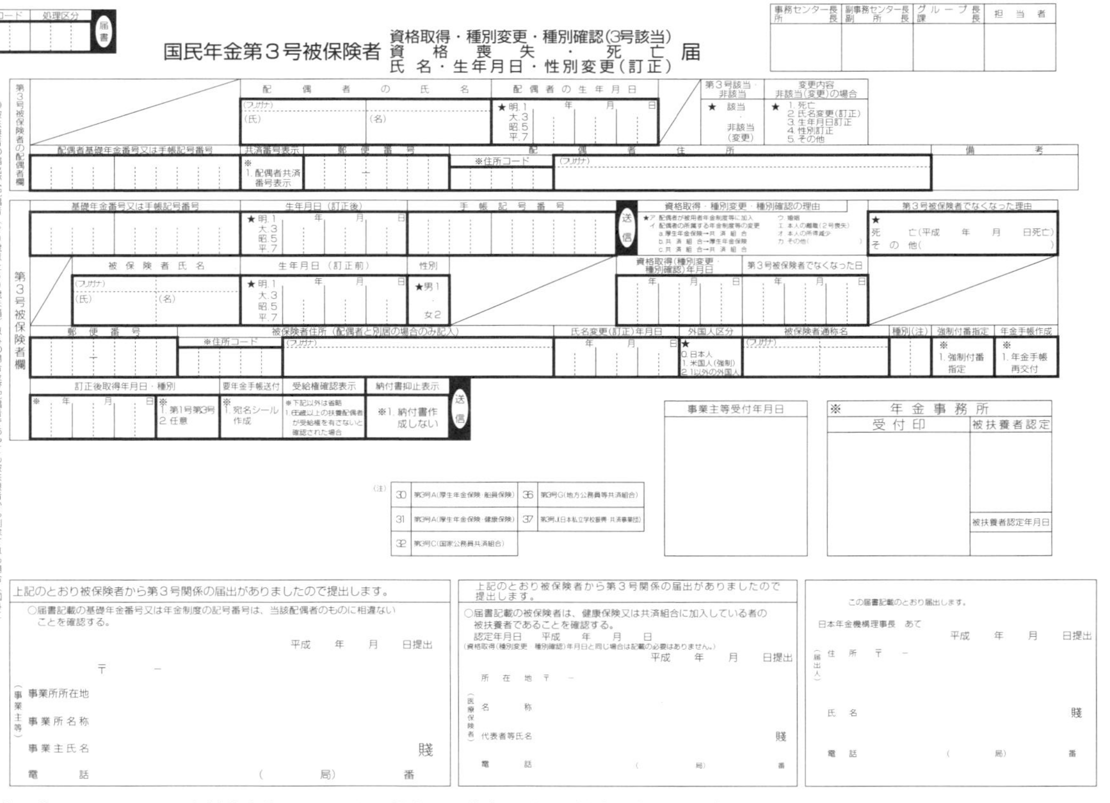

届書コード　処理区分　届書

事務センター長・所長　副事務センター長・副所長　グループ長・課長　担当者

国民年金第3号被保険者　資格取得・種別変更・種別確認(3号該当)　資格喪失・死亡　氏名・生年月日・性別変更(訂正)　届

第3号被保険者の配偶者欄

配偶者の氏名　(フリガナ)　(氏)　(名)

配偶者の生年月日　★明.1　大.3　昭.5　平.7　年　月　日

第3号該当・非該当　★　該当・非該当(変更)

変更内容 非該当(変更)の場合　★　1.死亡　2.氏名変更(訂正)　3.生年月日訂正　4.性別訂正　5.その他

配偶者基礎年金番号又は手帳記号番号　共済番号表示　※1.配偶者共済番号表示　郵便番号　配偶者住所　※住所コード　(フリガナ)　備考

第3号被保険者欄

基礎年金番号又は手帳記号番号　生年月日(訂正後)　★明.1　大.3　昭.5　平.7　年　月　日　手帳記号番号　送信

資格取得・種別変更・種別確認の理由　★ア 配偶者が被用者年金制度等に加入　イ 配偶者の所属する年金制度等の変更　a.厚生年金保険→共済組合　b.共済組合→厚生年金保険　c.共済組合→共済組合　ウ 婚姻　エ 本人の離職(2号喪失)　オ 本人の所得減少　カ その他(　)

第3号被保険者でなくなった理由　★　死亡(平成　年　月　日死亡)　その他(　)

被保険者氏名　(フリガナ)　(氏)　(名)　生年月日(訂正前)　★明.1　大.3　昭.5　平.7　年　月　日　性別　★男1　女2

資格取得(種別変更・種別確認)年月日　年　月　日　第3号被保険者でなくなった日　年　月　日

郵便番号　被保険者住所(配偶者と別居の場合のみ記入)　※住所コード　(フリガナ)　氏名変更(訂正)年月日　年　月　日　外国人区分　★0.日本人　1.米国人(強制)　2.1以外の外国人　被保険者通称名　(フリガナ)　種別(注)　強制付番指定　※1.強制付番指定　年金手帳作成　※1.年金手帳再交付

訂正後取得年月日・種別　※　年　月　日　※1.第1号第3号　2.任意　要年金手帳送付　※1.宛名シール作成　受給権確認表示　※下記以外は省略　1.60歳以上の扶養配偶者が受給権を有さないと確認された場合　納付書抑止表示　※1.納付書作成しない　送信

(注)　30 第3号A(厚生年金保険・船員保険)　31 第3号A(厚生年金保険・健康保険)　32 第3号C(国家公務員共済組合)　36 第3号G(地方公務員等共済組合)　37 第3号J(日本私立学校振興・共済事業団)

事業主等受付年月日

※年金事務所　受付印　被扶養者認定　被扶養者認定年月日

◎被扶養者の届出が、配偶者(20歳以上60歳未満)以外の場合及び配偶者であっても被扶養者から削除される場合(国外に居住している者が被扶養者でなくなった場合及び死亡の場合は除く。)は、この届書は提出する必要はありません。

上記のとおり被保険者から第3号関係の届出がありましたので提出します。
○届書記載の基礎年金番号又は年金制度の記号番号は、当該配偶者のものに相違ないことを確認する。
平成　年　月　日提出
〒　－
(事業主等)　事業所所在地　事業所名称　事業主氏名　印
電話　(　局)　番

上記のとおり被保険者から第3号関係の届出がありましたので提出します。
○届書記載の被保険者は、健康保険又は共済組合に加入している者の被扶養者であることを確認する。
認定年月日　平成　年　月　日
(資格取得(種別変更・種別確認)年月日と同じ場合は記載の必要はありません。)
平成　年　月　日提出
(医療保険者)　所在地　〒　－　名称　代表者等氏名　印
電話　(　局)　番

この届書記載のとおり届出します。
日本年金機構理事長　あて
平成　年　月　日提出
(届出人)　住所　〒　－
氏名　印
電話　(　局)　番

(管轄の機関によっては，本様式を使用していない場合又は内容の異なる場合があります。)

Q72 被保険者の資格について，他にどんな手続きが必要なのですか。

A 国民年金の手続きは，**資格取得届**，**資格喪失届**，**種別変更届**と，とかく忘れがちです。届出が不要なのは，第２号被保険者になった場合です。会社が代わりに，届出をしてくれるので，必要ありません。

転社してＡ会社からＢ会社に変わった場合も，Ａ会社とＢ会社が代わりに手続きしてくれますので，不要です。また，この他に「１号→２号」，「３号→２号」のように厚生年金に加入したときも，原則として届出は不要となっています。

なお，**被扶養者認定基準**は，平成５年４月１日からは**年収130万円未満**ですが，**障害者**の場合は**180万円未満**となります。もう一つ，被保険者である配偶者の年収の２分の１未満という制限もあります。

いつ		種別変更	届書名	必要書類等
会社や役所を退職したとき	本人	２号→１号	資格取得届	印鑑，年金手帳，退職年月日の証明
	配偶者	３号→１号	種別変更届	印鑑，年金手帳，喪失年月日の証明
会社や役所に就職したとき	厚生年金に加入したとき	１号→２号 ３号→２号		原則として届出は不要。口座振替をしている場合は連絡。
	共済組合に加入したとき	１号→２号 ３号→２号	資格喪失届	印鑑，健康保険証（共済組合員証），年金手帳
配偶者に扶養されるようになったとき，又は，配偶者が転職したとき（配偶者が第２号被保険者の場合）		１号→３号 ２号→３号 ３号→３号	第３号被保険者該当届	印鑑，年金手帳，健康保険証（配偶者の基礎年金番号のわかるもの）
第３号被保険者が，配偶者の扶養からはずれたとき		３号→１号	種別変更届	印鑑，年金手帳，喪失年月日の証明

Q73 「第２号被保険者」とは，どのような人をさすのですか。

A **会社員**や**公務員**等をいいます。この第２号被保険者の特色は，２階建て年金になるということと，他と違い（20歳以上60歳未満という）年齢要件が適用されないことです。**20歳前でも，60歳以後**でも，**第２号被保険者**になれます。ただし，**65歳以上の人**については，**老齢・退職年金の受給権を有している場合**には，**第２号被保険者になれません**。

もう一つ，第２号被保険者は，**日本国内に住所を有する必要がない**のです。この点が，「第１号被保険者」と異なります。

第２号被保険者の図解（法７①二）

<会社員のケース>

厚生年金保険
国民年金 第２号被保険者

①　年齢は，20歳前でもなり得る。60歳以後でもよい。（18歳就職のケース）

②　住所は，外国に住んでいても適用がある。（外国勤務の会社員）

<公務員のケース>

共済組合 共済制度
国民年金 第２号被保険者

※　共済組合・共済制度 → 国家公務員共済組合，地方公務員等共済組合，私立学校教職員共済制度の三つ。

Q74

「**第３号被保険者**」とは，どのような人達をいうのですか。

A　一般に，サラリーマンの妻をさすといわれます。正確にいうと，「**第２号被保険者**」の**被扶養配偶者**で，**年齢20歳以上60歳未満**の者のことです。「第２号被保険者」というのは，サラリーマンやＯＬ又は公務員などをさします。そのサラリーマンに，生計を維持されている配偶者のことです。配偶者は，**事実上の配偶者**も含みます。**社会保険**は，大体，**広く内縁関係の配偶者**も認めています。それに，**妻**である必要もなく，**夫**ということもあるわけです。

「**第３号被保険者**」でもう一つ注意しなければいけないのは，**年齢要件**は，**20歳以上60歳未満**とあり，**生計維持も要件**として求められますが，第１号被保険者と異なり**住所要件がない**ので，**外国**に住んでいても適用されます。

Q75

スライド制とは，何のことですか。

A　**スライド制**とは，年金額等を**一定の基準により自動的に改定**する仕組みのことです。公的年金については，今まで**物価の変動**を基準とする「**物価スライド制**」が採用されていました。これは，**昭和48年**に導入されましたが，当初は物価指数が５％を超えて変動した場合に限って改定されるものでした。平成元年の改正で**平成２年４月**からは５％条項が撤廃され，**完全自動物価スライド制**ともよばれるようになりました。改定時期は毎年**４月**でした。

平成16年の改正で，この物価スライド制は廃止されることになり，**平成17年４月**から当分の間は，**賃金又は物価の変動**にあわせて，**年金を支える力の減少**と**年金受給期間の長期化**とのバランスをとりつつ**年金額等を自動的に改定（調整）**する「**マクロ経済スライド**」が適用されることになりました。これについても，改定時期は毎年**４月**です。

Q76　給付の中心は，老齢給付（老齢基礎年金）ですよね？　その額についての質問です。国民年金の加入期間が短いと少なくなるというのは，本当ですか。

A　はい，そうです。それは，**老齢基礎年金の額**については，いわゆる**フルペンション減額方式**が採られているからです。第１号被保険者ですと，20歳から60歳までの**40年間**が国民年金に加入しなければならない期間ということになります。基礎年金・国民皆年金のもとでは，この**40年間**，保険料を納め続け65歳から老齢基礎年金を受給するというのが標準的な形です。このモデルケースの場合に支給される額が，**フルペンション〔満額〕**です（平成26年度は772,800円）。

そして，保険料を納め続けた人とそうでない人との具体的公平を図るのは当然のことですから，**保険料を納付した期間（保険料納付済期間）が40年間より少ない**場合には，その分を**フルペンションから減額**することにしているのです。

なお，**老齢基礎年金を受給する権利**自体は，原則として，保険料納付済期間と免除期間等が**25年間**あれば取得することができます。

〔要点整理〕

序　　論

1　主たる目的

国民の **老　齢** ，**障　害** ，**死　亡** について

⇨ **基礎年金**（老齢基礎年金，障害基礎年金，遺族基礎年金）を支給

（その他，第１号被保険者の独自給付も支給）

2　管　掌　者（保険者）

政　府……実施機関
- 日本年金機構
- 地方厚生局，地方厚生支局
- 年金事務所

（注）**第１号被保険者に関する事務など**には，**市町村**が行うものもある。

被保険者

1　強制加入の被保険者

第１号被保険者	**日本国内に住所を有する20歳以上60歳未満の人** ……自営業者，学生，無職の人など
第２号被保険者	**厚生年金保険の被保険者，共済組合の組合員などの人**（ただし，65歳以上の人については，老齢・退職の年金の受給権を有する場合には，第２号被保険者とはならない） ……会社員，公務員など（被用者，つまり勤めている人）
第３号被保険者	**第２号被保険者の被扶養配偶者で，20歳以上60歳未満の人** ……専業主婦（専業主夫）など

（注）**第１号**被保険者と**第３号**被保険者は，**国民年金**にのみ加入。**第２号**被保険者は，**国民年金**と，**厚生年金保険**，**共済組合など**にダブルで加入。

2　任意加入の被保険者

上記の強制加入の被保険者にならない人でも，所定の要件に該当すれば，国民年金に**任意加入**できる制度もある。

第3章

厚生年金保険の基礎知識

（Q77～Q158）

Q77

厚生年金保険法とは，どのような内容のものですか。

A まず，厚生年金保険法は，**民間サラリーマン**のための年金制度として，昭和16年制定，昭和17年施行の**労働者年金保険法**に始まりました。労働者年金保険法は，現場の男子労働者のみを対象としていましたが，**昭和19年**に**厚生年金保険法**と改められ，一般事務員及び女子労働者も対象にしました。その後何度か改正され，**昭和61年４月１日**からは，国民年金法が基礎年金として位置づけられ，厚生年金保険法は，**会社員のための上乗せ年金**となりました。わが国の**被用者年金制度の中核**をなすものだといわれています。

※　平成27年10月から共済年金が統合される予定です。

Q78

厚生年金保険法の**目的**は，何ですか。

A 労働者の**老齢**，**障害**，**死亡**について**基礎年金の上乗せ年金**として年金を支給します。この支給によって労働者とその遺族の生活の安定と福祉の向上をはかります（厚年法１）。

※　同時に，**厚生年金基金**がその加入員に対して行う給付についても，必要な事項を定めることを目的としていましたが，平成26年４月からこの部分が削除されました。

Q79

厚生年金保険の**保険者**は，誰ですか。

A 厚生年金保険は，**政府が管掌**するとされています（厚年法２）。すなわち，保険者は政府だということです。巨額の金を運用するだけでなく，事業主から保険料を徴収したり国庫負担もあるので，税金と同じく，民間で行うのは難しいわけです。

Q 80

厚生年金保険の**裁定権者**は，誰ですか。

A　厚生年金保険の保険給付についての裁定権者は，**厚生労働大臣**です。老齢厚生年金，障害厚生年金，障害手当金，遺族厚生年金，いずれも厚生労働大臣です。実際の裁定の作業は，**事務センター**で行います。事務センターは**各都道府県**に置かれ，年金事務所で受け付けた届書や申請書の処理を行うほか，**郵送による受付業務**を行っています。

Q 81

保険料納付済期間とは，具体的にはどのようなことですか。

A　**保険料納付済期間**というのは，自営業者が第１号被保険者として，納付した保険料に係るもの，サラリーマン等の第２号被保険者としての被保険者期間，及び被扶養配偶者で年齢が20歳以上60歳未満の第３号被保険者期間を合算した期間をいいます（国年法５②）。厚生年金保険で被保険者期間を計算するときも，国民年金の期間で計算します（厚年法３①一）。

Q 82

任意適用事業所とは，何のことですか。

A　適用事業所となっていない事業所を，任意適用事業所といいます。**個人経営**で**任意適用業種**の事業所と**個人経営で強制適用業種で使用される人の数が５人未満**の事業所を，任意適用事業所といいます。

Q83

任意適用業種とは，具体的にはどのような業種ですか。

任意適用業種は，次のものをいいます。

① **農林水産業**等第１次産業

② **旅館**，**飲食店**，**接客業**，**理容業**，**クリーニング業**等サービス業

③ **弁護士**，**会計士**，**社会保険労務士**，**税理士**，**司法書士**等自由業

④ **宗　　教**

これら**任意適用業種**で**個人経営**だと，従業員数が５人以上であっても，任意適用事業所になります。

Q84

任意適用業種で，**法人経営**の場合は，どのようになるのですか。

A

法人経営の場合は，従業員を１人でも雇えば強制適用です。たとえ任意適用業種であったとしても，例外はありません。

Q85

任意適用事業所が強制適用と同じように**適用を受ける**ためには，どのようにしたらよいのですか。

A

任意適用事業所の事業主が，その事業所の適用除外者を除いた従業員の**２分の１以上の同意**を得て，**厚生労働大臣に申請**します。**厚生労働大臣の認可**があると**適用事業所**になります。この場合は，包括して適用されますので，適用に同意しなかった人も含めて**適用事業所**として扱われます。

Q 86

適用事業所として**認可された事業所**が，**取消**をすることはできますか。

A　任意適用事業所が適用事業所になった後に取り消すためには，加入の場合と異なり，使用される人たちの**４分の３以上の同意**が必要です。やはり，**厚生労働大臣に申請**して**認可**を受けなければなりません（厚年法８）。

Q 87

擬制的任意適用事業所とは，何のことですか。

A　これは，強制適用事業所が人数が減少する等して任意適用事業所に該当するようになったときは，わざわざ厚生労働大臣に申請し認可してもらわなくても，**そのまま自動的に認可があったもの**として，適用事業所として扱いますということです。

たとえば，強制適用業種で従業員数が５人以上であれば，たとえ個人経営であったとしても強制適用事業所です。ところが，従業員が数人退職したため**５人未満**になりますと，個人経営ですと強制適用業種でも任意適用事業所に該当してしまいます。このような場合は，わざわざ申請しなくても，そのまま強制適用の扱いになります。このことを，**擬制的任意適用事業所**（厚年法７）といっています。

Q 88

二つ以上の**事業所**が適用事業所で，**事業主が同一**だった場合は，どのようになるのですか。

A　**二つ以上の適用事業所**（船舶を除く）の**事業主が同一**であるときは，その事業主は**厚生労働大臣の承認**を受けて，一つの適用事業所とすることができます（厚年法８の２）。

Q89

二つ以上の船舶の所有者が同一の場合は，どのようになりますか。

A この場合は前問と異なりますから，注意が必要です。**二つ以上の船舶の所有者が同一**であるときは，一つの適用事業所とするのですが，**法律上当然の一括**で，厚生労働大臣の承認は不要です（厚年法８の３）。

Q90

厚生年金保険の**当然被保険者**とは，具体的にはどのような人をさすのですか。

A 厚生年金保険法第９条では，「**適用事業所に使用される70歳未満の者**は，厚生年金保険の被保険者とする」と規定しています。国民年金は原則として20歳以上60歳未満が**強制適用**（第１号被保険者の場合）ですが，**厚生年金保険は70歳未満が強制適用**です。適用事業所に使用される70歳未満の人は，本人の意思，国籍，性別，年齢などに関係なく，被保険者とされます。

Q91

適用除外者となる人は，どのような人ですか。

A 適用除外になる人は，次のような人です。

① 国，地方公共団体又は法人に使用される人で，**恩給法の適用**を受ける公務員，**共済組合**の組合員，私立学校教職員共済制度の加入者

② 臨時に使用される人

イ 日々雇い入れられる人（１か月を超え引き続き使用される場合を除く）

ロ ２か月以内の期間を定めて使用される人（所定の期間を超え引き続き使用される場合を除く）

③ 所在地が一定しない事業所に使用される人（巡回するサーカス等）

④　季節的業務に使用される人（スキー場等）（継続して４か月を超えて使用されるべき場合を除く）

⑤　臨時的事業の事業所（博覧会等）に使用される人（継続して６か月を超えて使用されるべき場合を除く）

※　これら**適用除外の人たち**は，他の法律によって保護されている人（恩給法，共済組合法等）と，勤務形態の性質上，保険料が徴収し難い人たちです。

Q 92

厚生年金保険法の**被保険者の種別**とは，どのようなことですか。

A

被保険者の種別は，昭和60年の法改正で廃止されたのですが，**経過的措置**として昭和60年の法附則第５条で規定されています。

①　**第一種被保険者**……一般の男子である被保険者です。

②　**第二種被保険者**……一般の女子である被保険者です。

③　**第三種被保険者**……坑内員と船員をいいます。

④　**第四種被保険者**……旧厚生年金保険法から引き継いだ，**任意継続被保険者**のことをいいます。

⑤　**船員任意継続被保険者**……船員保険法から受け継いだ，船員である任意継続被保険者のことをいいます。

Q 93

任意単独被保険者とは，どのような人ですか。

A

これは，厚生年金保険独自の制度で，適用事業所以外の事業所に就職した70歳未満の人が，自分１人だけは単独で被保険者になれるようにするものです。事業主の同意を得ることが必要となります。この同意が得られたら**厚生労働大臣の認可**を受け，個人で被保険者になります。同意を与えた事業主は，その**任意単独被保険者**について，厚生年金保険料の**２分の１を負担**

し，**保険料を納付する義務**も負うことになります（厚年法10）。

なお，任意単独被保険者は，いつでも厚生労働大臣の認可を受けて，被保険者の資格を喪失することができます（厚年法11）。

※　年金というのは，長い被保険者期間を必要とします。原則として25年以上の被保険者期間がないと受給資格ができません。たまたま就職した会社が，厚生年金保険の適用事業所でなかったとすると，年金を死ぬまで受け取れるか否かの問題ですから，本人にとっては重大事です。事業主が同意した場合に，保険料の２分の１の負担義務と事務手続義務が生じるというのも，本来事業主は社会保険料の負担やその事務負担をするのは，当然の社会的義務であると考えればよいでしょう。

Q94

高齢任意加入被保険者には**2種類**あると聞きましたが，その意味と違いについて教えてください。

A

高齢任意加入被保険者は，**70歳以上の人の任意加入制度**です。老齢給付を受給するのに必要な期間を満たしていない人が，**受給権を得るまで加入**できる制度です。

◎　**適用事業所に使用される70歳以上の人**で老齢厚生年金等の受給権を有しない人は，厚生労働大臣に**申し出て**，被保険者になることができます（厚年法附則４の３①）。

◎　**適用事業所以外の事業所**に使用される70歳以上の人であって老齢厚生年金等の受給権を有しない人は，**保険料の２分の１負担**と**納付義務**につき**事業主の同意**を得てから**厚生労働大臣の認可**を受けて被保険者になれます（厚年法附則４の５①）。

※　２種類とは，**適用事業所に使用される場合**と**適用事業所以外の事業所に使用される場合**の二つのケースがあるということです。前者は，厚生労働大臣に**申し出て**被保険者になれるのに対し，後者は，**適用事業所以外の事業所**ですから，まず**保険料の2分の1を事業主に負担**してもらい，かつ**納付手続き**も毎月事業主が行うことについて**事業主の同意**を得ます。この事業主の同意を得た後に，**厚生労働大臣の認可**を受けてはじめて，高齢任意加入被保険者になれます。

Q 95　「**第４種被保険者**」とは，どのような人たちですか。

A　この**第４種被保険者**というのは，旧制度で**被保険者期間が10年以上**ある人が被保険者でなくなった場合に，老齢年金を受給するのに必要な被保険者期間を満たしていないときは，厚生労働大臣に申し出て，老齢年金を受給できるようになるまで，個人で保険料を納めて資格を得ることができる制度でした（旧法では，20年間の被保険者期間が原則でした）。

この第４種被保険者制度は，昭和60年の改正で廃止されたのですが，一定の要件を備えた人たちのために経過的に残した制度です。

昭和61年４月１日（改正法の施行日）の前日において，すでに第４種被保険者であった人，**昭和16年４月１日以前**に生まれたもので，昭和61年４月１日の施行日に被保険者であった人，その他一定の要件に該当する人については，その施行日以後も経過的に第４種被保険者となることができるものとされています（昭60法附則43）。

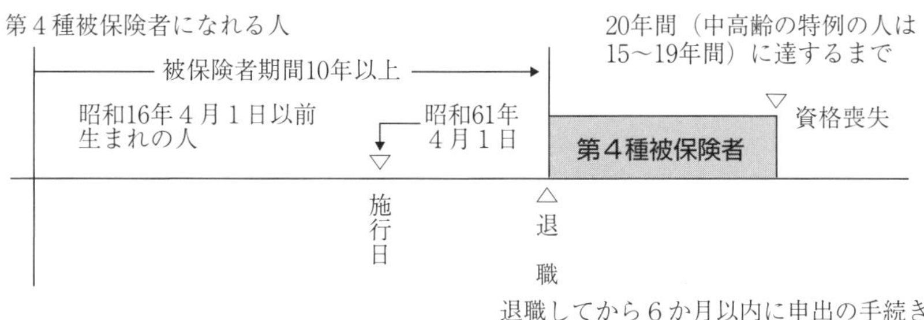

経過的に第４種被保険者になれる人は，厚生年金保険の被保険者期間が10年以上20年（中高齢の期間短縮措置に該当する人は，その期間）未満で，次のいずれかに該当する人です。

① **昭和16年４月１日以前**に生まれた人で，昭和61年４月１日に厚生年金保険の被保険者であった人

② 大正10年４月１日以前に生まれた人であって，昭和60年の法改正で被保

険者資格を喪失した人

③　施行日の前日に第４種被保険者であった人

④　施行日の前日に第４種被保険者の申出をすることができたのに申出をしなかった人

※　これらの人たちが，資格喪失日から起算して６か月以内に厚生労働大臣に申出をしなければなりません（昭60法附則43③）。

Q96

船員保険に加入している船員さんも，厚生年金保険に加入することになるのですか。

A　船員保険法による船員保険は，小型総合保険としてスタートし，その中には，職務外の年金部門も含まれていました。しかし，**昭和61年４月**からの基礎年金制度の導入にあわせて，**船員保険の職務外の年金部門**は**厚生年金保険に統合**されました。それ以後，船舶も厚生年金保険の**適用事業所**とされ，現在は，そこで使用される70歳未満の人は，厚生年金保険の当然被保険者となります。

医療給付は船員保険から受け，**年金**（職務外）は**国民年金・厚生年金保険**から受けることになります。

なお，船員さんは，平成22年から労災保険と雇用保険も強制適用となりました。現在の船員保険には，医療給付のほか，労災保険に上乗せして支給される給付があります。

Q97

法人の代表者や常勤の重役は，厚生年金保険法の被保険者になれるのですか。

A　法人の理事，監事，取締役，代表社員これらの**代表者**又は**業務執行者**であっても法人から労務の対償として報酬を受けている人は，法人に使用される人として被保険者とすることになっています（昭和24.７.28保発

74)。

Q 98　私は，**建設事業の下請け**をやっている者です。労災には特別加入しているのですが，**厚生年金保険に入る**ことはできないのですか。私は，ブルドーザーを１台持って元請けから仕事をもらっています。

A　あなたは，残念ながら独立の**下請業者**と認められ，厚生年金保険の被保険者とはなれません。法人の代表者が被保険者となれるのでおかしいと思われるのでしょうが，法人の場合は，代表者でも，法人から労務の対償として賃金を支払ってもらっているという考え方が成り立つのです。社長でも**個人経営の社長**は，労働者とみなすことはできないのです（昭10．３.18保発182)。

Q 99　私の経営している会社は，厚生年金保険の適用事業所です。最近よく**外国人**を雇用するのですが，社会保険の扱いを教えてください。

A　労働保険でも社会保険でも，**外国人**を日本人と同じように扱うのが原則です。厚生年金保険でも，適用事業所に使用される**70歳未満**の人は，本人の意思，国籍，性別，年齢に関係なく，被保険者です。

Q 100　外国人の氏名の記載については，何か気をつけることはありますか。

A　日本国籍を有しない被保険者の厚生年金保険の資格取得及び氏名変更の届書には，**ローマ字氏名届**を添えなければなりません。また，日本国籍を有しない国民年金第３号被保険者の資格取得の届出及び氏名変更の届出の際にも，**ローマ字氏名届**が必要です（いずれも平成26年10月１日施行）。これは，年金の記録上，氏名の表記を統一して，同一人物として取り扱われるようにするためです。

Q101 私は，**生命保険会社の外務員**をしていますが，厚生年金保険の被保険者にはなれないのですか。

A 生命保険会社の**外務員**の場合は，単に請負契約だから労働者でないという外見的使用関係にとらわれないで，**実態**で**判断**することになっています。その外務職員等の契約の内容だけでなく，人事，労務管理，報酬の支払方法，雇用期間の定め等の実態に即して判断することになっています（昭32．2.14保文発945）。あなたが実態として労働者に該当する場合は，厚生年金保険の被保険者になれます。

Q102 私は，会社の総務担当の者です。私の会社の労働組合で，**労働組合**の**専従職員**をおくことになりました。厚生年金保険の適用等の取扱いは，どうなりますか。

A 一般的にいえば，労働組合が専従となった場合は，従前の事業主との関係においては，被保険者の資格を喪失し，**労働組合**に**使用される者**として被保険者になることができます（昭24．7．7職発921）。

Q103 会社の経営状態がおもわしくないため，工場を休業して**休業手当**を支払っているのですが，**厚生年金保険**の**保険料**を納めなければなりませんか。

A 工場が休業中といえども**休業手当**を受けている間は，**被保険者**であるという通達が出ています（昭25．4.14保発20）。

休業手当は賃金の性格ですから，厚生年金保険料も納めなければなりません。

Q104　私は，現在の会社に10月１日に就職しました。それから３か月間は**試用期間**といわれ，年が明けた１月１日付で厚生年金保険の資格取得届を事業所で提出してくれたのです。こういう場合に，私は10月１日から資格を取得したことを主張できないのですか。

A　次の図解をみてください。

あなたが就職した会社は，いくつも間違いをおかしています。まず試みの使用期間は，労働基準法上も**14日間を超え**たら解雇予告等が必要になりますが，**厚生年金保険**では，**雇入れの日，10月１日**に**被保険者資格取得**です。正しくは，10月１日資格取得で，厚生年金保険法第27条による資格取得届は，５日以内の10月６日までに年金事務所に提出しなければなりません。

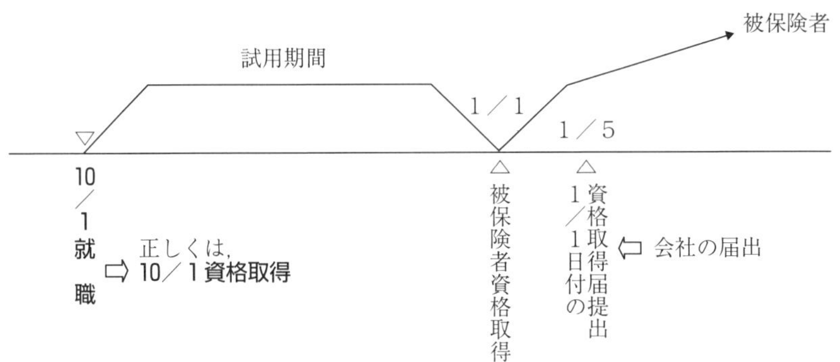

被保険者資格取得の日は，**事実上使用関係の発生した日**である（昭３．７．３保発480）という通達もあります。

事業場調査をした場合に，資格取得届洩が発見された場合は，すべて事実の日にさかのぼって，資格取得させるべきである（昭５.11.６保規522）という行政解釈も出されています。**試みに使用される者**について，従業員の出入がはげしく，雇い入れても永続きするかどうか不明である等，単に会社の都合によって被保険者の資格取得の時期を遅らせることはできない（昭13.10.12社庶

229）という通達も出されています。

Q105

私は，**パートタイム制**で**2か月間の契約**で現在の会社に就職したのですが，**引き続きパートタイム制**で働くことになりました。厚生年金保険の適用を受けることはできないのでしょうか。

A

厚生年金保険法第12条の適用除外では，２か月以内の期間を定めて使用される者については，所定の期間を超えて**引き続き使用された日**から，資格を取得することとされています。このように事業主に交渉してください。行政解釈も，**パートタイム制**でも**2か月を超えた人**は，その超えた日から被保険者とするという見解をとっております（昭31．7．10保文発5114）。

Q106

私は，**製氷**会社に就職して**5か月**になります。契約期間を特に定めなかったのですが，厚生年金保険の被保険者になれるでしょうか。

A

いわゆる**季節的業務**に該当したとしても，契約の期間を定めていないということは，**当初から4か月を超えて使用される**べき場合に該当しますので，はじめから被保険者として扱われることが正しいのです。まず，その旨を事業主と交渉してください。

参考までに，季節的業務といわれるものとは，どんなものか例示してみましょう。

①まゆの乾燥，②製糖，③酒類の製造，④製茶，⑤製穀，⑥製粉，⑦澱粉製造，⑧清涼飲料水の製造，⑨製氷，⑩凍豆腐の製造，⑪水産品の製造，⑫魚介，⑬果実，⑭トマトソースの製造

これらの業務であっても，当初より継続して４か月を超えて使用されるような場合には，当初より被保険者とする（昭17．3．7総年56）という通達が出ています。

Q107

私は，昭和17年６月１日から昭和28年11月30日までの間，**坑内員**であった者ですが，厚生年金保険の被保険者期間はどのように計算するのですか。

A

戦時加算の期間があったかによって異なりますが，一般的に，昭和17年６月１日から昭和28年11月30日までの期間，138か月間抗内員であった人の**被保険者期間**は，次のような計算を行います。

◎　**抗内員**としての被保険者期間

$138\text{か月}\times\frac{4}{3}=184\text{か月}$……………………………………①

◎　**戦時加算**の期間…昭和19年１月１日から昭和20年８月31日までの期間

$20\text{か月}\times\frac{4}{3}\times\frac{1}{3}=8\frac{8}{9}\text{か月}$……………………………………②

◎　$①+②=184\text{か月}+8\frac{8}{9}\text{か月}=192\frac{8}{9}\text{か月}$

Q108

厚生年金保険の**被保険者期間**は，どのように計算するのですか。

A

被保険者期間は，**月**（暦月１か月）を**単位**として計算し，被保険者資格を取得した月から，その資格を喪失した月の前月までを算入します（厚年法19①）。

①
5／1 ▽ 取得日
7／30 ▽ 退社日
7／31 ▽ 喪失日

このケースでは，取得日５月１日から喪失した月７月の前月である６月までとなります。

①の例では，被保険者期間として算入されるのは**２か月間**だけです。

②　5／31（取得日）　7／31（退社日）　8／1（喪失日）

②の例では，取得日が５月31日でも，５月は１か月として計算します。喪失日は退職した日の翌日ですから，**月末退職**の場合は**翌月**に**喪失日**がずれこむことになります。②の例では，７月31日退職なら喪失日は**8月1日**です。そうしますと，喪失月が８月となります。その喪失月の前月は７月です。７月も計算の対象になりますので，このケースでは被保険者期間は**3か月間**となります。

Q109

同一月に就職して，**その月に退職**した場合の被保険者期間は，どのようになりますか。

被保険者の資格を取得した月に退職などで資格を喪失したときは，その月は**1か月間**として計算することになっています（厚年法19②）。

5／1（入社）　5／30（退社）

Q110

同一月に取得と喪失を繰り返した場合は，どのようになりますか。

A

同一月に取得と喪失をくり返した場合は，最後の１か月間だけを計算します。**資格取得の回数**に関係なく，１か月間のみ計算するのです。その間に種別の変更があった場合は，**最後**の被保険者であった**種別**とみなします（昭60法附則46）。

5／1	5／10	5／15	5／20	5／25
▽	▽	▽	▽	▽
入社	退社	入社	退社	入社

被保険者期間の間に**抗内員**や**船員**であった期間がある人の被保険者期間の計算方法について，説明してください。

A　第３種被保険者期間（**抗内員，船員**）については，その労働条件が他の一般の人たちより厳しい環境で労働するので，有利な方法で計算することになっています。

① **昭和61年３月**までは，

被保険者であった実際の期間×$\frac{4}{3}$

の計算をして，得た期間を被保険者期間とすることになっています。

② **昭和61年４月**から**平成３年３月**までの期間は，

被保険者であった実際の期間×$\frac{6}{5}$

の計算をして，得た期間を被保険者期間とします。なお，**老齢基礎年金の年金額の計算上は，実期間で算出**します。

③ **平成３年４月以降**は，この特例の扱いはなくなり，一般と同様に計算されることになりました。なお，戦時加算の抗内員特例計算については，【Q107】の〔A〕にくわしく述べてありますので，参照してください。

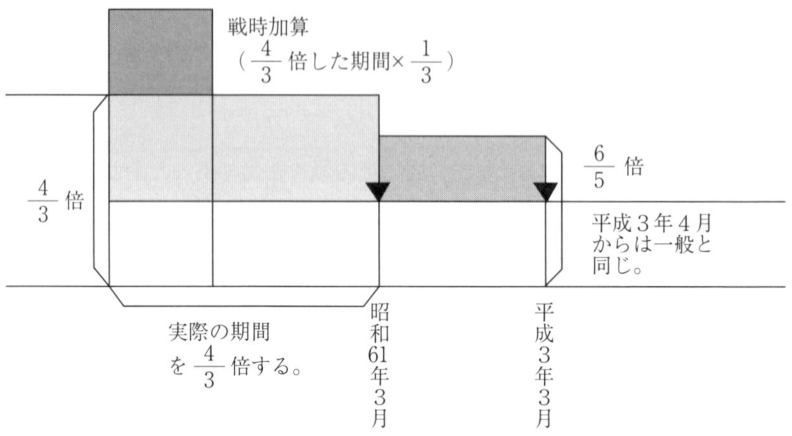

Q112 旧法の制度の**脱退手当金**を受け取ってしまった期間の扱いについて教えてください。

A 大正15年４月２日以後に生まれた人で昭和61年３月までに脱退手当金を受け取った人は，その額の計算の基礎となった期間のうち昭和36年４月から昭和61年３月までの期間について，昭和61年４月以後国民年金の被保険者期間がある場合には，**合算対象期間**として扱われます。

① 大正15年４月１日以前生まれ → **旧法の適用の人**

② 大正15年４月２日以後生まれ → **新法の適用の人**

※ 昭和61年３月までに受け取っている人……昭和61年４月以後に受け取った人は，この扱いをしません。ということは，昭和61年４月以後に脱退手当金を受け取った人は，被保険者期間に算入しないということです。

※ 昭和36年４月から昭和61年３月までの期間……国民年金法の拠出型が制定施行されたのは，昭和36年４月１日ですから，昭和36年３月31日以前は合算対象期間として扱いません。

※ 昭和61年４月以後国民年金に加入した期間がある人の特例です。

要するに，**脱退手当金**を受け取った時期が**旧法の時**であって（昭和61年３月31日以前），**新法**の**国民年金**の**期間**を**有する人**が新法の老齢基礎年金の適用者であるときは，**合算対象期間**として計算するということです。

脱退手当金受取期間の扱い

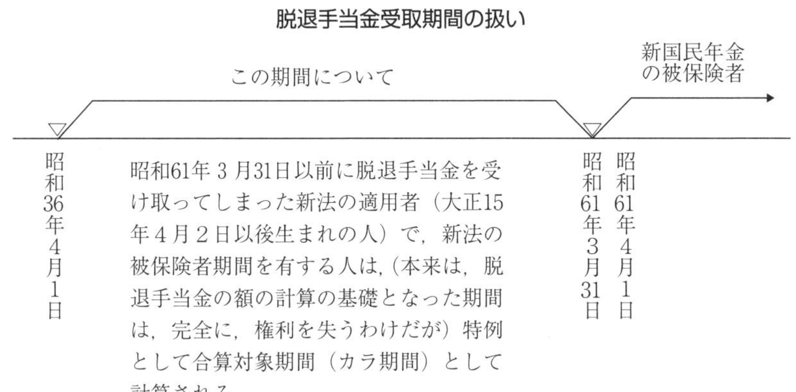
この期間について
新国民年金
の被保険者
昭和36年4月1日
昭和61年3月31日以前に脱退手当金を受け取ってしまった新法の適用者（大正15年４月２日以後生まれの人）で，新法の被保険者期間を有する人は，(本来は，脱退手当金の額の計算の基礎となった期間は，完全に，権利を失うわけだが）特例として合算対象期間（カラ期間）として計算される。
昭和61年3月31日
昭和61年4月1日

Q113

標準報酬月額とは，何のことでしょうか。

A　保険料を徴収したり，保険給付をするときに，１人１人の報酬で計算しますと，各人の報酬が異なっているため煩雑です。そこで，一定のワクを決めいくつかの**等級に分類**したものを**標準報酬月額**といっています。

標準報酬月額のもとになるのは報酬ですが，報酬は，賃金，給料，俸給，手当，賞与，その他いかなる名称であるかを問わず，労働者が**労働の対償**として受けるすべてのものをいっています。ただし，臨時に受けるものや３か月を超える期間ごとに受けるものは，除外しています。また，報酬の全部又は一部が通貨以外の現物で支払われる場合には，その価額はその地方の時価によって厚生労働大臣が決めることになっています（厚年法25）。

この報酬をもとに，**役所がきめたランク付**を標準報酬月額といっており，現在，第１級98,000円から第30級620,000円まで決められています。

〔厚生年金保険〕標準報酬月額一覧表

標準報酬		
等級	月額	報酬の範囲 円以上〜円以下
1	98,000	〜100,999
2	104,000	101,000〜106,999
3	110,000	107,000〜113,999
4	118,000	114,000〜121,999
5	126,000	122,000〜129,999
6	134,000	130,000〜137,999
7	142,000	138,000〜145,999
8	150,000	146,000〜154,999
9	160,000	155,000〜164,999
10	170,000	165,000〜174,999
11	180,000	175,000〜184,999
12	190,000	185,000〜194,999
13	200,000	195,000〜209,999
14	220,000	210,000〜229,999
15	240,000	230,000〜249,999
16	260,000	250,000〜269,999
17	280,000	270,000〜289,999
18	300,000	290,000〜309,999
19	320,000	310,000〜329,999
20	340,000	330,000〜349,999
21	360,000	350,000〜369,999
22	380,000	370,000〜394,999
23	410,000	395,000〜424,999
24	440,000	425,000〜454,999
25	470,000	455,000〜484,999
26	500,000	485,000〜514,999
27	530,000	515,000〜544,999
28	560,000	545,000〜574,999
29	590,000	575,000〜604,999
30	620,000	605,000〜

(注)① 厚生年金保険の標準報酬月額等級の下限は第１級98,000円，上限は第30級620,000円。なお，上限については，毎年３月31日における全被保険者の標準報酬月額の平均額の100分の200に相当する額が，現在の上限を超える場合には，その年の９月１日から，政令で等級区分の改定を行い，上限を引き上げることができる。

② 健康保険の標準報酬月額等級の下限は第１級58,000円，上限は第47級1,210,000円。こちらについても，上限の引き上げ（等級区分の改定）の規定がある。ただし，その適用基準は，厚生年金保険のものとは異なる。

Q114　標準報酬月額の**資格取得時の決定**とは，何でしょうか。

A　標準報酬月額の決め方は，健康保険法の場合と同様です。**資格を取得**した人があるときは，まず，次の①～④の方法で，報酬の平均額（報酬月額）を算出します。そして，その報酬月額を標準報酬月額等級表にあてはめて，**標準報酬月額**を決定します（厚年法22①）。

①　**月**，**週**その他の一定の期間によって報酬が定められたときは，その入社時の報酬をその期間の**総日数で除し**て１日分を算出し，その**１日分**の報酬を**30倍**した額

②　次に，**日**，**時間**，**出来高**又は**請負**という形態で報酬が決められたときは，その**事業所で**，ここ１か月間の間に，**同じような仕事**をした人が受けた報酬の額を平均した額

③　上記①**と**②**の方法で算定するのが難しい**ものについては，被保険者の資格を取得した月前１か月間に，**その地方で**同じような仕事をして，同じような報酬を受ける人が受けた報酬の額

④　上記①・②・③で計算した金額の**二つ以上**にあてはまる報酬を受けるときは，それぞれによって算定した額の**合算額**

※　資格の取得時に決定された標準報酬月額は，被保険者の資格を取得した月からその年の８月までの標準報酬月額とします。ただし，**取得した月**が**６月１日から12月31日**までの人は，**翌年の８月**までの有効期間とします（厚年法22②）。

標準報酬月額の**定時決定**とは，どういうものか説明してください。

A 定時決定も，健康保険法の考え方と全く同じです。毎年定期的に行うもので，**算定基礎届**といっております。

毎年7月1日現在に使用している被保険者を対象にして，**4月，5月，6月**の同日前3か月間に受けた報酬をその期間の月数で（3か月なら3で）除して得た金額を報酬月額として標準報酬月額を決めます。この計算をするとき各人別に行うのですが，報酬の支払の基礎となった日数が**17日未満**の月を**除いて**計算することになっています（厚年法21①）。

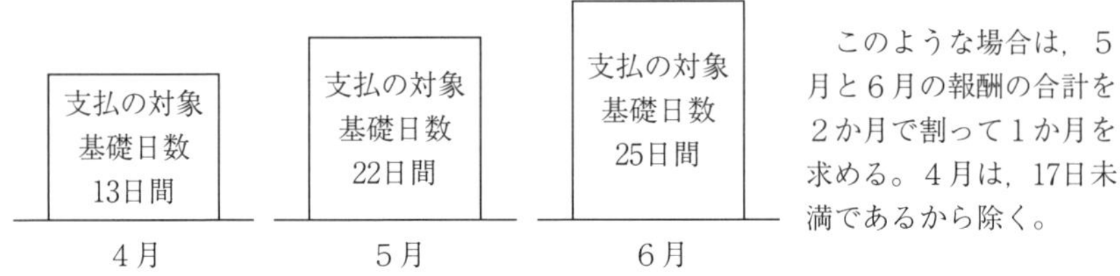

この定時決定がされたときは，原則としてその年の**9月**から**翌年の8月**までの各月の標準報酬月額としますが，**6月1日から7月1日まで**の間に資格を取得した人の場合は，その有効期間が**翌年の8月**までなので定時決定の対象者にしません（厚年法21③）。また，**7月から9月まで**の間に，標準報酬月額が次に述べる**随時改定**，**産前産後休業終了時改定**又は**育児休業等終了時改定**で改定される人も，有効期間が**翌年の8月**までになるため，定時決定の対象者から除外することになっています。

標準報酬月額の**随時改定**について，説明してください。

A　まず，随時改定をする場合は，**継続した３か月間**の各月のいずれもが，報酬支払の基礎となった日数が**17日以上**でなければなりません。その継続した３か月間の報酬を３か月で除して１か月分の報酬を計算します。その１か月分の報酬が前の報酬月額に比べて**著しく高低**を生じた場合（標準報酬月額の等級表でいえば，２等級以上の差を“著しく高低が生じた”とみなすことを原則とします）に行われます。

臨時改定の図

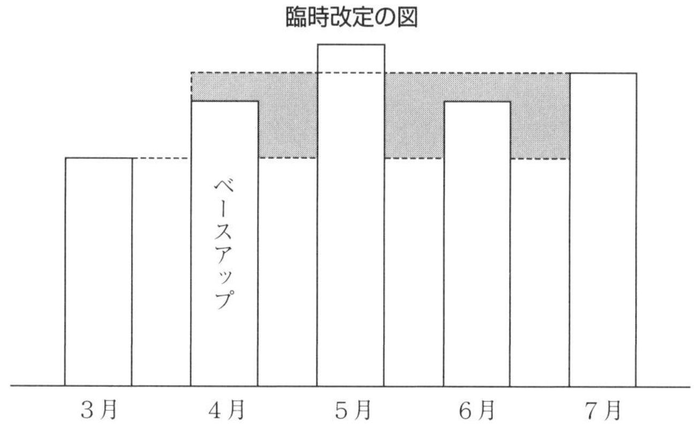

※　３月までと比べ**２等級以上**上昇。４月にベースアップがあって，４月，５月，６月の３か月間がいずれの月も報酬支払の基礎日数が17日以上で，２等級以上の上昇等があれば，７月より改定する。

随時改定された月が**１月から６月まで**のときは，**その年の８月**までの標準報酬月額とします。**７月から12月まで**のときは，**翌年の８月**までの標準報酬月額とします（厚年法23）。

Q117

育児休業等を終了した際に**標準報酬月額を改定**することができる制度があると聞きました。どのような制度なのか，教えてください。

A **育児休業等**＊を終了した被保険者を対象としています。そのような**被保険者**が事業主を経由して厚生労働大臣に**申出**をしたときには，**育児休業等終了日の翌日が属する月以後の３か月間**に受けた**報酬の総額**を**その期間の月数**で除して得た額を報酬月額として，**標準報酬月額を改定**するというものです。この際，報酬の支払の基礎となった日数が**17日未満**の月は除いて算定します。この規定により，育児休業等終了日の翌日から起算して**２か月を経過した日の属する月の翌月**から標準報酬月額が**改定**されます（厚年法23の２）。

なお，将来の年金額は，**３歳未満の子を養育する期間中の特例**により，**下がる前**の標準報酬月額に基づいて計算されます。これなら，「年金が少なくなるのでは」と心配せずに，子育てをすることができますね。

＊　**育児休業等**……育児・介護休業法に規定する育児休業又はこれに準ずる休業で**３歳に満たない子を養育するための休業**をいいます。

Q118

産前産後休業を終了した場合にも，標準報酬月額の改定は行われますか。

A 平成26年４月１日施行の改正により，**被保険者**が事業主を経由して申出をすると，産休を終えて職場復帰したときに，保険料を早く下げられるようになりました。算定の対象となる３か月間のうち，報酬支払基礎日数が**17日未満**の月は除きます。随時改定と異なり，標準報酬月額が**１等級**でも下がれば改定されます。

産前産後休業に続いて**育児休業**をする人については，この改定は行われません。

なお，産前産後休業の期間は，出産の日（予定日後の出産の場合は出産の予定日）以前**42日**（双子などの多胎妊娠なら98日）から出産の日後**56日**までです。この期間に，妊娠又は出産に関する事由を理由として労務に服さない場合に限られます。

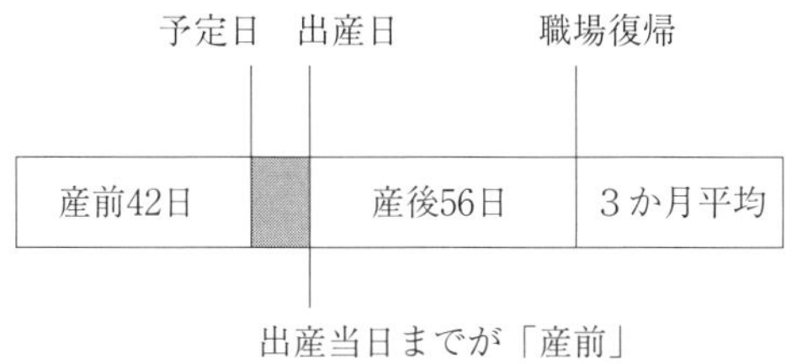

３か月間の平均は，「産前産後休業終了日の翌日が属する月」以後で算出します。

たとえば，12月10日が出産予定日で，12月15日に出産し，産後57日目ですぐに職場復帰した場合には，賃金締切日が20日なら，次のようになります。

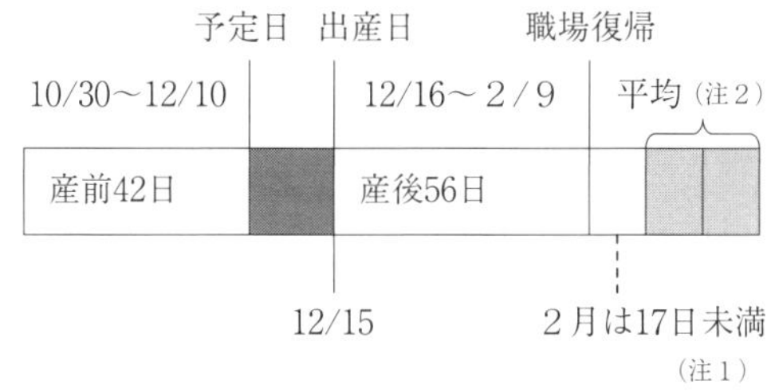

（注１）　職場復帰した２月10日から２月20日までは17日未満なので，計算に入れない。

（注２）　３月分（２月21日から３月20日まで）と４月分（３月21日から４月20日まで）がいずれも報酬支払基礎日数17日以上なら，２か月分の平均で標準報酬月額を改定する。改定月はこの場合は５月で，実際に本人の給与明細上で保険料が低くなるのは，６月分（６月末納付分の保険料）からとなる。

Q119

標準報酬月額の決定・改定に係る**有効期間**をまとめてください。

次の図表にまとめておきます。

決定・改定方法	有　効　期　間
資格取得時決定	・**1月1日〜5月31日**までの間に資格取得 ⇨ **その年の8月**まで ・**6月1日〜12月31日**までの間に資格取得 ⇨ **翌年の8月**まで
定　時　決　定	⇨ **その年の9月から翌年の8月**まで （この間に，随時改定等される者を除く）
随　時　改　定 育児休業等終了時改定 産休終了時改定	・**1月〜6月**までの間に改定 ⇨ **その年の8月**まで ・**7月〜12月**までの間に改定 ⇨ **翌年の8月**まで

Q120

保険者算定とは，何のことですか。

A　標準報酬月額を資格取得時の決定，定時決定，産前産後休業終了時改定，育児休業等終了時改定の四つの方法で算定するのが**困難なとき**や，これらの方法又は随時改定により算定した**結果が著しく不当**であるときは，厚生労働大臣が算定する額を報酬月額として標準報酬月額を決定します。このことを**保険者算定**といいます。

この保険者算定を行う場合とは，次のようなケースをいいます。まず，定時決定については，

① 4月，5月，6月の3か月間において，3月分以前の給料の**遅配分**を受け，又はさかのぼった昇給によって数か月分の**差額**を一括して受ける場合

② 4月，5月，6月のいずれかの月において，低額の**休職給**を受けた場合

③ 4月，5月，6月のいずれかの月において，ストライキによる**賃金カット**があった場合

以上のようなケースは，定時決定について保険者算定が行われます。

また，随時改定について保険者算定を行うケースとして，次の場合があります（昭36．1．26保発４）。

① さかのぼって昇給の発令があり，数か月分の**差額支給**により**２等級以上の差**を生じた場合

② 昇給のあった月及びその前２か月又はその前後１か月の計３か月間において２等級以上の差を生じた場合

Q121

標準賞与額とは，何のことですか。

A

平成15年４月１日から「総報酬制」が実施され，それ以後，**賞与**も，報酬と同じ率で保険料の対象とされ，保険給付の額にも反映されることになりました。その際，賞与の支払額をそのまま用いるのではなく，『**標準賞与額**』を用いることとしました。

この『**標準賞与額**』は，労働者（被保険者）が**賞与を受けた月ごと**に，その**賞与額**（**1,000円未満**の端数があるときはこれを**切り捨てる**）に基づいて，厚生労働大臣が決定します。なお，標準賞与額には，現在**150万円の上限**が設けられています。

ちなみに，健康保険法においても標準賞与額を用いますが，上限は現在，年度の累計で540万円とされています。

Q122

第４種被保険者（任意継続被保険者）や**船員任意継続被保険者**の標準報酬月額は，どうなっているのですか。

A

第４種被保険者も**船員任意継続被保険者**も旧制度を経過的に残したものですから，扱い方も特別です。第４種被保険者の標準報酬月額は，その被保険者の資格を取得する前の**最後の標準報酬月額**とされています。また，

船員である任意継続被保険者の標準報酬月額は，**昭和61年３月の標準報酬月額**とされています（昭60法附則50①・③）。

Q 123 標準報酬月額の**資格取得時の決定**の手続きは，どのようになっていますか。

A 資格の取得の届出は，事業主が，**その事実があった日から５日以内**に厚生年金保険被保険者資格取得届を事務センター又は年金事務所に提出することによって行います。CD，DVD等（光ディスク）による届出もできます（厚年法27，厚年則15）。

Q 124 **定時決定**の手続きは，どのようになっていますか。

A 毎年７月１日現に使用する被保険者の報酬月額についての届出は，事業主が，**７月10日まで**に厚生年金保険被保険者報酬月額算定基礎届（様式８号）を事務センター又は年金事務所に提出することによって行います。CD，DVD等による届出もできます（厚年則18）。

Q 125 **随時改定**の手続きは，どのようにするのですか。

A 報酬月額変更の届出は，事業主が**すみやかに**厚生年金保険被保険者報酬月額変更届（様式９号）を事務センター又は年金事務所に提出することによって行うことになっています。CD，DVD等による届出もできます（厚年則19）。

Q126

標準賞与額の決定に関する手続きを教えてください。

A　事業主は，被保険者に賞与を支払ったときには，**５日以内**に，厚生年金保険被保険者賞与支払届（様式９号の２）を事務センター又は年金事務所に提出しなければなりません。CD，DVD等による届出もできます（厚年則19の５）。

Q127

被保険者に関する**原簿**は，誰が作成して，どのような内容の記載事項ですか。

A　**厚生労働大臣**は，被保険者に関する**原簿**を備えます。その原簿に被保険者の氏名，資格の取得及び喪失の年月日，標準報酬その他厚生労働省令で定める事項を記録することになっています。その内容は，次のとおりです（厚年法28，厚年則89）。

① 被保険者の基礎年金番号
② 被保険者の生年月日及び住所
③ 被保険者の種別及び基金の加入員であるかないかの区別
④ 事業所の名称及び船舶所有者の氏名
⑤ 被保険者が基金の加入員であるときは，その基金の名称
⑥ 賞与の支払年月日
⑦ 保険給付に関する事項

Q128

被保険者資格の取得や**喪失の確認**とは，どのようなことですか。

被保険者資格の**取得**及び**喪失**は，**厚生労働大臣**の**確認**によって，その効力が生ずることになっています。被保険者又は被保険者であった

人は，いつでも確認の請求をすることができます。

原則として，確認は，事業主が行った被保険者の資格の取得，喪失の届出に基づいて行われます（厚年法27，18，31）。

確　　認
- ①　原則は事業主の届出による確認
- ②　厚生労働大臣が職権で行う確認
- ③　被保険者等の請求による確認

Q129

厚生年金保険の**当然被保険者**が**資格を喪失**したときの手続きは，どのようにするのですか。

A　被保険者の資格喪失の届出は，事業主が，その事実があった日から**５日以内**に，厚生年金保険被保険者資格喪失届（様式11号）を事務センター又は年金事務所に提出することによって行います。CD，DVD等による届出もできます（厚年法27，厚年則22）。

Q130

厚生年金保険の被保険者の**種別が変更**したときの届出について，説明してください。

A　被保険者の種別の変更及び厚生年金基金の加入員であるかないかの区別の変更の届出は，事業主が，その事実があった日から**５日以内**に行います（厚年則20）。

Q131

厚生年金保険の**適用事業主**の**氏名等**が**変更**になった届出は，どのようにするのですか。

A　事業主は，その氏名，名称，住所，又は事業所の名称，所在地に変更があったときには，**５日以内**に，事業所の名称及び所在地，変更前の事項及び変更後の事項と変更した年月日等を記載した届書を提出しなければなりません（厚年則23）。

Q 132 適用事業所の**事業主**が**変わってしまった**ときの手続きは，どのようになっていますか。

A 事業主に変更があったときは，原則として，**前事業主**と**新事業主**は**５日以内**に**連署**をもって届出をしなければなりません（厚年則24）。

Q 133 厚生年金保険の**被保険者の氏名**が**変わった**ときの届出は，いつまでにすればよいのですか。

A これは，**すみやかに**することになっています。事業主は，被保険者の氏名が変わったという報告を受けたときには，すみやかに，その年金手帳に変更後の氏名を記載して，厚生年金保険被保険者氏名変更届（様式10号の２）を提出しなければなりません（厚年則21）。

Q 134 **第４種被保険者**の**氏名変更**や**住所変更**は，どのようにするのでしょうか。

A 第４種被保険者は，退職後ですから事業主がするのではなく，当然，**本人**がすべて行わなければなりません。

第４種被保険者がその**氏名を変更**したときは，**10日以内**に，年金手帳の基礎年金番号と変更前の氏名を記載した届書を日本年金機構（窓口は年金事務所など）に提出しなければなりません（厚年則９）。

また，**第４種被保険者**が**住所**を**変更**したときは，**10日以内**に，年金手帳の基礎年金番号と変更前の住所を記載した届書を事務センター又は年金事務所に提出しなければならないことになっています（厚年則９の２）。

Q135

高齢任意加入被保険者で適用事業所に使用される人で保険料の負担や納付義務を負っている場合は，厚生労働大臣に申し出て被保険者になれるということですが，**住所を変更**したときの手続きは，どのようにするのですか。

A **高齢任意加入被保険者**は，事業所に使用されていても**事業主**が事務手続きをやってくれることを**同意しない限り**，被保険者自らその住所を変更した場合の届出もしなければなりません。高齢任意加入被保険者は，基礎年金番号や変更前の住所を記載した届書を変更したときから**10日以内**に，事務センター又は年金事務所に提出しなければならないことになっています（厚年則５の５）。

Q136

事業主が高齢任意加入被保険者の**保険料の半額**を**負担**することに**同意したとき**の手続関係は，どのようになるのですか。

A 高齢任意加入被保険者の保険料を半額負担することを**同意した事業主は**，**10日以内に**，高齢任意加入被保険者の氏名，生年月日及び住所，事業所の名称，所在地，保険料半額負担に同意した旨及びその年月日等を記載した届書を提出しなければなりません（厚年則22の３）。

また，高齢任意加入被保険者に係る**同意を撤回した場合**も，事業主は，**10日以内**に，一定の書類に記載して届け出ることになっています（厚年則22の４）。

Q137

年金の受給権者の**現況届**が，原則として**不要**となったそうですが，どのようなことですか。

A 年金受給権者は，毎年，**指定日**（原則＝誕生日の属する月の末日。国民年金の福祉型の年金＝７月31日）までに，主に生存確認のために所定の**現況届**を提出することになっていましたが，**平成18年10月**からは，年金受給権者や加給年金額・加算額対象者の**生存確認**は，**住民基本台帳ネットワークの本人確認情報で行う**ことになり，現況届は原則廃止となりました。

しかし，住民基本台帳ネットワークの情報で生存確認ができなかった年金受給権者については，毎年指定日までに，従来と同様の届出が必要です。

なお，住民基本台帳ネットワークによる情報で年金受給権者及び加給年金額・加算額対象者の生存確認はできますが，生計維持関係や親族（続柄）関係の確認はできません。したがって，**加給年金額・加算額の加算がある年金受給権者**は，生計維持関係や親族関係の状況確認のため，毎年**指定日**までに，**従来と同様の届出**をすることになっています。また，**障害基礎年金・障害厚生年金の受給権者**については，厚生労働大臣の求めに応じて，その**指定する年**においては，**障害の現状に関する届出**をしなければならないことになっています。

Q138

厚生年金保険の**保険給付の種類**には，どのようなものがあるのですか。

A

サラリーマンの年金である厚生年金保険の場合は，**老齢**，**障害**，**遺族**について，原則としては，１階部分として支給される国民年金の老齢基礎年金，障害基礎年金，遺族基礎年金の**上乗せ部分（２階部分）**を担当します。

老齢厚生年金	障害厚生年金	遺族厚生年金
老齢基礎年金	障害基礎年金	遺族基礎年金

保険給付の種類としては，**老齢厚生年金**，**障害厚生年金**及び**障害手当金**，それに**遺族厚生年金**です（厚年法32）。

例外的組合わせや特殊なものは，後ほど詳しく述べていきましょう。

Q139 厚生年金保険の保険給付の**受給権の裁定**は，誰が行うのですか。

受給権者の請求に基づいて，**厚生労働大臣**が行います（厚年法33）。

※「厚生労働大臣」は，平成27年10月からは，「実施機関」となる予定です。

Q140 厚生年金保険の**保険給付の特例的**なものには，どのようなものがあるのですか。

A 保険給付の種類として，法第32条には，老齢厚生年金，障害厚生年金及び障害手当金，遺族厚生年金があげられていますが，特例として，**特例老齢年金**（厚年法附則28の３）及び**特例遺族年金**（厚年法附則28の４）があります。また，経過的に支給される**脱退手当金**（昭60法附則75）があります。

Q141 厚生年金保険の保険給付の額の**端数処理**は，どのようになっていますか。

A ①保険給付の額又は加算する額に**50円未満の端数**が生じたときは，これを切り捨てます。**50円以上100円未満の端数**が生じたときは，これを100円に切り上げます（厚年法35①）。以上のほか，②保険給付の額を計算する場合に生じる**１円未満の端数の処理**については，50銭未満は切り捨て，50銭以上１円未満は１円に切り上げます。ただし，②の方法により裁定又は改定した保険給付額とこの方法によらないで裁定又は改定した保険給付額との差額が100円を超えるときは，②の端数処理はしないことになっています（厚年令３）。

※ 平成27年10月からは，①は「50銭未満の端数を切捨て，50銭以上１円未満は１円に切上げ」と改正される予定です。

Q 142　厚生年金保険の**支給期間**と**支給停止期間**について，説明してください。

A　年金の支給は，年金を**支給すべき事由**が**生じた月の翌月から**開始します。そして，**権利が消滅した月まで**支給します（厚年法36①）。

年金の支給を停止すべき事由が生じたときは，その事由が生じた月の翌月から，その事由が消滅した月までの間は支給しないことになっています。

Q 143　厚生年金保険の**支払期月**について，説明してください。

A　年金の支給は，毎年**2月，4月，6月，8月，10月**及び**12月**の**6期**に，それぞれその前月分まで支払います。ただし，前支払期月に支払うべきであった年金又は権利が消滅した場合のその期の年金は，たとえ支払期月でない月であっても支払うことになっています（厚年法36③）。

※　平成27年10月から，次の改正が予定されています。
　支払額に１円未満の端数が生じたときは切り捨てるが，３月から翌年２月までの切り捨て額の合計額を２月の支払期月の年金額に加算する。

Q 144　**脱退手当金**とは何ですか。その取扱いについて，説明してください。

A　旧制度にあった制度で，**経過的**に新制度でも受け継いでいます。

脱退手当金の支給を受けた人は，その額の計算の基礎となった被保険者であった期間は被保険者でなかったものとみなされます。年金制度が発足してまもない頃は，保険料を納付しても年金を受け取れないことが明らかな人も多く，そのような人たちのために設けた制度です。女子社員が短期で退職するときに受け取るケースが多く，**弊害がめだった制度**です。

脱退手当金を受け取るためには，次の要件が必要です。

① **昭和16年４月１日以前**に生まれていること

② 被保険者期間が５年以上あること

③ 60歳に達していること

④ 被保険者資格を喪失していること

⑤ 厚生年金保険の年金を受ける資格がないこと

脱退手当金として支給される金額は，全被保険者期間中の標準報酬月額の平均額に，次に示す支給率を乗じた金額となります。

（被保険者期間）	（率）
60か月以上72か月未満	1.1
120か月以上132か月未満	2.4
180か月以上192か月未満	3.9
228か月以上	5.4

脱退手当金を受けますと，その金額の計算のもとになった期間は，被保険者でなかったものとみなされます（旧厚年法71）。

ただし，大正15年４月２日以後生まれで（**新法**の**適用者**で），**昭和61年３月31日以前**に脱退手当金を受けていた人が昭和61年４月１日以後**国民年金の加入期間**を有するときは，昭和36年４月から昭和61年３月までの脱退手当金の計算のもとになった期間は，特例措置として新法の**合算対象期間（カラ期間）**として算入されることになっています。

昭和61年４月１日以後，脱退手当金を受けた場合は，この特例の適用はなく，合算対象期間としても扱われず，被保険者期間でなかった期間とみなされます。

Q145　厚生年金保険における**未支給の保険給付**とは，何のことですか。

A　保険給付の受給権者が受け取るべき給付を受け取らずに死亡した場合を**未支給の保険給付**といっております。**国民年金法**第19条の未支給の規定をみますと，年金給付の受給権者が死亡した場合においてと，限定した言いまわしをしております。これは，一時金の受給権者を除外しているのです。**厚生年金保険法**の第37条では，保険給付の受給権者という表現になっています。こちらは，障害手当金などの一時金も含んでいるのです。その保険給付の未支給分を**請求できる人**たちは，その死亡した者の**配偶者**，**子**，**父母**，**孫**，**祖父母**，**兄弟姉妹**又はこれらの者以外の**三親等内の親族**で，その者の死亡の当時その者と**生計を同じく**していた人です。この人たちは，**自己の名で**，その**未支給の保険給付**の支給を**請求**することができることになっています（厚年法37①）。

なお，次のような特殊なケースもあるので，紹介しておきます。

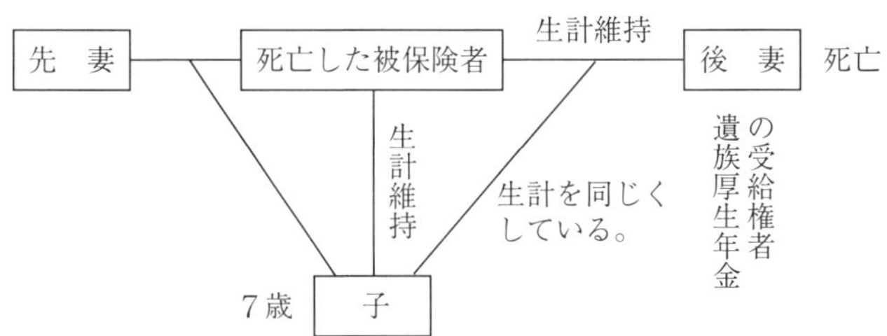

上の図で，死亡した被保険者の**遺族厚生年金の受給権者**が，**後妻**であったとします。

後妻と子（夫の連れ子）は**生計を同じく**していたら，後妻のほうに遺族厚生年金，遺族基礎年金の受給権が生じ，子は，その間，支給停止となります。その**後妻が**遺族厚生年金の**未支給分**を残して**死亡**した場合には，この**子は**，**支給停止を解除**されます。支給停止を解除された場合は，この後妻の未支給の遺族厚生年金についても第37条第１項の子とみなします。この死亡した被保険者の子は，**後妻**と**養子縁組**を結ばないと**親子関係**は生じませんが，特に子とみなし，後妻の未支給の遺族厚生年金を受け取る権利があることとしたのです（厚年法37②）。 未支給の保険給付について，死亡した受給権者が，死亡する前に，その保険給付分について請求していなかったときは，その遺族は，自己の名でその保険給付について請求することができます（厚年法37③）。

未支給の保険給付を受けるべき人の**順位は，配偶者，子，父母，孫，祖父母，兄弟姉妹**，これらの者以外の**３親等内の親族**の順序によります（厚年法37④）。

また，未支給の保険給付を受けるべき同順位者が２人以上あるときは，そのうちの１人がした請求は，全員のためにその全額についてしたものとみなします。そして，そのうちの１人に対してした支給は，全員に対してしたものとみなします（厚年法37⑤）。

Q146

併給の調整とは，何のことですか。

A 併給の調整というのは，１人の人が二つ以上の年金の**受給権**を得た場合は，その者が選択する一方のみを支給し，他方は支給停止とするものです。後で，**選択替え**は，**自由**にできることになっています。

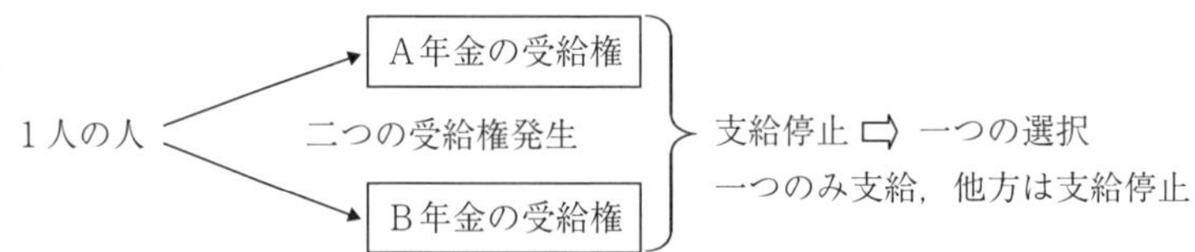

Q147

併給の調整で二つの受給権が発生した場合は，**１人一年金の原則**が働くといいますが，**老齢基礎年金**と**老齢厚生年金**も二つに該当するのではないですか。

A

国民年金と厚生年金保険で，支給事由が同じものは，**上下一体１組**と考えてください。

図解の（A）のように，**老齢基礎年金**と**老齢厚生年金**は，新年金制度では，基礎年金と上乗せ年金の関係で，上下一体１組で考えます。また，（B）のように，さらに**付加年金**が加わっても付加年金は，老齢基礎年金と運命をともにするもので，これも１組と考えるのです。こういうものは，併給の調整の対象とはなりません。

Q148

併給の調整で，１人の人が**二つ以上**の年金を**受給できない**とは，具体的にはどのようなことですか。

A

たとえば，**障害厚生年金**の**受給権者**が，新たに**遺族厚生年金**の**受給権**を取得しても，両方は支給しませんということです。

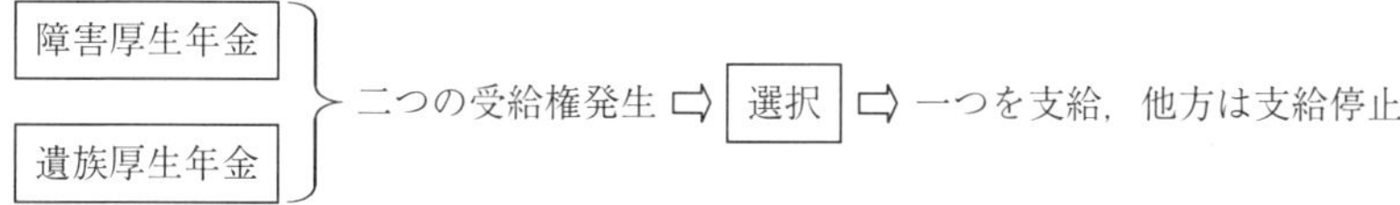

Q149

それでは，**老齢基礎年金**と**遺族厚生年金**の組合わせは，**併給の調整**の対象となりますか。

65歳以後は，老齢基礎年金の２階部分に**遺族厚生年金**を上乗せすることが，例外として認められています。

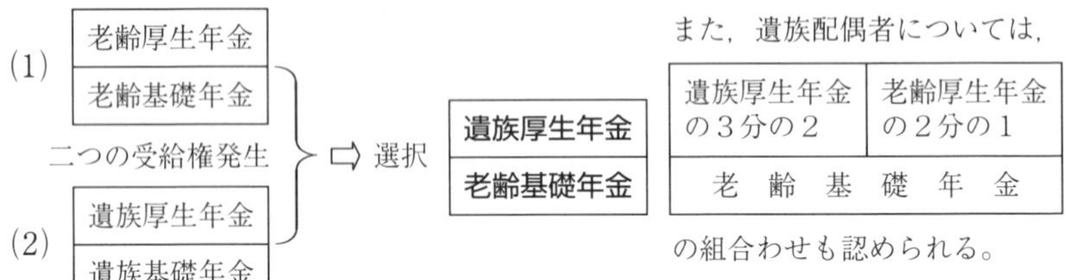

なお，上記のようなケースについて，**平成19年4月1日**を施行日として改正が行われました。その規定のもとでは，①まず，自分自身の**老齢厚生年金を全額支給**し，②「改正前の制度で支給される額」と自分自身の老齢厚生年金の額とを比較して，後者の額のほうが少ない場合は，その差額を遺族厚生年金として支給することとされます（詳しくは，**【Q189】**を参照）。

<改正後>

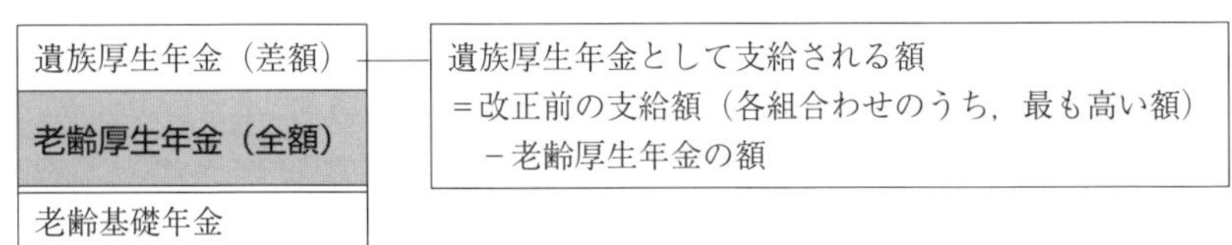

Q150

そうすると，**老齢**と**遺族の組合わせ**は，認めていることになりますね。

A

そういうことではありません。**１階が老齢基礎年金，２階が遺族厚生年金**又は**遺族共済年金**は，併給可能ということです（１階が遺族基礎年金で２階が老齢厚生年金はダメ）。

平成16年の改正で，**障害基礎年金**の受給権者について，**併給の調整の緩和**が図られたようですが，その内容を教えてください。

A　平成16年の改正で（実施は，平成18年４月１日から），**65歳以後**，**障害基礎年金**の２階部分に，**老齢厚生年金**又は**遺族厚生年金**を上乗せすることが認められるようになりました。従来から障害基礎年金に障害厚生年金を上乗せすることは認められていましたので，障害基礎年金の受給権者は，すべての厚生年金を上乗せできることになります。

上記の改正は，障害者の就労について，年金制度上も評価し，地域での自立生活を可能とするための経済的基盤を強化する観点から行われたものです。

（注）１階が老齢基礎年金又は遺族基礎年金で，２階が障害厚生年金の組合わせは認められません。

支給事由が異なる年金の併給の調整

	２階 / １階		
(1)	遺族厚生年金 / 老齢基礎年金	○	**老齢が１階**で**遺族が２階**はよい（65歳以後に限る）。
(2)	老齢厚生年金 / 遺族基礎年金	×	(1)と逆で，**１階が遺族，２階が老齢はダメ**。
(3)	老齢厚生年金 / 障害基礎年金	○	**障害が１階**で**老齢が２階**はよい（65歳以後に限る）。
(4)	遺族厚生年金 / 障害基礎年金	○	**障害が１階**で**遺族が２階**はよい（65歳以後に限る）。
(5)	障害厚生年金 / 老齢基礎年金	×	**老齢が１階で障害が２階はダメ**。
(6)	障害厚生年金 / 遺族基礎年金	×	**遺族が１階で障害が２階はダメ**。

Q152

新制度の年金と**旧制度の年金**が併給されるケースについて，教えてください。

新制度と旧制度の間でも，次の組合わせについては，例外として併給が認められています（いずれも，65歳以後に限る）。

(旧)厚年・**遺族年金**
老齢基礎年金

遺族厚生年金
(旧)国年・**老齢年金**

遺族厚生年金
(旧)厚年・老齢年金×$\frac{1}{2}$

老齢厚生年金
(旧)国年・**障害年金**

遺族厚生年金
(旧)国年・**障害年金**

Q153

併給の調整で，一年金を選択後自由に**選択替え**できるのですか。

A

1人の人が二つ以上の年金の受給権を取得した場合には，どちらか一方を選択しますが，年金の選択は，年金受給選択申出書を受理した日の翌月から選択後の年金を支給します。また，選択変更後の効果は，選択変更後の将来に向かってのみ生ずるとされています（昭40．9．3庁文発6739）。

また，**年金の選択**は**いつでもできる**ので，選択の有効期限を設けることはできないとされています（昭40．9．3庁文発6738）。

このように，併給の調整の選択及び選択替えは，自由にできることとされています。

Q154

年金の**支払の調整**は，厚生年金保険と国民年金との間でも行うのですか。

A　同一人に対して，国民年金法による年金給付を停止して，厚生年金保険の年金である保険給付を支給すべきときに，間違えて国民年金の年金給付が支払われてしまったというケースです。このように，同一制度ではありませんが，**国民年金法**と**厚生年金保険法**の間では，**内払いの調整**をすることにしました。この場合に，厚生年金保険法の年金たる保険給付の内払いとみなすことができるとされました（厚年法39③）。

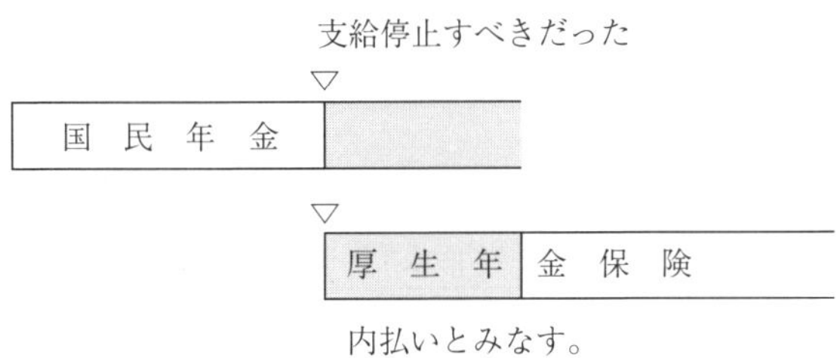

この取扱いによって，厚生年金保険法と国民年金法の間では支払の調整が行われるようになりましたが，**厚生年金保険法**と**共済組合**との間では，このような**支払の調整**は行われません。

Q155

受給権者が死亡したのに**保険給付が誤って支払われた**場合は，どのようにしたらよいのですか。

A　年金の受給権者が死亡したために**受給権が消滅**したにもかかわらず，死亡の月の翌月以降も保険給付が**過誤払い**されたというケースです。この過誤払いによる**返還金債権**について返済しなければいけない人に別の支払うべき年金たる保険給付があるときは，その年金たる保険給付の支払金額をその過誤払いによる返還金債権の金額に充当することができます。**同一制度間**ですから，同一人に対する保険給付どうしでなくとも充当することにしたのです

（厚年法39の２）。

なお，前問の【Q154】と異なり，過誤払いについては，国民年金法と厚生年金保険法との間の調整はありません。

Q156 事故が**第三者の行為**によって生じた場合の保険給付は，どのようになりますか。

A 政府は，事故が第三者の行為によって生じた場合に保険給付をしてしまったときは，その給付した**価額の限度**で，受給権者が第三者に対して有する**損害賠償の請求権**を取得します（厚年法40）。

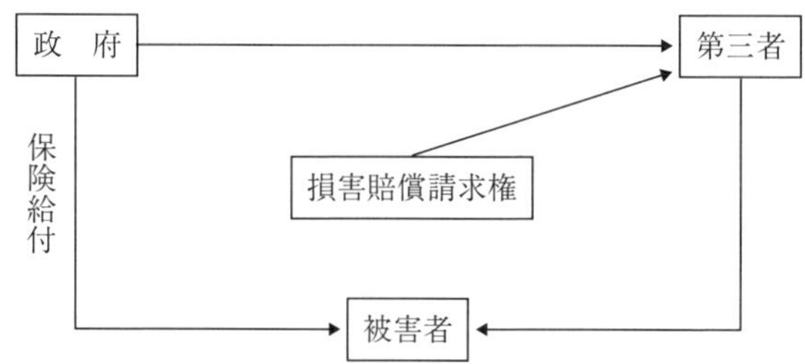

このケースで，もし受給権者が第三者から損害賠償を受けてしまったならば，政府は重複して給付する必要はありませんから，その**価額の限度**で**保険給付をしない**ことができるとされているのです（厚年法40②）。

◎　政府は，現実に保険給付の支払を行った都度，その価額の限度で第三者に対して損害賠償の**代位請求権**を行使します（昭31．4．16保文発2791）。

◎　自動車事故によって保険事故が発生した場合において保険給付をしたときには，政府は，自動車の保有者に対して損害賠償の請求権を行使できます。または，自動車損害賠償保障法第11条の規定によって，その自動車の保有者と責任保険契約を締結している**保険会社に対して**，直接損害賠償の**請求**を行っても差し支えないこととされています（昭31．10．26保文発8811）。

Q 157

不正の手段によって保険給付を受けた場合は，どのようになりますか。

A

偽りその他不正の手段によって保険給付を受けた者がいるときは，厚生労働大臣が受給額に相当する金額の全部又は一部をその者から徴収することになっています。なお，その徴収方法は，保険料の徴収方法と同じです（厚年法40の２）。

※「厚生労働大臣」は，平成27年10月から「実施機関」となる予定です。

Q 158

保険給付を受ける権利は，どのように**保護**されていますか。

A

原則として，**譲り渡し**たり，**担保**に供したり，**差し押え**することはできません。この保険給付を受ける権利は，原則的には担保の目的にできないのですが，独立行政法人福祉医療機構は，厚生年金保険法，船員保険法又は国民年金法に基づく年金たる給付の受給権者に対し，その受給権を担保として小口の貸付けを行っています。また，老齢厚生年金を受ける権利を**国税滞納処分**により差し押さえる場合があります（厚年法41①）。

租税その他の**公課**は，保険給付として支給を受けた金銭を標準として課することはできないとされていますが，**老齢厚生年金**はこの限りではないとしています（厚年法41②）。所得税法の趣旨は，たとえ年金給付の収入でも金額が大きくなれば課税の対象となるということです。ただし，**障害**や**遺族給付**については，国民感情を考慮してはずしたと思われます。

〔要点整理〕

序　　論

1　主たる目的

労働者の 老　齢 ，障　害 ，死　亡 について

⇨ **基礎年金の上乗せ年金**（報酬比例の年金）*を支給

＊　老齢厚生年金，障害厚生年金・障害手当金，遺族厚生年金がメイン

2　管　掌　者（保険者）

政　府……実施機関 ｛日本年金機構／地方厚生局，地方厚生支局／年金事務所｝

被保険者

1　適用事業所（厚年法6）

ほとんどすべての業種が適用事業所だが，**任意適用事業所**もある。なお，**法人企業**は，常時従業員を使用すれば，強制適用。

2　任意適用事業所

・任意適用業種

①　農林水産業等

②　旅館，飲食店，接客業，理容業等

③　弁護士，会計士，社会保険労務士等

④　宗　　教

◎任意適用事業所とは

イ　**個人経営**かつ**適用業種**で**従業員5人未満**

ロ　**個人経営**かつ**任意適用業種**

こちらは，人数制限なし。

個人経営の事業所

人数業種	適用事業所	任意適用事業所
5人未満	×	×
5人以上	○	×

適　　用　○
任意適用　×

・**適用事業所とするための要件**

① その事業所に使用される人たちの**２分の１以上の同意**

② 厚生労働大臣に申請

③ 厚生労働大臣の認可

・**任意適用事業所の適用取消の要件**

① その事業所に使用される人たちの**４分の３以上の同意**

② 厚生労働大臣に申請

③ 厚生労働大臣の**認可**

厚生年金保険の被保険者になる人

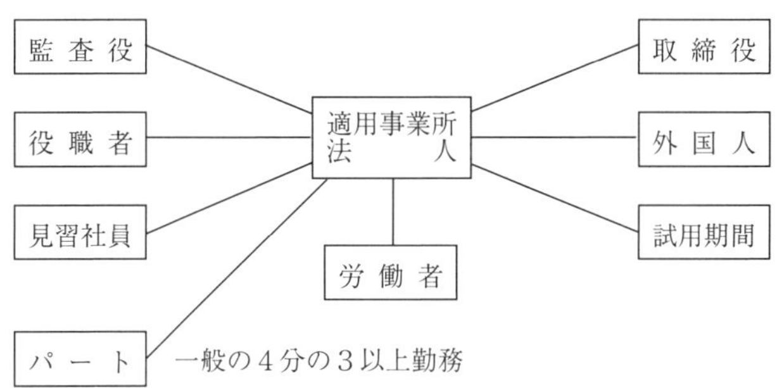

※　法人は，１人でも雇えば強制適用。社長１人でも，法人に雇われているとみる。

◎**適用事業所の一括**

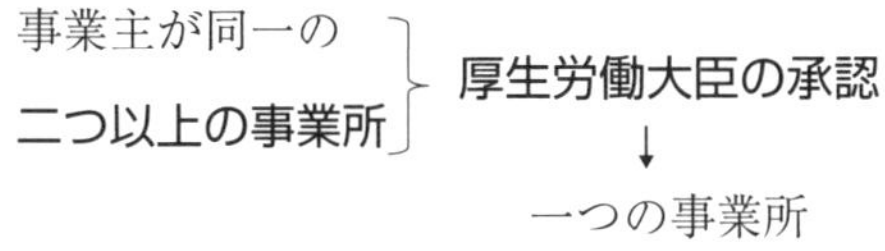

所有者が同一の
二つ以上の船舶 → **法律上当然に一括**

（厚年法８の２，８の３）

◎**被 保 険 者**

適用事業所に使用される**70歳未満の人**は，厚生年金保険の被保険者とする。

◎**被保険者の分類**

① **当然被保険者**

② **任意単独被保険者**（適用事業所以外の事業所に使用される任意に単独で加入する70歳未満の人）

③ **高齢任意加入被保険者**（適用事業所又は適用事業所以外に使用される70歳以上の任意加入者をいう）

④ **第４種被保険者**（任意継続被保険者）

⑤ **船員任意継続被保険者**（船員であった任意継続被保険者）

◎**適 用 除 外**（厚年法12）

適用事業所に使用される人でも，次の人たちは適用除外

イ 国，地方公共団体又は法人に使用される人で，恩給法で規定する公務員，共済組合の組合員，私立学校教職員共済制度の加入者

ロ **臨時に使用される人**（船舶所有者に使用される船員を除く）で次に該当する人

a **日々雇い入れられる人**（１か月を超えたら適用）

b **２か月以内の期間**を定めて使用される人（所定の期間を超えたら適用）

ハ **所在地が一定しない事業所**に使用される人

ニ **季節的業務**に使用される人（船舶所有者に使用される船員を除く，ただし，継続して４か月を超えて使用されるべき場合は適用）

ホ **臨時的事業**の事業所に使用される人（ただし，継続して６か月を超えて使用されるべき場合は適用）

第４章

平成16年の年金制度改革とその後の改正
（Ｑ159～Ｑ205）

Q159 平成16年の年金制度の改正は，どのようなテーマの下に行われたのですか。

A 平成16年の年金制度の改正について，厚生労働省が示した基本的なテーマは，「**社会経済と調和した維持可能な制度を構築し，国民の制度に対する信頼を確保**するとともに，**多様な生き方及び働き方に対応した制度**とすること」でした。

この章では，平成16年及びその後の年金制度の改正のうち，**特に重要と思われるものに対する質問に答えていくことにします。**

Q160 社会経済と調和した“**維持可能な制度**”とするために，どのような改革が行われたのですか。

A このテーマが平成16年の改正の核となる部分といえるでしょう。少子・高齢化の進行により年々年金財政が悪化していて，近年の改正では，常に給付と負担のバランスが問題視されてきました。この改正でも例外ではありません。

さらに，社会経済の停滞も相まって，年金財政は危機的な状況にあるといえるでしょう。これを打開するため，次のような改革が行われました。

① **有限均衡方式**の導入（「永久均衡方式」から「有限均衡方式」へ）

② **保険料水準固定方式**の導入（「まず給付あり」の考え方から「まず負担あり」の考え方へ）

③ **マクロ経済スライド**の導入

（注） ただし，実際には，「マクロ経済スライド」は適用せず，「物価スライド特例措置」により，改正直前の年金額をもとに支給してきました。

④ **基礎年金に対する国庫負担割合の引上げ**（「３分の１」から，段階的に「２分の１」へ）

有限均衡方式について，教えてください。

A　平成16年の改正前は，将来にわたって給付と負担の均衡を図る「**永久均衡方式**」を採用していました。

しかし今後は，**長期的（約100年間）**に給付と負担の均衡を図るようにし，年金積立金の水準も給付費の１年分程度に抑える「**有限均衡方式**」を採用することにしました。

従来の「永久均衡方式」では，高齢化が進む将来の給付水準を維持するために，多額（給付費の４～５年分）の年金積立金が必要になります。

これに対して「有限均衡方式」であれば，すでに生まれている世代が年金受給を終える期間（約100年間）で均衡を図るため，年金積立金は，約100年後に給付費の１年分程度を保有していれば済むことになります。具体的には，すくなくとも５年ごとに財政検証を行って，その都度，向こう約100年間を単位として，財政の均衡を図っていきます。

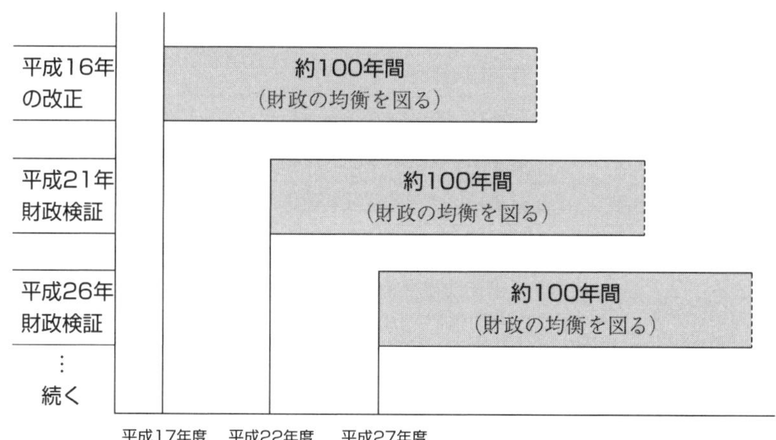

(注)　財政検証ごとに，向こう約100年間を単位として，財政の均衡を図る。

Q162 **保険料水準固定方式**について，教えてください。

A　平成16年の改正前は，給付水準を維持することを優先的に考えて，5年に1度の財政再計算の際に，給付水準の維持のために保険料の水準を見直す方式を採用していました。その根底には，“**まず給付あり**”の考え方がありました。

しかし今後は，最終的な保険料水準を固定し，その範囲内で給付水準を調整する「**保険料水準固定方式**」を採用することにしました。その根底には，“**まず負担あり**”の考え方があります。

Q163 **国民年金の保険料**は，今後どの程度まで引き上げられるのですか。

国民年金の保険料の額は，次の表に掲げる額とします。

平成16年の改正前	月額13,300円
平成17年度	月額13,580円×保険料改定率（平成17年度は1）
平成18年度	月額13,860円×保険料改定率（平成18年度は1）
平成19年度	月額14,140円×保険料改定率
⋮	毎年度，基本額を**280円ずつ**引き上げ
平成26年度	月額16,100円×保険料改定率 ＝16,100円×0.947＝15,246円→15,250円
平成27年度	月額16,380円×保険料改定率 ＝16,380円×0.952＝15,593円→15,590円
平成28年度	月額16,660円×保険料改定率→16,260円
平成29年度以降（最終水準）	**月額16,900円×保険料改定率**

（注）保険料改定率は，毎年度賃金の変動に応じて改定される。

当初の改正案の基になった厚生労働省の案では，毎年度600円ずつ引き上げ，最終的に16,600円で固定することとされていました。しかし，実際には，厚生労働省の案より引き上げ幅は縮小したものの，引き上げの期間を長くしたため，最終的に16,900円（×保険料改定率）で固定することになりました。

Q164 **厚生年金保険の保険料**は，今後どの程度まで引き上げられるのですか。

A 厚生年金保険の保険料の額は，その被保険者の月給（報酬）とボーナス（賞与）に応じて定められた「標準報酬月額と標準賞与額」に，それぞれ次の保険料率を乗じた額になります（本人と会社が折半負担）。

平成16年の改正前	1,000分の135.8
平成16年10月～平成17年８月	1,000分の139.34
平成17年９月～平成18年８月	1,000分の142.88
平成18年９月～平成19年８月	1,000分の146.42
⋮	毎年，**1,000分の3.54ずつ**引き上げ
平成26年９月～平成27年８月	1,000分の174.74
平成27年９月～平成28年８月	1,000分の178.28
平成28年９月～平成29年８月	1,000分の181.82
平成29年９月以降（最終水準）	**1,000分の183.00**

厚生年金保険の保険料の負担の具体例（本人負担分）

	年収350万円 月収　24万円 ボーナス総額　62万円	**年収560万円** 月収　34万円 ボーナス総額　152万円
改　正　前 **（～H16．9）**	**年額　237,650円** 毎月　16,296円（×12） ボーナス時総額　42,098円	**年額　380,240円** 毎月　23,086円（×12） ボーナス時総額　103,208円
最終水準 **（H29.10～）**	**年額　320,250円** 毎月　21,960円（×12） ボーナス時総額　56,730円	**年額　512,400円** 毎月　31,110円（×12） ボーナス時総額　139,080円

平成16年の改正前と最終水準を比較すると，年収350万円のサラリーマンであれば年額82,600円（320,250円－237,650円），年収560万円のサラリーマンであれば年額132,160円（512,400円－380,240円）の保険料負担の増加となります。

なお，会社側も，同額の保険料負担の増加となります。

Q165 「マクロ経済スライド」とは，何のことですか。

平成16年の改正により導入された新たな年金額の改定の仕組みのことです。

平成16年の改正前は，５年に１度の財政再計算の際に，国民の生活水準や賃金の変動などに応じて年金額を抜本的に見直し，次の財政再計算までの間は，物価スライド制（物価の変動に応じて年金額を自動的に改定する仕組み）で対応する方法が採られていました。

しかし今後は，毎年度，賃金又は物価の変動に応じた改定率を用いて，年金額を改定することになりました。

さらに，調整期間*においては，「マクロ経済スライド」が適用されることになったのです。この「マクロ経済スライド」は，年金額の改定にあたり，賃金又は物価の伸びをそのまま使うのではなく，被保険者数の減少率や平均余命の伸び等を勘案した一定の率を反映させ，年金額の伸びを自動的に調整する仕組みです。“…伸びを自動的に調整…” ですから，賃金・物価が低下した場合等には適用されません。

なお，「マクロ経済スライド」が適用される調整期間*とは，負担の範囲内で給付とのバランスが取れるようになるまでの期間をいい，具体的には政令で定められます。

＊ 調整期間は，平成17年度から始まりました。終了は，平成35年度が予定されています。

Q166

「マクロ経済スライド」は，年金額の伸びを抑える仕組みのようですが，伸びが抑えられた結果，年金の額が著しく低下しないかと心配しています。

A

確かに「マクロ経済スライド」の仕組みによれば，たとえ賃金が上昇したとしても，その伸びが年金額にダイレクトに反映されないため，給付水準が現役世代の所得水準より過度に低下し，年金が所得の代替をなさなくなることも考えられます。

しかし，**標準的な年金受給世帯**の給付水準は，現役世代の平均的な所得水準の50％を上回るものとすることとされています（**所得代替率50%は確保**）。

具体的には，50％を下回るような状況になれば，調整期間を終了させるなどの措置を講じ，給付と負担の在り方を再検討することとされています。とはいえ，将来的には，現状より所得代替率が低下することは否めません。

改正前の制度 → モデル世帯*の所得代替率は**59.3%**
（平成16年に65歳になる人の受給開始時の試算）
改正後の制度 → モデル世帯*の所得代替率は**50.2%**
（平成35年以降に65歳になる人の受給開始時の試算）

（注）試算より少子・高齢化が進展する等のマイナス要因があり，現実には50％を下回るような場合でも，50％は確保する。

＊　モデル世帯＝会社員の夫と専業主婦の世帯

Q167 私は，老齢基礎年金を満額で受給しているのですが，私が受給している金額は，平成16年の改正で新たに決められた金額より高いようです。これでよいのでしょうか。

A それは，「**物価スライド特例措置**」が適用されているからです。

老齢基礎年金の額（満額）は，本来ならば「マクロ経済スライド」が適用され，平成17年度においては**780,900円**，平成18年度においては**778,600円**となるのですが，実際には「**物価スライド特例措置**」により，平成17年度においては**794,500円**，平成18年度から平成22年度においては**792,100円**が支給されることになりました。

この措置は，簡単にいえば，**平成16年の改正で定められた新たなルールに従って求めた金額**（本来の給付額）とその**改正前のルールに従って求めた金額**（特例による給付額）とを比較して，**いずれか高いほう**を支給するものです。

老齢基礎年金の満額について

本来の給付額	平成17年度…780,900円×改定率(1)＝780,900円 平成18年度…780,900円×改定率(0.997)≒778,600円
特例による給付額	平成17年度…804,200円×物価スライド率(0.988)≒794,500円 平成18年度…804,200円×物価スライド率(0.985)≒792,100円

このように，特例による給付額のほうが高いので，実際にはその額の支給となったのです。

平成19年度以降も，特例による給付額が支給されてきました。

特例による給付額	平成19年度～平成22年度 …**804,200円×物価スライド率(0.985)≒792,100円** 平成23年度…**804,200円×物価スライド率(0.981)≒788,900円** 平成24年度…**804,200円×物価スライド率(0.978)≒786,500円** 平成25年度…**804,200円×物価スライド率(0.978)≒786,500円**

> 平成24年度・平成25年度の本来の給付額
> 780,900円×改定率（0.982）≒766,800円
> → 特例のほうが2.5％高くなった。

平成19年度から平成22年度までは，平成18年度と同じ給付額でした。平成24年度・平成25年度には，本来の給付額との差は**2.5％**にまで広がりました。

本来の給付額の計算に用いる**改定率**は，**物価等の上昇・低下にかかわらず毎年度改定**されますが，**特例**による給付額の計算に用いる**物価スライド率**は**物価が上昇しても改定されず，物価が低下したときのみに改定されます**。そのため，物価等の上昇が続けば，ある時点で，本来の給付額が高くなり，そのときに物価スライド特例措置が終了するはずでした。

しかし，本来の給付額と特例による給付額の差がこのように大きくなってしまったため，**平成25年の10月**から**人為的**に年金額を引き下げ，**特例水準を解消**することになりました。**平成25年10月**に**1.0％**，**平成26年４月**に**0.7％**引き下げられています。**平成27年４月**にも引下げが予定され，これによって物価スライド特例措置が終了することとされました。なお，平成27年１月30日付の厚生労働省の発表により，特例水準は予定どおり終了し，**平成27年度から本来水準の年金額**が支給されることとなりました。

> **〔満額の老齢基礎年金の額（平成27年度）〕**
> **780,900円×0.999＝780,119円**
> ⇒ **50円未満**を切り捨てて**780,100円**。
> 　１か月当たりの額は，780,100円÷12＝65,008.33…
> ⇒ **１円未満**を切り捨てて**65,008円**。

※　平成26年度の本来水準は780,900円×**0.985** ⇒ 平成27年度は一定のルールに基づき**名目手取り賃金変動率2.3％**を用いて改定する。⇒

ただし**調整率▲0.9%**により調整されるため，**平成26年度の本来水準とは1.4%の差**となった。⇒ 0.985×1.014≒0.999

※　平成26年度に**実際に支給されていた満額の老齢基礎年金**（804,200円×0.961≒772,800円）との比較では，**0.9%の引上げ**となった。

Q168 本来の老齢基礎年金の満額「**780,900円**」は，どのような経緯で決定された金額なのですか。

A 「**780,900円**」は，平成16年の改正前の法定の額である**804,200円**に**0.971**を乗じた額です。**0.971**は，804,200円と法定された後の累積の物価スライド率です。厳密にいえば，**実際には据え置いた－1.7%をも差し引いた純粋な物価スライド率**です（1－**0.017**－0.009－0.003＝**0.971**）。

つまり，今後は，平成16年の改正前の法定の額を純粋な物価スライド率で改定した額（804,200円×0.971≒**780,900円**）を新たな**改定率**で改定していく，ということです。

なお，**改定率**は，平成17年度においては「1」でしたが，平成18年度においては，前年の物価の低下分（－0.3%）を反映して「0.997」とされました。

これに対し，物価スライド特例措置で登場する物価スライド率（平成17年度は0.988，平成18年度から平成22年度までは**0.985**など）は，－1.7%を据え置いた実際の物価スライド率です（**0.988**＝1－0.009－0.003，**0.985**＝1－0.009－0.003－0.003）。

	平成11年	平成12年	平成13年	平成14年	平成15年	平成16年	平成17年
物価の変動	－0.3%	－0.7%	－0.7%	－0.9%	－0.3%	0.0%	－0.3%
	累積－1.7%						
年金額の改定	**平成12年度～平成14年度** **→引き下げを行わず，据え置き** 物価スライド率（以下「率」）＝1			平成15年度 →－0.9% 率＝0.991	平成16年度 →－0.3% 率＝0.988	**平成17年度** →前年同 率＝**0.988**	**平成18年度** →－0.3% 率＝**0.985**

上の表に続く動きを追ってみますと，物価変動率は平成18年0.3%，平成19年0.0%，平成20年1.4%，平成21年－1.4%となりました。いずれも，翌年度

の年金額の改定は行われませんでした（物価スライド率**0.985**による支給が続いた）。

平成22年に物価変動率が－0.7％となり，このときは，**直近の年金額の引き下げ**の基準となった**平成17年**の－0.3％と比較し，平成23年度の年金額を**－0.4％分だけ**引き下げました（物価スライド率0.985 → **0.981**）。

平成23年の物価変動率は**－0.3％**となり，このときは，0.981と比較して平成24年度の年金額を引き下げています（物価スライド率0.981 → **0.978**）。

	平18	平19	平20	平21	平22	平23	平24
物価の変動	0.3％	0.0％	1.4％	－1.4％	－0.7％	－0.3％	0.0％
翌年の年金額の改定	なし →0.985	なし →0.985	なし →0.985	なし →0.985	－0.4％ →0.981	－0.3％ →0.978	なし →0.978

Q169

「**物価スライド特例措置**」は，当初，いつまで適用されることになっていたのですか。

A

物価の上昇により，従来の物価スライドで据え置かれた平成12年度～平成14年度の物価の低下分（**累積で－1.7％**）が，**相殺・解消されるまで**，とされていました。

「マクロ経済スライド」に移行するのは，その相殺・解消を自然に終えてからのはずでした。ところが，平成25年10月から人為的に年金額を引き下げ，物価スライド特例措置は平成26年度で終了することとされました。**平成27年度からは本来水準の年金額の支給**が始まり，同時に，**マクロ経済スライドによる調整**も行われます。

Q170

主だった年金やその加算額について，**具体的な金額**を教えてください。

次の表のとおりです。

●国民年金関係

老齢基礎年金〔満額〕		780,900円×改定率
障害基礎年金	2級	780,900円×改定率
	1級	2級の額の1.25倍
遺族基礎年金		780,900円×改定率
振替加算〔基本額〕		224,700円×改定率
子の加算	1・2人目（各）	224,700円×改定率
	3人目以降（各）	74,900円×改定率

●厚生年金保険関係

障害厚生年金の最低保障額		障害基礎年金2級の額の4分の3
加給年金額	配偶者	224,700円×改定率
	子；1・2人目（各）	224,700円×改定率
	子；3人目以降（各）	74,900円×改定率
老齢厚生年金の配偶者加給年金額の特別加算		33,200円～165,800円×改定率
中高齢寡婦加算		遺族基礎年金の額の4分の3

Q171

厚生年金保険の老齢厚生年金は，どのように計算するのですか。

平成16年の改正により，**老齢厚生年金（報酬比例部分）**は，次のように計算することになりました。

①　総報酬制導入前の期間（平成15年３月までの期間）

平均標準報酬月額（再評価率を用い再評価）×$\frac{7.125}{1,000}$×その期間の**被保険者期間の月数**

昭和21年４月１日以前生まれの者については $\frac{9.5}{1,000}$～$\frac{7.23}{1,000}$ に読み替え

②　総報酬制導入後の期間（平成15年４月以後の期間）

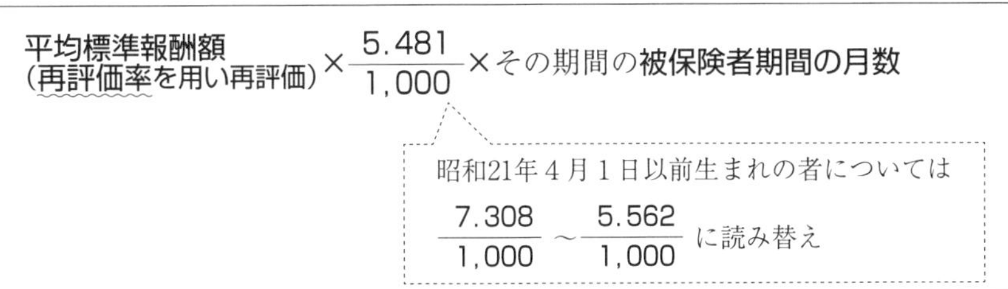

★　①と②の双方の期間を有する場合 ⇒ ①＋②

（注）**再評価率**の中に「改定率」の要素を織り込み，毎年度改定する（改正前の再評価率は，原則として５年に１度の改定であった）。

Q172　**老齢厚生年金の額**については，**特例的な措置**はないのですか。

A　あります。まず，平成12年の改正前の給付水準を保障する「**従前額の保障**」があります。これは，そのときの改正で，給付水準の５％適正化（給付乗率の５％引下げ）が実施されたのですが，その改正前の給付水準を保障するものです。

平成26年度までは，平成16年の改正による「**物価スライド特例措置**」も適用されていました。

Q173 実際に支給される老齢厚生年金の額（その計算式）を教えてください。

実際に支給される老齢厚生年金（報酬比例部分）は，次のように計算します。

①　総報酬制導入前の期間（平成15年３月までの期間）

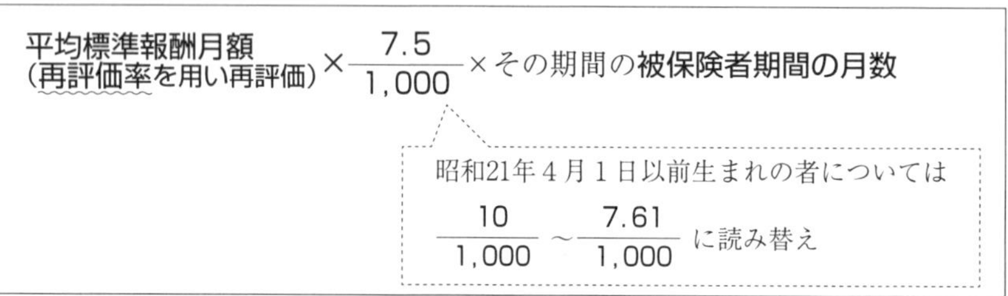

②　総報酬制導入後の期間（平成15年４月以後の期間）

$$\text{平均標準報酬額（再評価率を用い再評価）} \times \frac{5.769}{1,000} \times \text{その期間の被保険者期間の月数}$$

> 昭和21年4月1日以前生まれの者については
> $\frac{7.692}{1,000} \sim \frac{5.854}{1,000}$ に読み替え

★　①と②の双方の期間を有する場合

⇒ 平成26年度は（①＋②）×1.031×0.961

（注）再評価率は，平成６年の改正の際のものを用いる（改定はされない）。

上記は，「従前額の保障」と「物価スライド特例措置」を適用した計算式です。これらによって計算された金額は，結局は，平成16年の改正の直前に支給されていた金額です。法律本来の額（【Q171】を参照）より，上記のほうが金額が高くなるので，その高いほうを支給することとされていました。物価スライド特例措置（1.031×0.961）は平成26年度で終了し，平成27年度からは本来水準の年金額が支給されます。同時に，マクロ経済スライドによる調整も行われます。

Q174　60歳代前半の老齢厚生年金の**定額部分**の額は，どのように計算されますか。

法律本来の**定額部分**は，㋑の額ですが，物価スライド特例措置により，実際には㋺の額が支給されてきました（金額の高いほうを支給）。

㋑　**1,628円×改定率**（×生年月日に応じた率）**×被保険者期間の月数**

480月～420月の上限あり

㋺　**1,676円**（×生年月日に応じた率）**×被保険者期間の月数×0.961**

480月～420月の上限あり

Q175　「**改定率**」は，どのように改定されるのですか。

A　**改定率**は，簡単にいえば，新規裁定者については**賃金の変動***，既裁定者については**物価の変動****を基準として，**毎年度**，４月から改定されます。

この際，「**マクロ経済スライド**」が適用される調整期間においては，賃金又は物価の伸びが，**調整率**を用いて抑制されます。

＊　**賃金の変動** → 厳密には，「**名目手取り賃金変動率**」が基準になります。
　なお，この基準の対象となる新規裁定者とは，実際には，**68歳到達年度前**の受給権者をいいます。

＊＊　**物価の変動** → 厳密には，「**物価変動率**」が基準になります。
　なお，この基準の対象となる**既裁定者**とは，実際には，**68歳到達年度以後**の受給権者をいいます。

Q176 マクロ経済スライドの際に，賃金・物価の伸びを抑える「**調整率**」について，教えてください。

調整率は，**公的年金被保険者総数の変動率**と**平均余命の伸びを勘案した率**とを考慮して定められる率です。

改正当時，**公的年金被保険者総数の変動率**は３年平均で約▲0.6%になると見込まれていて，**平均余命の伸びを勘案した率**は**0.3%**（**1－0.003**＝0.997）**とされていました。**したがって，調整率は，約▲0.9%（**賃金・物価の伸び**を約0.9%減ずる率）になると予想されていました。実際に，平成27年度の年金額については，調整率は▲0.9%となりました。

調整率を構成する「公的年金被保険者総数の変動率」は，**現役世代の減少＝保険料収入の減少**を表します。そして，「平均余命の伸びを勘案した率」は，**年金受給期間の長期化**を表します。いずれも，年金財政にとってマイナスの要因ですね。このようなマイナス要因の進行（つまりは，少子・高齢化の進行）に対応して年金額を調整（減額）しようとするのが，「**マクロ経済スライド**」といえます。

〔参考〕 マクロ経済スライドのイメージ

①　賃金（物価）がある程度上昇した場合

「賃金（物価）の変動率≧調整率」の場合

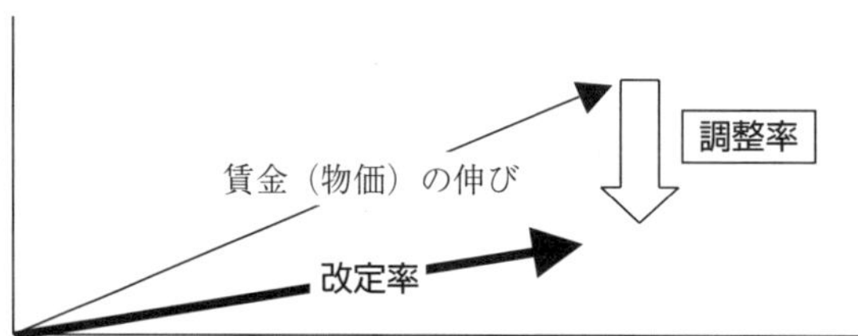

②　賃金（物価）の上昇が小さい場合

「賃金（物価）の変動率＜調整率」の場合

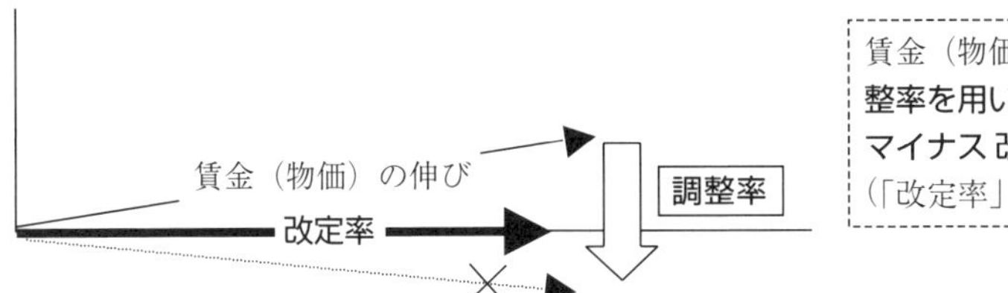
賃金（物価）の伸び
改定率
調整率
賃金（物価）の伸びを調整率を用いて抑制するが，マイナス改定はしない（「改定率」は増減なし）。

③　賃金（物価）が下落した場合（この場合は，マクロ経済スライドは適用しない）

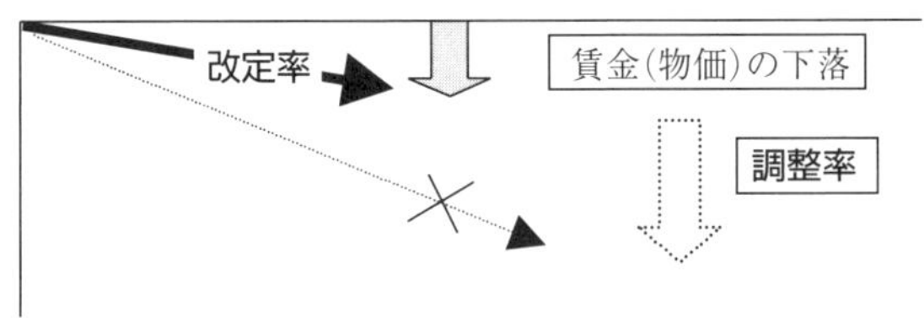
改定率
賃金(物価)の下落
調整率
「改定率」は，賃金（物価）の下落分のみ考慮して改定。

〔参考〕　改定率の改定の基準（原則）

調整期間以外	○68歳到達年度前 改定率＝(前年度の改定率)×(名目手取り賃金変動率＊) ＊　名目手取り賃金変動率＝(前年の物価変動率)×(３年度前の実質賃金変動率)×(３年度前の可処分所得割合変化率) ○68歳到達年度以後 改定率＝(前年度の改定率)×(前年の物価変動率)
調整期間	○68歳到達年度前 改定率＝(前年度の改定率)×(名目手取り賃金変動率)×(調整率＊＊) ○68歳到達年度以後 改定率＝(前年度の改定率)×(前年の物価変動率)×(調整率＊＊) ＊＊　調整率＝３年度前の公的年金被保険者総数の変動率×0.997

（注）　国民年金の**子の加算額**や厚生年金保険の**加給年金額**の改定に用いる**改定率**は，**68歳到達年度以後**においても，物価変動率(×調整率）ではなく，**名目手取り賃金変動率(×調整率)**を基準として改定される。

Q177

厚生年金保険の年金額（**報酬比例部分**）は，**再評価率**を用いて改定が行われるようですが，**再評価率**の改定は，どのように行われるのですか。

A 報酬比例部分の計算の基礎となる「平均標準報酬月額（総報酬制導入前）」，「平均標準報酬額（総報酬制導入後）」は，過去の標準報酬月額・標準賞与額を平均したものですが，その際，過去の水準を「再評価率」を使って，現在の価値に修正します。「再評価率」は，従来からこのような役割を果たしていました。

平成16年の改正では，この「**再評価率**」に**改定率の要素**を織り込み，**毎年度，改定する**ことにしました（従来は，５年に一度，見直されていました）。

改正後の「**再評価率**」の改定の基準は，改定率の改定の基準と同様で，新規裁定者については**名目手取り賃金変動率**，既裁定者については**物価変動率**で，**調整期間**においてはそれぞれの伸びが**調整率**を用いて抑制されます。

Q178

基礎年金に対する国庫負担割合の引上げについて，教えてください。

A 前回の大改正（平成12年改正）から検討されていた**基礎年金に対する国庫負担割合の引上げ**（「３分の１」から「２分の１」へ）が，平成16年の改正により実施されることになりました。

しかし，**国庫負担の財源**は，**税金**です。急に，その財源を確保することはできません。そこで，**税制の見直し**などを図りつつ，**平成21年度までに「2分の1」**に引き上げることにして，それまでは**3分の1に一定の額を加えて負担**することにしました。

平成26年度以後は，**消費税率の引上げ**による収入を活用することになりました。

なお，この負担割合は原則的なもので，保険料免除期間に係る老齢基礎年金の給付費，20歳前の傷病に係る障害による障害基礎年金の給付費など，特別の国庫負担がなされるものもあります。

Q179　平成16年の改正のテーマに，「**多様な生き方及び働き方に対応した制度**」にする，というものがありました。具体的には，どのような改正が行われたのですか。

A　高齢者，女性，障害者など，さまざまな方々の多様な生き方・働き方に対応できるよう，

・**高齢者の就業と年金**
・**年金制度における次世代育成支援**
・**女性と年金**
・**障害年金の改善**　など

について，所要の措置を行うこととしました。

Q180　平成16年の改正で**在職老齢年金制度**が見直されたようですが，どのように変わったのですか。

A　①　**60歳代前半の在職老齢年金制度の改正**（平成17年４月１日実施）

60歳代前半の老齢厚生年金の受給権者が被保険者である場合には，従来の制度は，当該年金について，まず**一律２割を支給停止**し，さらに**一定のルールにより支給停止**を行う仕組みでした。

平成16年の改正で，上記のうち，**一律２割の支給停止**の取扱いを**廃止**することにしました。

また，支給停止額の計算にあたり基準となる「**28万円**」と「**48万円**」について，**自動改定**の規定が設けられました。

②　**60歳代後半の在職老齢年金制度の改正**（平成17年４月１日実施）

支給停止額の計算にあたり基準となる「**48万円**」について，**自動改定**の規定が設けられました。

③　**70歳以上の在職老齢年金制度の新設**

老齢厚生年金の受給権者が**70歳以上**であっても，被用者（適用事業所に使用される者）である場合には，現行の60歳代後半の在職老齢年金と同様の仕組みにより，支給停止を行うことにしました（平成19年４月１日実施）。

Q181　**「老齢厚生年金の繰下げ」**の制度は一度廃止され，平成16年の改正で復活したというのは，本当ですか。

A　はい。平成12年の改正（平成14年４月１日実施分）により，老齢厚生年金の支給繰下げの制度は廃止されました。しかし，平成16年の改正により，再び老齢厚生年金の支給繰下げの制度を設けることにしました（平成19年４月１日実施）。

Q182　**受給権者の申出による支給停止**の仕組みとは，どのような内容なのですか。

A　国民年金・厚生年金保険の年金の受給権者は，**自ら申し出**て，その年金の全額の支給を停止してもらえることになりました。このような措置は従来はありませんでした。現役世代の方からすれば，「生活にゆとりのある年金受給世代の方にはぜひとも活用して欲しい」といったところでしょう（平成19年４月１日実施）。

Q183

年金制度における次世代育成支援を図るために行われた改正には，どのようなものがあるのですか。

次のような改正が行われました。

・**育児休業期間中の保険料免除の拡充**

・**育児休業等を終了した際の標準報酬月額の改定の新設**

・**育児休業等の期間における従前の標準報酬月額の保障の新設**

これらは，いずれも，厚生年金保険に関する改正で，育児を行いながらも働ける環境を整備しようとするものです。“このような制度があるから”と子供を産む気になった夫婦が増えて，少子化傾向の歯止めになればよいのですが……。

Q184

育児休業期間中の保険料免除は，どのように拡充されたのですか。

A

平成16年の改正により，育児に係る**厚生年金保険の保険料の免除の対象となる休業**が，「１歳に満たない子の養育に係る育児休業」から「**３歳に満たない子の養育に係る育児休業等＊**」に延長されました。

また，免除される期間の始期が「事業主が申出をした日の属する月」から「**育児休業等を開始した日の属する月**」とされました。なお，終期についての改正はなく，「**育児休業等が終了する日の翌日が属する月の前月**まで」です。

なお，この改正は，平成17年４月１日から実施されています。平成26年４月からは，産前産後休業中の保険料免除も実施されています。

＊　**育児休業等**……育児・介護休業法に規定する**育児休業**又は同法に規定する**育児休業の制度に準ずる措置による休業**（簡単にいえば，**３歳に満たない子の養育に係る休業**）をいいます。

（注）　この規定は，事業主が厚生労働大臣（平成27年10月からは実施機関）に申出をすることにより適用されます。

Q185 平成16年の改正で新設された「**育児休業等を終了した際の標準報酬月額の改定**」とは，どのような規定なのですか。

A 従来の取扱いのままであれば，育児休業等の終了後，報酬が下がった場合でも，随時改定の要件に該当するか又は定時決定が行われない限り，標準報酬月額は改定されず，それに応じた保険料を支払わなければなりませんでした。

このような事態を避けるため，**育児休業等を終了した厚生年金保険の被保険者**を対象として，**その申出**により，**育児休業等の終了日の翌日が属する月以後３月間***の報酬の平均額に基づき標準報酬月額を改定する規定が設けられました（平成17年４月１日から実施されています）。

この規定によって改定された標準報酬月額は，**育児休業等の終了日の翌日から起算して２月を経過した日の属する月の翌月**から次の定時決定までの各月の標準報酬月額とされます。

なお，出産した女性が育児休業をせずに，すぐに職場復帰することもあります。平成26年４月からは，産前産後休業を終了した際の標準報酬月額の改定も実施されています。

＊ 育児休業等終了日の翌日が属する月以後３月間に，**報酬支払の基礎となった日数が17日未満の月**がある場合は，**その月を除いて**算定が行われます。

（注） この規定は，被保険者が事業主を経由して厚生労働大臣（平成27年10月からは実施機関）に申出をすることにより適用されます。

Q186 平成16年の改正で新設された「**育児休業等の期間における従前の標準報酬月額の保障**」とは，どのようなものですか。

A この規定は，**３歳に満たない子を養育する厚生年金保険の被保険者又は被保険者であった者**を対象としたものです。子が３歳に達するまでの間に，報酬（標準報酬月額）が低下した場合には，**保険料**は「育児休業等を終了した際の改定」などによって**低下した標準報酬月額**に基づき徴収しますが，**年金額**は，子の養育を開始する前の**従前の標準報酬月額**を用いて算定する規定です（平成17年４月１日から実施されています）。

Q187　**女性と年金**を問題とした改正には，どのようなものがあるのですか。

次のような改正が行われました。

- **第３号被保険者の届出の特例**
- **遺族年金制度の見直し**
- **離婚時等の厚生年金保険の年金分割**

Q188　**第３号被保険者となったことの届出が遅れた場合の特例**について，平成16年にどのような改正があったのですか。

A　第３号被保険者に係る届出（資格取得の届出など）が遅れて行われた場合でも，従来から，20歳以上60歳未満の被扶養配偶者であった期間のうち，その届出が行われた日の属する月の前々月までの**２年間**のうちにあるものについては**保険料納付済期間に算入する**こととし，届出漏れを救済していました。

この特例については，さらに次のような救済が実施されることになりました。

イ　**平成17年４月１日前**の被扶養配偶者であった期間（20歳以上60歳未満）については，別途届出を行えば，従来の特例により救済されなかった**２年間より前の期間**も**保険料納付済期間に算入する。**

ロ　平成17年４月１日以後の被扶養配偶者であった期間（20歳以上60歳未満）については，第３号被保険者に係る届出を遅滞したことに**やむを得ない事由**があるときはその旨を届け出れば，従来の特例により救済されなかった**２年間より前の期間**も**保険料納付済期間に算入する。**

Q189 **「遺族年金制度の見直し」**の一環として，**高齢期の遺族厚生年金の支給方法の見直し**が図られたようですが，どのような内容ですか。

A 改正前の遺族年金制度では，**遺族厚生年金**の受給権を有する者が，自分自身の**老齢厚生年金**の受給権も有する場合は，いわゆる２階部分の保険給付としては，①**老齢厚生年金**，②**遺族厚生年金**，③**遺族厚生年金の３分の２と自分自身の老齢厚生年金の２分の１**（③は死亡した人の配偶者に限ります）のいずれかを受給することとされていました。しかし，②又は③を選択した場合は，自分自身が納めた保険料に基づく給付（老齢厚生年金）の全部又は一部が受けられなくなるという問題がありました。

そこで，“自分自身が納めた保険料が給付に確実に反映される仕組みとする”という観点から，次のような仕組みに改められました(平成19年４月１日実施)。

<具体的な仕組み>

65歳以後に，**遺族厚生年金**と自分自身の**老齢厚生年金**の受給権を有する者については，次のように支給します。

① 自分自身の老齢厚生年金は全額支給

② 「改正前の制度で支給される額」と自分自身の老齢厚生年金の額とを比較して後者の額のほうが少ない場合は，その差額を遺族厚生年金として支給

この場合の「改正前の制度で支給される額」とは，次の区分に応じて，㋑又は㋺の額とします。

㋑ 次の㋺以外の場合 → **改正前の遺族厚生年金の額**（報酬比例部分×４分の３）

㋺ 死亡した者の配偶者が受給する場合 → **次のA又はBのいずれか多い額**

A 改正前の遺族厚生年金の額

B 改正前の遺族厚生年金の３分の２＋自分自身の老齢厚生年金の

２分の１

【例　示】

〔改正前の制度で支給される額〕〔改正後〕

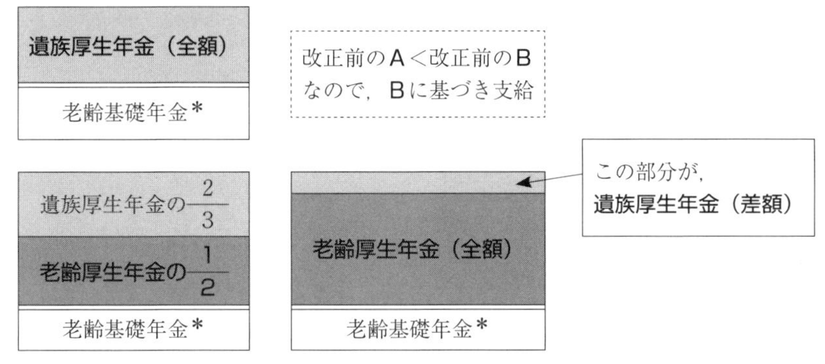

＊　障害基礎年金の受給権も有する者については，１階部分を障害基礎年金とすることもできる。

（注）　死亡した人と遺族が異なる被用者年金制度に加入していた場合等には，各被用者年金制度から支給される老齢退職給付の合計額，又は遺族給付の合計額によって，上記の比較を行う。

Q190　「**遺族年金制度の見直し**」の一環として，**子を有しない若年期の妻に対する遺族厚生年金の見直し**も行われたようですが，どのような内容なのですか。

A　次のような見直しが行われました（平成19年４月１日実施）。

①　**子のない30歳未満の妻の遺族厚生年金を５年間の有期年金に**

妻に対する遺族厚生年金は，子の有無にかかわらず生涯受給できますが，子のない妻に対する遺族厚生年金については，**５年間の有期年金**にすることになりました。

②　**中高齢寡婦加算の支給対象となる者の年齢要件を40歳以上とする**

遺族厚生年金に加算される中高齢寡婦加算の支給対象となる者の年齢の要件を「35歳以上」から「**40歳以上**」に引き上げることになりました。

＜従来の制度＞

・夫の死亡当時に35歳以上で子を有しない妻

・(夫の死亡後) 35歳に達した当時に子を有していた妻

＊　支給期間は，最長で妻が40歳～65歳の間（妻が35歳～40歳までは待期）。

＜平成19年4月1日以降＞

・夫の死亡当時に**40歳以上**で子を有しない妻

・(夫の死亡後) **40歳**に達した当時に子を有していた妻

＊　支給期間は，最長で妻が40歳～65歳の間（待期なし）。

Q191

離婚した場合は，夫婦の年金の分割が可能と聞きましたが，何か注意点はありますか。

A

この制度は，平成19年４月１日から実施されています。実施前には，よく，テレビや週刊誌などで，「離婚するならもう少し後のほうが得ですよ」などと報道されていました。

なお，得をするのは扶養されている側（一般的には妻）のほうで，扶養している側（一般的には夫）は損をする，という言い方もできます。

この規定は，次の二つに分けられます。

①　**離婚等をした場合における厚生年金保険の年金分割（離婚時の年金分割）**

夫婦が離婚した場合には，一定の要件のもと，婚姻期間中の標準報酬（厚生年金保険の保険料納付記録）の分割を認めるものです（平成19年４月１日実施）。

・実施日以降の離婚が対象

・分割について，当事者の合意又は家庭裁判所の決定が必要

・実施日前の婚姻期間も分割の対象となり，分割割合は個別の協議で決定。合意がまとまらない場合は，一方の求めにより，裁判所が分割割合を決定できる（いかなる場合でも，**分割割合の上限は50%**）

・請求期限は，離婚してから２年以内

②　第３号被保険者期間についての厚生年金保険の年金分割（第３号分割）

夫婦が離婚した場合等に，被扶養配偶者の請求に基づき，国民年金の第３号被保険者であった期間に係る第２号被保険者の標準報酬（厚生年金保険の保険料納付記録）を分割するものです（平成20年４月１日実施）。

なお，実施日以降の第３号被保険者であった期間が分割の対象で，この場合の**分割割合**は，**自動的に50%**になります。

＜例示＞　離婚時の年金分割のモデルケース

	改正前		改正実施後	
	妻	夫	妻	夫
総　　額	約77万円	約201万円	約139万円	約139万円
厚生年金保険（報酬比例部分）	0万円	**約124万円**	**約62万円**	**約62万円**
国民年金（基礎年金）	約77万円	約77万円	約77万円	約77万円

障害年金の改善について，教えてください。

A

①　障害厚生年金の最低保障額の改善

障害厚生年金の最低保障額＊の規定は，従来は，障害等級３級の場合のみ適用されるものでしたが，今後は，３級に限らず，同じ障害について国民年金の**障害基礎年金を受けることができない場合**に適用されることになりました（平成17年４月１日から実施されています）。

＊　障害厚生年金の最低保障額は，２級の障害基礎年金の額の４分の３相当額。

これは，１級・２級の場合でも，初診日に厚生年金保険の被保険者ではあるが国民年金の被保険者でない場合（65歳以上で老齢基礎年金等の受給権を有する場合）には，障害厚生年金のみの支給となることに配慮したものです。

②　障害基礎年金と他の年金との併給調整の緩和

従来，障害基礎年金と老齢厚生年金（又は遺族厚生年金）は，同時に受給することができませんでした。これでは，障害を持ちながら働いていたとしても，厚生年金保険料の納付実績が年金額に反映されにくいことになります。そこで，法改正により，**65歳以後**においては，**障害基礎年金**と**老齢厚生年金**の併給を認めることにしました。また，**障害基礎年金**と**遺族厚生年金**の併給も認めることにしました（平成18年４月１日から実施されています）。

Q193

平成16年の改正では，**国民年金の保険料の徴収強化措置等**も図られたようですね。

はい。**国民年金の保険料**について，納付機関や納付時間帯の拡充を行い，納付しやすい環境を整備することにしました。

また，**30歳未満の者の国民年金の保険料の納付猶予制度の導入**（平成17年４月１日実施），収入等に応じた**国民年金の保険料の多段階免除制度の導入**（平成18年７月１日実施）等を行うこととしました。

このような措置を講じ，平成14年度に62.8％にまで低下した**国民年金の保険料**の納付率を５年後に80％まで回復させようとしたのです。

ただし，国民年金の保険料の納付率は，平成25年分については**60.9％**にとどまっています。厚生労働省では，所得や納付の状況など被保険者の置かれた実情を踏まえつつ，**納付督励**，**免除等勧奨**，**強制徴収**を実施しています。特に，控除後所得額**400万円以上**かつ未納月数**13月以上**（平成27年度は７月以上）の滞納者に対する督促には，力を入れています。

Q194

30歳未満の者の国民年金の保険料の納付猶予制度について，教えてください。

A

この制度は，平成17年４月～平成37年６月までの間に限って適用されるもので，**30歳未満（20歳代）の若年者**について，**申請**により国民年金保険料の納付を**全額**につき猶予する制度です。

この規定により猶予された保険料に係る期間は，保険料免除期間（保険料全額免除期間）として取り扱われます。

その特徴は，次のとおりです。

・猶予の所得基準については，**本人と配偶者**の所得で判断（世帯主は無関係）

・保険料全額免除期間とされますが，その期間の取扱いは，学生納付特例期間と同様（年金額に一切反映されません）

・10年間は**追納が可能**で，追納した場合は，保険料納付済期間となる

この申請をしておけば，保険料が免除されていた期間中に，不幸にも障害になったり，死亡したとしても，障害基礎年金や遺族基礎年金の対象となります。このことは，従来からある他の保険料免除の制度と同様です。

なお，平成28年７月１日からは，**50歳未満**の者を対象とする予定です。そうなると，「若年者」とよぶのは無理があります。全年齢層で**非正規雇用**が増え，保険料の納付が困難な人が多くなったことに配慮した改正です。

Q195

国民年金の保険料の多段階免除制度について，教えてください。

A

国民年金の保険料の免除制度を**免除される保険料の割合**でみると，改正前は２段階（全額又は半額）でした。平成16年の改正で，この段階を増やし，**４段階**（**全額**，**４分の３**，**２分の１**，**４分の１**のいずれか）としました。

どの段階の免除を受けたかによって，年金額に反映される割合も異なってきますが，当然，免除割合が低いほうが，年金額に反映される割合は高くなります（平成18年７月１日から実施されています）。

この制度の導入の趣旨は，「各人の負担能力に応じて，少しでもいいから保険料を納めて欲しい」ということなのでしょう。

Q196

グリーンピア（大規模年金保養基地）の業務の**廃止**というのは，何でしょうか。

A

年金積立金の運用の一環として，グリーンピア（大規模年金保養基地）や年金住宅融資の業務が行われていましたが，“年金積立金の無駄遣い”と批判の的になっていました。そんな中，これらの業務は，平成17年度に廃止されました。また，これらの業務を行っていた「年金資金運用基金」も廃止されました。

これに代わって，独立した第三者機関として，「**年金積立金管理運用独立行政法人**」を創設し，より安全で効率的な年金積立金の運用を図ることにしました。

Q197

企業年金制度については，平成16年にはどのような改正が行われたのですか。

A

厚生年金基金については，「免除保険料率の凍結の解除」，「解散時の特例」，確定拠出年金については，「拠出限度額の引上げ」，「中途脱退時の要件の緩和」などの改正が行われました。

そして，**企業年金制度全体の改正**として「**ポータビリティの確保（その向上）**」が行われました。**ポータビリティ**とは，**転職などの際，その人の年金原資を転職先の制度に持ち運ぶこと（個人単位の年金資産の移換）**をいいますが，従来は，**確定拠出年金**間のみで確保されていました。

これが**平成17年10月**からは，**厚生年金基金と確定給付企業年金の間**でも**ポータビリティが確保**されることになりました。ポータビリティが確保されない個別のケースについても，**企業年金連合会**（厚生年金基金連合会を改称）で引き受け，将来，年金として受給できる途を開くこととしています。

さらに，**厚生年金基金・確定給付企業年金から確定拠出年金**への**ポータビリティが確保**されることになりました。

なお，**平成26年４月**からは，厚生年金基金の新設を認めず，すでにある基金も早期解散することとされました。厚生年金基金から他制度への移行が注目されています。

Q198　**年金制度の理解を深めるための取組み**がなされているようですね。

平成21年４月１日からねんきん定期便による「**年金個人情報の定期的な通知**」が実施されています。

これは，被保険者に保険料納付実績や年金見込額といった年金個人情報を定期的に通知するものです。

日本年金機構が，厚生労働省からの委託を受けて，毎年１回，**誕生月**に被保険者に送付しています。**現役世代**，特に**若い世代**の理解を得られると期待されている取組みです。

Q199　ねんきん定期便は，いつ，どのような形で届きますか。

A　基本的にはハガキですが，「節目年齢」には，封書で届きます。節目年齢は，**35歳**，**45歳**，**59歳**です。このときには，被保険者資格の取得・喪失・種別変更の**履歴**，国民年金の第１号被保険者期間全体における**保険料納付状況**，厚生年金保険の被保険者期間全体における**標準報酬月額**及び**標**

準賞与額が記載されています。

封書の**ねんきん定期便**には，年金加入記録の確認の流れなどを記載したリーフレットや，年金加入記録に**もれ**や**誤り**があった場合に提出する**年金加入記録回答票**が同封されています。

Q200 ねんきん定期便は，どのように活用すればよいのですか。

A 大事に保管し，**年金相談**や**裁定請求**のときには，忘れず持参してください。また，加入記録に疑問がある場合には，問い合わせをしておきましょう。特に女性の方は，**旧姓**の期間（**結婚前のＯＬの期間など**）がご自分の年金記録に反映されているかどうか，注意してください。

問い合わせ先として，**ねんきん定期便・ねんきんネット等専用ダイヤル**が設けられています。

Q201 パートタイマーへの厚生年金保険の適用拡大ということを以前からときどき聞きますが，実現されるのですか。

A 平成28年10月１日から予定されています。ただし，①**週20時間以上**，②月額賃金8.8万円以上（年収106万円以上），③勤務期間**１年以上**見込み，④学生は適用除外，⑤従業員**501人以上**の企業という要件があります。

Q202 老齢基礎年金の受給資格期間が，25年から10年に短縮されると聞いています。

これは，税制抜本改革の施行時期にあわせて施行されます。納付した保険料に応じた給付を行い，将来の**無年金者**の発生を抑えていくと

いう視点から，老齢基礎年金の受給資格期間を**10年に短縮**するというものです。

これにより支給要件が緩和されるのは，**老齢基礎年金**，**老齢厚生年金**，**退職共済年金**，**寡婦年金**，これらに準じる旧法**老齢年金**です。

なお，現在，無年金である高齢者に対しても，改正後の受給資格期間を満たす場合には，経過措置として，施行日以降，保険料納付済期間等に応じた年金支給を行うこととしています。

Q203　共済組合と厚生年金保険の一元化は，実現するのでしょうか。

被用者年金制度の一元化について，平成27年10月に，次の改正が予定されています。

① 厚生年金保険に公務員及び私学教職員も加入することとし，２階部分の年金は厚生年金保険に**統一**する。

② 共済年金と厚生年金保険の制度的な差異については，基本的に厚生年金保険に揃えて解消する。

③ 共済年金の１・２階部分の**保険料を引き上げ**，厚生年金保険の保険料率（上限18.3%）に**統一**する。

④ 厚生年金保険事業の実施にあたっては，効率的な事務処理を行う観点から，**共済組合や私学事業団を活用**する。また，制度全体の給付と負担の状況を国の会計にとりまとめて計上する。

⑤ 共済年金にある公的年金としての**３階部分（職域部分）**は**廃止**する。公的年金としての３階部分（職域部分）廃止後の新たな年金については，別に法律で定める。

Q 204

共済組合と厚生年金保険の間での財源の調整の問題は，起こらないでしょうか。

A 現在の共済年金の**積立金**については，１・２階部分と３階部分の区別がありません。**被用者年金一元化**に際しては，共済年金の積立金のうち，１・２階部分の給付のみである厚生年金保険の積立金の水準に見合った額を，一元化後の厚生年金保険の積立金（＝共通財源）として仕分ける必要があります。具体的には，共済年金の積立金のうち，一元化前の厚生年金保険における積立比率（保険料で賄われる１・２階部分の年間の**支出**に対して，**何年分を保有しているか**という積立金の水準）に相当する額を，共通財源として仕分けます。

Q 205

平成26年の年金の財政検証のポイントを教えてください。

A 人口や経済の動向を踏まえて，八つのケースが示されました。問題となっているのは，このままでいくと，所得代替率が現役世代の**50%を下回る**のではないかということです。このため，マクロ経済スライドを**デフレ下でも発動**できるようにしてはどうか，繰下げの増額率を最大10年分まで増やしてはどうか（いまは最大５年分），などといった議論がされています。国民年金保険料の強制的な納付期間を，65歳まで延ばす案も出ています。

第５章

老齢に関する給付

（Q206～Q324）

老齢基礎年金（国年法26）

(1) **支給要件**

① **受給資格期間を満たしていること**

受給資格期間……**保険料納付済期間＋保険料免除期間（＋合算対象期間）が25年以上**（期間短縮の特例あり）であること

（注） **合算対象期間**は，受給資格期間には算入されるが，年金額の計算には算入されない。また，保険料免除期間のうち，**学生納付特例期間**（及び30歳未満の**若年者納付猶予期間**）は，受給資格期間には算入されるが，年金額の計算には算入されない。

② **65歳に達していること**

（注） 支給の繰上げ・繰下げの制度がある。

◎ **保険料納付期間**

① **第1号被保険者期間**（任意加入被保険者期間を含む）のうち**保険料を納めた期間**

② **第2号被保険者期間**のうち**20歳以上60歳未満**の期間

ただし，**20歳前**と**60歳以後**の期間は**合算対象期間**（技術的理由による）

③ **第3号被保険者期間**（配偶者の給与等から控除されている）

④ 昭和61年4月1日前の国民年金保険料納付済期間（旧法時代に，昭和36年4月1日～昭和61年3月31日に保険料を納めた期間をそのまま，引き継いでいる）

⑤ 昭和36年4月1日から昭和61年3月31日までの厚生年金保険・船員保険の被保険者期間，共済組合期間等のうち，20歳以上60歳未満の期間（昭和36年は，国民年金法の拠出型が発足した年）

◎ **保険料免除期間**

① 第1号被保険者期間のうち保険料の納付につき，**法定免除**，**申請免除**，**多段階免除**，**学生納付特例**，**若年者納付猶予**を受けた期間

② 昭和61年４月１日前の国民年金の被保険者期間のうち，同じく保険料納付の免除を受けた期間（旧法時代に免除を受けた人）

◎ **合算対象期間**（俗に，カラ期間ともいう）

① **第２号被保険者**の**期間**のうち，**20歳前**及び**60歳以後**の期間（**障害と遺族**では，**保険料納付済**）

② **任意加入**により国民年金の被保険者になることができる期間のうち，**被保険者にならなかった**期間（**60歳未満の期間に限る**）

③ **任意加入したが保険料が未納となっている期間**（20歳以上60歳未満の期間に限る）

昭和61年４月１日前の次の期間

④ 国民年金に任意加入できるのに加入しなかった期間（昭和36年４月１日に制度ができて，任意加入できた専業主婦等をいう）

⑤ **任意加入したが保険料が未納となっている期間**（20歳以上60歳未満の期間に限る）

⑥ 国民年金の任意脱退の承認を受けて被保険者にならなかった期間

⑦ 昭和36年４月１日以後，厚生年金保険及び船員保険の被保険者期間のうち，20歳前の期間及び60歳以後の期間（旧制度においても老齢については，20歳前と60歳以後はカラ期間）

⑧ 昭和36年４月１日前の厚生年金保険及び船員保険の被保険者期間で通算対象期間となるもの

⑨ **脱退手当金**の計算の基礎となった期間のうち，**昭和36年４月１日以後**の期間（大正15年４月２日以後に生まれた者で昭和61年４月１日以後65歳に達する日前までの間に保険料納付済期間及び保険料免除期間を有することになった場合に限る），その脱退手当金を**昭和61年３月31日までに受け取った人**（昭和61年４月１日以後受け取ったら，カラ期間にもならず権利を失う）

⑩ 昭和36年４月１日前の共済組合員の期間で**通算対象期間**になるもの

⑪　退職年金又は減額退職年金の年金額の計算の基礎となった共済組合の期間のうち，**昭和36年４月１日以後**の期間

⑫　**共済組合**の**組合員**の昭和36年４月１日以後のうち，**20歳前**と**60歳以後**の期間

⑬　退職一時金の計算の基礎となった共済組合の期間のうち，昭和36年**４月１日以後**の期間

⑭　**国会議員**であった期間（60歳未満の期間に限る）のうち，**昭和36年４月１日**から**昭和55年３月31日まで**の期間

⑮　日本国民であって**日本国内に住所を有しなかった期間**のうち，年齢20歳以上60歳未満で，昭和36年４月１日以後の期間

⑯　昭和36年５月１日以後，20歳以上60歳未満である間に**日本国籍を取得**した（永住許可を含む）

㋑　日本国内に住所を有していた期間のうち昭和36年４月１日から昭和56年12月31日までの期間

㋺　日本国内に住所を有していなかった期間のうち昭和36年４月１日から日本国籍を取得した日（永住許可を受けた日を含む）の前日までの期間

以上が，**合算対象期間**の**扱い**を受ける期間である。

⑵　年　金　額

①　**満　額**……原則として，40年間，保険料納付済の場合の額

「**780,900円**×改定率」

②　**減　額**……40年間（原則）のすべてが保険料納付済でない場合の額

満額の老齢基礎年金の額

$$\times \frac{\textbf{保険料納付済期間の月数＋保険料免除期間の月数×一定の割合※}}{\textbf{480}\text{(昭和16年４月１日以前生まれの者は「加入可能年数×12」)}}$$

※　**一定の割合**

免除の種類	年金額に算入される割合	
	国庫負担３分の１の間	国庫負担２分の１に引上げ後
１／４免除期間	５／６	７／８
半額免除期間	２／３	３／４
３／４免除期間	１／２	５／８
全額免除期間	１／３	１／２

全額免除期間……ここでは，法定免除・申請免除による免除期間を指す（学生納付特例期間・若年者納付猶予期間は，年金額には反映されない）。

このほかにも，**期間短縮の特例**とか，年金独特の**経過措置**がいろいろ出てきます。これが，年金は難しいといわれる理由です。Q＆Aで，少しずつ，ていねいに説明していきましょう。

Q 206

老齢基礎年金を**受給するための要件**は，何のことですか。

A　老齢基礎年金は，昭和61年４月１日から新しく誕生した名称です。まず，**大正15年４月２日以後生まれ**で昭和61年４月１日において60歳未満の者だった人が，受給できることになっています。

この対象者であって，

①　保険料納付期間＋保険料免除期間が，**25年以上**

②　支給開始年齢の**65歳に達した**

の２要件を備えた人が，老齢基礎年金の**裁定の請求**を行って，厚生労働大臣が受給権ありと裁定をして，はじめて支給されることになります。

Q207

保険料納付済期間と保険料免除期間で**25年に満たない場合**でも支給されることがあると聞いていますが，どのような場合ですか。

A

そうです。年金には，特例とか**経過措置**が多いのです。さて，保険料納付済期間と保険料免除期間の他にも，年金額の計算の対象からははずされますが，資格期間のほうには算入される，**合算対象期間**（金額に算入されないためか“カラ期間”ともいわれます）があります。

25年間には，**合算対象期間**を含めてもよいことになります。したがって，保険料納付済期間＋保険料免除期間＋合算対象期間の合計で25年間以上満たせば，受給資格期間を満たすことになります（国年法附則９①）。

Q208

それでは，**保険料納付済期間**とは，具体的に，どのような期間をさすのですか。

保険料納付済期間とは，次の期間をいいます。

① **第１号被保険者期間**のうちの**保険料納付済期間**

② 任意加入被保険者として，保険料を納付した期間

③ **第２号被保険者期間**のうち，**20歳以上60歳未満**の期間

④ **第３号被保険者期間**

⑤ 昭和61年４月１日前の旧国民年金法の保険料納付済期間

⑥ 昭和36年４月１日から昭和61年３月31日までの厚生年金保険，船員保険の被保険者期間と共済組合の組合員期間等のうち20歳以上60歳未満の期間

以上の期間は，保険料納付済期間として扱われます。

Q 209

保険料免除期間とは，どのような期間をさすのですか。

A　現在，国民年金の保険料の免除制度には，①**法定免除**，②**申請免除**，③**多段階免除（一部納付・一部免除制度）**，④**学生納付特例**，⑤**若年者納付猶予**の５種類があります（③を除き，保険料の全額を免除するものです）。

なお，多段階免除制度は，平成18年７月から導入されたもので，従来の半額免除に**４分の３免除**と**４分の１免除**を加えたものです。

これらの規定によって免除された保険料に係る期間を「**保険料免除期間**」といいます。**受給資格期間**には，すべての保険料免除期間について，その免除された実際の期間が算入されます。

ただし，**年金額の計算**においては，学生納付特例期間と若年者納付猶予期間は一切算入されず，他の免除期間についても，免除の種類に応じて定められた一定割合のみが算入されます。

なお，免除された保険料について**追納**をしたときは，**保険料納付済期間**に変わります。

Q 210

合算対象期間とは，何のことですか。

この**合算対象期間**がなかなか理解し難いものですが，なるべく多くの人たちが年金の受給権が得られるようにした特例です。

新法のもとにおいては，**任意加入ができる**のに加入しなかった20歳以上60歳未満の期間と，サラリーマン等である**第２号被保険者期間**のうち**20歳前の期間**と**60歳以後**の期間は合算対象期間としました。

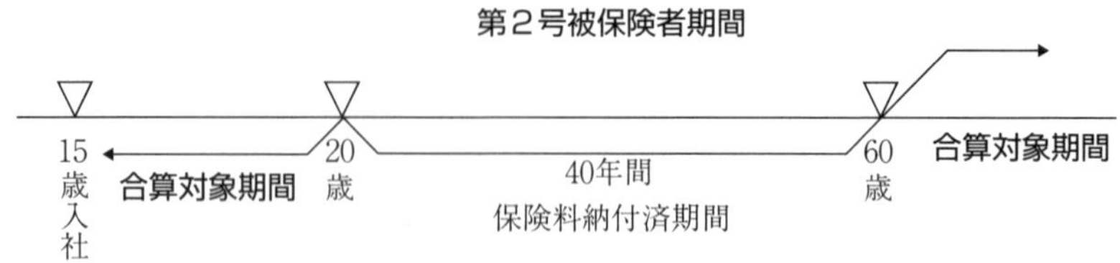

上の図のような取扱いとなっています。この第２号被保険者期間のうち20歳前と60歳以後の期間は，**老齢給付**を計算する際は合算対象期間として扱います。しかし，**障害給付**と**遺族給付**の場合は，保険料納付済期間として扱われます。

合算対象期間は数多くあるので，少しずつ解説していきます。

平成26年の改正により，「**任意加入**したが**保険料が未納**となっている期間（20歳以上60歳未満の期間）」も，合算対象期間に加わっています。

Q211

旧法時の被保険者期間で，**脱退手当金を受け取った期間**の扱いは，どのようになりますか。

A

旧法時代に厚生年金保険の脱退手当金を受け取ると，被保険者期間でなかった期間として扱われました。国民皆年金の精神に反する制度ですが，一部だけ**経過的**に，脱退手当金の制度が残っています。

昭和61年３月31日以前に脱退手当金を受け取った人の権利を消滅させると年金受給権を失う人が多いため，旧法時代に受け取ってしまった人であっても，**昭和36年４月１日以後の期間**につき合算対象期間として扱うことにしました。ただし，昭和61年４月１日以後65歳に達する日前までの間に，保険料納付済期間，保険料免除期間を有することになった人に限ります。新法になってから，**昭和61年４月１日以後に脱退手当金を受け取って**しまった人は，保護する必要がないので，これは原則どおり合算対象期間とせず，**被保険者期間でなかった期間**として扱われることに，注意してください。

Q212

旧法時代に**専業主婦**で，任意加入しなかった期間はどのようになりますか。

A

昭和61年３月31日まで，専業主婦は国民年金の**任意加入者**でした。昭和61年４月１日以後，第２号被保険者に扶養されている配偶者で**20歳以上60歳未満**の人は，**第３号被保険者**としての届出さえすれば，強制加入かつ**保険料納付済**と扱われることになりました。いわば，大きく扱いが変わった人たちです。旧法時代の専業主婦は任意加入者でしたが，この間に**任意加入しなかった期間**を合算対象期間として扱うことにしました。任意加入して保険料を納めていた人たちとのバランスの問題で，もちろん納付済として扱えるわけはありませんが，金額の計算にはね返らないにしても期間として権利を認めてあげないと，国民皆年金時代の**各人が自分の年金を受け取る**という構想が大きくくずれてしまいます。ただでさえ，国民年金には，滞納者である適用洩れの人たちが多数いるといわれています。家庭の主婦をこのように**旧法時代**は**合算対象期間**として認め，新法になってからは，サラリーマンの妻は保険料納付済として扱ってはじめて，国民各人が自分の年金を受け取るという建前の基盤ができたといえるのです。

Q213

その他，厚生年金保険の被保険者だった期間で**合算対象期間**になるものには，どのようなものがありますか。

A

旧法時代，厚生年金保険の被保険者期間のうち国民年金の制度がなかった**昭和36年４月１日前**の期間で，**通算対象期間**となるもの等は，合算対象期間として扱われます。あとは，制度ができた**昭和36年４月１日以後**で，これは新法施行後と同じく**20歳前の期間**と**60歳以後**の被保険者期間は，老齢給付については合算対象期間です。

(注) 昭和36年4月1日前は，国民年金の拠出型制度がないので，**通算対象期間の対象**となるものについては**合算対象期間**とした。

昭和36年4月1日

(注) 昭和36年4月1日に制度ができた後は，引き続き継続適用をしないと不公平になるので，当然新法施行後と同じで，**20歳前と60歳以後**の期間が**合算対象期間**となる。

昭和61年4月1日

Q214

旧法時代に**共済組合の組合員**だった人の被保険者期間で合算対象期間となるのは，どのような期間ですか。

A まず，**昭和36年4月1日前**（国民年金の拠出型制度がなかった時代）の組合員期間で**通算対象期間になる期間**です。第2に，昭和36年4月1日（制度ができた後）からの組合員期間は，新法施行後と同じく**20歳前**の期間と**60歳以後**の期間が**合算対象期間**です。

それに，第3に，**退職年金**，**減額退職年金**，又は**退職一時金**の計算の基礎となった期間のうち，昭和36年4月1日に制度ができた後の期間が合算対象期間とされます。

Q215

日本国民が，日本国内に**住所を有していなかった**期間についてはどうですか。また，その他の合算対象期間には，どんなものがありますか。

A まず，**日本国外**にいた期間について，日本国籍を有する人たちは，**昭和36年4月1日以後**の国民年金制度ができた後は，**20歳以上60歳未満**の間は合算対象期間とされます。

その他について，**国会議員**であった期間（**60歳未満**の期間に限る）のうち，**昭和36年4月1日**から**昭和55年3月31日まで**の期間も合算対象期間扱いです。国会議員は，昭和36年4月1日から昭和55年3月31日まで任意加入することができなかったからです。

Q216　特殊なものとして，昭和36年５月１日以後，20歳以上60歳未満である間に**日本の国籍**を**取得**した者の扱いは，どのようになりますか。

A　**日本国籍**を昭和36年５月１日以後**取得**した人で，日本国内に住所を有していた期間のうち，昭和36年４月１日から昭和56年12月31日までの期間で20歳以上60歳未満の期間は，合算対象期間の扱いです。

同じく，日本国内に住所を有しなかった期間であっても，昭和36年４月１日から日本国籍を取得した日の前日までの期間で20歳以上60歳未満の期間については，合算対象期間として扱われています。

Q217　合算対象期間の扱いのうち，**新法施行後で**，任意加入できるのに**任意加入しなかった期間**とは，具体的に，何のことでしょうか。

A　任意加入被保険者となれる人には，**日本国内に住所**がある**20歳以上60歳未満**の人で**被用者年金各法**の**受給権者**である人がいます。これは，旧法時代の厚生年金保険等で女子のように55歳から受給できる人がいました。坑内員や船員は，**55歳支給開始**です。そうすると，これらの人たちは任意加入できる人ということになります。

次に，**海外に居住**する**20歳以上60歳未満**の日本人の人たちも任意加入被保険者になれるわけです。このように任意加入できるのに任意加入しなかった期間も権利を全く失わないように，合算対象期間として扱いましょうということです。

Q218 昭和36年4月1日以後の被用者年金各法の被保険者期間は，国民年金の保険料納付済期間とみなすといわれていますが，具体的には，どのような期間ですか。

A 昭和36年4月1日以後の拠出型国民年金制度が施行後の期間ですが，この**昭和36年4月1日から昭和61年3月31日まで**次に掲げる被用者年金各法の被保険者であって**20歳以上60歳未満**の期間は，**保険料納付済期間**とみなすことになっています。

① **厚生年金保険**の**被保険者期間**

② 国家公務員共済組合の組合員期間

③ 地方公務員等共済組合の組合員期間

④ 私立学校教職員共済の加入者期間

⑤ 農林漁業団体職員共済組合の組合員期間

これらの期間は，**老齢基礎年金の年金額**を計算する際には，**保険料納付済期間**に算入します（昭60法附則８③）。

Q219 受給資格期間が短縮される特例があるそうですが，国民年金の受給資格期間が短縮されるのは，どのような場合ですか。

A 国民年金法の制度が発足したのが**昭和36年4月1日**です。その制度発足のときに，すでに**一定年齢**に達している人は，特例を認めないと資格を得ることが困難です。そこで，昭和５年４月１日以前生まれの人には25年間の期間ではなく，**24年以内**でも，受給資格期間を満たすことを認めていく**特例**を設けました。

◎ 生年月日が，昭和４年４月２日から昭和５年４月１日までの人……24年

◎ 生年月日が，昭和３年４月２日から昭和４年４月１日までの人……23年

◎ 生年月日が，昭和２年４月２日から昭和３年４月１日までの人……22年

◎ 生年月日が，大正15年４月２日から昭和２年４月１日までの人……21年

（注）これらの人たちは，保険料納付済期間と保険料免除期間及び合算対象期間を合算した期間が25年より短くても，**特例**として受給資格を認めたのです。

Q220

期間の短縮の**特例**として，**被用者年金制度**の**期間**の**特例**が認められる場合は，どのようなときですか。

A

被用者年金制度というのは，サラリーマンの年金のことですが，旧法では受給資格期間を**20年間**としておりました。そこで，一定の生年月日の人については，**段階的に25年**にしていこうという考え方の特例です。

昭和31年４月１日以前生まれの人は，**新法施行時昭和61年４月１日**に**満30歳以上**であり，段階的に短縮されているのです。

◎　昭和30年４月２日から昭和31年４月１日生まれの人……24年

◎　昭和29年４月２日から昭和30年４月１日生まれの人……23年

◎　昭和28年４月２日から昭和29年４月１日生まれの人……22年

◎　昭和27年４月２日から昭和28年４月１日生まれの人……21年

◎　昭和27年４月１日以前に生まれた人……20年

（注）この期間は，**被用者年金の被保険者等の期間**をさします。

Q221

期間短縮の特例で，**中高齢者の特例**といわれるものは，どのようなものですか。

A

旧厚生年金保険法には，**男子は40歳以後**，**女子**と**坑内員**，**船員**については**35歳以後**の加入期間が**15年間**あれば，老齢年金を支給する措置がありました。現在の制度でも，一定の年齢以上の人について，７年６か月間以上，第４種被保険者，船員任意継続被保険者以外の被保険者期間を有する人についての特例として残されました。それが**中高齢者の特例**です。なお，坑内員と船員については，そのうちの10年間以上は船員任意継続被保険者以外の被保険者期間を有することが条件となっています。

◎　昭和25年４月２日から昭和26年４月１日までの間に生まれた人
…………19年（施行日に35歳）

◎　昭和24年４月２日から昭和25年４月１日までの間に生まれた人
…………18年（施行日に36歳）

◎　昭和23年４月２日から昭和24年４月１日までの間に生まれた人
…………17年（施行日に37歳）

◎　昭和22年４月２日から昭和23年４月１日までの間に生まれた人
…………16年（施行日に38歳）

◎　昭和22年４月１日以前に生まれた人…………15年（施行日に39歳以上）

（注）**男子40歳**（**女子**，**坑内員**，**船員**は**35歳**）以後の厚生年金保険の被保険者期間をさします。

Q222

老齢基礎年金の**年金額**は，いくらですか。

A

老齢基礎年金の額は，平成26年度は**772,800円**とされていました。この額は，20歳から60歳まで40年間被保険者期間があり40年間保険料納付済で65歳から受け取れる**満額の金額**です。この772,800円は，**物価スライド特例措置**による金額です。平成27年度からは本来水準の「780,900円×改定率」が支給されます（**【Q167】**を参照）。

Q223

老齢基礎年金の額は，**40年間保険料納付済**で満額ということですが，保険料納付済期間が**480か月に満たない場合**は，どのように計算するのですか。

保険料納付済が**480か月未満の計算**は，次のとおりです。

$$\text{満額の老齢基礎年金の額} \times \frac{\text{保険料納付済期間の月数} + \text{保険料免除期間の月数} \times \text{一定の割合}}{\text{480か月}}$$

（注）　学生納付特例・若年者納付猶予により免除を受けた期間は，前の式の保険料免除期間には含みません。

Q224

国民年金に40年間加入することが不可能な人については，40年（480か月）という期間を短縮して老齢基礎年金の額を計算するそうですが，具体的に教えてください。

A

昭和16年４月１日以前に生まれた人については，昭和36年４月１日の国民年金制度（拠出型）の発足の当時すでに20歳以上でした。そのため，60歳までの間に40年間加入することが不可能となります。

そのため，**昭和36年４月１日における年齢**から**60歳**までの期間を**加入可能年数**とし，その期間，**すべて保険料納付済**であれば，**満額の老齢基礎年金**を支給することにしました。また，保険料免除期間などがある場合の計算も，加入可能年数を用いて行うことにしました。

算式は，次のようになります。

$$\text{満額の老齢基礎年金の額} \times \frac{\text{保険料納付済期間の月数} + \text{保険料免除期間の月数} \times \text{一定の割合}}{\textbf{加入可能年数}(39\text{年}\sim 25\text{年}^{※})468\text{か月}\sim 300\text{か月}}$$

※　昭和36年４月以後60歳までの年数。

昭和15年４月２日から昭和16年４月１日生まれの人は，39年間（468か月）で満額受給できるようにしました。以下，生年月日を１年ごとに区切っていき，38年，37年と短縮し，大正15年４月２日から昭和２年４月１日の間に生まれた人は，**加入可能年数**を25年（300か月）まで短縮する特例を設けたのです。

加入可能年数表

生　年　月　日	加入可能年数	生　年　月　日	加入可能年数
大15．4．2～昭2．4．1	25年	昭9．4．2～昭10．4．1	33年
昭2．4．2～　3．4．1	26	10．4．2～　11．4．1	34
3．4．2～　4．4．1	27	11．4．2～　12．4．1	35
4．4．2～　5．4．1	28	12．4．2～　13．4．1	36
5．4．2～　6．4．1	29	13．4．2～　14．4．1	37
6．4．2～　7．4．1	30	14．4．2～　15．4．1	38
7．4．2～　8．4．1	31	15．4．2～　16．4．1	39
8．4．2～　9．4．1	32	16．4．2～	40

Q225

老齢基礎年金の額を計算する際に，保険料免除期間は，一定の割合が算入されるそうですが，具体的に教えてください。

算入される割合は，保険料免除期間の種類に応じて，次のとおりです。

なお，保険料免除期間のうち，学生納付特例期間と若年者納付猶予期間は，年金額には反映されないことに注意しましょう。

免除の種類	年金額に算入される割合	
	国庫負担3分の1の間	国庫負担2分の1に引上げ後
1／4免除期間	5／6	7／8
半額免除期間	2／3	3／4
3／4免除期間	1／2	5／8
全額免除期間	1／3	1／2

平成21年3月以前の期間については，国庫負担3分の1で計算されます。

Q 226

期間短縮の特例で，厚生年金保険法の第３種被保険者（**坑内員・船員**）の特例について，説明してください。

A　厚生年金保険の第３種被保険者としての期間については，まず第１に，**昭和61年３月以前**の期間は，実際の加入期間を**３分の４倍**します。そして，**昭和61年４月から平成３年３月まで**は，実際の加入期間を５分の６倍することになっています（昭60法附則47②～④）。

国家公務員共済組合及び地方公務員等共済組合の船員組合員期間についても，この期間計算の特例は適用されます。

第２に，昭和29年５月１日前に厚生年金保険の坑内員だった人は，継続した15年間に，昭和29年５月１日前の第３種被保険者期間と同月以後の第３種被保険者期間を合わせた期間が**実期間**として**12年間**（**３分の４倍**すれば**16年間**）以上あれば，老齢基礎年金の受給資格期間を満たしたものとされます。

第３に，昭和27年４月１日以前生まれで船員保険の被保険者であった人は，昭和61年３月までに漁船に乗り込んだ期間が実数で**11年３か月以上**（**３分の４倍**すると**15年間**）あれば，老齢基礎年金の受給資格期間を満たした扱いとなります。

Q 227

期間の短縮の特例で，**共済組合**の**定年退職者の特例**とは，何のことですか。

A　国家公務員については昭和56年６月11日，地方公務員については昭和56年11月20日の定年制施行法の公布の日に，国家公務員共済組合又は地方公務員共済組合などの組合員であり，その後継続して勤め定年等で退職した場合は，**40歳以後の組合員期間**が**15年以上**あれば，老齢基礎年金の受給資格期間を満たしたものとして扱われます（この場合には，７年６か月間以上の期間が，特例継続組合員以外の期間であることとされています）。

Q228　その他の**共済組合員期間**がある人の**特例**には，どのようなものがありますか。

A　次のようなものがあります。

① **共済組合**の退職年金の受給権がある者の特例として，昭和６年４月２日以後に生まれた人で，昭和61年３月31日までに**退職年金**又は**減額退職年金**の**受給権**がある人は，老齢基礎年金の受給資格期間を満たしたとされます。

② 国家公務員共済組合の衛視等，地方公務員等共済組合の警察職員の特例，恩給組合員の特例，退職年金条例の適用を受けていた人，恩給法の適用を受けていた警察職員，退職年金条例の適用を受けていた消防職員，恩給財団の組合員だった私学教職員の特例によって，老齢基礎年金の受給資格期間を満たしたものとされる場合があります。

また，次の**老齢**又は**退職**を支給事由とする**年金受給権者**は，**老齢基礎年金**の**受給資格期間**を満たしたものとして扱われています。恩給法，地方公務員の退職年金に関する条例，執行官法，旧令による共済組合等特別措置法，財団法人日本製鉄八幡共済組合等の年金を受けられる場合です。

Q229　国民年金の期間について，**沖縄県の特例**とは，何のことですか。

A　沖縄県は本土復帰が遅れたので，国民年金制度が発足するのが，本土よりも**９年間遅れた**のです。そのための特別措置として，生年月日が昭和25年４月１日以前の人に**免除期間**（追納すれば納付済期間）を与え，実際に必要な資格期間を24年から昭和２年４月１日以前生まれの人は，資格期間が12年間でも老齢基礎年金が受給できる扱いとされました。いいかえれば，**生年月日**により**１年から９年まで**の**免除期間**を与えられたのです。この免除された期間については，平成４年３月まで１か月につき2,400円の額を追納することにより，保険料納付済と扱ってきました（沖縄措置令63，63の２）。

Q230 **旧令共済組合員期間**がある人の老齢年金の取扱いは，どのようになりますか。

A 第１号被保険者として保険料納付済期間と保険料免除期間を合算した期間が１年以上あり，老齢基礎年金の受給資格期間を満たしていない人であっても，**旧陸軍共済組合令**に基づく旧令共済組合の組合員期間のうち，退職年金給付の適用を受ける期間を合算した期間が25年以上あれば，老齢年金が支給されることになっています（国年法附則９の３）。

この場合の老齢年金の額は，第１号被保険者としての保険料納付済期間と保険料免除期間により計算されます。この老齢年金の給付についての扱いは，**老齢基礎年金**と**みなして**行うこととされています（国年法附則９の３③）。

なお，**旧令共済組合**を参考までに列挙しておきましょう。国民年金法施行令に列挙されています（国年令13一～七，14）。

①　旧陸軍共済組合
②　旧海軍共済組合
③　朝鮮総督府逓信官署共済組合
④　同交通局共済組合
⑤　台湾総督府専売局共済組合
⑥　同交通局逓信共済組合
⑦　同営林共済組合
⑧　同交通局鉄道共済組合

Q231 **昭和61年４月１日**の新法適用後に**任意加入被保険者から強制加入被保険者**に扱いが変わった人たちは，どのような人たちですか。

A 昭和61年３月31日まで**任意加入の扱い**を受けていた人あるいは**適用除外だった人**で，**昭和61年４月１日以後強制適用**となった人たちは，次のとおりです。

① 被用者年金の被保険者，組合員（適用除外）→ 第２号被保険者

② **地方議会議員**，**国会議員**（任意加入可）→ 第１号被保険者

③ 老齢退職年金の**受給資格期間満了者**（任意加入可）→ 第１号被保険者

④ **障害年金**の**受給権者**（任意加入可）→ 第１号被保険者

⑤ **遺族年金**の**受給権者**（任意加入可）→ 第１号被保険者

⑥ 被用者年金各法の被保険者（**サラリーマン**）の**被扶養配偶者**（任意加入可）→ 第３号被保険者

⑦ **自営業者**の**配偶者**（任意加入可）→ 第１号被保険者

⑧ **学生**で勤務していない人（任意加入可）→ 平成３年４月１日より第１号被保険者

⑨ 老齢・退職年金の**受給権者**（任意加入可）は，改正後**適用除外**であるが，**任意加入できる**人という扱いになりました※。

※ その他，**60歳以上65歳未満の国内居住者**と**20歳以上65歳未満の国外居住者**も任意加入できる人たちです。

このように，昭和61年４月１日以後，**強制加入の範囲**が大きく拡がりました。

Q232 **振替加算**とは，何のことですか。

A **振替加算**を理解するためには，制度の趣旨とか，関連事項として，配偶者加給年金額の理解が前提となります。

まず，振替加算というのは，老齢厚生年金等の受給権者である夫に**生計を維持**されている65歳未満の妻がいる場合に，その**夫の被保険者期間**が**20年間以上**あれば，**配偶者加給年金額**がつくことを知っておく必要があります。

なお，妻，そして夫の生年月日とも，**大正15年４月２日以後**生まれが要件とされます。つまり，**夫婦ともに新法の適用者**であることが必要だということです。

さて，この夫が60歳から，60歳代前半の老齢厚生年金を受給し，配偶者加給年金額がついているとします。配偶者加給年金額の対象者となっていた**妻が65歳**になりますと，新法の考え方では，妻自身が**自分の老齢基礎年金**を受け取ることになります。これが，新法の基本的考え方です。各人が，65歳からは自分の年金を受け取るという個人単位の年金の考え方です。妻が自分の老齢基礎年金を受給するようになったら，それまで**夫についていた配偶者加給年金額**が，妻の老齢基礎年金の上乗せとして**振替加算**されるという考え方です。この際には，生年月日に応じて政令で定める率を乗じた額となるのですが，これは，若い人ほど自分の年金額が多くなるわけですから調整するのです。生年月日が新しい人は，新年金制度の強制適用者ですから満額に近い自分の老齢基礎年金を受け取れます。これは，国民年金の制度が発足したのが昭和36年４月１日，新年金になり適用がより拡大されたのが昭和61年４月１日という，**制度の歴史**に大きく関係があります。

振替加算の図解

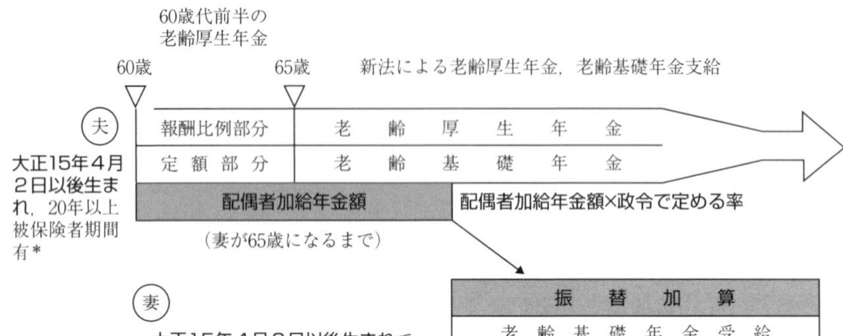

妻

大正15年４月２日以後生まれで，**昭和41年４月１日以前**に生まれた妻。夫に**生計を維持**されている場合に，振替加算がされる＊＊。

振 替 加 算
老 齢 基 礎 年 金 受 給

（65歳になると妻の老齢基礎年金支給開始）

夫についていた配偶者加給年金額に，**妻の生年月日に応じ政令で定める率**を乗じた金額が，振替加算される。

＊　**新法の制度**であるから，**夫婦ともに**，新法の適用者であることが必要である。

＊＊　振替加算の対象者は，実際には配偶者のどちらでもかまわない。上の図解の夫と妻の立場が逆になる場合もある。

Q233

振替加算の要件を整理してください。

老齢基礎年金の額に振替加算が加算されるためには，その老齢基礎年金の受給権者が，次の①～③のいずれにも該当する必要があります。

① 大正15年４月２日～**昭和41年４月１日**の間に生まれた者であること

② 老齢基礎年金の受給権を取得したこと（65歳に達していること）

③ 65歳に達した日（又はその後）に，次の㋑か㋺の年金給付の受給権を有するその者の配偶者によって生計を維持していたこと。65歳に達した日の前日（又はその後）において，次の㋑か㋺の年金給付の**加給年金額**の対象となっていた場合に限る。

㋑ **老齢厚生年金・退職共済年金**（その額の計算の基礎となる期間の月数が**240以上**〔中高齢の期間短縮特例に該当する者についてはその期

間以上〕であるものに限る）

㋺　**障害厚生年金・障害共済年金**（**１級又は２級**に限る）

（注）**振替加算が行われるのは，夫婦とも新法適用者である場合に限ります。**

Q234

振替加算を認めた理由とは，何ですか。

A　昭和61年３月31日以前の旧国民年金法では，被用者年金各法の被保険者の**被扶養配偶者**は，現在と異なり，**任意加入の制度**を採用していました。**昭和61年４月１日以後，第３号被保険者**として届出をし，強制適用かつ保険料納付済期間と扱われても，国民年金の保険料納付済期間が短いため，老齢基礎年金額が**少額となる**ケースが多いわけです。そこで，被用者に加算されていた加給年金相当額を，**配偶者に振り替える**ことにしました（昭60法附則14）。

昭和61年４月以後，第３号被保険者等として，現行国民年金制度の被保険者となった場合であっても，国民年金の加入期間が短く，特に，合算対象期間が大部分を占め，受給権を得た場合等，65歳から支給される**老齢基礎年金がきわめて低額**になる人も生ずることになるため，これらの人については，施行日以後60歳に達するまでの期間を考慮して，**生年月日に応じて**逓減する加算を行うことにしたのです。その最高額は，老齢厚生年金の**配偶者加給年金額**と同額としています。これは，その人の配偶者が老齢厚生年金を受給している場合には，その人の65歳到達により，それまで加算されていた配偶者加給年金額が振り替えて加算されるものと考えることができるため，**振替加算**とよばれているのです。

Q235 **振替加算**は，**障害厚生年金**の受給権者に**配偶者加給年金額**がついている場合にも行われますか。

A 振替加算される人の配偶者が，厚生年金保険の**障害厚生年金１級又は２級**の受給権者の場合は，同様に，**配偶者加給年金額**がついていますから，他の要件を満たしている場合は，同じように考えてよいのです。やはり，65歳から老齢基礎年金が支給されるようになると，振替加算されます。**振替加算される人は，夫でも妻でもよい**のですが，一応，妻として説明してみます。

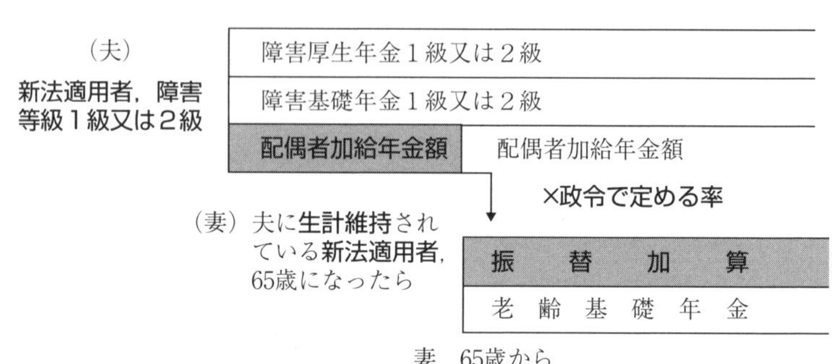

Q236 **振替加算**は，**夫**又は**妻**の**生年月日**によって適用されたり，されなかったりするのですか。

A そうです。振替加算の制度は，**新法の適用者**についてだけ認めたものです。したがって，**夫婦とも新法の適用者**であることが必要です。新法の適用者は，**大正15年４月２日以後生まれ**の人だけに限定されます。たとえば，妻が大正15年４月１日以前生まれですと，その妻には老齢基礎年金の受給権が発生しないので，振替加算の問題は起きません。したがって，大正15年４月１日以前生まれの妻が，夫の老齢厚生年金の配偶者加給年金額の対象となっていた場合は，振替加算されない代わりに**妻が65歳以上になっても，夫の配偶者加給年金額**は支給され続け，カットされることはないのです。

Q 237

老齢基礎年金の受給権者が**老齢厚生年金**や**退職共済年金**を**受けられる場合**は，その老齢基礎年金の額に振替加算は行われますか。

A

老齢基礎年金の受給権者を対象としており，その**受給権者**（本人）が厚生年金保険の被保険者期間が240か月以上の**老齢厚生年金**や**退職共済年金**（組合員期間の月数が240以上に限ります）を**受給**できるというケースにおいては，**振替加算されません**（昭60法附則14①）。また，受給権者（本人）が，障害基礎年金，障害厚生年金，障害共済年金を受けられる間は，振替加算は支給停止されることになっています（昭60法附則16①）。

Q 238

振替加算の額は，どのようになりますか。

A

振替加算される額は，昭和61年４月１日に59歳の人（大正15年４月２日から昭和２年４月１日生まれの人）については配偶者加給年金額と同一額となりますので，224,700円×改定率です。それ以後，**年齢が若くなるにつれ減額**していきます。なぜ，このようなことをしたかというと，これは年齢が若くなればなるほど，老齢基礎年金の額が**強制適用の時期**との関係で多くなるはずだとの考え方に基づくものです。昭和61年４月１日に20歳未満（昭和41年４月２日以後生まれ）の人は，ゼロになるように政令で一定の率が決められているのです（昭60法附則14①，措置令24他）。

たとえば，昭和40年４月２日から昭和41年４月１日までの間に生まれた人は，224,700円×改定率に0.067をかけて端数処理をした金額が振替加算されます。これらの率は，**生年月日**によって定められていますから，仮に，大正15年４月２日から昭和２年４月１日まで生まれの人は，（政令で定める率が1.000ですから）224,700円×改定率が振替加算されるのです。この人が，**昭和36年４月１日から**ずっと**任意加入**して保険料を納め続けてきた場合は，昭和61年４月１日までに25年間（300か月）加入可能年数で**満額支給780,900円×改定率**に**振替加算額224,700円×改定率**が上乗せされるケースも出てきます。

受給権者の生年月日	政令で定める率	受給権者の生年月日	政令で定める率
大15．4．2～昭2．4．1	1.000	昭21．4．2～昭22．4．1	0.467
昭2．4．2～昭3．4．1	0.973	昭22．4．2～昭23．4．1	0.440
昭3．4．2～昭4．4．1	0.947	昭23．4．2～昭24．4．1	0.413
昭4．4．2～昭5．4．1	0.920	昭24．4．2～昭25．4．1	0.387
昭5．4．2～昭6．4．1	0.893	昭25．4．2～昭26．4．1	0.360
昭6．4．2～昭7．4．1	0.867	昭26．4．2～昭27．4．1	0.333
昭7．4．2～昭8．4．1	0.840	昭27．4．2～昭28．4．1	0.307
昭8．4．2～昭9．4．1	0.813	昭28．4．2～昭29．4．1	0.280
昭9．4．2～昭10．4．1	0.787	昭29．4．2～昭30．4．1	0.253
昭10．4．2～昭11．4．1	0.760	昭30．4．2～昭31．4．1	0.227
昭11．4．2～昭12．4．1	0.733	昭31．4．2～昭32．4．1	0.200
昭12．4．2～昭13．4．1	0.707	昭32．4．2～昭33．4．1	0.173
昭13．4．2～昭14．4．1	0.680	昭33．4．2～昭34．4．1	0.147
昭14．4．2～昭15．4．1	0.653	昭34．4．2～昭35．4．1	0.120
昭15．4．2～昭16．4．1	0.627	昭35．4．2～昭36．4．1	0.093
昭16．4．2～昭17．4．1	0.600	昭36．4．2～昭37．4．1	0.067
昭17．4．2～昭18．4．1	0.573	昭37．4．2～昭38．4．1	0.067
昭18．4．2～昭19．4．1	0.547	昭38．4．2～昭39．4．1	0.067
昭19．4．2～昭20．4．1	0.520	昭39．4．2～昭40．4．1	0.067
昭20．4．2～昭21．4．1	0.493	昭40．4．2～昭41．4．1	0.067

Q239

妻が夫より**7歳年上**というケースでも，**振替加算**は行われますか。

A 要件さえ満たせば，そのときから振替加算されます。たとえば，妻が7歳年上ですと，**妻の老齢基礎年金の支給が先行**します。妻が65歳から支給を受け，それから夫の特別支給の老齢厚生年金の支給が60歳から開始し，生計を維持されている妻がすでに年金を受給していてもよいのですから（収入制限は，妻の年収が850万円以上の収入が見込まれなければよい），夫の特別支給の老齢厚生年金につくべき配偶者加給年金額が**要件を満たしたときか**

ら振替加算されることになります。

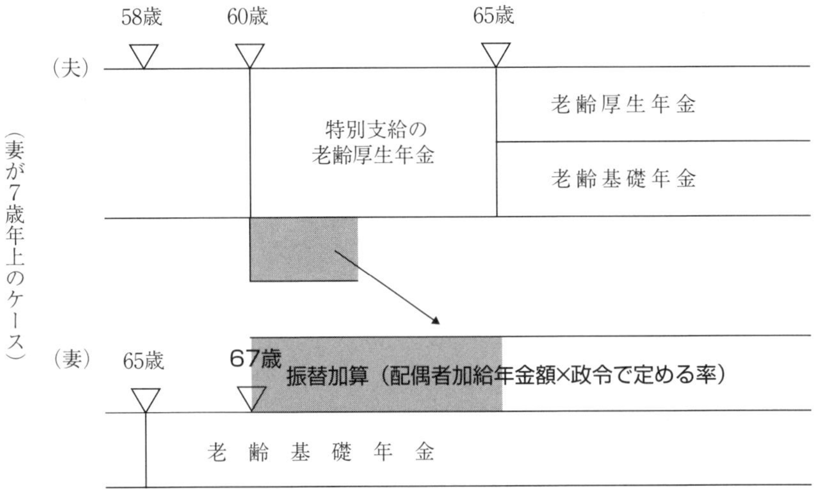

生計維持されている妻であれば，夫の特別支給の老齢厚生年金につくべき**配偶者加給年金額**が，67歳から**振替加算**される。生年月日による調整をされた金額が振替加算されるのである。

Q240

振替加算の対象になる妻が，**老齢基礎年金**の支給を**繰り上げ**て60歳から受け取っている場合は，どのようになりますか。

A

繰上げ支給とは，老齢基礎年金の金額を減額して早めに支給を受けることをいうのですが，減額された年金は，そのまま変わらず続きます。振替加算については，**65歳から**支給されます。繰下げ支給をしたときは，その受給時から振替加算されることになります。

Q241 **振替加算だけの老齢基礎年金**が支給される場合があるのですか。

A そうです。大正15年４月２日から昭和２年４月１日までの間に生まれた人が，65歳に達した日にその配偶者に生計を維持されていたとします。配偶者加給年金額の対象になっている要件を満たしており，夫婦ともに新法の適用者であれば，振替加算が支給されます。振替加算額だけになるというケースは，老齢基礎年金の額それ自体はゼロであるということです。老齢基礎年金の受給資格を得るためには，**合算対象期間（カラ期間）だけで25年間**でもよいのです。前にも説明したように，合算対象期間は年金額計算の対象にはなりません。期間だけ計算の対象にするのです。したがって，保険料納付済期間と保険料免除期間が全くなく，25年間すべてが合算対象期間だけの人が振替加算の要件を満たしていれば，**振替加算額だけの年金**が支給されることになります。

なお，**学生納付特例期間**も年金額に反映されません。これらの期間（又はこれらの期間に合算対象期間を加えた期間）だけで受給資格期間を満たしても，老齢基礎年金の額はゼロとなります。このような場合にも，振替加算の要件を満たしていれば，**振替加算だけの年金**が支給されることになります。

Q242 老齢基礎年金には，支給開始年齢を65歳よりも**早く支給**してもらう**制度**があるといわれますが，どのようなことですか。

A **支給の繰上げ**といわれる制度です。保険料納付済期間又は保険料免除期間（学生納付特例期間を除く）を有する人であって，60歳以上65歳未満であるものは，65歳に達する前に厚生労働大臣に老齢基礎年金の支給繰上げの請求をすることができます。請求があった日の前日において，老齢基礎年金の資格期間を満たしているときに限って，この請求をすることができます（国年法附則９の２①）。旧法では，支給の繰上げは，あらかじめ希望する年齢を申し出ることになっていたのですが，新法のもとでは，支給繰上げの請求があった日から繰上げ支給が行われることになりました。**請求月の翌月から**現実の支給が行われます。

Q243

支給の繰上げによる**年金額の減額**について，説明してください。

老齢基礎年金の支給を繰り上げますと，一定の**減額率**により**減額された年金額**となります。

その年金額は，「**本来の年金額－本来の年金額×減額率**」で，そのように減額された額が生涯支給されることになります。

なお，減額率は，次のとおりです（生年月日に応じて２パターン）。

＜減　額　率＞

原　　則 **昭和16年４月２日以後生まれの者に適用**	1,000分の５×支給繰上げの請求をした日の属する月から65歳に達する日の属する月の前月までの月数 ……月単位で減額率を決定	
経過措置 **昭和16年４月１日以前生まれの者に適用**	**繰上げ請求時の年齢**	**率**
	60歳	0.42
	61歳	0.35
	62歳	0.28
	63歳	0.20
	64歳	0.11

Q244 支給の繰上げを受けた者が，**厚生年金保険**の**被保険者**になった場合は，どのようになりますか。

A 支給の繰上げをした後になって会社に就職し，厚生年金保険の被保険者になり，国民年金においても第２号被保険者になることもあります。その場合には，昭和16年４月１日以前生まれの者については，その間，繰上げ支給の老齢基礎年金は**全額支給停止**されます（平６法附則７②）。

Q245 **昭和16年４月１日以前**に生まれた人については，厚生年金保険の被保険者であるときには，繰上げ支給の請求はできないのですか。

A そのとおりです。**昭和16年４月１日以前**生まれの人は，**60歳代前半の老齢厚生年金**（定額部分＋報酬比例部分）を原則として60歳から受け取れる人です。このような方が，**厚生年金保険などの被用者年金制度の被保険者（国民年金の第２号被保険者）**であるときは，老齢基礎年金の**繰上げ支給の請求は行えない**こととされています（平６法附則７①）。

Q246 老齢基礎年金の繰上げ支給を受ける場合であっても，報酬比例相当の老齢厚生年金とは併給できると聞きましたが，本当ですか。

A 平成６年の改正により，**昭和24年４月２日から昭和36年４月１日までに生まれた人（女子は昭和29年４月２日から昭和41年４月１日までに生まれた人）**は，60歳から**報酬比例部分のみの老齢厚生年金が支給**されます。これに該当した生年月日の人は，繰上げ支給の老齢基礎年金と**併給することが可能**となりました。

Q247

60歳代前半の老齢厚生年金の年金額は，平成13年度から段階的に報酬比例相当額に切り替えられていますが，そのちょうど**移行期**に当たる生年月日の人（**昭和16年４月２日～昭和24年４月１日生まれの男子，及び昭和21年４月２日～昭和29年４月１日生まれの女子**）が老齢基礎年金の繰上げ支給を受ける場合は，どのようになりますか。

A

昭和16年４月２日から昭和24年４月１日（女子は昭和21年４月２日から昭和29年４月１日）までの間に生まれた人は，生年月日に応じて61歳～64歳から定額部分と報酬比例部分の年金額を受け取る人です（175頁参照）。

このような方は，老齢基礎年金の繰上げ支給を受けるときでも，**60歳代前半の老齢厚生年金と併給**できます。事例をあげて説明してみましょう。

昭和25年４月1日生まれの女子の場合は，定額部分は62歳から支給されることになります。それまでの２年間は，報酬比例部分のみということになります。その人が仮に64歳のときに老齢基礎年金の支給繰上げの請求をした場合の年金額は，次のとおりになります。

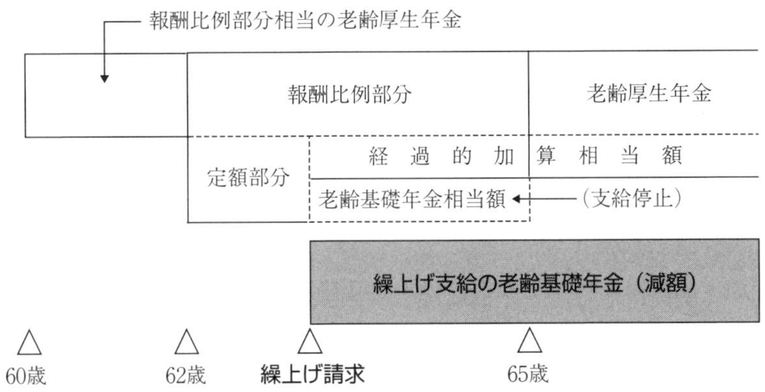

老齢基礎年金の額は，繰上げ請求時の年齢に応じた減額率によって**減額**された額となります。**60歳代前半の老齢厚生年金**に関しては，定額部分のうち，**基礎年金相当額が支給停止**され，経過的加算相当額は支給されます。また，報

酬比例部分と加給年金額も支給されます。

Q248 老齢基礎年金の支給繰上げの請求をしたことで，定額部分のうちの基礎年金相当額が支給停止されるものの，60歳代前半の老齢厚生年金と併給可能な人は，他にどのような人がいますか。

A 【Q247】では，昭和25年4月1日生まれの女子を取り上げましたが，次のいずれかに該当する人も同様に，併給可能な人たちです。ただし，**定額部分のうちの基礎年金相当額は，支給停止**されます。

① 昭和16年4月2日から昭和24年4月1日生まれの一般男子と，昭和21年4月2日から昭和29年4月1日生まれの女子で，**60歳代前半の老齢厚生年金の定額部分の支給開始年齢に達している人**

② 昭和16年4月2日から昭和21年4月1日生まれの女子で，**60歳代前半の老齢厚生年金を受ける人**

③ 障害者又は長期加入者の年金額の特例を受けて，**60歳代前半の老齢厚生年金を受ける人**

④ 第3種被保険者（坑内員・船員）の特例を受けて，**60歳代前半の老齢厚生年金**（支給開始60歳前のものを含みます）**を受ける人**

Q249 昭和16年4月2日から昭和24年4月1日生まれの一般男子と，昭和21年4月2日から昭和29年4月1日生まれの女子（【Q248】①の生年月日と同じ）についてお聞きします。これらの生年月日の人は，60歳代前半の老齢厚生年金の**定額部分の支給開始年齢に達していない**ときには，老齢基礎年金の支給繰上げの請求をすることはできないのでしょうか。

A いいえ。**60歳代前半の老齢厚生年金の定額部分の支給開始年齢に達する前**（つまり，60歳から**報酬比例部分相当**の老齢厚生年金を受けている間）であれば，**老齢基礎年金の一部を繰上げ請求することができます。**この場合は，**老齢基礎年金の一部**と，**報酬比例部分**に繰上げによって**減額された定額部分**を合わせた額の老齢厚生年金が支給されます。**加給年金額**は，まだこの段階では**加算されません。**定額部分の支給開始年齢に達したときから，加算されます。

→支給開始年齢64歳

報酬比例部分相当のみ

（報酬比例部分）

（定額部分）

老齢厚生年金
（報酬比例部分）

老齢基礎年金

60歳　64歳　65歳

→支給開始年齢に達する前（62歳）で老齢基礎年金を一部繰り上げた場合

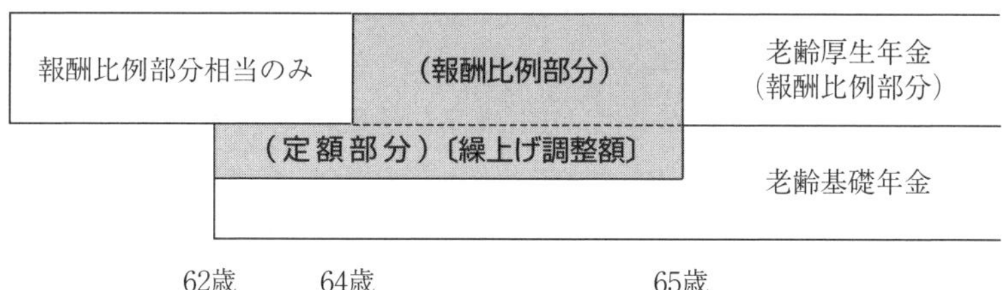

なお，定額部分の支給開始年齢に達する前に，老齢基礎年金の一部の繰上げ請求ではなく，全部の繰上げ請求をすることもできます。ただし，この場合には，定額部分の支給開始年齢に達した後は，【Q247】の場合と同様，老齢厚生年金の基礎年金相当額が支給停止されます。

Q250

支給の繰上げをした人が**付加年金**も受給できる場合は，どのようになりますか。

付加年金についても，**全く同じ減額率**で計算された金額が支給されることになります（国年法附則９の２⑥）。

Q251

繰上げ受給をするといろいろな**制約**を受けると聞きましたが，具体的に，どのようなことですか。

A　繰上げ受給をすると，老齢基礎年金が減額支給されるだけでなく，**数多くの制約**を受けたり，権利を失ったりします。繰上げは一般的に不利になりますから，制度そのものを廃止すべきですが，制度がある以上，繰上げ支給を受けてしまう人がきわめて多いのです。しかし，次の**制約**があることだけは，よく知っておいてください。

①　繰上げ受給をすると，**寡婦年金**の**受給権は消滅**します（国年法附則９の２⑤）。

②　昭和16年４月１日以前生まれの者については，厚生年金保険の**特別支給の老齢厚生年金**は**全額支給停止**します（平６法附則24②）。

③　繰上げ支給を受けると，その後障害者になっても，原則として**障害基礎年金**は支給されません。

④　繰上げ支給を受けた者は，国民年金に**任意加入**できません。

⑤　老齢基礎年金の繰上げ支給を受けている者が，厚生年金保険等に加入したことにより国民年金の第２号被保険者となったときは，その翌月から老齢基礎年金は全額支給停止されます〔ただし，これも昭和16年４月１日以前生まれの者に限ります〕（平６法附則７②）。

Q252

老齢基礎年金の**繰上げ支給**を受けると**損をする**といいますが，金額で示してください。

繰上げ受給をした場合と，**65歳から受給**した場合の金額の比較をしてみます。

例：65歳からの支給額を40年間保険料納付済（平成27年度の年金額）。昭和16年４月２日以後生まれ（**減額率**は，1,000分の５×60＝**0.3**）。

	◎　60歳支給開始	◎　65歳支給開始
60歳時点	546,100円	0
65歳時	3,276,600円	780,100円
70歳時	6,007,100円	4,680,600円
75歳時	8,737,600円	8,581,100円
76歳時　逆転	9,283,700円	9,361,200円
85歳時	14,198,600円	16,382,100円

このように比較してみますと，平均寿命まで生きたことを前提に考えなければならない年金ですから，**損をする**ことは明らかです。繰上げ受給するか否かは，慎重に判断すべきです。

Q253　支給開始年齢を遅らせる**支給の繰下げ**制度について，説明してください。

支給開始年齢を遅らせて，より多くの年金を受け取る制度があります。これを**支給の繰下げ**といっています。

老齢基礎年金の受給権者であって，**66歳に達する前**に老齢基礎年金を請求していなかったものは，**支給繰下げの申出**をすることができます（国年法28）。

ただし，その者が**65歳から66歳までの間**において，**障害又は死亡を支給事由とする年金給付の受給権を有しているとき**には，支給繰下げの申出を**することができません。**

なお，繰下げ支給の老齢基礎年金の支給の開始は，申出をした月の**翌月**からです。

70歳に達した日後に申出をした場合には，70歳に達した日に申出をしたという取扱いになります。たとえば，72歳のときに繰下げの申出をしても，70歳時点からの分の年金をもらえますので，損をしない仕組みです。

（注）　老齢基礎年金の受給権者が，老齢厚生年金や退職共済年金の受給権を有していても，老齢基礎年金の支給の繰下げの申出をすることができます。

Q254

66歳に達した日後に障害又は死亡が支給事由の年金給付の受給権者となったときは，老齢基礎年金の支給の繰下げをすることができますか。

A

はい。**66歳に達した日後**に**障害又は死亡を支給事由とする年金給付**の受給権者となった場合は，老齢基礎年金の支給の繰下げをすることができます。

ただし，その支給の繰下げは，**障害又は死亡を支給事由とする年金給付**の受給権者となった日までの繰下げとなります。

なお，この場合は，支給の繰下げの申出をせずに，65歳からの本来支給の老齢基礎年金を遡及請求することもできます。

Q255

支給の繰下げによる**年金額の増額**について，説明してください。

老齢基礎年金の支給を繰り下げますと，一定の**増額率**により**増額された年金額**となります。

その年金額は，「**本来の年金額＋本来の年金額×増額率**」で，そのように増額された額が生涯支給されることになります。

なお，増額率は，次のとおりです（生年月日に応じて２パターン）。

＜増　額　率＞

原　則 昭和16年４月２日以後生まれの者に適用	1,000分の７×受給権を取得した日の属する月から支給繰下げの申出をした日の属する月の前月までの月数（60が限度） ……月単位で増額率を決定	
経過措置 昭和16年４月１日以前生まれの者に適用	繰り下げた期間	率
	１年を超え２年以内	0.12
	２年を超え３年以内	0.26
	３年を超え４年以内	0.43
	４年を超え５年以内	0.64
	５年を超える	0.88

Q256　支給の繰下げをすると得をするのですか。簡単な具体例を紹介してください。

A　繰下げ支給を希望する人は，現実には少なく，早くもらいたい人ばかり多いのですが，長生きに自信のある人は，断然有利ですね。こんな金融商品は，今どきめずらしいですよ。大いに活用してください。

例：昭和16年４月２日以後に生まれた人が，70歳まで繰り下げたケース（**増額率**は「1,000分の７×60月＝**0.42**」）。

◎　**普通に65歳から**85歳まで（21年間）受け取ると，

780,100円×21年＝16,382,100円

◎　**５年遅らせて，70歳から**85歳まで（16年間）受け取ると，

780,100円×1.42(1,107,700円)×16年＝17,723,200円

物価上昇分を考慮しないで計算しても，134万円くらいの差がつきます。

Q 257　老齢基礎年金を受けるための手続きを教えてください。

A　老齢基礎年金を受けようとするときは，「**年金請求書（国民年金・厚生年金保険老齢給付）**」（様式第101号）を日本年金機構あてに提出する必要があります。このように**裁定請求**が必要で，65歳になったからといって自動的に支給されるのではありません。なお，具体的な提出先は，次のとおりです。

① 国民年金（第１号被保険者）のみの加入の人……**市区町村役場**

② 厚生年金保険の加入期間がある人……最後の事業所を管轄する年金事務所

③ 共済組合等の加入期間がある人（④は除く），国民年金第３号被保険者の期間がある人等……住所地を管轄する**年金事務所**

④ 単一の共済組合等のみに加入していた人（繰上げの場合を除く）……**共済組合等**

（注） 特別支給の老齢厚生年金（60歳代前半の老齢厚生年金）を受給されている方は，65歳の誕生月の前月末に，「年金請求書（国民年金・厚生年金保険老齢給付）」（ハガキ）が送付されます。これに，住所・氏名等を記入し，事務センターに提出（郵送）します。

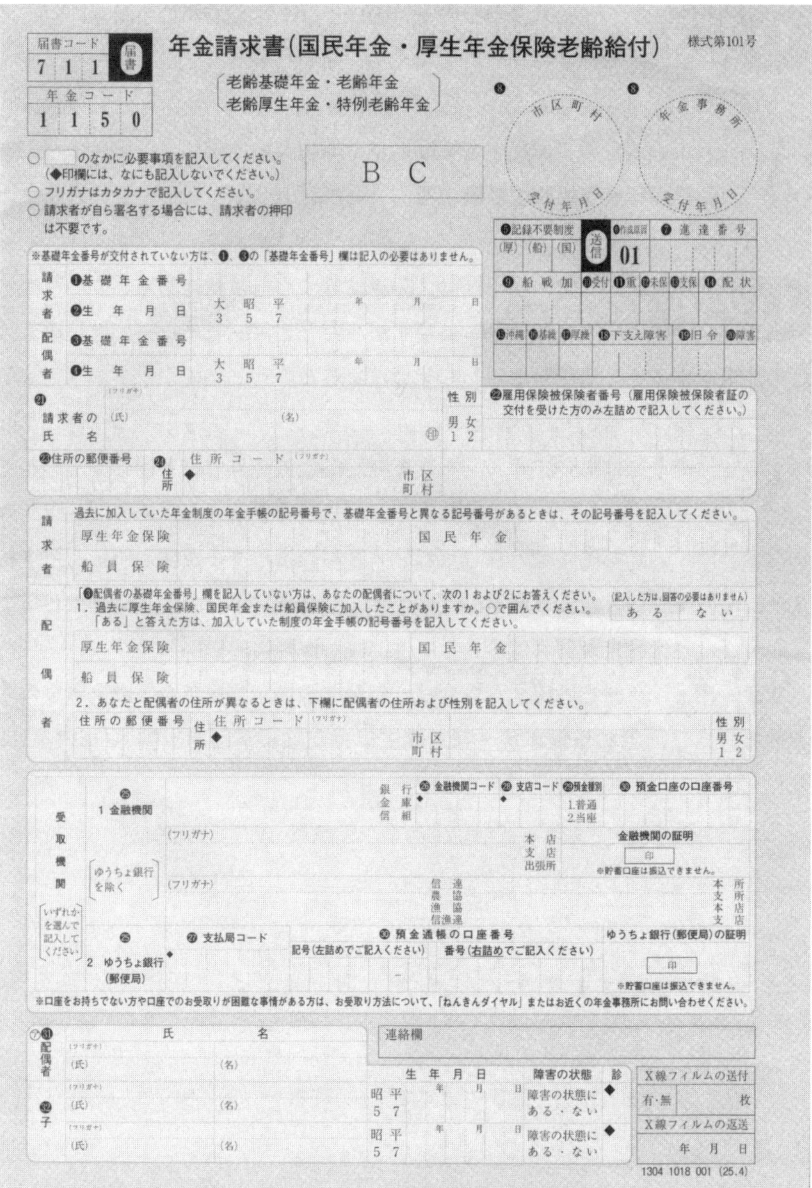

届書コード 711 届書
年金コード 1150

年金請求書（国民年金・厚生年金保険老齢給付）

様式第101号

（老齢基礎年金・老齢年金　老齢厚生年金・特例老齢年金）

○ □のなかに必要事項を記入してください。（◆印欄には、なにも記入しないでください。）
○ フリガナはカタカナで記入してください。
○ 請求者が自ら署名する場合には、請求者の押印は不要です。

B C

❽ 市区町村 受付年月日　❽ 年金事務所 受付年月日

❺記録不要制度（厚）（船）（国）　送信　❻作成原因 01　❼進達番号
❾船戦加　❿受付　⓫重　⓬未保　⓭支保　⓮配状
⓯沖縄　⓰基線　⓱厚線　⓲下支え障害　⓳日合　⓴障害

※基礎年金番号が交付されていない方は、❶、❸の「基礎年金番号」欄は記入の必要はありません。

請求者	❶基礎年金番号		
	❷生年月日	大 昭 平 3 5 7	年 月 日
配偶者	❸基礎年金番号		
	❹生年月日	大 昭 平 3 5 7	年 月 日

㉑請求者の氏名（フリガナ）（氏）（名）㊞　性別 男 女 1 2
㉒雇用保険被保険者番号（雇用保険被保険者証の交付を受けた方のみ左詰めで記入してください。）
㉓住所の郵便番号　㉔住所　住所コード（フリガナ）◆　市区町村

請求者：過去に加入していた年金制度の年金手帳の記号番号で、基礎年金番号と異なる記号番号があるときは、その記号番号を記入してください。

厚生年金保険		国民年金	
船員保険			

配偶者：「❸配偶者の基礎年金番号」欄を記入していない方は、あなたの配偶者について、次の1および2にお答えください。（記入した方は、回答の必要はありません）
1．過去に厚生年金保険、国民年金または船員保険に加入したことがありますか。○で囲んでください。　ある　ない
「ある」と答えた方は、加入していた制度の年金手帳の記号番号を記入してください。

厚生年金保険		国民年金	
船員保険			

2．あなたと配偶者の住所が異なるときは、下欄に配偶者の住所および性別を記入してください。
住所の郵便番号　住所　住所コード（フリガナ）◆　市区町村　性別 男 女 1 2

受取機関（いずれかを選んで記入してください）
㉕ 1 金融機関（ゆうちょ銀行を除く）　銀行 金庫 信組　㉖金融機関コード ◆　㉗支店コード ◆　㉘預金種別 1.普通 2.当座　㉙預金口座の口座番号
（フリガナ）　本店 支店 出張所　金融機関の証明 印 ※貯蓄口座は振込できません。
（フリガナ）　信連 農協 漁協 信漁連　本所 支所 本店 支店
㉕ 2 ゆうちょ銀行（郵便局）◆　㉗支払局コード　㉚預金通帳の口座番号　記号（左詰めでご記入ください）－ 番号（右詰めでご記入ください）　ゆうちょ銀行（郵便局）の証明 印 ※貯蓄口座は振込できません。

※口座をお持ちでない方や口座でのお受取りが困難な事情がある方は、お受取り方法について、「ねんきんダイヤル」またはお近くの年金事務所にお問い合わせください。

連絡欄

	氏名		生年月日	障害の状態	診
㋐㉛配偶者	（フリガナ）（氏）	（名）			
㉜子	（フリガナ）（氏）	（名）	昭 平 5 7　年 月 日	障害の状態にある・ない	◆
	（フリガナ）（氏）	（名）	昭 平 5 7　年 月 日	障害の状態にある・ない	◆

X線フィルムの送付　有・無　枚
X線フィルムの返送　年 月 日

1304 1018 001 (25.4)

Q 258 老齢基礎年金の支給の**繰上げ**をするための手続きを教えてください。

年金請求書（国民年金・厚生年金保険老齢給付）に「**国民年金・老齢基礎年金支給繰上げ請求書**」（様式第102号）を添えて提出します。

Q 259 支給の**繰下げ**は，66歳に達する前に裁定請求していなかった場合ということですが，たとえば68歳になって**はじめて裁定の請求**をすると，25.2％増額した年金になるということですか。

A そうではありません。あくまで，68歳の時点で**繰下げの申出**をした場合です。ただ，繰下げともいわず**裁定の手続き**をすると，３年間遅れた場合で，老齢基礎年金の額(年金額)×３年のまとまった額が一括して支給され，次の支払期月からは**通常の支給**が始まります。年金の**消滅時効**は**５年**ですから，たとえ裁定が遅れても５年間は消滅しません。

なお，繰下げ支給を希望する場合は，年金請求書（国民年金・厚生年金保険老齢給付）に「**老齢基礎年金・老齢厚生年金支給繰下げ申出書**」（様式第103号）を添えて提出する必要があります。

Q 260

老齢基礎年金が**失権する**のは，どういうときですか。手続きは，どうなっていますか。

A

老齢基礎年金の受給権は，**死亡**によってのみ消滅します（国年法29）。届出は，法第105条第４項によれば，被保険者又は受給権者が死亡したときには，戸籍法の規定による**死亡の届出義務者**（同居の親族，その他の同居者，家主，地主又は家屋もしくは土地の管理人）が**14日以内**に届出を行わなければいけないことになっています。

届出先は，**年金事務所**です。

ただし，戸籍法の規定による死亡の届出を死亡日から**７日以内**に行った場合は，この国民年金法による届出は不要です。

Q 261

受給権者が**１月以上**所在不明となった場合の届出が新設されたと聞きました。

A

受給権者の属する世帯の**世帯主**その他**その世帯に属する者**は，当該受給権者の所在が**１月以上明らかでないとき**には，**速やかに**，日本年金機構に届出をしなければなりません。

これは，老齢基礎年金，老齢厚生年金，障害基礎年金，障害厚生年金，遺族基礎年金，遺族厚生年金，寡婦年金，国民年金基金が支給する年金に共通です。

老齢厚生年金

1　本来の老齢厚生年金（厚年法42）

(1)　支給要件

①　**厚生年金保険の被保険者期間を有すること**（１か月でもＯＫ）

②　**受給資格期間**（老齢基礎年金と同様）**を満たしていること**

③　**65歳に達していること**

（注）　支給の繰上げ・繰下げの制度がある。

(2)　年　金　額

報酬比例の年金額＋経過的加算＋加給年金額

◎　**報酬比例の年金額**

平均標準報酬額×給付乗率（原則1,000分の5.481）

×被保険者期間の月数

（注）　各種の経過措置がある。

◎　**経過的加算**

60歳代前半の老齢厚生年金の定額部分の額－老齢基礎年金の額

◎　**加給年金額**

配偶者加給年金額と子の加給年金額がある

2　60歳代前半の老齢厚生年金〔特別支給の老齢厚生年金〕（厚年法附則８他）

(1)　支給要件

①　**厚生年金保険の被保険者期間を１年以上有すること**

②　**受給資格期間**（老齢基礎年金と同様）**を満たしていること**

③　**65歳未満**（原則**60歳以上**）**であること**

（注）　昭和36年４月２日以後に生まれた男子，昭和41年４月２日以後に生まれた女子と坑内員・船員の特例該当者には，支給されない。

(2)　年　金　額

報酬比例の年金額(＋定額部分＋加給年金額)

◎　**報酬比例の年金額**

上記と同様

◎　**定額部分**

定額単価（原則1,628円×改定率）×被保険者期間の月数

◎　**加給年金額**

上記と同様

(3)　支給開始年齢

特別支給の老齢厚生年金は，昭和61年４月１日前の旧法の規定を引き継ぐ経過措置で，当時の老齢年金の支給開始年齢の60歳を，新法の実施後も既得権として守るものであった。しかし，給付と負担のバランスを保つため，平成６年の改正で，段階的に定額部分の支給をなくしていくこととされた。さらに平成12年の改正で報酬比例部分の支給もなくしていくこととし，結果的に昭和36年４月２日以後生まれの者（女子については昭和41年４月２日以後生まれの者）については，65歳から本来の老齢厚生年金のみを支給することとされた。その経緯を簡単にみてみよう。

●昭和16年４月１日以前生まれの男子（女子は５年遅れ）

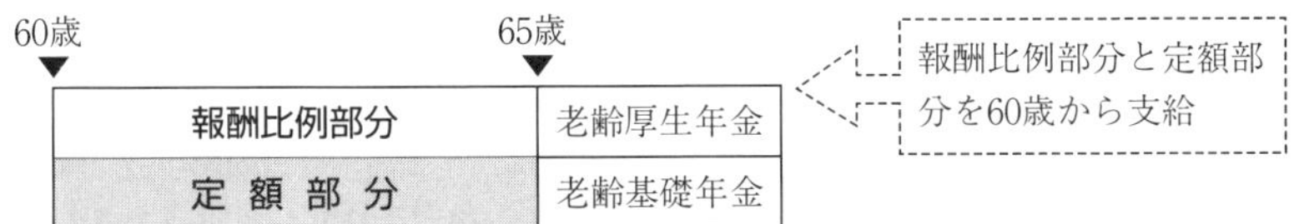

●昭和16年４月２日～昭和24年４月１日生まれの男子（女子は５年遅れ）

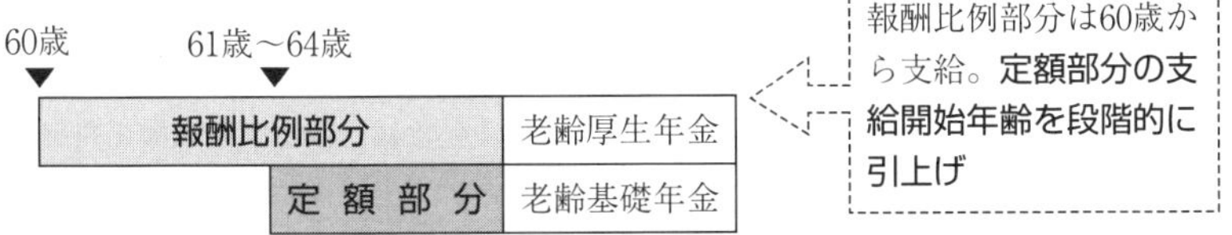

●昭和24年４月２日～昭和28年４月１日生まれの男子（女子は５年遅れ）

60歳▼

報酬比例部分	老齢厚生年金
	老齢基礎年金

60歳から報酬比例部分のみを支給

●昭和28年４月２日～昭和36年４月１日生まれの男子（女子は５年遅れ）

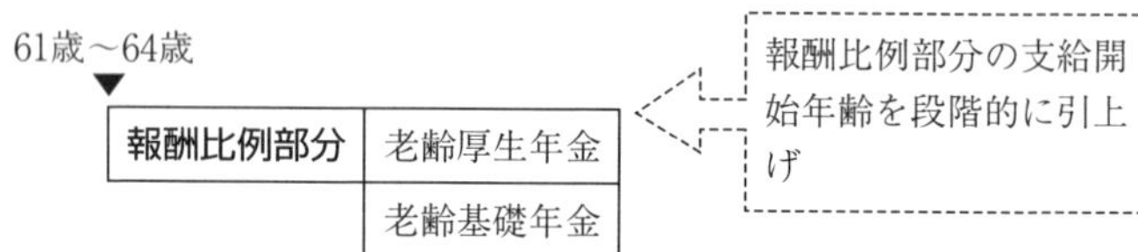

●昭36年４月２日以後生まれの男子（女子は５年遅れ）

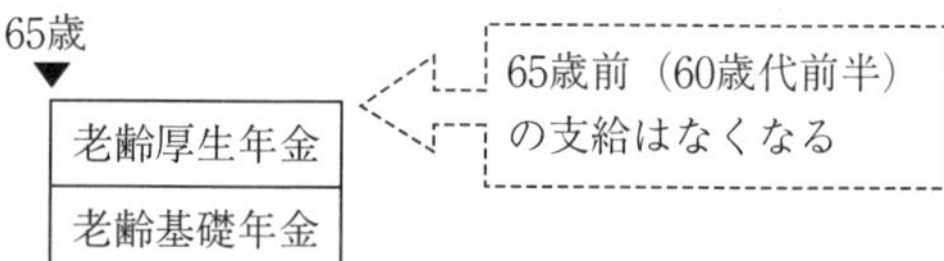

◇60歳代前半の老齢厚生年金と老齢厚生年金の関係◇

<table>
<tr><td rowspan="3">60歳代前半の老齢厚生年金</td><td>報酬比例部分の金額</td><td>昭和61年４月１日施行の新法の老齢厚生年金</td></tr>
<tr><td rowspan="2">定額部分の金額</td><td>定額部分と老齢基礎年金との差額を支給という考え方
経　過　的　加　算</td></tr>
<tr><td>昭和61年４月１日施行の国民年金の老齢基礎年金</td></tr>
</table>

△ 60歳　　△ 65歳 老齢厚生年金

◎　引き続きの人は，年金請求書（**国民年金，厚生年金保険老齢給付**）（**ハガキ様式**）を事務センターから送ってくるので，必要事項を記入し，65歳の誕生月の末日までに返送する（厚年則30の２，国年則16の２）。

◎　66歳以後に65歳からの支給を請求する場合は，**新年金受給者（65歳支給）**という裁定請求書を提出する。繰り下げるときは，**繰下げ申出書**を提出する。

（注）　60歳代前半の老齢厚生年金は65歳で消滅するため，**新たに老齢基礎年金，厚生年金，裁定請求書を提出する**と考えたほうがわかりやすい。引き続きのときだけ，ハガキが送付され，記載すればよいという便宜がはかられている。

◇ 報酬比例の年金額とは（その計算式のまとめ）◇

（総報酬制実施前の期間と以後の期間の両方を有する者について）

次の計算式のうち，**最も金額が高くなるもの**を採用する。なお，物価スライド特例措置は平成26年度までで終了し，平成27年度からは本来水準の年金額が支給される。

計算式 1

① **平均標準報酬月額**$\times\frac{7.125}{1,000}$×平成15年３月以前の**被保険者期間の月数**

② **平均標準報酬額**$\times\frac{5.481}{1,000}$×平成15年４月以後の**被保険者期間の月数**

☆ **年金額＝①＋②**

（注） **再評価率は，平成16年改正によるもの**（毎年度改定）を用いる。

計算式 2……従前額の保障（平成12年改正前の給付水準の保障）

①′ **平均標準報酬月額**$\times\frac{7.5}{1,000}$×平成15年３月以前の**被保険者期間の月数**

②′ **平均標準報酬額**$\times\frac{5.769}{1,000}$×平成15年４月以後の**被保険者期間の月数**

☆ **年金額｛①′＋②′｝×従前額改定率**

（注） **再評価率は，平成６年改正の際のもの**を用いる。

計算式 3……物価スライド特例措置

①′ 平均標準報酬月額$\times\frac{7.125}{1,000}$×平成15年３月以前の**被保険者期間の月数**

②′ 平均標準報酬額$\times\frac{5.481}{1,000}$×平成15年４月以後の**被保険者期間の月数**

☆ 年金額｛①′＋②′｝×原則として0.961（旧物価スライド率）

（注） 再評価率は，平成12年改正の際のものを用いる。

計算式 4

①′ 平均標準報酬月額×$\frac{7.5}{1,000}$×平成15年3月以前の被保険者期間の月数

②′ 平均標準報酬額×$\frac{5.769}{1,000}$×平成15年4月以後の被保険者期間の月数

☆ 年金額{①′＋②′}×「1.031×0.961」

（注） 再評価率は，平成6年改正の際のものを用いる。

すべての計算式に共通の注意点

○**老齢厚生年金，長期要件の遺族厚生年金**に係る計算について

→ **給付乗率の生年月日による読み替えあり**／被保険者期間300か月分の保障なし

○**障害厚生年金，短期要件の遺族厚生年金**に係る計算について

→ 給付乗率の生年月日による読み替えなし／**被保険者期間300か月分の保障あり**

給付乗率の生年月日による読み替えの範囲

	昭和21年4月1日以前に生まれた者が対象		
	T15.4.2～S2.4.1生まれ	～	S20.4.2～S21.4.1生まれ
1,000分の7.125 1,000分の5.481	1,000分の9.5 1,000分の7.308	～ ～	1,000分の7.23 1,000分の5.562
1,000分の7.5 1,000分の5.769	1,000分の10 1,000分の7.692	～ ～	1,000分の7.61 1,000分の5.854

Q262 **特別支給の老齢厚生年金**とは，何のことですか。

A 老齢基礎年金の上乗せ年金として65歳から支給するというのが，新法の老齢厚生年金です。ところが，旧法の時代に会社員だった人は，年金は20年間加入して**60歳支給開始のもの**という法体制のもとで，厚生年金保険料を支払ってきたのです。

現在は，特別支給の老齢厚生年金を65歳まで支給して65歳で消滅させ，本来の**新法**の２階建の**年金は，65歳から支給**を始めることになっています。ここが，年金を学習する人がわかりにくいところです。

60歳（55歳～59歳）	**65歳**
報　酬　比　例	老齢厚生年金
定　額　部　分	経過的加算
	老齢基礎年金

まず，**55歳～60歳**で特別支給の老齢厚生年金が支給開始され，**65歳で消滅**します。**65歳から**は，**新法**の国民年金法の**老齢基礎年金**が**１階部分**として支給され，**老齢厚生年金**が**上乗せ年金**として支給されるのです。

平成６年11月９日に成立した改正で，この特別支給の老齢厚生年金を徐々に報酬比例部分のみの支給に変えていくことになりました。平成13年から，昭和16年４月２日以後に生まれた男子から徐々に定額部分の支給を廃止してきたのです。給付と負担のバランス上，どうしても必要な改正でした。

なお，**特別支給の老齢厚生年金**のことを，**60歳代前半の老齢厚生年金**とよぶこともあります（本書では，主に60歳代前半の老齢厚生年金とよんでいます）。

用語はさておき，この年金の支給の形態に着目してください。**定額部分＋報酬比例部分（＋加給年金額）**として支給されるか，**報酬比例部分のみ**支給されるかが**最重要**です。

Q263

60歳代前半の老齢厚生年金は，段階的に少なくなっていると聞いていますが，今後どのようになるのですか。

A 60歳代前半の老齢厚生年金の年金額は，定額部分の年金と報酬比例部分の年金を合計した額に加給年金額を加えた額となっていました。これが，**一般男子**は**平成13年４月**から，**一般女子**は５年遅れで**平成18年４月**より，段階的に**報酬比例部分のみの支給**に変わってきました。その後，平成12年の改正により，平成25年４月（一般女子は平成30年４月）から，段階的に報酬比例部分の支給開始年齢が引き上げられ，最終的には60歳代前半の老齢厚生年金は支給されないこととなりました。

Q264

段階的に切り替わっていくとは，一般男子については，具体的にどのようになるのですか。

昭和16年４月１日以前に生まれた人は，**60歳から定額部分と報酬比例部分**が従来どおり支給されます。

（昭和16年４月１日に生まれた人）

60歳	65歳
報酬比例部分	老齢厚生年金
定額部分	老齢基礎年金

昭和16年４月２日以後に生まれた人から段階的に，**定額部分**の**支給開始年齢**が１年ずつ**引き上げられていきます。**

（昭和16年４月２日生～昭和18年４月１日生）

60歳	65歳
報酬比例部分	老齢厚生年金
定額部分	老齢基礎年金

（昭和18年４月２日生～昭和20年４月１日生）

60歳　65歳

報酬比例部分 | 老齢厚生年金
定額部分 | 老齢基礎年金

（昭和20年４月２日生～昭和22年４月１日生）

60歳　65歳

報酬比例部分 | 老齢厚生年金
定額部分 | 老齢基礎年金

（昭和22年４月２日生～昭和24年４月１日生）

60歳　65歳

報酬比例部分 | 老齢厚生年金
定額部分 | 老齢基礎年金

このように，段階を経て報酬比例部分のみの支給に切り替わってきたのです。

（昭和24年４月２日以後生～）

60歳　65歳

報酬比例部分 | 老齢厚生年金
老齢基礎年金

昭和28年４月２日以後に生まれた人から段階的に，**報酬比例部分の支給開始年齢**が１年ずつ**引き上げられていきます**。

（昭和28年４月２日生～昭和30年４月１日生）

60歳　65歳

報酬比例部分 | 老齢厚生年金
老齢基礎年金

（昭和30年４月２日生～昭和32年４月１日生）

60歳　65歳

報酬比例部分　老齢厚生年金

老齢基礎年金

（昭和32年４月２日生～昭和34年４月１日生）

60歳　65歳

報酬比例部分　老齢厚生年金

老齢基礎年金

（昭和34年４月２日生～昭和36年４月１日生）

60歳　65歳

報酬比例部分　老齢厚生年金

老齢基礎年金

このように，段階を経て**60歳代前半の老齢厚生年金は支給されなく**なります。

（昭和36年４月２日以後生～）

60歳　65歳

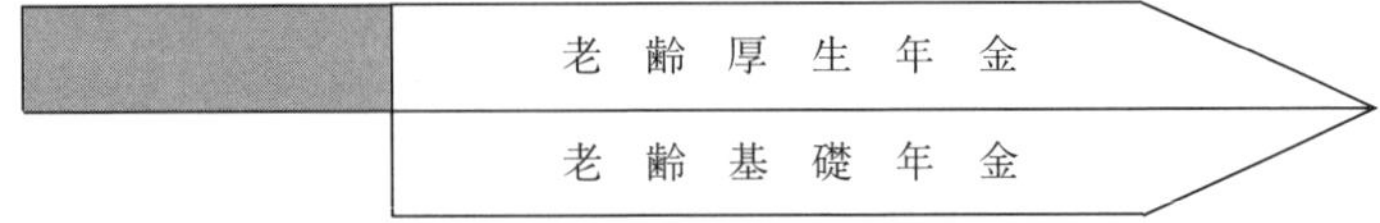

Q265

一般女子の60歳代前半の老齢厚生年金は，どのようになっていくのですか。

A

【Q264】の〔A〕で述べたように変わっていくのですが，**女子の場合**は**５年遅れ**で，**昭和21年４月２日以後**に生まれた人から段階的に，１年ずつ定額部分の支給開始年齢が引き上げられていきます。その後，昭和33年４月２日以後に生まれた人から段階的に，１年ずつ報酬比例部分の支給開始年齢が引き上げられます。昭和41年４月２日以後に生まれた人からは，60歳代前半の老齢厚生年金は支給されません。

女子が５年遅れで実施される理由は，**女子**の場合には**55歳支給開始**であった特別支給の老齢厚生年金を60歳支給開始に**是正中**であったため，５年遅れとなります。55歳から60歳への支給開始年齢の引上げは平成11年度に終了し，60歳代前半の老齢厚生年金は，男子より５年遅れで，**平成18年４月**から適用例が出てきました。

Q266

坑内員・船員は，被保険者期間が実期間で15年以上ある場合には，定額部分と報酬比例部分を合わせた額の老齢厚生年金が55歳から支給されていましたが，今後どのようになりますか。

A

坑内員・船員の実期間が15年以上ある人は，生年月日により，**昭和21年４月２日以後昭和23年４月１日以前**に生まれた人は**56歳支給開始**となり，以後段階的に１歳ずつ支給開始年齢を引き上げていきます。昭和29年４月２日以後に生まれた人は，60歳から65歳まで定額部分と報酬比例部分を合わせた額の老齢厚生年金が支給されることになります。

なお，平成12年の改正により，昭和41年４月２日以後に生まれた人については，この60歳代前半の老齢厚生年金は支給されません。

Q267 【Q266】に引き続いて質問します。坑内員・船員については，平成６年の改正により「55歳支給開始」が「60歳支給開始」へ引き上げられることが決まっていました。平成12年の改正で，さらに「60歳支給開始」が「65歳支給開始」へ引き上げられたということですか。

A そのとおりです。支給開始年齢は生年月日に応じて，次のとおりです。なお，坑内員・船員については，一般男子及び一般女子と異なり報酬比例部分相当の老齢厚生年金は支給されず，すべて定額部分と報酬比例部分を合わせた額の老齢厚生年金が支給されます。

坑内員・船員の60歳代前半の老齢厚生年金の支給開始年齢の特例

生年月日＼支給開始年齢	55歳	56歳	57歳	58歳	59歳	60歳	61歳	62歳	63歳	64歳
昭和21年４月１日以前	●	●	●	●	●	●	●	●	●	●
昭和21年４月２日～昭和22年４月１日		●	●	●	●	●	●	●	●	●
昭和22年４月２日～昭和23年４月１日		●	●	●	●	●	●	●	●	●
昭和23年４月２日～昭和24年４月１日			●	●	●	●	●	●	●	●
昭和24年４月２日～昭和25年４月１日			●	●	●	●	●	●	●	●
昭和25年４月２日～昭和26年４月１日				●	●	●	●	●	●	●
昭和26年４月２日～昭和27年４月１日				●	●	●	●	●	●	●
昭和27年４月２日～昭和28年４月１日					●	●	●	●	●	●
昭和28年４月２日～昭和29年４月１日					●	●	●	●	●	●
昭和29年４月２日～昭和30年４月１日						●	●	●	●	●
昭和30年４月２日～昭和31年４月１日						●	●	●	●	●
昭和31年４月２日～昭和32年４月１日						●	●	●	●	●
昭和32年４月２日～昭和33年４月１日						●	●	●	●	●
昭和33年４月２日～昭和34年４月１日							●	●	●	●
昭和34年４月２日～昭和35年４月１日							●	●	●	●
昭和35年４月２日～昭和36年４月１日								●	●	●
昭和36年４月２日～昭和37年４月１日								●	●	●
昭和37年４月２日～昭和38年４月１日									●	●
昭和38年４月２日～昭和39年４月１日									●	●
昭和39年４月２日～昭和40年４月１日										●
昭和40年４月２日～昭和41年４月１日										●
昭和41年４月２日以後										

Q268

60歳代前半の老齢厚生年金の**定額部分の額**は，どのように計算しますか。

A

法律本来の**定額部分の額**は，㋑のように計算した額です。平成26年度は物価スライド特例措置により，金額の高くなる㋺の計算方法によって計算された額が支給されていました。

㋑　1,628円×改定率（×生年月日に応じた率※）×被保険者期間の月数

㋺　1,676円（×生年月日に応じた率※）×被保険者期間の月数×0.961

※　生年月日に応じた率…**昭和21年４月１日以前**に生まれた者が対象。生年月日に応じて，1.875〜1.032の範囲内で定められている。

なお，**定額部分**の計算に用いる**被保険者期間の月数**には，**上限**が設けられています。また，**中高齢の期間短縮特例**により，被保険者期間**240か月未満**で受給資格期間を満たした人については，被保険者期間の月数を**240か月**として計算する特例も適用されます。このような**上限**や**240か月の保障**の規定は，定額部分に特有のもので，**報酬比例部分には適用されません。**

（注）　平成16年の改正で，定額部分の計算に用いる被保険者期間の月数の上限も見直されました。

＜定額部分の計算に用いる被保険者期間の月数の上限＞

生　年　月　日	平成16年改正後	平成16年改正前
昭和４年４月１日以前	420	420
昭和４年４月２日〜昭和９年４月１日	432	432
昭和９年４月２日〜昭和19年４月１日	444	444
昭和19年４月２日〜昭和20年４月１日	456	
昭和20年４月２日〜昭和21年４月１日	468	
昭和21年４月２日以後	480	

（注）　改正後の上限……480（昭和21年４月１日以前に生まれた者については，読み替え）
改正前の上限……444（昭和９年４月１日以前に生まれた者については，読み替え）

Q269

60歳代前半の老齢厚生年金の**報酬比例部分の額**は，どのように計算しますか。

報酬比例部分（報酬比例の年金額）の計算方法は，基本的には，すべての厚生年金について同様です（これについては，177頁を参照）。

しかし，給付乗率に生年月日による読み替えがあるか，被保険者期間の月数に最低保障があるかについては，年金によって異なります。

老齢厚生年金の場合は，**給付乗率の生年月日による読み替え**があります。

その計算方法は，各種の経過措置により，非常に複雑です。ここでは，原則的な計算方法と，実際に適用されてきた計算方法を紹介します。

＜原則的な計算方法＞

① **平均標準報酬月額**×$\frac{7.125}{1,000}$×平成15年３月以前の**被保険者期間の月数**

② **平均標準報酬額**×$\frac{5.481}{1,000}$×平成15年４月以後の**被保険者期間の月数**

☆ **年金額＝①＋②**

（注） **再評価率**は，**平成16年改正によるもの**（毎年度改定）を用いる。

給付乗率の読み替え；昭和21年４月１日以前に生まれた者が対象

① 1,000分の7.125 → 1,000分の9.5〜1,000分の7.23の範囲で読み替え

② 1,000分の5.481 → 1,000分の7.308〜1,000分の5.562の範囲で読み替え

＜平成26年度の計算方法（物価スライド特例措置＋従前額の保障で，金額が一番高くなる計算方法）＞ ※ 特例水準は平成26年度で終了。

①′ **平均標準報酬月額**×$\frac{7.5}{1,000}$×平成15年３月以前の**被保険者期間の月数**

②′ **平均標準報酬額**×$\frac{5.769}{1,000}$×平成15年４月以後の**被保険者期間の月数**

☆ **年金額＝{①′＋②′}×1.031×0.961**

（注） **再評価率**は，**平成６年改正の際のもの**を用いる。

給付乗率の読み替え；**昭和21年４月１日以前に生まれた者が対象**

①′ 1,000分の7.5 → 1,000分の10〜1,000分の7.61の範囲で読み替え

②′ 1,000分の5.769 → 1,000分の7.692〜1,000分の5.854の範囲で読み替え

Q270

「**平均標準報酬月額**」とは，何のことですか。

A 「**平均標準報酬月額**」は，**報酬比例の年金額の計算に用いる**もので，被保険者期間の計算の基礎となる各月の**標準報酬月額**を平均した額（標準報酬月額の総額÷被保険者期間の月数）をいいます。

具体的には，昭和32年10月１日以後の**標準報酬月額**※に**再評価率**を乗じて得た額の平均額をいいます。

※「平均標準報酬月額」を求める際，**標準報酬月額**に**10,000円**（船員については**12,000円**）**未満**のものがあるときには，これを10,000円（船員については12,000円）として計算します。

※ 算出した「**平均標準報酬月額**」が，**原則**として**70,477円×改定率**に満たないときは，その額を「平均標準報酬月額」とします。

なお，総報酬制の導入に伴い，「**平均標準報酬月額**」を用いるのは，**平成15年３月以前の被保険者期間**について報酬比例の年金額を計算する場合に限られます。

Q271

では，「**平均標準報酬額**」とは，何のことですか。

A 被保険者期間の計算の基礎となる各月の**標準報酬月額**と**標準賞与額**に，**再評価率**を乗じて得た額の総額を，当該被保険者期間の月数で除して得た額をいいます。

これは，**総報酬制**によって導入されたもので，標準報酬月額のみならず**標準賞与額**も，その基礎に含まれていることに注意しましょう。

なお，**「平均標準報酬額」**を用いるのは，**平成15年４月以後の被保険者期間**について報酬比例の年金額を計算する場合となります。

Q272

再評価率とは，何のことですか。

A この**再評価率**は，過去の標準報酬月額・標準賞与額を現在の水準に引き上げるためのもので，従来は，原則として**５年に一度**の財政再計算の際に**見直し**がされていました。**平成16年の改正**により，**その役割に加えて改定率の要素も織り込まれ，毎年度，改定**されることになりました（**【Q177】**を参照）。

しかし，各種の経過措置により，平成６年改正の際の再評価率や，平成12年改正の際の再評価率を用いて計算が行われてきました。**平成16年改正による再評価率**（改定率の要素が織り込まれ，毎年度改定されるもの）が実際に用いられるようになるのは，**「物価スライド特例措置」が終わってから**です。

報酬比例の年金額についての「マクロ経済スライド」は，**この再評価率を改定する**ことにより行われることになります。

<参考>　平成６年改正の際の再評価率（従前額保障の際には，これを使用）

被保険者期間	再評価率	被保険者期間	再評価率
昭33．3以前	13.96	⋮	⋮
昭33．4～昭34．3	13.66		
⋮	⋮	平16．4～平17．3	0.917
		平17．4～平18．3	0.923

Q273　60歳代前半の老齢厚生年金には，加給年金額は加算されますか。

A　はい，加算されます。ただし，**60歳代前半**においては，**報酬比例部分のみ**の支給を受ける場合には，**加給年金額は加算されません**。定額部分の支給を受ける場合にのみ加算されます。

したがって，一般男子で昭和16年４月２日～昭和24年４月１日生まれの人（一般女子で昭和21年４月２日～昭和29年４月１日生まれの人）について加給年金額が加算され得るのは，定額部分の支給開始年齢に達してからということになります。

また，一般男子で昭和24年４月２日以後生まれの人（一般女子で昭和29年４月２日以後生まれの人）については，定額部分が支給されないため，60歳代前半において加給年金額が加算されることはないことになります（ただし，長期加入者の特例等に該当し，定額部分が支給される場合には，他の要件を満たしていれば，加給年金額が加算されます）。

なお，老齢厚生年金の加給年金額の対象者は，一定の配偶者と子です。その具体的な要件については，**【Q311】**以下で取り上げています。

Q274　受給要件について，**老齢厚生年金**では厚生年金保険の「**被保険者期間を有する者**が」となっているのに対し，**60歳代前半の老齢厚生年金**では「**１年以上の被保険者期間**を有する65歳未満の者」となっています。どうしてでしょうか。

A　旧法では，被保険者期間を１年単位で考えていたといえます。たとえば，旧通算年金通則法でも１年に達しない期間は通算しませんでした（旧通則法４）。**60歳代前半の老齢厚生年金**が，特に，「**１年以上**厚生年金保険の被保険者期間を有し」という要件を打ち出しているのは，こういう旧法の基本的考え方です。それに対し，**昭和61年４月１日施行**の新厚生年金保険では，たとえ**厚生年金保険**の**被保険者期間**が**１か月**であったとしても，１か月分計算して支払うという考え方を明確にしました。

Q275　平成６年から始まった支給開始年齢の引上げの改正は，65歳現役社会をめざした改革だといわれていますが，支給開始年齢の国際比較をした場合に，日本と他の国は，どのようになっているのですか。

A　公的年金制度がある諸外国において，**支給開始年齢**の引上げが進んでいます。平成18年に本書第５版が出た頃は，フランスとイギリスの女子が60歳となっているほかは，65歳以後となっていました。現在，フランスは男女とも61歳２か月支給開始で，2017年までに62歳に引き上げられます。イギリスは，女性は現在61歳11か月で支給開始ですが，2018年までに**65歳**に引き上げられます。イギリスでは，その後**68歳**まで支給開始年齢を引き上げることを予定しています。アメリカでは，2027年までに67歳支給開始とする予定です。日本は，女子の支給開始年齢が55歳から引き上げが行われ，平成12年度から男子と同じ60歳支給となりました。女子は，まだ60歳支給開始の人もいますから，各国より支給開始年齢が早いといえます。このような改正は，**給付と負担のバランス**を考えた場合には，いたしかたない方向といわざるを得ません。

Q276　老齢厚生年金の長期加入者の特例とは，何のことですか。

A　**報酬比例部分のみ**の老齢厚生年金は，**男子**は**昭和16年４月２日から昭和36年４月１日までに**生まれた人，**女子**は**昭和21年４月２日から昭和41年４月１日までに生まれた人**が適用されます。しかし，特例として，**厚生年金保険の被保険者期間が44年以上**あって**被保険者でなければ**，**定額部分も支給**することとされています。これは，厚生年金保険料を44年間（528か月）にわたって納付し続けてきた人に特例を認めたものです。

なお，平成12年の改正による報酬比例部分の支給開始年齢の引上げに伴い，長期加入者に支給される**60歳代前半の老齢厚生年金の支給開始年齢も表のように引き上げられる**ことになりました。

障害者・長期加入者の60歳代前半の老齢厚生年金の支給開始年齢

生　年　月　日		支給開始年齢
一般男子	昭和28年４月１日以前	60歳
	昭和28年４月２日～昭和30年４月１日	61歳
	昭和30年４月２日～昭和32年４月１日	62歳
	昭和32年４月２日～昭和34年４月１日	63歳
	昭和34年４月２日～昭和36年４月１日	64歳
一般女子	昭和33年４月１日以前	60歳
	昭和33年４月２日～昭和35年４月１日	61歳
	昭和35年４月２日～昭和37年４月１日	62歳
	昭和37年４月２日～昭和39年４月１日	63歳
	昭和39年４月２日～昭和41年４月１日	64歳

Q 277　60歳代前半の老齢厚生年金で，障害者の特例とは，何のことですか。

A　厚生年金保険の**障害等級３級**以上の人は，60歳以上65歳未満の間において受給要件を満たしていて請求すれば，長期加入者と同様に，報酬比例部分に加え**定額部分**も支給されます。ただし，これについても，**被保険者でない**ことが必要です。

なお，平成12年の改正により，この障害者の特例についても，長期加入者の特例と同様に**60歳代前半の老齢厚生年金の支給開始年齢が引き上げられる**ことになりました（【Q276】表を参照）。

Q278

障害者の特例による**支給**は，請求したときから始まるのですか。

A

従来は，本人が請求した日から特例が適用されることになっていました（請求の翌月から定額部分を支給）。この点が平成26年に改正され，請求時点ではなく，**障害状態にあると判断されるとき**から適用することになりました。たとえば，報酬比例部分の老齢厚生年金の支給開始年齢以前から障害状態にあれば，特例の請求が遅くなっても**支給開始年齢に遡って**定額部分も支給されます。

Q279

坑内員・船員の実被保険者期間が15年以上ある人の特例とは，何のことですか。

A

坑内員・船員の実期間が15年以上ある人で，昭和21年４月２日以後に生まれた人は，生年月日により段階的に，55歳支給開始から60歳支給開始に是正されていきます。しかしながら，昭和29年４月１日以前に生まれた坑内員・船員の特例該当者については，**60歳前**（55歳～59歳）から，**定額部分と報酬比例部分**が支給されるという特典を受けることになります（**【Q267】**を参照）。

なお，平成12年の改正により，この特例は将来的には廃止されます。

Q280

在職老齢年金とは，何のことですか。

在職老齢年金とは，**老齢厚生年金の受給権者が働いていて報酬を得ている場合**には，その報酬に応じて**年金の額を調整**するものです。

この在職老齢年金には，**60歳代前半の在職老齢年金**と**60歳代後半の在職老齢年金**があります（調整方法が異なります）。

また，平成19年４月１日からは，70歳以上の在職老齢年金も実施されています。

Q281

60歳代前半の在職老齢年金が適用されるのは，どのような場合ですか。

この規定は，**60歳代前半の老齢厚生年金の受給権者**が**被保険者**である場合に適用されます。

具体的には，その者の「**総報酬月額相当額**」と「**基本月額（当該老齢厚生年金の額を12で除して得た額）**」との**合計額**が，**28万円（支給停止調整開始額**といいます）を**超える**ときに，一定の仕組みで，その月分の当該老齢厚生年金について，その全部又は一部の支給を停止するものです。

なお，平成16年の改正前は，**60歳代前半の老齢厚生年金の受給権者が被保険者**であるだけで年金額の２割の支給を停止し，さらに一定の仕組みで支給停止額が計算されていましたが，同改正により**一律２割支給停止**の部分は**廃止**されました。

Q282 **60歳代前半の在職老齢年金**の仕組みを教えてください。

その仕組みには，四つのパターンがあります。

＜60歳代前半の在職老齢年金＞

<table>
<tr><th colspan="2"></th><th>支給停止額</th></tr>
<tr><td colspan="2">総報酬月額相当額
＋基本月額が28万円＊以下</td><td>支給停止はなし</td></tr>
<tr><td colspan="2">総報酬月額相当額＋基本月額が28万円＊超</td><td>１月について次の額の支給を停止</td></tr>
<tr><td rowspan="2">基本月額が28万円＊以下</td><td>総報酬月額相当額が47万円＊＊以下</td><td>（総報酬月額相当額＋基本月額－28万円＊）×1／2</td></tr>
<tr><td>総報酬月額相当額が47万円＊＊超</td><td>（47万円＊＊＋基本月額－28万円＊）×1／2
＋（総報酬月額相当額－47万円＊＊）</td></tr>
<tr><td rowspan="2">基本月額が28万円＊超</td><td>総報酬月額相当額が47万円＊＊以下</td><td>総報酬月額相当額×1／2</td></tr>
<tr><td>総報酬月額相当額が47万円＊＊超</td><td>47万円＊＊×1／2＋（総報酬月額相当額－47万円＊＊）</td></tr>
<tr><td colspan="3">上記の支給停止額×12（これを「支給停止基準額」という）が，年金額（加給年金額を除く）以上となる場合は，全部支給停止となる。</td></tr>
</table>

＊　28万円……「支給停止調整開始額」という（自動改定の規定が設けられている）。

＊＊　47万円……「支給停止調整変更額」という（自動改定の規定が設けられている。法律上は48万円であるが，自動改定により平成27年度は47万円である）。

Q283 基本月額を求める際，加給年金額が加算されているときは，どのようにするのですか。

A　基本月額は，**年金額（加給年金額が加算されているときは，その額を除く）**を12で除して得た額です。つまり，加給年金額は，基本月額に含まれません。

なお，ここでいう年金額は，報酬比例部分のみ支給されているときには報酬比例部分の額，定額部分も支給されているときには定額部分＋報酬比例部分の額となります。

さて，加給年金額についてのもう一つの注意点ですが，加給年金額は，在職老齢年金の仕組みによる調整後の年金額が少額であろうとも，それに加算して全額支給されます。しかし，この調整により**年金額の全部の支給が停止**されたときには，**加給年金額も全額支給停止**となります。

Q284

総報酬月額相当額とは，何のことですか。

A

総報酬月額相当額は，原則として，「受給権者が被保険者である月の**標準報酬月額＋その月以前の１年間の標準賞与額の総額÷12**」の額です。

この総報酬月額相当額は，在職老齢年金の規定にのみ登場します。

（注）　在職老齢年金の**支給停止額**は，総報酬月額相当額が改定された場合には，「**改定された月**」から新たな総報酬月額相当額に基づいて計算した額に改定されます。

Q285

基本月額が10万円で，総報酬月額相当額が16万円の場合に，在職老齢年金の規定は適用されますか。

在職老齢年金の規定は，基本月額と総報酬月額相当額との合計額によっては，適用されません。

基本月額＋総報酬月額相当額≦28万円の場合……支給停止はしない

このケースでは，基本月額10万円と総報酬月額相当額16万円の合計額が26万円なので，28万円以下に該当します。したがって，**在職老齢年金の規定は，適用されません。**

Q286

年金額が240万円で，総報酬月額相当額が24万円の場合には，支給される年金月額はいくらになりますか。

算式—その１（支給停止額の算式）

基本月額が28万円以下で，総報酬月額相当額が47万円以下の場合

$$（総報酬月額相当額＋基本月額－28万円）\times\frac{1}{2}$$

この事例は，年金額が240万円ですから，**基本月額**は**20万円**です。支給停止額を上記の算式にあてはめて算出します。この算出された支給停止額を基本月額から控除した金額が支給額となります。

（計算過程）

① **支給停止額**

$$（総24万円＋基20万円－28万円）\times\frac{1}{2}＝８万円$$

② **支　給　額**

基20万円－支給停止額８万円＝12万円（在職老齢年金の月額）

Q287

年金額が300万円で，総報酬月額相当額が49万円の場合の支給額は，どのようになりますか。

このケースは，基本月額が300万円を12で除した25万円となります。

算式—その２

基本月額が28万円以下で，総報酬月額相当額が47万円超の場合

$$（47万円＋基本月額－28万円）\times\frac{1}{2}＋（総報酬月額相当額－47万円）$$

① **支給停止額**

$(47万円+基25万円-28万円)\times\frac{1}{2}+(総49万円-47万円)=24万円$

② **支　給　額**

基25万円－支給停止額24万＝１万円（在職老齢年金の月額）

Q288

年金額が360万円で，総報酬月額相当額が40万円の場合の支給停止額と支給額は，どのようになりますか。

算式─その３

基本月額が28万円超で，**総報酬月額相当額が47万円以下**の場合

$総報酬月額相当額\times\frac{1}{2}$

年金額が360万円ですから，**基本月額**は**30万円**となります。

① **支給停止額**

$総40万円\times\frac{1}{2}=20万円$

② **支　給　額**

基30万円－支給停止額20万円＝10万円（在職老齢年金の月額）

Q289

年金額が420万円で，総報酬月額相当額が52万円の場合は，支給されますか。

基本月額と総報酬月額相当額との組合わせで，支給されるか否かが決まります。

> 算式―その４
>
> **基本月額が28万円超で，総報酬月額相当額が47万円超**の場合
>
> $$47万円 \times \frac{1}{2} + 総報酬月額相当額 - 47万円$$

このケースでは，年金額420万円ですから**基本月額**は，**35万円**です。

① **支給停止額**

$$47万円 \times \frac{1}{2} + 総52万円 - 47万円 = 28万５千円$$

② **支　給　額**

基35万円－支給停止額28万５千円＝６万５千円（在職老齢年金の月額）となります。

Q 290

60歳代前半の老齢厚生年金は，雇用保険の失業給付を受け取っている間は支給されないのですか。

A　平成10年４月より，雇用保険法による**基本手当**（失業給付）を受け取っている間は，原則として**60歳代前半の老齢厚生年金は支給停止**されることになりました。雇用保険の基本手当と老齢厚生年金は，従来は両方とも受給できましたが，老齢厚生年金を受給しながら会社に勤めている人との均衡を図るため，このような制度が設けられました。

つまり，**会社に勤めている人**は在職老齢年金の仕組みにより年金が全部又は一部カットされますが，**退職した人**は雇用保険から基本手当と調整なしの60歳代前半の老齢厚生年金が支給されます。これでは，就労意欲を失いかねません。また，本来，雇用保険の基本手当は，就労意欲と労働能力があるにもかかわらず失業していることに対する所得保障の意味合いがあります。60歳で定年を迎え，働くつもりのない人に一律支給するのはおかしな話です。そこで，これらの不合理を解消することとし，雇用保険との調整が行われるようになったので

す。

Q291

雇用保険法による高年齢雇用継続給付と60歳代前半の老齢厚生年金とでは，調整されてしまいますか。

A　やはり，平成10年４月より調整の対象となっています。【Q290】で説明した雇用保険との調整は，**基本手当との調整**，つまり**退職した**ケースです。これに対して，**高年齢雇用継続給付との調整**は，**在職中**ということになります。どのように調整されるかといえば，まず在職老齢年金の仕組みにより支給停止します。その上で，原則として標準報酬月額の６％に相当する額が支給停止されます（詳細は，【Q297】を参照)。

ところで，雇用保険から支給される基本手当や高年齢雇用継続給付とは，いったいどのようなものでしょうか。ここで，雇用保険の給付について少し触れておきましょう。

Q292

基本手当は，どのような場合に支給されますか。

A　基本手当は，被保険者が失業した場合には，原則として離職の日以前２年間に，被保険者期間が通算して12か月以上ある場合に支給されます。

基本手当の支給を受けようとする人は，離職後，居住地管轄の公共職業安定所に出頭し，求職の申込みをして受給資格の決定を受けます。

基本手当は，離職の日における年齢（一般の場合を除きます)，算定基礎期間（被保険者であった期間)，就職困難者であるか否か，特定受給資格者等であるか否かによって支給される日数が異なってきます。

所定給付日数

<table>
<tr><th colspan="2">算定基礎期間
区　分</th><th>１年未満</th><th>１年以上
５年未満</th><th>５年以上
10年未満</th><th>10年以上
20年未満</th><th>20年以上</th></tr>
<tr><td>①一　般</td><td>全年齢</td><td>90日</td><td>90日</td><td>90日</td><td>120日</td><td>150</td></tr>
<tr><td rowspan="2">②就　職
困難者</td><td>45歳未満</td><td>150日</td><td colspan="4">300日</td></tr>
<tr><td>45歳以上65歳未満</td><td>150日</td><td colspan="4">360日</td></tr>
<tr><td rowspan="5">③特定受
給資格
者等</td><td>30歳未満</td><td rowspan="5">90日</td><td>90日</td><td>120日</td><td colspan="2">180日（10年以上）</td></tr>
<tr><td>30歳以上35歳未満</td><td>90日</td><td>180日</td><td>210日</td><td>240日</td></tr>
<tr><td>35歳以上45歳未満</td><td>90日</td><td>180日</td><td>240日</td><td>270日</td></tr>
<tr><td>45歳以上60歳未満</td><td>180日</td><td>240日</td><td>270日</td><td>330日</td></tr>
<tr><td>60歳以上65歳未満</td><td>150日</td><td>180日</td><td>210日</td><td>240日</td></tr>
</table>

このように，基本手当の給付日数は，被保険者であった期間などによって左右されますが，基本手当には受給期間といって受け取ることができる期間が定められています。この受給期間は，原則として，離職の日の翌日から起算して１年間です。したがって，この間に基本手当を受け取らないでいますと，所定給付日数がまだ残っていてもそこで支給打ち切りとなることもありますので，注意が必要です。

Q293　高年齢雇用継続給付とは，どのようなものですか。

A　雇用と年金の連動という，今後の方向づけである高年齢雇用継続給付の制度が雇用保険法に設けられています。これは，二つの給付に分けられます。「高年齢雇用継続基本給付金」と「高年齢再就職給付金」の制度です。

Q294

高年齢雇用継続基本給付金とは，どのようなものですか。

A　この制度は，60歳になって**基本手当という失業給付を受給しないで**雇用を継続する場合に，算定基礎期間が５年以上ある等の一定の要件を備えたときに支給されるものです。60歳時点の賃金に比べ，雇用を継続した場合の賃金が**100分の61未満**に低落したときは，雇用を継続した場合の賃金の額の100分の15が支給されます。**100分の61以上100分の75未満**の場合は，支給額が逓減するようになっています。

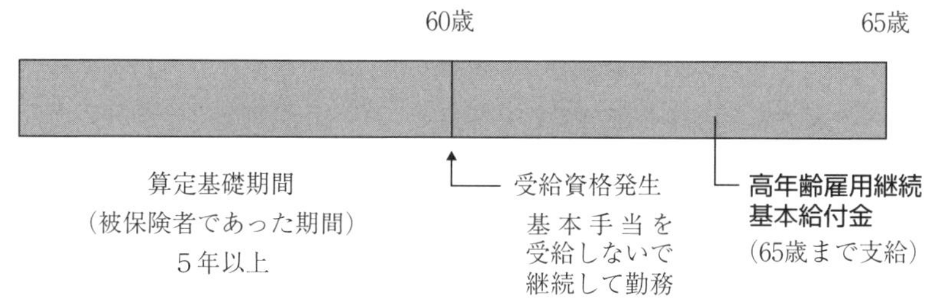

Q295

「高年齢再就職給付金」とは，どのようなものですか。

A　**「高年齢再就職給付金」**とは，**基本手当を一部受給した後に**，安定した職業に就き，就職日の前日において，基本手当の**支給残日数**が**100日以上**ある場合に，一定の要件を満たした人に支給されます。その要件とは，離職日以前の被保険者であった期間である算定基礎期間が５年以上あり，基本手当の支給を一部受けた後に，支給残日数が**100日以上200日未満**の場合は１年間支給され，**200日以上の支給残日数**の場合には**２年間**支給されるものです。再就職後の賃金の額が**100分の61未満**である場合は，再就職後の賃金の額の**100分の15**が**支給**されます。100分の61以上100分の75未満の場合は，支給額が**逓減**するようになっています。

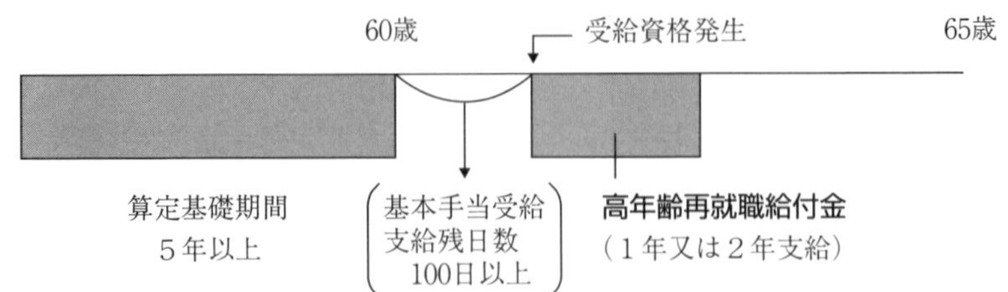

Q 296 退職して60歳代前半の老齢厚生年金を受けている人が，雇用保険から基本手当を受給する場合には，どのように調整されますか。

A (1) まず，公共職業安定所に求職の申込みを行った日の属する月の翌月から，基本手当の受給期間（又は所定給付日数）が経過した日の属する月までの間，老齢厚生年金を支給停止します。

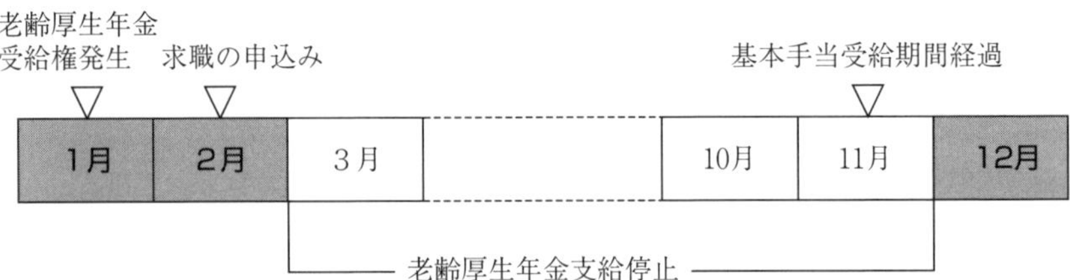

ただし，就労などにより基本手当が，1日も支給されない月があった場合には，その月については老齢厚生年金が支給されます（待期期間，給付制限期間については，基本手当は現実には支給されませんが，基本手当を支給したものとされます。したがって，ここでは，老齢厚生年金は支給されません）。

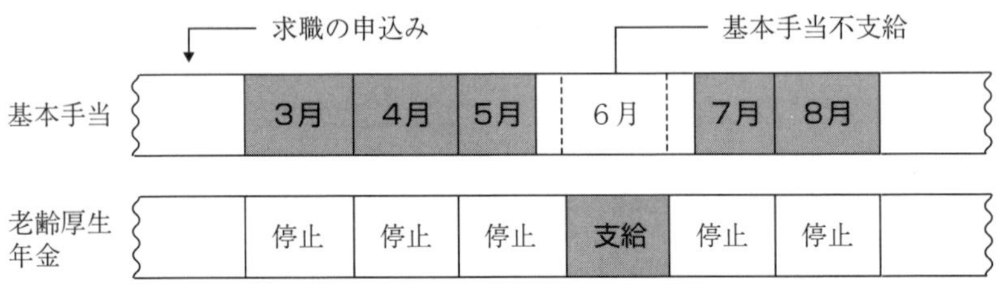

⑵　最後は確定精算です。基本手当の受給期間（又は所定給付日数）が経過した時点で，次の算式により支給停止解除月数を計算します。実際に基本手当を受給した日数と比較し，必要以上に年金を停止していなかったかを確認します。解除月数が１か月以上の場合は，それに相当する月数分の支給停止が解除され，直近の年金停止月分から順次前にさかのぼって支給されます。

$$支給停止解除月数＝年金停止月数－\frac{基本手当の支給対象となった日数}{30}$$

（１未満の端数は１に切上げ）

Q 297　高年齢雇用継続給付（高年齢雇用継続基本給付金又は高年齢再就職給付金）との調整は，どのようになりますか。

A　60歳代前半の老齢厚生年金は，最初に在職老齢厚生年金の仕組みで支給停止され，その上で高年齢雇用継続給付との調整によって支給停止されます。

高年齢雇用継続給付は全額受けられますが，老齢厚生年金は標準報酬月額（給料）の金額に応じて支給停止割合が決まっています。

①　標準報酬月額が60歳時の賃金月額の61％未満の場合
（高年齢雇用継続給付の額が標準報酬月額（給料）の15％となる場合）
標準報酬月額の $\frac{6}{100}$ を支給停止

②　標準報酬月額が60歳時の賃金月額の61％以上75％未満の場合
標準報酬月額×$\frac{6}{100}$ より逓減した額を支給停止

③　「①②により計算した額に６分の15を乗じて得た額」と標準報酬月額との合計額が支給限度額（約34万円；毎年告示で決定）を超えるとき
（支給限度額－標準報酬月額）×$\frac{6}{15}$ を支給停止

Q 298

旧厚生年金保険では，女子については，退職して被保険者の資格を喪失していると，**55歳から**老齢年金が支給されていたということですね。女子については，経過的な60歳代前半の老齢厚生年金の開始年齢はどのように引き上げられてきたのですか。

A

厚生年金保険の被保険者期間が**20年以上**（35歳以後15年以上）ある**女子の場合**は，旧法での開始年齢が**55歳**です。この55歳の開始年齢は徐々に引き上げられ，昭和15年４月２日以後生まれの女子からは，男子と同じ60歳になりました（昭60法附則58①）。

◎　昭和７年４月１日以前生まれ……55歳

◎　昭和７年４月２日～９年４月１日生まれ……56歳

◎　昭和９年４月２日～11年４月１日生まれ……57歳

◎　昭和11年４月２日～13年４月１日生まれ……58歳

◎　昭和13年４月２日～15年４月１日生まれ……59歳

Q 299

老齢厚生年金は，老齢基礎年金の上乗せ年金で国民年金の老齢基礎年金の受給資格期間を満たしていることとされていますが，**受給資格期間の特例**があるのですか。

昭和５年４月１日以前に生まれた人が**国民年金等の期間を短縮される特例**というのがあります。

◎　大正15年４月２日～昭和２年４月１日……21年

◎　昭和２年４月２日～昭和３年４月１日……22年

◎　昭和３年４月２日～昭和４年４月１日……23年

◎　昭和４年４月２日～昭和５年４月１日……24年

これは，以前からの特例を新法でも受け継いだものです。

次に，**被用者年金各法の加入期間の特例**というのがあります。**昭和61年４月１日**の施行日に**30歳以上の人**についての**特例**です。

◎　昭和27年４月１日以前……………………………20年
◎　昭和27年４月２日～昭和28年４月１日……21年
◎　昭和28年４月２日～昭和29年４月１日……22年
◎　昭和29年４月２日～昭和30年４月１日……23年
◎　昭和30年４月２日～昭和31年４月１日……24年

旧法では，厚生年金保険法の被保険者期間が20年以上であれば，受給権を取得することができたからです。

厚生年金保険の**中高齢の特例**とは，どのようなものですか。

A　**旧厚生年金保険法**の老齢年金は，**40歳（女子は35歳）**以後の被保険者期間が**15年以上**ある人に支給されていました。そこで，新制度でも**40歳（女子は35歳）**以後の厚生年金保険の被保険者期間が**15年以上**であれば資格期間を満たしたこととされました。この資格期間の特例は，**昭和22年４月２日以後**に生まれた人から段階を経て延長され，**昭和26年４月２日以後**に生まれた人からは**廃止**されることになりました。

◎　昭和22年４月１日以前生まれ…………………15年
◎　昭和22年４月２日～昭和23年４月１日……16年
◎　昭和23年４月２日～昭和24年４月１日……17年
◎　昭和24年４月２日～昭和25年４月１日……18年
◎　昭和25年４月２日～昭和26年４月１日……19年

被保険者にとって不利な廃止は，段階的に行われているのです。

Q301 **35歳以後に船員生活**をした期間は，最低何年必要ですか。

A 旧制度において坑内員と船員については，被保険者期間は，**35歳以後15年以上**あれば老齢年金が支給される**特例**があり，**新法**でも引き継がれました。したがって，厚生年金保険の被保険者期間を１年以上有する人が35歳以後第３種被保険者期間が15年※以上あれば，**定額部分と報酬比例部分を合わせた老齢厚生年金が55歳から65歳まで**支給されます（昭60法附則12①）。

※ 昭和22年４月１日以前に生まれた者は15年，以下，昭和26年４月１日までの間に生まれた者については生年月日に応じて16年～19年になります。

Q302 **昭和29年**の改正前から**引き続き坑内員**であった人には，**特例**があると聞きましたが，どのような特例ですか。

A 昭和29年改正前の坑内員の期間は，「第３種被保険者とみなされた期間」とされています。この期間がある人については，継続した15年間に，「第３種被保険者とみなされた期間」が**16年間（実期間で12年）**あるか，「第３種被保険者とみなされた期間」と昭和29年５月以後の第３種被保険者期間による厚生年金保険の被保険者期間が**16年**あれば，老齢基礎年金の資格期間を満たしたものとされる特例があります。**実期間**は**12年**でよいのです（昭60法附則12①六）。

Q303　**漁船**に乗り組んだ**期間の特例**とは，何のことですか。

A　**昭和27年４月１日以前**に生まれた人で，昭和61年３月31日までに船員保険の被保険者として漁船に乗り組んだ期間が**実期間**で**11年３か月以上**あれば，老齢基礎年金の資格期間を満たしたものとされます（昭60法附則12①七）。

Q304　65歳から支給される**老齢厚生年金の計算**は，どのようになりますか。

A　老齢基礎年金の上乗せとして支給される金額は，**報酬比例の額**と**経過的加算**に分けてとらえます。

①　**報酬比例の額**

これは，60歳代前半の老齢厚生年金の報酬比例部分と同じです〔各種の経過措置が適用されることも同様〕（**【Q269】**を参照）。

②　**経過的加算**

65歳から支給する１階部分は，国民年金の老齢基礎年金です。これは，60歳代前半の老齢厚生年金の定額部分の額に相当する金額です。ところが，当分の間は定額部分のほうの金額が高くなるので，その差額を保障してやろうという考え方のものです。次の算式で計算した額です。

〔定額単価(×生年月日に応じた率)×被保険者期間の月数（上限あり)〕

$$-〔老齢基礎年金の満額\times\frac{昭和36年4月以後で20歳以上60歳未満の厚生年金保険の被保険者期間の月数}{加入可能年数\times 12}〕$$

結局，特別支給の老齢厚生年金の額を65歳以後も保障するという結果になります。

◎　60歳代前半の老齢厚生年金の報酬比例部分＝老齢厚生年金

◎

60歳代前半の老齢厚生年金の定額部分の額	差額……経過的加算
	老　齢　基　礎　年　金

（注）60歳までの間に，国民年金法のみの被保険者期間（第１号被保険者期間等，自営業者等の期間）を有する人は，その期間については経過的加算が生じないので，65歳からの支給のほうが高くなるケースもある。

Q 305　**60歳代後半の在職老齢年金**が適用されるのは，どんな場合ですか。

A　この規定は，**65歳から支給される本来の老齢厚生年金の受給権者**が**被保険者**である場合に適用されます。被保険者である場合ということですから，65歳から70歳までの調整ということになります（被保険者の年齢要件は70歳未満)。

具体的には，その者の「**総報酬月額相当額**」と「**基本月額（当該老齢厚生年金の額を12で除して得た額)**」との**合計額**が，**47万円**（**支給停止調整額**といいます）を超えるときに，その月分の老齢厚生年金について，**その超える額の2分の1**の支給を停止するものです。

なお，この規定は，平成14年４月１日から実施されたもので，同日前に65歳に達していた者には適用されません。

60歳代後半の在職老齢年金の仕組みを，具体的に教えてください。

次の表のとおりです。

60歳代後半の在職老齢年金

	支給停止額
総報酬月額相当額＋基本月額が47万円＊以下	**支給停止はなし**
総報酬月額相当額＋基本月額が47万円＊超	１月について**次の額の支給を停止** **(総報酬月額相当額＋基本月額－47万円＊)×$\frac{1}{2}$**
上記の支給停止額×12（これを「支給停止基準額」という）が，年金額（加給年金額を除く）以上となる場合は，全部支給停止となる。	

＊　**47万円…「支給停止調整額」**という（法律上は48万円であるが，自動改定の規定が設けられている）。

Q 307

加給年金額や経過的加算が加算された老齢厚生年金の場合に，在職老齢年金の計算は，どのようになりますか。

A

加給年金額と経過的加算の額は，在職老齢年金の規定の対象となりません（加給年金額・経過的加算ともに基本月額を算出する際に年金額から控除します)。

しかし，加給年金額と経過的加算の額とでは，**老齢厚生年金の本体部分が全額支給停止された場合**の取扱いが異なります。この場合には，**加給年金額**は全額**支給停止**されますが，**経過的加算**は全額**支給**されます。なお，**繰下げ加算額**も，経過的加算と同様の取扱いとなります。

Q 308

年金額が240万円で，総報酬月額相当額が24万円の場合に，60歳代後半の在職老齢年金の規定は適用されますか。

A 総報酬月額相当額＋基本月額が47万円以下の場合は，60歳代後半の在職老齢年金の規定は適用されません。

本ケースでは総報酬月額相当額24万円と基本月額20万円（240万円÷12）の合計額が44万円で**47万円以下**なので，**60歳代後半の在職老齢年金の規定は適用されない**ことになります。

Q 309

年金額が360万円で，総報酬月額相当額が40万円の場合に，60歳代後半の在職老齢年金の規定は適用されますか。

A 本ケースでは，総報酬月額相当額40万円と基本月額30万円（360万円÷12）の合計額が**47万円を超える**ので，**60歳代後半の在職老齢年金の規定が適用されます。**

① 支給停止額（月額）

（総40万円＋基30万円－47万円）$\times \frac{1}{2}$＝11万５千円

② 支　給　額（月額）

基30万円－支給停止額11万５千円＝18万５千円

Q 310

在職老齢年金の規定の適用を受けていた被保険者である受給権者が，**退職して被保険者の資格を喪失**したときは，年金額はどのようになりますか。

A 被保険者である受給権者が，その**被保険者の資格を喪失**し，かつ，被保険者となることなくして**被保険者の資格を喪失**した日から起算して**１月**を経過したときは，その被保険者の資格を喪失した月前における被保険者であった期間を老齢厚生年金の額の計算の基礎として，資格を喪失した日から起算して**１月**を経過した日の属する月から**年金額を改定**することとされています。

この際，在職老齢年金の規定により支給停止されていた人については，その支給停止されていた額も支給されることになります。

Q311

老齢厚生年金に加算される**加給年金額の要件**を教えてください。

A

次のとおりです。

①　その老齢厚生年金の額の計算の基礎となる**被保険者期間の月数**が**240**（中高齢の期間短縮特例に該当する者は**その期間の月数**）**以上**であること

②　受給権者がその権利を取得した当時，その者により**生計を維持**していたその者の**配偶者**又は**子**で，次の㋑又は㋺に該当するものを有していること

㋑　65歳未満の配偶者（大正15年４月１日以前生まれの配偶者については，年齢は問いません）

㋺　18歳に達する日以後の最初の３月31日までの間にある子，又は20歳未満で障害等級の１級・２級に該当する障害の状態にある子

なお，受給権者がその権利を取得した当時，年金額の計算の基礎となる被保険者期間の月数が240（原則）未満であっても，**退職時の改定**により当該月数が240（原則）以上となるに至った当時に生計を維持していた上記の㋑又は㋺に該当する配偶者又は子を有していれば，加給年金額の要件を満たすことになります。そして，その**退職時の改定による年金額の増額**と同時に，**加給年金額が加算される**ことになります。

Q312

加給年金額の金額を教えてください。

次の表のとおりです。

	加給年金額の額	
	特例による給付額	本来の給付額
配　偶　者	222,400円	224,700円×改定率
1人目，2人目の子（各）	222,400円	224,700円×改定率
3人目以降の子（各）	74,100円	74,900円×改定率

（注）平成26年度は，**物価スライド特例措置**により，特例による給付額が支給されている。
平成27年度からは，本来の給付額である。

なお，配偶者加給年金額については，それが加算される老齢厚生年金の受給権者の生年月日によっては，特別加算がなされることがあります。

Q313

配偶者加給年金額については，受給権者が一定の期間に生まれている場合には，**特別加算額**があるということですが，その**内容**と**金額**を教えてください。

昭和９年４月２日以後に生まれた受給権者に支給する老齢厚生年金の**配偶者加給年金額**には，**受給権者の生年月日に応じて**，一定の額

(**特別加算**) が加算されます。

受給権者の生年月日	特別加算の額	
	特例による給付額	本来の給付額
昭和９年４月２日～昭和15年４月１日	32,800円	33,200円×改定率
昭和15年４月２日～昭和16年４月１日	65,600円	66,300円×改定率
昭和16年４月２日～昭和17年４月１日	98,500円	99,500円×改定率
昭和17年４月２日～昭和18年４月１日	131,300円	132,600円×改定率
昭和18年４月２日以後	164,000円	165,800円×改定率

(注)　平成26年度は，**物価スライド特例措置**により，特例による給付額である。
平成27年度からは，本来の給付額である。

この特別加算も**格差是正**の一つです。新年金制度では，夫だけでなく妻も65歳以上になると，自分の年金を受け取ることになるのです。そうすると，**妻が65歳未満のＡという家庭**と，**妻が65歳に達したＢという家庭**では，格差が生ずると考えたのです。配偶者が65歳未満ですと，加給年金額として224,700円×改定率がプラスされます。ところが，妻が65歳以上の家庭では，配偶者加給年金額は支給されなくなりますが，妻自身の老齢基礎年金が支給されますので，全体額として比較すると，妻が65歳以上のＢ世帯のほうが金額が多くなります。

したがって，Ａ世帯のほうには，特別加算額を生年月日に応じて33,200円×改定率から165,800円×改定率を支給することにしたのです。制度が充実してくる関係上，若い世帯のほうがこの格差が大きいと考えたのでしょう。この差は，配偶者加給年金額と老齢基礎年金の金額によるのです。これからの若い世代では，妻は老齢基礎年金の満額780,900円×改定率を受け取るでしょう。それなら特別加算額を加えることによって，妻の老齢基礎年金の支給が開始されていない家庭に，合計額が780,900円×改定率の２分の１くらいになるように特別加算をします。

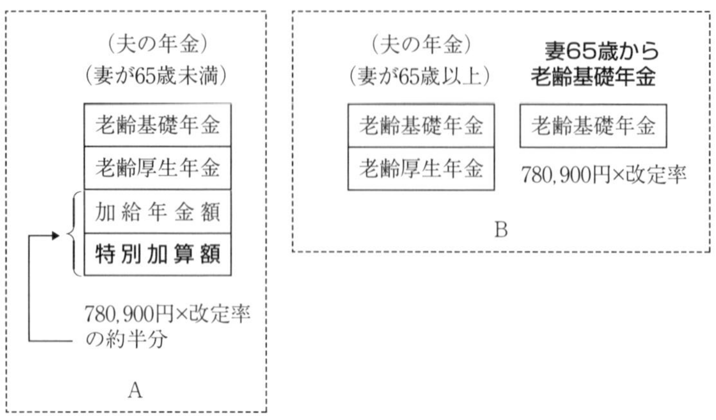

Q314

加給年金額が**増額改定**される場合には，何があるのでしょうか。

A **胎児の出生**があります。受給権者がその権利を取得した当時，胎児であった子が出生したときは，その子は，受給権者がその権利を取得した当時その人によって**生計を維持**されていた子とみなし，その**出生の月の翌月から**年金の額を改定します（厚年法44）。

Q315

加給年金額の要件として，受給権者の被保険者期間の月数が**240か月以上**であるものに限るとありますが，**例外**があったら教えてください。

A 例外はあります。老齢厚生年金の期間についての特例で，**40歳**（女子と坑内員・船員は**35歳**）**以後**の厚生年金保険の被保険者期間が**15年～19年**の人たちは，たとえ240か月以上の被保険者期間がなくても**240か月あるもの**と**みなされる**（昭60法附則61①）という規定があります。

Q316

加給年金額の対象となっている生計を維持されている**障害等級１級**又は**２級の子**は，どうして**20歳**になると**失権**するのですか。

A　障害の程度が１級・２級の状態にある子については，新国民年金のもとでは，それまで国民年金に加入していなくても**20歳から障害基礎年金**が支給されます。このため１級・２級の障害のある子が20歳になれば，その子について支給される老齢厚生年金の加給年金額は打ち切られるのです（厚年法44①）。

法改正前は，子又は孫がその**受給権を取得した当時**，障害の状態にあるときに限って，18歳後も20歳まで失権しないことになっていました。改正後の**現在は**，子や孫が受給権取得当時障害等級に該当しないでも**18歳到達年度末以前に障害等級１級・２級**に**該当**するようになれば，**20歳に達するまで**，失権しないことになりました。

Q317

老齢厚生年金の**加給年金額の対象者**が，減少し，年金額が**減額改定**されるケースについて説明してください。

A　加給年金額の対象者が，次のいずれかに該当すると，加給年金額の対象者とならなくなり，該当した月の**翌月から**年金額が**減額**されます（厚年法44④）。

① 死亡したとき
② 受給権者による生計維持の状態でなくなったとき
③ 配偶者が離婚したとき
④ 配偶者が65歳に達したとき（ただし，大正15年４月１日以前生まれの配偶者は除きます）
⑤ 子が養子縁組によって配偶者以外の人の養子となったとき
⑥ 養子が離縁したとき

⑦　子が婚姻したとき

⑧　子が18歳到達年度末に達したとき（1級・2級の障害の状態にあるときを除く）

⑨　子が18歳到達年度末後，1級又は2級の障害の状態に該当しなくなったとき

⑩　子が20歳に達したとき

⑪　配偶者が自分の年金を受け取れるようになったとき

以上が，**加給年金額の減額改定**されるケースです。

Q318　**老齢厚生年金**についても，**支給の繰上げ**の制度があるのですか。

A　はい，あります。生年月日によって，次の2種類の支給の繰上げに分類されます。ただし，いずれの支給の繰上げも，国民年金法の任意加入被保険者である場合は，することができません。

(1)　**老齢厚生年金の経過的な支給繰上げ（経過措置）**

60歳代前半の老齢厚生年金の支給開始年齢が段階的に引き上げられる世代に該当する人※は，**60歳からその支給開始年齢に達するまでの間**に，**老齢厚生年金の支給の繰上げ**を請求することができます。この場合，**老齢基礎年金の支給の繰上げ**も**同時**に請求する必要があります（厚年法附則13の4ほか）。

（注）　減額率は，老齢基礎年金の場合と同様です。

※　昭和28年4月2日～昭和36年4月1日生まれの男子，昭和33年4月2日～昭和41年4月1日生まれの女子及び坑内員・船員の支給開始年齢の特例該当者が該当します。

(2)　**老齢厚生年金の支給繰上げ**

60歳代前半の老齢厚生年金が支給されない人※は，**60歳から65歳に達するまでの間**に，**老齢厚生年金の支給の繰上げ**を請求することができます。この場合，**老齢基礎年金の支給の繰上げ**も**同時**に請求する必要があります（厚年法附則7の3）。

（注）　減額率は，老齢基礎年金の場合と同様です。
　※　昭和36年４月２日以後生まれの男子，昭和41年４月２日以後生まれの女子及び坑内員・船員が該当します。

Q319　**老齢厚生年金**について，**支給の繰下げ**の制度もあるのですか。

老齢厚生年金の支給の繰下げの制度は，**平成14年４月１日で廃止**されました。

しかし，**同日前**において**65歳から支給される本来の老齢厚生年金の受給権を有する人（昭和12年４月１日以前に生まれた人）**については，**従前の規定により，老齢厚生年金の支給の繰下げを申し出ることができます。**この場合には，**老齢基礎年金の支給繰下げ**も**同時**に申し出る必要があります（平12法附則17①）。

（注）　増額率は，老齢基礎年金の場合と同様です。

このように，一度廃止された老齢厚生年金の支給の繰下げの制度ですが，平成16年の改正により，**平成19年４月１日**から**老齢厚生年金の支給の繰下げの制度**が**復活**しました。**平成19年４月１日前**において**65歳から支給される本来の老齢厚生年金の受給権を有する人（昭和17年４月１日以前に生まれた人）**は，この新たな支給の繰下げの制度の対象となりません。

Q320　平成19年からの繰下げの制度について，注意点を教えてください。

A　老齢厚生年金を，繰り下げて70歳から受け取ることにした場合は，65歳から５年間繰り下げたことになり，増額率は最大の**42％**（**0.7％×60月**）です。それより遅く申出をしても，より多く受け取れるわけではありません。

Q 321 遅くすればするほど，たくさんもらえるわけではないのですね。でも，たとえば72歳のときに繰下げの申出をすると，さらに２年分加算されるのでは，と考えて申出を遅くする人もいるのではないでしょうか。

A そのような場合は，これまでは，申出があった月の翌月分からしか老齢厚生年金を受け取れませんでした。平成26年の法改正後は，70歳の時点で申出をしたものとみなされます。

受給権取得から**１年**を経過した日後に次の①②に掲げる者が繰下げの申出をしたときは，①②に定める日において，申出があったものとみなす。

↓

① 受給権取得日から**５年**を経過した日前に他の年金たる給付の受給権者となった者 → 他の年金たる給付を支給すべき事由が生じた日
② 受給権取得日から**５年**を経過した日後にある者（①に該当する者を除く）→ **５年**を経過した日

<②の場合>

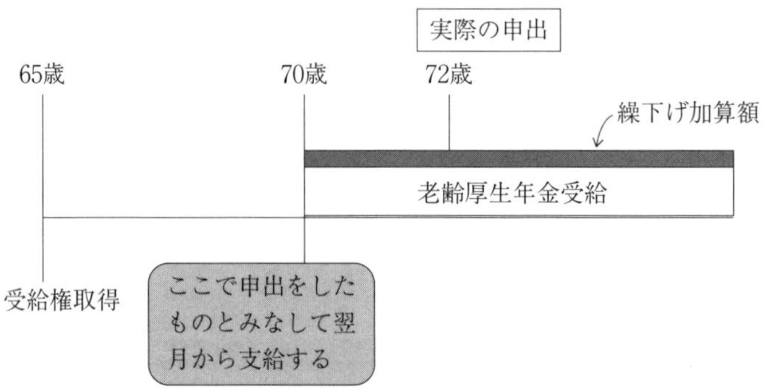

老齢基礎年金についても，同様の改正が行われています。

Q322

年金の消滅時効は５年ですね。76歳で支給繰下げの申出をした場合は，どのようになりますか。支給開始は，71歳になるのでしょうか。

A 71歳を基準とし，その翌月から支給が開始されます。増額率は，70歳に達した日が基準となります。

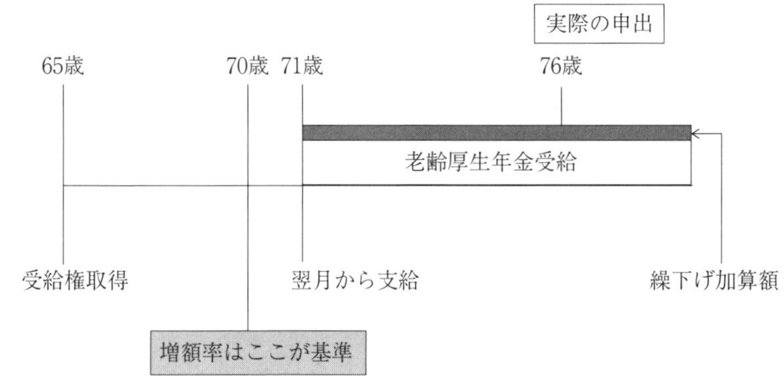

Q323

老齢厚生年金の受給権が**消滅**するのは，どのようなときですか。

老齢厚生年金の受給権が消滅するのは，基本的には，受給権者が「**死亡**」したときのみです。

しかし，60歳代前半の老齢厚生年金の受給権については，受給権者が「65歳に達したとき」にも消滅します（65歳に達した後は，本来の老齢厚生年金に切り替わります）。

◎　**60歳代前半の老齢厚生年金**の受給権　→　**死亡**，**65歳到達**により消滅

◎　**65歳から支給される本来の老齢厚生年金**の受給権　→　**死亡**により消滅

Q324 **特例老齢年金**及び**特例遺族年金**とは，何のことですか。

A **旧共済組合期間を有する者**に対する**特例老齢年金**は，まず**厚生年金保険**の**被保険者期間**が**1年以上**あることが要件となっています。老齢基礎年金の25年の資格期間は満たしていないが**旧令共済組合員期間**と合わせて**20年以上**の被保険者期間がある場合は，65歳以上であれば**特例老齢年金**を受けられます。また，退職していれば60歳から支給されますし，在職していても60歳以上で標準報酬月額が一定額以下なら受給することができます（厚年法附則28の３）。**年金額の計算**は，**60歳代前半の老齢厚生年金（定額部分＋報酬比例部分）**と同様の方法によります。老齢厚生年金の受給権を取得したときは，消滅するというのも60歳代前半の老齢厚生年金と同じ扱いです。

特例遺族年金とは，**旧共済組合員期間**を有する者の**遺族**に対する特例の遺族年金です。

やはり，厚生年金保険の被保険者期間が１年以上あり25年の期間は満たさない人で，被保険者期間と旧共済組合員期間とを合算した期間が20年以上ある人が死亡し，その人の遺族が遺族厚生年金の受給権を取得しないときに，その遺族に**特例遺族年金**を支給するというものです。この特例遺族年金は，**60歳代前半の老齢厚生年金（定額部分＋報酬比例部分）の計算額の100分の50に相当する額**になっています。この特例遺族年金は，長期要件の遺族厚生年金とみなすこととされています（厚年法附則28の４）。

第６章

障害に関する給付
（Q325～Q391）

障害基礎年金（国年法30）

(1) **支給要件**

初診日において，

① **被保険者**であること

② **被保険者であった者**で，**日本国内に住所**を有し，かつ，**60歳以上65歳未満**であること

上記①又は②に該当した者が，**障害認定日**において，**障害等級（1級又は2級）**に該当する程度の障害の状態にあるときに，その者に支給される。

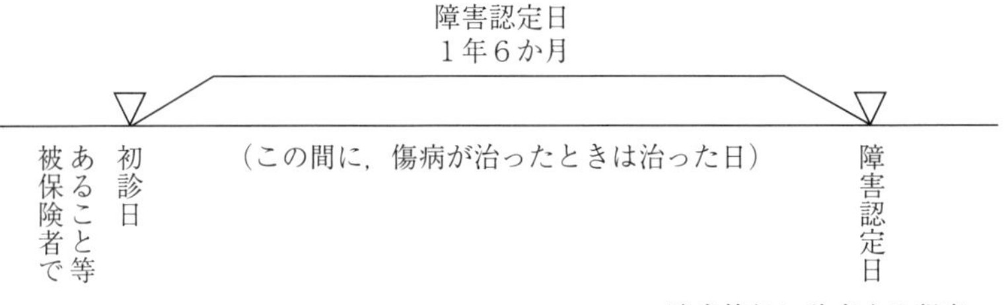

(注) 障害認定日とは，初診日から起算して1年6か月を経過した日をいう。初診日から1年6か月以内に傷病が治った場合は，その治った日をいう。

その他に，**保険料納付要件**があります。

(原　則)

初診日の前日において，初診日の属する月の**前々月**までに被保険者期間があり，かつ，当該被保険者期間に係る保険料納付済期間と保険料免除期間とを合算した期間が，当該被保険者期間の**3分の2以上**あること。

仮に，初診日が７月10日であれば，初診日の属する月は７月であり，その前々月というと５月になり，５月までの保険料納付要件をみるのである。翌月末日までに納付であるから６月の保険料の納期は７月31日になるので，納まっていなくて当然であるから，その前の月の５月まででみるのである。５月の保険料は，６月末日までに納付済のはずということである。

（特　例）

初診日が平成38年４月１日前である傷病による障害については，初診日の前日において初診日の属する月の前々月までの１年間のうちに保険料の滞納がないときには，障害基礎年金が支給される（60年法附則20①）。

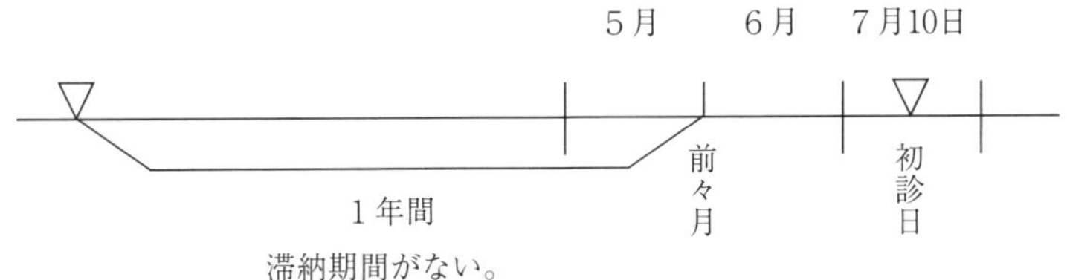

（注）　保険料納付要件の原則は，被保険者期間全体の３分の２以上が，納付済か免除期間であることを求めている。たとえば，被保険者期間が９年間であれば，その３分の２以上は６年間であるから，６年間以上納付済または免除期間であればよいということである。特例として，平成38年４月１日前は，直近の１年間のみをとって，その間，保険料を滞納した月がないという要件でも受給資格が得られる。したがって，以前はよく滞納した人でも，最近１年間に滞納がなければ受給権が得られる。

ただし，この特例は，初診日に65歳未満でなければならない。

(2)　年　金　額

障害等級１級 ＝２級の額×1.25（＋子の加算）

障害等級２級 ＝780,900円×改定率（＋子の加算）

さて，ここまでが，前提になる基礎知識です。国民年金の障害基礎年金，厚生年金保険の障害厚生年金及び障害手当金について，Q＆A方式で解明していきましょう。

Q325

障害等級には，どのような ものがあるのですか。

A

障害基礎年金には，**1級**と**2級**だけしかありません。国民年金で，障害等級といえば，1級又は2級なのです。これに対し，**厚生年金保険**では，**1級**，**2級**の他に，**3級**というのがあり，さらに一時金支給として，**障害手当金**があります（国年法30②，厚年法47②，55）。

Q326

保険料納付要件とは，何のことですか。

A

厚生年金保険でも，同じようにこの**保険料納付要件**を規定していますが，給料から控除されているサラリーマンに，こういう滞納や未納は普通あり得ないので，この要件に抵触するのは，実際問題としては自営業者，第1号被保険者だけだといってよいでしょう。保険料をキチンと納めている者と，滞納している者を区別しようという趣旨です。

Q327

障害基礎年金の年金額は，いくらですか。

A

障害基礎年金2級の年金額は，老齢基礎年金の満額と同額で，**780,900円×改定率**です。1級については，その100分の125に相当する金額とされています（国年法33）。

Q 328

子の加算額がつくということですが，要件と加算額は，どのようになっているのですか。

A　障害基礎年金の受給権者に**生計を維持**されている**18歳到達年度末の子**又は**20歳未満**で障害等級**１級又は２級**の障害状態の子がいるときは，加算されます。

加算額

１人目，２人目の子…………224,700円×改定率

３人目以降…………………… 74,900円×改定率

障害基礎年金１級
子の加算　各224,700円×改定率 （３人目以降74,900円×改定率）
障害基礎年金１級 ２級の額×1.25

障害基礎年金２級
子の加算　各224,700円×改定率 （３人目以降74,900円×改定率）
障害基礎年金２級 780,900円×改定率

従来は，受給権取得当時に加算要件に該当する子を有することが，子の加算の条件でした。平成23年４月施行の改正により，**受給権が発生した日の翌日以後**に子を有することとなった場合にも，加算されるようになりました。

Q 329

「**生計を維持**されている」の基準は，どのくらいの収入をさしますか。

A　受給権者に**生計を維持**されている場合とは，受給権者と生計を同じくしており，厚生労働大臣の定める金額（**年収850万円**）以上の収入を得られない場合をいいます。なお，**胎児**については，その者によって生計を維持されていたとみなし，その生まれた日の属する月の翌月から，障害基礎年金の額を改定します（国年法33の２②）。

Q330 **障害等級１級**と**２級**の程度は，どの程度の障害をさすのですか。

A **２級**は，労働能力，日常生活に支障をきたすもので，たとえば「１下肢を足関節以上で欠くもの」等です。**１級**は，**介護まで必要**だというレベルですから，労働能力等を欠く場合です。たとえば，「両下肢を足関節以上で欠くもの」等です。**障害等級表**に一覧表示されています。

障害等級表

障害の程度	障害の状態
＜１級＞１	両眼の視力の和が0.04以下のもの
2	両耳の聴力レベルが100デシベル以上のもの
3	両上肢の機能が著しい障害を有するもの
4	両上肢のすべての指を欠くもの
5	両上肢のすべての指の機能に著しい障害を有するもの
6	両下肢の機能に著しい障害を有するもの
7	両下肢を足関節以上で欠くもの
8	体幹の機能に座っていることができない程度又は立ち上がることができない程度の障害を有するもの
9	前各号に掲げるもののほか，身体の機能の障害又は長期にわたる安静を必要とする病状が前各号と同程度以上と認められる状態であって，日常生活の用を弁ずることを不能ならしめる程度のもの
10	精神の障害であって，前各号と同程度以上と認められる程度のもの
11	身体の機能の障害若しくは病状又は精神の障害が重複する場合であって，その状態が前各号と同程度以上と認められる程度のもの
＜２級＞１	両眼の視力の和が0.05以上0.08以下のもの
2	両耳の聴力レベルが90デシベル以上のもの
3	平衡機能に著しい障害を有するもの
4	そしゃくの機能を欠くもの
5	音声又は言語機能に著しい障害を有するもの
6	両上肢のおや指及びひとさし指又は中指を欠くもの
7	両上肢のおや指及びひとさし指又は中指の機能に著しい障害を有するもの
8	１上肢の機能に著しい障害を有するもの
9	１上肢のすべての指を欠くもの
10	１上肢のすべての指の機能に著しい障害を有するもの
11	両下肢のすべての指を欠くもの
12	１下肢の機能に著しい障害を有するもの
13	１下肢を足関節以上で欠くもの
14	体幹の機能に歩くことができない程度の障害を有するもの

15	前各号に掲げるもののほか，身体の機能の障害又は長期にわたる安静を必要とする病状が前各号と同程度以上と認められる状態であって，日常生活が著しい制限を受けるか，又は日常生活に著しい制限を加えることを必要とする程度のもの
16	精神の障害であって，前各号と同程度以上と認められる程度のもの
17	身体の機能の障害若しくは病状又は精神の障害が重複する場合であって，その状態が前各号と同程度以上と認められる程度のもの

（備考） 視力の測定は，万国式試視力表によるものとし，屈折異常があるものについては，矯正視力によって測定する。

＜３級－厚生年金保険＞

障害の程度	障　害　の　状　態
1	両眼の視力が0.1以下に減じたもの
2	両耳の聴力が，40センチメートル以上では通常の話声を解することができない程度に減じたもの
3	そしゃく又は言語の機能に相当程度の障害を残すもの
4	脊柱の機能に著しい障害を残すもの
5	１上肢の３大関節のうち，２関節の用を廃したもの
6	１下肢の３大関節のうち，２関節の用を廃したもの
7	長管状骨に偽関節を残し，運動機能に著しい障害を残すもの
8	１上肢のおや指及びひとさし指を失ったもの又はおや指若しくはひとさし指を併せ１上肢の３指以上を失ったもの
9	おや指及びひとさし指を併せ１上肢の４指の用を廃したもの
10	１下肢をリスフラン関節以上で失ったもの
11	両下肢の10趾の用を廃したもの
12	１から11に掲げるもののほか，身体の機能に，労働が著しい制限を受けるか，又は労働に著しい制限を加えることを必要とする程度の障害を残すもの
13	精神又は神経系統に，労働が著しい制限を受けるか，又は労働に著しい制限を加えることを必要とする程度の障害を残すもの
14	傷病が治らないで，身体の機能又は精神若しくは神経系統に，労働が制限を受けるか，又は労働に制限を加えることを必要とする程度の障害を有するものであって，厚生労働大臣が定めるもの

（備　考）

1　視力の測定は，万国式試視力表によるものとし，屈折異常があるものについては，矯正視力によって測定する。

2　指を失ったものとは，おや指は指節間関節，その他の指は近位指節間関節以上を失ったものをいう。

3　指の用を廃したものとは，指の末節の半分以上を失い，又は中手指節関節若しくは近位指節間関節（おや指にあっては指節間関節）に著しい運動障害を残すものをいう。

4　趾の用を廃したものとは，第１趾は末節の半分以上，その他の趾は遠位趾節間関節以上を失ったもの又は中足趾節間関節若しくは近位趾節間関節（第１趾にあっては趾節間関節）に著しい運動障害を残すものをいう。

＜障害手当金－厚生年金保険＞

障害の程度	障　害　の　状　態
1	両眼の視力が0.6以下に減じたもの
2	１眼の視力が0.1以下に減じたもの
3	両眼のまぶたに著しい欠損を残すもの
4	両眼による視野が２分の１以上欠損したもの又は両眼の視野が10度以内のもの
5	両眼の調節機能及び輻輳機能に著しい障害を残すもの
6	１耳の聴力が，耳殻に接しなければ大声による話を解することができない程度に減じたもの
7	そしゃく又は言語の機能に障害を残すもの
8	鼻を欠損し，その機能に著しい障害を残すもの
9	脊柱の機能に障害を残すもの
10	１上肢の３大関節のうち，１関節に著しい機能障害を残すもの
11	１下肢の３大関節のうち，１関節に著しい機能障害を残すもの
12	１下肢を３センチメートル以上短縮したもの
13	長管状骨に著しい転位変形を残すもの
14	１上肢の２指以上を失ったもの
15	１上肢のひとさし指を失ったもの
16	１上肢の３指以上の用を廃したもの
17	ひとさし指を併せ１上肢の２指の用を廃したもの
18	１上肢のおや指の用を廃したもの
19	１下肢の第１趾又は他の４趾以上を失ったもの
20	１下肢の５趾の用を廃したもの
21	１から20に掲げるもののほか，身体の機能に，労働が制限を受けるか，又は労働に制限を加えることを必要とする程度の障害を残すもの
22	精神又は神経系統に，労働が制限を受けるか，又は労働に制限を加えることを必要とする程度の障害を残すもの

（備　考）

1　視力の測定は，万国式試視力表によるものとし，屈折異常があるものについては，矯正視力によって測定する。

2　指を失ったものとは，おや指は指節間関節，その他の指は近位指節間関節以上を失ったものをいう。

3　指の用を廃したものとは，指の末節の半分以上を失い，又は中手指節関節若しくは近位指節間関節（おや指にあっては指節間関節）に著しい運動障害を残すものをいう。

4　趾を失ったものとは，その全部を失ったものをいう。

5　趾の用を廃したものとは，第１趾は末節の半分以上，その他の趾は遠位趾節間関節以上を失ったもの又は中足趾節間関節若しくは近位趾節間関節（第１趾にあっては趾節間関節）に著しい運動障害を残すものをいう。

Q331

初診日とは，何をさすか，具体的に説明して下さい。

A　**初診日**とは，障害の原因となった病気やけがについて，**はじめて医師**又は**歯科医師**の**診療**を受けた日のことです。**初診日**に被保険者であることが原則ですが，国民年金では，被保険者資格を喪失した後でも初診日に60歳以上65歳未満であって日本に居住していれば，障害基礎年金の対象となります。また，**初診日が20歳前**の場合でも，法第30条の４で障害基礎年金を受給できるようになっています。なお，初診日が昭和61年３月以前でも，障害認定日が昭和61年４月以後であれば，新法の適用を受けます。

Q332

事後重症制度とは，何のことですか。

A

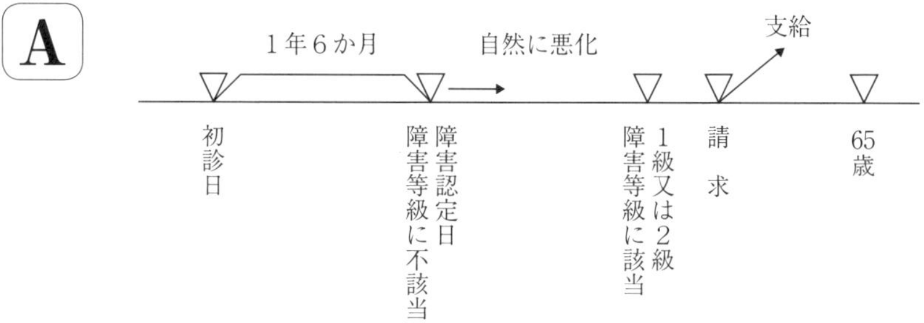

事後重症制度とは，障害認定日（初診日から起算して１年６か月間経過した日）に障害等級１級又は２級に該当しなかった者が，その後**65歳に達する日の前日までに**悪化して障害等級に該当するようになった場合は，その期間内に請求することによって障害基礎年金を支給する（国年法30の２）という制度です。ここで，注意すべきことは，国民年金では障害等級といえば，１級又は２級の二つしかないということです。１級又は２級に該当しなければ，障害基礎年金の支給は，あり得ないのです（国年法30②）。

厚生年金保険で，事後重症制度というと，国民年金の事後重症制度と異なるといわれますが，どのように異なるのですか。

A 次の図をみてください。

（会社員のケース）

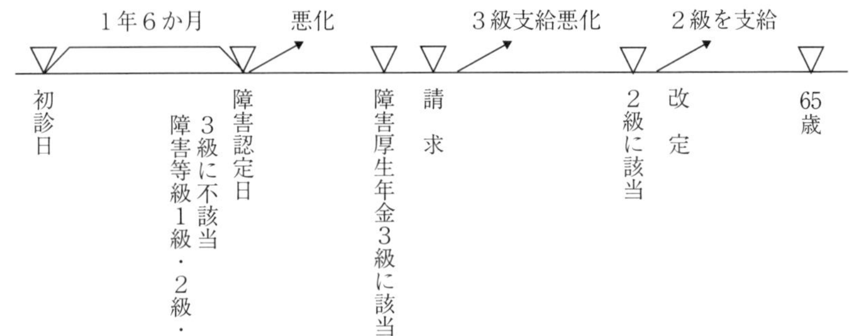

厚生年金保険の事後重症

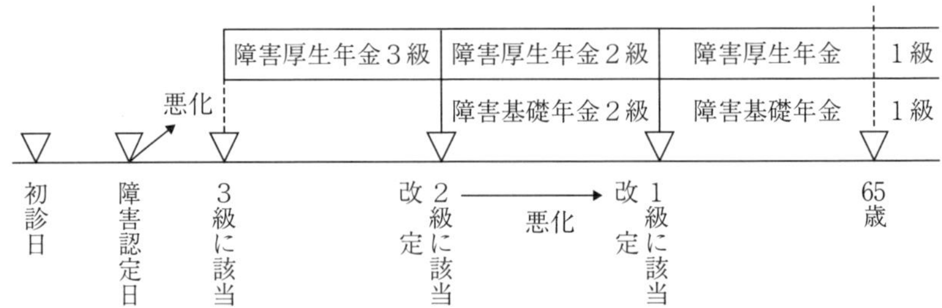

障害認定日には，障害等級1級，2級，3級のいずれにも不該当。その後，悪化して**3級**に該当すると，**障害厚生年金3級**のみ支給されます。なお，国民年金には，3級はありません。さらに悪化して2級に該当すると，**障害基礎年金2級**と**障害厚生年金2級**が2階建てで支給されます。65歳に達する日の前日までに，2級に該当しているものは，その後さらに悪化した場合でも改定されます。1級に該当すれば，1級の障害基礎年金と障害厚生年金が支給されるよ

うになります。国民年金で，障害等級といえば障害等級の１級と２級をさし，厚生年金保険では，障害等級に該当といえば，さらに３級も該当するということです（厚年法47の２）。

Q334　**基準傷病**とか**基準障害**というのは，何のことですか。

A　国民年金法の障害等級には，１級又は２級しかないので，１級又は２級に達しない障害は，独立しては支給の対象となりません。厚生年金保険法は，障害等級３級と障害手当金が軽度の障害として，支給対象になっています。昭和61年４月１日以後の新法の考え方では，国民年金法と厚生年金保険法を上下一体として，できれば同じ考え方でとらえていこうとしております。**基準障害**という考え方も，その影響を受けているといえます。一つ一つの障害は独立では障害等級に該当せず，全部併合して**はじめて２級**に該当する場合は，２級を支給するという内容ですが，その一番最後の新しい傷病，つまり**その２級に該当する原因を与えた傷病**を「**基準傷病**」とよびます。また，その障害を「**基準障害**」とよんでいます（国年法30の３，厚年法47の３）。

基準傷病・基準障害

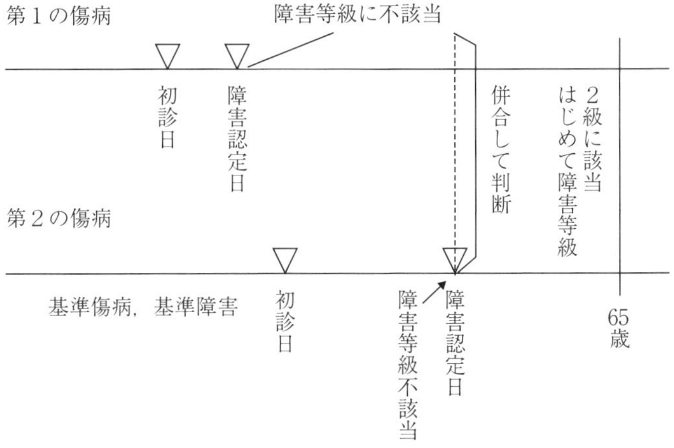

第１の傷病
初診日
障害認定日
障害等級に不該当
併合して判断
はじめて障害等級
２級に該当
第２の傷病
基準傷病，基準障害
初診日
障害認定日
障害等級不該当
65歳

上図の第２の傷病を加えて，併合すると２級に該当した場合は，この**２級に該当する原因となった傷病**を「**基準傷病**」，その障害を「**基準障害**」とよぶのです。

初診日に被保険者であったこととか，保険料納付要件等については，基準傷病（基準障害）についてのみ要求されます。

Q335 **20歳前の障害の障害基礎年金**について，説明してください。

A **初診日**に**20歳未満**であった者が，障害認定日以後に**20歳に達したとき**は，20歳に達した日に障害等級に該当すれば，障害基礎年金が支給されます（国年法30の４）。

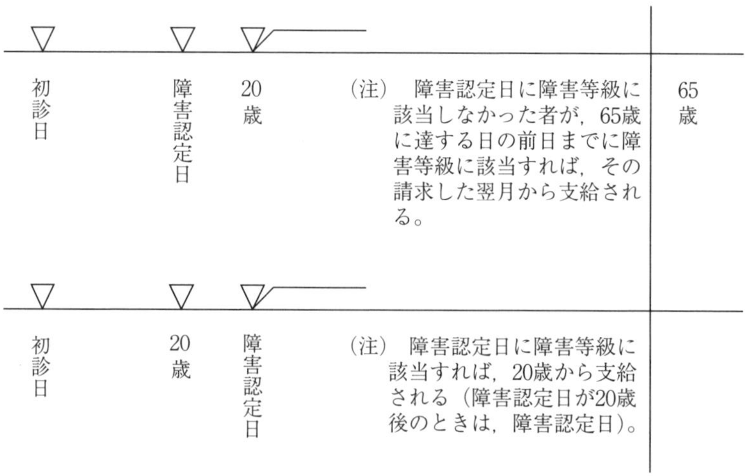

初診日 ▽ — 障害認定日 ▽ — 20歳 ▽ — 65歳

（注） 障害認定日に障害等級に該当しなかった者が，65歳に達する日の前日までに障害等級に該当すれば，その請求した翌月から支給される。

初診日 ▽ — 20歳 ▽ — 障害認定日 ▽

（注） 障害認定日に障害等級に該当すれば，20歳から支給される（障害認定日が20歳後のときは，障害認定日）。

また，初診日に20歳前であって，**障害認定日が20歳に達した日後**のケースでは，**障害認定日**から障害基礎年金が支給されることになります。

なお，**障害認定日**に障害等級に該当しなくても，**65歳に達する日の前日まで**に障害等級に該当するようになった場合は，その期間内に請求することによって支給されます。

この「20歳前障害（20歳前の傷病による障害基礎年金）」は，拠出型年金の考え方ではなく，**無拠出年金たる福祉年金**の考え方です。20歳以後は，強制適用ですからよいのですが，20歳前は，強制適用ではありません。第１号被保険者は20歳以上60歳未満で，第３号被保険者も年齢制限は同じです。20歳前で被保険者となっているのは，サラリーマン等だけです。第２号被保険者は，20歳前でも，障害基礎年金は，この法第30条の４の年金ではなく，普通の障害基礎年金を受け取ります。したがって，法第36条の２から法第36条の４にかけて規定されている「**20歳前障害独自の支給停止**」の適用はないので，注意が必要です。

（注）20歳前の障害というのは，第１号被保険者と第３号被保険者のように，20歳前に被保険者扱いされない者が，障害になった場合を救う趣旨です（福祉年金的考え方）。

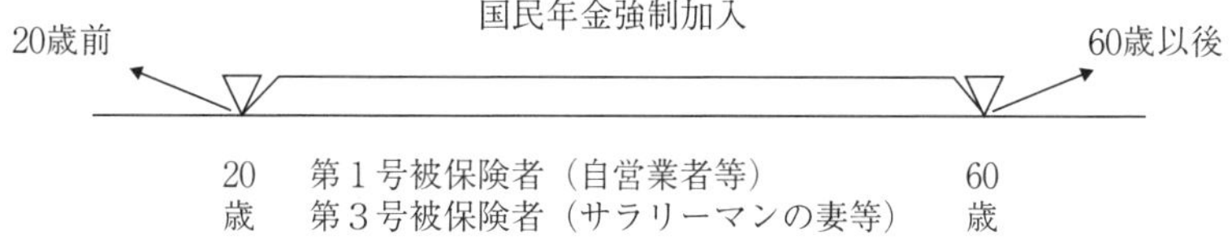

（注１）第１号被保険者と第３号被保険者は，年齢20歳以上60歳未満の制限がある。
（注２）年齢制限がないのは，第２号被保険者のみ。
（注３）第２号被保険者……20歳前と60歳以後の取扱いは，特殊である。
（サラリーマン）
老齢基礎年金の計算上……期間としては，計算するが，年金額の計算の対象からはずす（カラ期間ともいう）。
障害基礎年金，遺族基礎年金……保険料納付済期間として扱われる。

Q336 **20歳前の障害**には，サラリーマンの場合と，それ以外の場合の２種類があるのですか。

A そうです。**サラリーマン**の場合は，給料から控除される厚生年金保険料に国民年金保険料分が含まれていますので，保険料納付済です。会社員には，中学卒業又は高校卒業後就職した人など20歳未満の者がいます。これらの人は，保険料を支払っている人たちです。これに対し，第１号被保険者と第３号被保険者の場合は，年齢制限があります。20歳以上60歳未満でないと，原則として適用されません。

20歳前に初診日がある傷病によって障害になった人は，この考え方を貫きますと，救われない人たちが生じます。

そこで，**旧法でも福祉年金**で救済していたのですが，新国民年金法でもこの考え方を受け継いだのです。これが「**20歳前障害**」です。だから，**第２号被保険者**のように，保険料を納付済の人たちと，保険料をまったく納めておらず，被保険者でもない人たちとを区別した扱いをしているのです。

Q337 「**障害認定日**」とは，どのような日をさすのですか。

A 前にも，図解の説明で登場しましたが，国民年金でも，厚生年金保険でも，**障害認定日**という言葉が登場します。障害認定日は，原則として**初診日から１年６か月を経過した日**です。治らなかった場合でも１年６か月経った日に認定します。その間に治った（完治という意味ではなく，労災でいう「治ゆ」した日）場合は，**治った日を障害認定日**とします。したがって，障害認定日が，１年６か月以内になることもあるわけです。「治ゆ」という言葉は「固定した」というような意味で，現代医学では，ここまでというような治療をさします。「**治ゆ**」し，障害が残ったというのが，障害の典型例です。身体的変形や後遺症があっても，治療が終わっていれば，治った場合に該当します。

また，障害は傷病によるものですから，２度も３度も起きることもありますし，障害の程度が軽減したり悪化したりします。

Q338

障害等級に該当した人が**悪化**したり，あるいは**軽減**して該当しなくなったときは，どのようになりますか。

A　**障害**は，**軽減**したり**悪化**したりします。こういう場合は，請求によったり，厚生労働大臣の職権によって改定されます。前に説明した事後重症もそのうちの一つです。軽減していく場合も，改定をします。

改定の方法は，一つには，法令に基づく**届出**によります。もう一つは，**本人の請求**によるものです。原則として，障害基礎年金を受けられるようになった日又は障害の程度の診査を受けた日から起算して**１年を経過**した日後でなければ，**改定請求**はできません。ただし，平成26年４月１日施行の改正により，障害の程度が**増進したことが明らかである場合**には，１年の待期期間を要しないことになりました（国年法34①～③）。

障害基礎年金の額が改定されたときは，改定後の額による障害基礎年金の支給は，改定月の翌月から始めます（国年法34⑥）。

Q339

年金額の**改定の請求の手続き**は，どのようになっていますか。

A　障害の程度が重くなったときは，「**給付額改定請求書**」を日本年金機構に提出します。国民年金だけの人の窓口は，**市町村役場**でよいのですが，厚生年金保険の障害厚生年金の額の改定の窓口は，**年金事務所**又は街角の年金相談センターとなります（厚年則47）。

Q340 「その他障害」とは，何のことでしょうか。

A 国民年金法の障害基礎年金は，前述のように１級と２級しか認めません（国年法30②)。そこで，この１級と２級に達しない**軽度の障害を総称**して「**その他障害**」という用語を使用しているのです。

Q341 障害の程度が変わった場合の年金額の改定の一つとして，障害基礎年金の受給権者が，「**その他障害**」と**併合**して**改定**ができるということですが，どのようなことですか。

(1) 国民年金法第34条第４項による改定

先発障害２級 ＋ 後発障害 その他の障害 ⇨ 併合改定して 障害基礎年金 １級を支給

上の図をまずみてください。**平成元年改正**で「**その他障害**」という概念を認めるまで，上のような改定は認められなかったのです。平成元年改正前は，国年法第31条の併給の調整の規定によっていたのです。

(2) 国民年金法第31条による併合

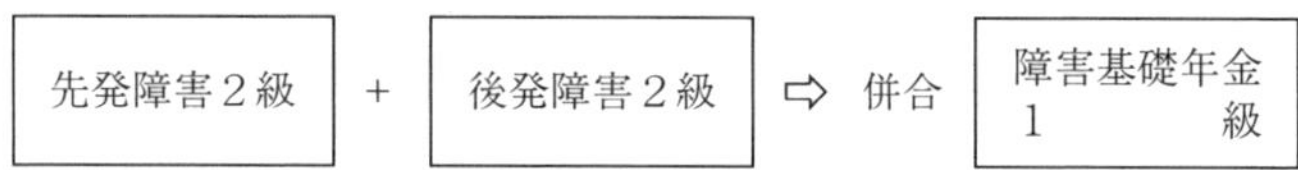

改正前は，併合といえば**先発**も**後発**も**障害等級**に**該当**しなければ不可能でした。国民年金法で障害等級といえば，１級又は２級に限られていたのです。このように限定して考えると，後発が軽度の障害ですと，その軽度の障害を加えた場合に，きわめて悪化しても改定できないという結果になります。この不都合な事態を解消するために，「**その他障害**」という用語を創設したわけです。

もう一度，国民年金法第34条第４項の内容を検討しますと，まず「当該傷病に係る**障害認定日以後65歳に達する日の前日まで**の間において」という限定を加えています。もう一つは，「厚生労働大臣に対しその期間内に当該障害基礎年金の額の改定を請求することができる。」というように，併給の調整による併合とは別の考え方をすることにより認めたのです。結果的には，その障害者を保護したことになります。

Q342　**先発障害**の受給権者が，さらに**後発障害**でも受給権を得た場合の調整は，どのようにするのですか。

A　これが，【Q341】の図解(2)の併給の調整です。これは，**先発障害**が単独で障害等級に該当するだけでなく，**後発障害**も単独で障害等級に該当するケースです。この場合は，二つの年金を支給することなく，**前後の障害を併合**して新しく認定した程度の障害基礎年金を支給することになります（国年法31①）。

障害基礎年金２級（先発）
障害基礎年金２級（後発）
⇨　併合認定　障害基礎年金１級

（注）この図解で障害基礎年金１級が支給されるようになると，従前の障害基礎年金は，消滅することになる（国年法31②）。

Q343　障害基礎年金１級の受給権者の**障害が軽くなり**，２級に該当した場合は，どのようになりますか。

A　障害基礎年金の受給権者は，厚生労働大臣から指定があれば，その指定された年の指定日（誕生月の末日）までに，障害の現状に関する医師の診断書を提出しなければなりません。そして，厚生労働大臣は，障害の程度に変更があれば，年金額を改定します。したがって，１級から２級に変更となったときには，２級の年金額に改定されます。

Q344

障害基礎年金２級の受給権者の障害が軽くなり，**障害等級に該当しなくなった場合**は，どのようになりますか。

A

障害基礎年金を受けている人の障害の程度が軽くなって，障害等級表の２級に該当しなくなったときは，障害基礎年金の支給が停止されます。

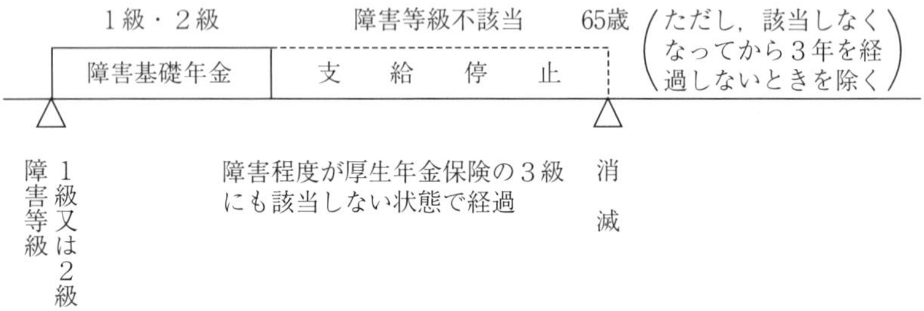

1級・2級	障害等級不該当	65歳
障害基礎年金	支　給　停　止	（ただし，該当しなくなってから３年を経過しないときを除く）
障害等級1級又は2級	障害程度が厚生年金保険の３級にも該当しない状態で経過	消滅

Q345

障害年金の権利は，どのような場合に消滅するのですか。

A

従来は，障害の程度が軽減し，厚生年金保険の３級にも該当しないような軽い状態となり，悪化せずに３年間経過すると，支給停止でなく失権させていました。これを，様子見の３年間といっていました。

平成６年の改正で，**65歳に達するまでは支給停止で失権しない**ことになりました。65歳に達した後であっても，障害等級に該当しない程度に軽減し３年間経過した時点で失権させますから，65歳直前に支給停止になったケースでは，３年後に失権というケースもあり得ます。したがって，様子見の３年間が経過しても65歳に達していなければ失権しないし，また65歳に達した場合でも軽減してから３年間以上経過していなければ失権しないということです。

また，平成６年の改正で，すでに**様子見の３年間の経過**により失権した人でも，**65歳に達する日の前日**までに**障害等級に該当**すれば，**その期間内に請求**することによって，**障害基礎年金**が支給されるようになりました。

さらに，旧法時代は，厚生年金保険の被保険者期間が**6か月以上**ないと障害年金の受給権が発生しませんでした。しかし，平成6年の改正で，被保険者期間が**6か月未満**で受給権がなかった人でも，65歳に達する日の前日までに障害等級に該当すれば，その期間内に請求することによって**障害基礎年金**が支給されることになりました（**【Q349】**を参照）。

Q346　障害基礎年金の受給権者の障害の程度が軽減し，障害等級に該当しなくなったために，**支給停止**を受けている間に「**その他障害**」が発生し，**再び2級に該当**した場合は，どのようになりますか。

下の図解をみてください。

国年法第36条第2項のケース

支給停止になった障害と，「**その他障害**」を併合した障害の程度が2級に該当

障害基礎年金2級	支給停止	障害基礎年金2級を支給

障害等級2級

軽減して障害等級に不該当

その他障害発生　請求の翌月から

図解で示したように，障害等級2級に不該当なほど軽減したら，国民年金法には3級以下がないので，**支給停止**になります。その**支給停止期間中**に「**その他障害**」が発生し，支給停止されている障害と「その他障害」を併合して判断すると2級以上になる場合は，その**支給停止を解除して**，2級の障害基礎年金の支給が再び開始するのです。このケースも，障害認定日以後**65歳に達する日の前日**までの間において，当該障害基礎年金の支給事由となった障害と，その他障害（その他障害が2以上ある場合は，すべてのその他障害を併合した障

害）とを併合した障害の程度が障害等級に該当するにいたったときという年齢による制限があります（国年法36②）。

Q347 **「20歳前障害」独自の支給停止**とは，何のことでしょうか。

A 正確にいえば，国民年金法第30条の４の規定による障害基礎年金の受給権者の支給停止事由ですが，これは，20歳前の傷病による障害で，**保険料を支払っておらず，被保険者でもなかった人**の福祉型障害基礎年金です。次のいずれかに該当する場合は，支給停止されます（国年法36の２①一～四）。

① 恩給法，地方公務員の退職年金に関する条例に基づく年金，日本製鉄八幡共済組合，執行官法，旧令共済組合等から年金を受け取れる人，又は戦傷病者戦没者遺族等援護法に基づく手当等を受けられるとき

② 労働者災害補償保険法，国家公務員災害補償法，地方公務員災害補償法に基づく補償として年金を受けられるとき

③ 刑事施設，労役場その他これらに準ずる施設に拘禁されているとき（有罪が確定している場合に限る）

④ 少年院その他これに準ずる施設に収容されているとき（有罪が確定している場合に限る）

⑤ 日本国内に住所を有しないとき

また，20歳前障害の障害基礎年金と厚生年金保険等の年金給付が同時に支給される場合は，いずれか一つを選択受給し，他の年金給付は支給停止されることになっています。

（注） これらの支給停止等の調整は，旧障害福祉年金について，他の公的年金を受け取ることができる場合は，障害福祉年金を支給しないこととしていました。その考え方を受け継いだ規定が，国民年金法第36条の２です。したがって，**20歳前でも，第２号被保険者**については，この考え方は適用されないのです。

Q348

20歳前障害の障害基礎年金には，所得制限があると聞きましたが，どのようなものですか。

A

20歳前障害の場合は，**無拠出制**の年金給付のため**所得制限**が設けられており，前年の所得に応じて全部又は２分の１の支給が停止されることになっています。なお，この所得制限も，サラリーマンである第２号被保険者には適用されません。

Q349

障害基礎年金の支給の特例とは，何のことですか。

A

旧法時代，厚生年金保険では，**６か月以上被保険者期間がない**と，**障害給付を受給することはできませんでした**。

旧法時代に，**就職直後の障害**については**受給権がなかった**のです。このような事情で障害年金を受給できなかった人が，現行法の支給要件を満たしていれば，**本人の請求**に基づき，**障害等級１級**又は**２級**に**該当**していれば，**障害基礎年金**を**支給**することにしました。この**障害基礎年金**も**【Q348】**の20歳前の障害と同様の本人の**所得制限**が設けられています。すなわち，前年の所得に応じ全部又は２分の１が支給停止となります。

また，従来は障害の状態が軽減し，障害厚生年金３級にも該当しない期間が３年経過すると失権することになっていました。この**様子見の３年間**が経過したために**失権した人**を，平成６年の改正で，65歳に達する日の前日までの間に障害等級１級又は２級に該当するようになった場合は，その期間内に請求することによって，障害基礎年金を支給することにしました。

この場合は，**20歳前の障害**と**障害福祉年金**の該当者であれば，上に述べたのと同様の**所得による支給停止**がされることがあります。

20歳前障害の障害基礎年金などに特有の所得制限（**所得による支給停止**）の**具体的な内容**を教えてください。

A その支給停止額は，**所得税法に規定する控除対象配偶者**及び**扶養親族の有無**と**数**に応じて**政令**で決められます。

要件に該当した場合は，**その年の８月から翌年の７月まで**支給停止されるのです（法36条の３①②）。

ただし，**震災**，**風水害**，**火災等**により，本人又は控除対象配偶者もしくは扶養親族の所有する財産（住宅，家財等）が**被害にあった場合**で，その被害金額がその価格のおおむね２分の１以上であるときは，そのときから翌年の７月まで所得を理由とする**支給停止は行いません**（法36条の４①）。

さて，これで，国民年金法だけの障害基礎年金をめぐる問題は，ほとんど述べました。これから，会社員の年金，厚生年金保険法の「障害厚生年金」の問題をからめていきましょう。

1　障害厚生年金（厚年法47条）

(1)　支給要件

障害厚生年金は，次の1から3の要件を満たした者に支給される。

1　初診日の要件	**初診日**において**厚生年金保険の被保険者**であること
2　障害認定日の要件	**障害認定日**において，**障害等級**（**1級，2級又は3級**）に該当する程度の障害の状態にあること
3　保険料納付要件	障害基礎年金と同様…保険料納付要件は，国民年金の被保険者期間で判定する。

なお，障害厚生年金にも，**「事後重症」**，**「基準障害（初めて2級以上）」**，「併合認定」，「併合改定」といった規定がある。

(2)　年　金　額

障害等級1級　**＝報酬比例の年金額×1.25（＋配偶者加給年金額）**

障害等級2級　**＝報酬比例の年金額（＋配偶者加給年金額）**

障害等級3級　**＝報酬比例の年金額**（のみ※）

※　3級には，配偶者がいても，加給年金額は加算されない。また，障害基礎年金も支給されない（そのため，必ず最低保障額の規定が適用される）。

2　障害手当金

(1)　支給要件（厚年法55条）

障害手当金は，次の1～3の要件を満たした者に支給される。

1　初診日の要件	**初診日**において**厚生年金保険の被保険者**であること
2　障害の程度を定めるべき日の要件	初診日から起算して**5年**を経過する日までの間におけるその傷病が**治った日**（障害の程度を定めるべき日）において，政令で定める程度の障害の状態（障害等級3級より軽い状態）にある者
3　保険料納付要件	障害基礎年金と同様

⇒　ただし，障害の程度を定めるべき日において，他の公的年金や労働基準法の規定による障害補償，労働者災害補償保険法の規定による障害（補償）給付を受ける権利を有する者には，障害手当金は支給され

ない。

(2) **額**

障害手当金の額	＝報酬比例の年金額（報酬比例部分）×100分の200

（注） 最低保障額の規定がある。

Q351

障害厚生年金の**受給要件**は，何ですか。

受給要件は，次のようになります（厚年法47①・②）。

① 厚生金保険の被保険者期間中に**初診日**がある傷病により，障害等級**1級**，**2級**，**3級**の障害者になったこと

② 障害認定日は，国民年金法と同じで，初診日から1年6か月たった日，又はその期間内に治った場合は，治った日

③ 国民年金の要件と全く同じ**保険料納付要件**を満たしていること（厚年法47①・②）

Q352

障害手当金の**受給要件**は，何ですか。

障害手当金の受給要件は，次のようになります。

① 厚生年金保険の被保険者期間中に**初診日**のある傷病が，初診日から**5年以内**に治り，残った障害が**政令で定める障害**の状態に該当するとき（【Q330】の障害等級表を参照）

② 保険料納付要件が求められるのは，前述の国民年金と同様

Q353　**障害厚生年金**の**年金額**は，いくらですか。

障害厚生年金の年金額は，老齢厚生年金と同様，報酬比例の年金額が基礎になります。

障害等級１級＝報酬比例の年金額×1.25（＋配偶者加給年金額）

障害等級２級＝報酬比例の年金額（＋配偶者加給年金額）

障害等級３級＝報酬比例の年金額

（注）障害基礎年金を受けることができない場合には，「最低保障額」が適用されます（詳しくは，**【Q357】**を参照）。

報酬比例の年金額の計算方法は，基本的には，すべての厚生年金について同様です（これについては，**【Q269】**を参照）。

しかし，**障害厚生年金**の場合は，「**給付乗率の生年月日による読み替えはなく，被保険者期間の月数に300か月の保障がある**」という特徴があります。

その計算方法は，各種の経過措置により，非常に複雑です。ここでは，原則的な計算方法と，当面，実際に適用されてきた計算方法を紹介します。

＜原則的な計算方法＞

① **平均標準報酬月額**$\times \frac{7.125}{1,000}$×平成15年３月以前の**被保険者期間の月数**

② **平均標準報酬額**$\times \frac{5.481}{1,000}$×平成15年４月以後の**被保険者期間の月数**

☆ **年金額＝①＋②**

（注）**再評価率は，平成16年改正によるもの**（毎年度改定）を用いる。

<従前額の保障＋物価スライド特例措置（平成26年度に実際に支給されている金額が一番高くなる計算方法）>

①′ 平均標準報酬月額× $\frac{7.5}{1,000}$ ×平成15年３月以前の**被保険者期間の月数**

②′ 平均標準報酬額× $\frac{5.769}{1,000}$ ×平成15年４月以後の**被保険者期間の月数**

☆ **年金額＝{①′＋②′}×「1.031×0.961」**

（注） **再評価率は，平成６年改正の際のもの**を用いる。

給付乗率 ⇒ 上記の計算式に掲げる率(生年月日による読み替えはしない)

被保険者期間の月数 ⇒ 300か月に満たない場合，300か月として計算（一定の方法で，300か月分に増額する）

※ 物価スライド特例措置は平成26年度に終了し，平成27年度からは本来水準の年金額となる。

Q354

障害厚生年金の年金額の計算で被保険者期間の月数を乗じていますが，**被保険者期間の短い人**は，どのようになりますか。

A 被保険者期間の月数は，本来，実際に厚生年金保険に加入した月数を指すのですが，**300か月に満たない人**の場合は，**300か月**として計算します（厚年法50①，51）。

Q355

総報酬制導入前の期間とそれ以後の期間を有する人については，被保険者期間の月数の300か月の保障は，どのようにするのですか。

A 総報酬制導入前の期間（平成15年３月31日以前の被保険者期間）のみ，又は総報酬制導入以後の期間（平成15年４月１日以後の被保険者期間）のみ有する人の場合は，単純に300か月未満の被保険者期間を300か月として計算することができるのですが，双方の期間を有する場合にはそうもいきませんね。

そこで，次のような方法で，報酬比例の年金額を300か月分に増額します。

> まず，平成15年３月31日以前の被保険者期間と平成15年４月１日以後の被保険者期間とに分けて，実際の期間で計算を行い，それぞれの額を合算する（つまり，通常通り計算する）。
>
> 次に，その合算した額に，300をすべての被保険者期間の月数で除して得た数を乗じて，全体を300月分に増額する（平12法附則20）。
>
> <例　示>
>
> **段階①**…通常通り計算（以下は，計算結果を仮定したもの）
>
> ①　平成15年３月31日以前の被保険者期間＝110月
> （計算額は220,000円）
>
> ②　平成15年４月１日以後の被保険者期間＝90月
> （計算額は160,000円）
>
> ★とりあえずの年金額＝①220,000円＋②160,000円＝380,000円
>
> **段階②**…この380,000円を300月分に増額
>
> 380,000円×｛300月÷200月（110月＋90月）｝＝570,000円
>
> ★報酬比例の年金額＝570,000円

Q356

障害厚生年金と障害基礎年金の額の関係を教えてください。

A　**通常**，障害等級**１級又は２級の障害厚生年金**を受給する人は，同じ**障害等級の障害基礎年金**を受給することになります。この場合は，対象者があればの話ですが，**１級又は２級の障害厚生年金**には**配偶者の加給年金額**が加算され，**障害基礎年金**には**子の加算額**が加算されます。

これに対して，**3級の障害厚生年金**を受給する人には，**障害基礎年金が支給されることはなく**，対象者があっても**配偶者の加給年金額は加算されません。**

なお，**障害等級1級又は2級の場合**でも，初診日に厚生年金保険の被保険者ではあるが国民年金の被保険者でない場合（**65歳以上**で老齢基礎年金等の受給権を有するとき※）には，**障害基礎年金は支給されません。**このような場合には，**最低保障額の規定が適用されます。**

※　**65歳以上**で老齢基礎年金等の**老齢・退職を支給事由とする年金給付**の**受給権を有する**ときには，厚生年金保険の被保険者であっても，国民年金の被保険者（第2号被保険者）とされません。

障害厚生年金1級と2級の金額

障害厚生年金1級	障害厚生年金2級
配偶者加給年金額	配偶者加給年金額
1級障害厚生年金 報酬比例の年金額×1.25	2級障害厚生年金 報酬比例の年金額
1級障害基礎年金	2級障害基礎年金
子の加算額	子の加算額

（注1）　1級と2級には，**配偶者加給年金額**がつく。
また原則として，1階に**障害基礎年金**が支給される。
子の加算額は，障害基礎年金につくものである。

（注2）　1級又は2級でも，障害基礎年金が支給されないことがある。

Q357

障害厚生年金の額には，被保険者期間の月数の300か月の保障のほかに「**最低保障額**」の規定もあるそうですが，詳しく教えてください。

障害厚生年金の「最低保障額」は，障害基礎年金（2級）の額の4分の3に相当する額とされています。

この**障害厚生年金の「最低保障額」**は，その給付事由となった障害について国民年金法の**障害基礎年金を受けることができない場合**に適用されます（障害厚生年金の額が「最低保障額」に満たないときは，「最低保障額」を障害厚生年金の額とします）。

したがって，**障害等級３級に該当する場合**には，**最低保障額の規定が適用されます**（３級の場合に，障害基礎年金が支給されることはないので）。

なお，**障害等級１級又は２級の場合**でも，初診日に厚生年金保険の被保険者ではあるが，国民年金の被保険者でない場合（**65歳以上**で老齢基礎年金等の受給権を有するとき）には，**障害基礎年金が支給されない**ので，**最低保障額の規定が適用される**ことになります。

（注）従来は，最低保障額は３級の場合のみ適用でしたが，平成16年の改正により，上記のように改正されました（平成17年４月１日から実施）。

Q358

障害手当金は，いくら支給されるのですか。

A　一時金である障害手当金も，国民年金にはない制度です。この金額は，**報酬比例の年金額（報酬比例部分）**の**２倍**となっています。また，最低保障額の規定が設けられています（厚年法57）。

障害手当金の額＝報酬比例の年金額（報酬比例部分）※×100分の200 （最低保障額あり）

※　**報酬比例の年金額**は，障害厚生年金に係る報酬比例の年金額と同様に計算する（**給付乗率の生年月日による読み替えはなし，被保険者期間の月数の300か月保障はあり**）。

障害手当金の最低保障額＝**障害厚生年金の最低保障額×２**

（２級の障害基礎年金の額×$\frac{3}{4}$×２）

なお，**障害手当金の額**には，従来の「物価スライド」は適用されませんでしたが，再評価率を毎年度改定することにより，「**マクロ経済スライド**」は**適用されることになります**。

Q359

厚生年金保険法でいう**基準傷病（基準障害）**は，国民年金法のそれと異なりますか。

A　厚生年金保険法第47条の３でも，やはり軽度の障害をいくつか併合して認定すると，**はじめて２級**に該当する場合には，その２級に該当する要因となった傷病を**基準傷病**といい，その障害を**基準障害**ということですから，国民年金法第30条の３と異なるところはないようです。

Q360

障害厚生年金の**併給の調整**で，**併合認定**とよばれるものは，何のことですか。

厚生年金保険法第48条の併給の調整（併合認定）

（先発障害）		**（後発障害）**		
障害厚生年金２級	＋	障害厚生年金２級	⇨ **併合認定**	障害厚生年金１級
障害基礎年金２級		障害基礎年金２級		障害基礎年金１級

（注）　この併合認定は，原則として**先発障害**も**後発障害**も**２級以上**の場合である。

この併合認定は，国民年金法第31条と考え方を同じくする併合で，先発障害も後発障害も国年法でいう障害等級に該当していることが求められます。したがって，**先発**，**後発**ともに，**１級又は２級の場合**の併合認定です。

このケースで，先発障害は，併合時に１級又は２級に該当しなくても，**１度でも２級以上の障害等級に該当**したことがあれば，併合時に３級に軽減していても適用されます（厚年法48①カッコ書）。

先発障害が障害等級１級又は２級で，**後発障害**が「**その他障害**」の場合は，厚生年金保険ではどのように扱われますか。

厚生年金保険法第52条第４項，第６項の改定――ケースその１

先発障害		後発障害			請求日の翌月から改定
障害厚生年金２級	＋	**その他障害**	⇨	併合 **65歳の前日までに増進** 厚生労働大臣に請求	障害厚生年金１級
障害基礎年金２級					障害基礎年金１級

先発障害が１級又は２級で受給中の者に後発障害が発生し，その後発障害が「**その他障害**」であるケースです。こういう場合は，平成元年の法改正があるまでは認められていなかったのですが，**厚生労働大臣の改定**という形で認められるようになりました。注意点は，厚生年金保険法第48条の併合認定と異なり，「**65歳に達する日の前日までに**」という制限があることです。

先発障害は，**１度でも２級以上**であれば，その後軽減して３級という状態になっていても認められますが，**当初から３級**の場合には，改定は行われません。

厚生年金保険法第52条第４項の改定――ケースその２

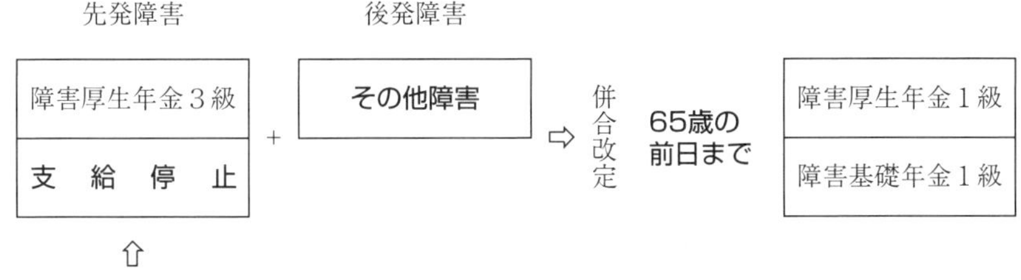

⇧

当初２級の受給権者であったが**軽減**して**３級**を受給，障害基礎年金は支給停止になっている。

その他障害とは，厚生年金の障害等級３級と障害手当金の対象となる障害を意味するといってよい。

Q362

65歳以後に障害の程度が**悪化**した場合は，改定されますか。

A

事後重症による障害基礎年金の受給権の発生は，**65歳に達する日の前日**までにということになっています。65歳までに２級以上に該当しなかった場合には，いいかえれば**当初から継続して３級**の受給権者は，65歳以後どんなに悪化しても改定されません。

これに対して，１度でも65歳前に**２級以上**に該当した人であれば，２級から１級へと**改定**されます。したがって，２級以上か，少なくとも過去において２級以上であったことが要求されます（厚年法52⑦)。

Q363

会社員時代に障害厚生年金**２級**を受給していた人が，退社後に**自営業者**として国民年金のみに加入しているときに**障害**となった場合は，どのようになりますか。

会社員時代の障害と**自営業**になってからの障害も，**併合**されます（厚年法52の２)。

厚生年金保険法第52条の２第１項

先発障害 会 社 員		**後発障害** 自営業者		
厚 生 年 金 障害厚生年金２級				厚生年金保険 障害厚生年金１級
国 民 年 金 障害基礎年金２級	＋	国 民 年 金 障害基礎年金２級	⇨ 併合改定	国 民 年 金 障害基礎年金１級
会社員は２階建て		自営業者には２階がない。		

１級又は２級の障害厚生年金を受給中の会社員が退職し，**自営業者**になってから**再び**障害等級１級又は２級の障害基礎年金の**受給権**が生じた場合は，両年金の障害の程度を併合して，障害厚生年金の年金額を改定します。

この結果，常に，障害基礎年金の障害等級と障害厚生年金の障害等級は，**上下同一**のものとなるのです。これは，あとで自営業者になったケースでも，厚生年金保険法第48条の併合認定のような扱いをすることにしたものです。

Q 364　**会社員時代**に，**障害等級２級**に該当する受給権者が，退職して**自営業者**になった後に「**その他障害**」が発生した場合でも，改定されますか。

A　平成元年の改正でこのような場合でも，併合改定し，上下の年金が同一障害になるように，障害厚生年金も改定されるようになりました（厚年法52の２②）。

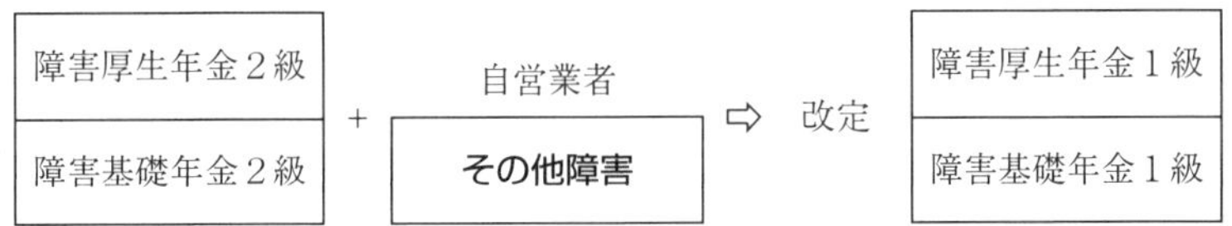

Q 365　障害厚生年金の受給権者が**支給停止**されるケースは，どのような例がありますか。

A　障害厚生年金が**支給停止**されるケースとして，次のようなものがあります。

①　その受給権者がその傷病について**労働基準法**の障害補償を受ける権利を取得したときは，**６年間支給停止**されます（厚年法54①）。

②　障害の**程度が軽減**し障害等級に該当しない間は，支給停止されます（厚年法54②）。

③　障害厚生年金の受給権者がその障害厚生年金と同一の支給事由に基づく他の被用者年金各法による**障害共済年金**の受給権を有するときは，その間その支給を停止します（厚年法54の２①）。

Q 366　障害厚生年金の受給権者が障害等級に該当しなくなり，**支給停止**された後「**その他障害**」が発生した場合は，どのようになりますか。

A　このケースも，平成元年の改正で扱いが変わったのです。「**その他障害**」というのは，前にも述べたように，国民年金法の障害等級に該当しない「**軽度の障害**」のことです。国民年金法では，１級と２級しかないので，こういう用語が必要となったのです。

厚生年金保険法第54条第２項—その１

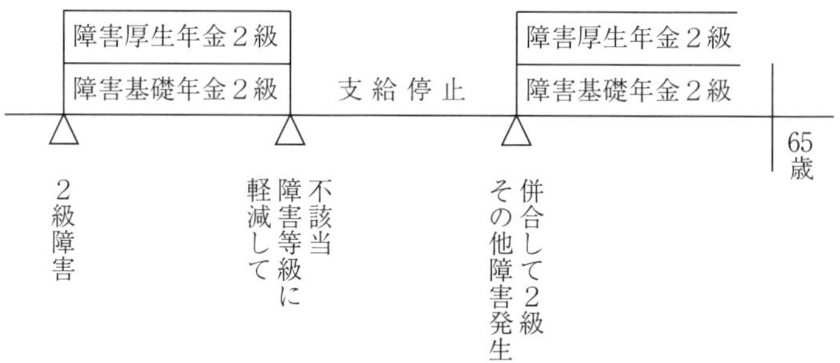

先発障害２級が軽減して，厚生年金保険の障害厚生年金が３級に該当する場合は，**障害厚生年金３級**が支給され，障害基礎年金２級の部分だけ**支給停止**になります。

厚生年金保険法第54条第２項―その２

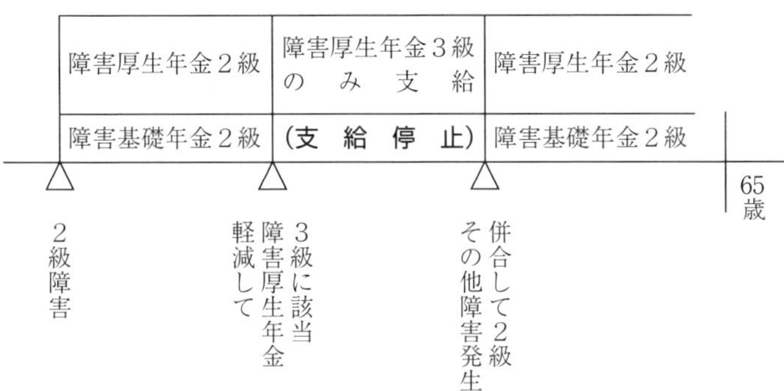

２級の障害基礎年金を受給中に障害の程度が軽くなって，障害厚生年金の３級に該当するようになりました。この場合は，**障害厚生年金３級のみ**支給されます。国民年金には３級以下はありませんから，障害基礎年金２級は**支給停止**になります。その後，後発障害として軽度の障害である「**その他障害**」が発生し，その障害厚生年金２級の支給事由となった先発障害と「その他障害」を併合してみると，再び**障害程度２級に該当**するようになったのが，このケースです。この状態が，障害認定日以後**65歳に達する日の前日まで**の間において２級以上に該当するようになった場合は，**支給停止を解除**して再び支給が再開されます。

以上で，**併合認定**と**併合改定**に関連したケースがほぼすべて登場しました。

先発障害も後発障害も，障害等級１級又は２級のケースは併給の調整が行われ，併合認定された新しい障害年金が支給され，従来の障害年金は消滅します。こちらのタイプは，特に年齢による制限はありません。もう一つの併合改定の場合は，先発障害は１級又は２級でなければなりませんが，後発障害が「**その他障害**」(厚生年金保険の障害厚生年金３級と障害手当金のレベルをさします）でもよい例で，この場合は**65歳に達する日の前日まで**改定をします。こちらは，平成元年の改正で認められたもので，**併合改定**といわれています。

障害に関する手続きQ＆A

Q 367　障害基礎年金を受給するには，どこへ行って**手続き**をするのですか。

A　国民年金だけの加入の人は，**住所地**の**市区町村役場**です。初診日が20歳前の障害，第１号被保険者，国内居住の60歳以上65歳未満の人たちです。初診日に国民年金**第３号被保険者**の場合は，**年金事務所**に提出します。

Q 368　障害基礎年金を受給するためには，**どのような書類**を提出するのですか。

A　障害基礎年金だけの受給権者は，「**年金請求書（国民年金障害基礎年金）**」を，原則として住所地の市区町村役場に提出します。

添付書類は，次のようになります。

①　年金手帳又は被保険者証

②　請求者の生年月日についての市区町村長の証明書又は戸籍抄本

③　診断書及び結核等においてはレントゲンフィルム

④　18歳年度末までの子又は20歳未満で障害等級１級又は２級の子がいるときは，その年齢や障害を証明する書類等

⑤　その他必要書類，生計維持等証明書等

様式第107号

届書コード			
7	2	1	届書

年金請求書（国民年金障害基礎年金）

B　C

❻ ★市区町村 受付年月日

❻ 年金事務所 受付年月日

年金コード		
5 6	3 3	5

- □のなかに必要事項を記入してください。（★◆印欄には、なにも記入しないでください。）
- フリガナはカタカナで記入してください。
- 請求者自ら署名する場合は、押印は不要です。

※基礎年金番号が交付されていない方は、「❶基礎年金番号」欄は記入の必要はありません。

❶基礎年金番号

❷生年月日　大・昭・平 3 5 7　年　月　日

❿氏名（フリガナ）（氏）（名）　㊞　性別　男・女 1 2

⓫住所の郵便番号　⓬住所　住所コード◆（フリガナ）　市区町村

❸記録不要制度			送信	❹年金種別	❺進達番号
（厚）	（船）	（国）		5 3 / 6 3	
❼重無	❽未保	❾支保			

「❶基礎年金番号」欄を記入していない方は、つぎのことにお答えください。（記入した方は回答の必要はありません。）
過去に厚生年金保険、国民年金または船員保険に加入したことがありますか。○で囲んでください。　ある　ない
「ある」と答えた方は、加入していた制度の年金手帳の記号番号を記入してください。

厚生年金保険		国民年金	
船員保険			

受取機関（いずれかを選んでください）

⓭ 1 金融機関（ゆうちょ銀行を除く）（フリガナ）　銀行 金庫 信組　（フリガナ）信連 農協 漁協 信漁連　本店 支店 出張所　本所 支所 本店 支店

⓮金融機関コード◆　⓰支店コード◆　⓱預金種別 1.普通 2.当座　⓲預金口座の口座番号

金融機関の証明　印　※貯蓄口座は振込できません。

⓭ 2 ゆうちょ銀行（郵便局）　⓯支払局コード◆　⓲貯金通帳の口座番号　記号（左詰めでご記入ください。）　番号（右詰めでご記入ください。）

ゆうちょ銀行（郵便局）の証明　印　※貯蓄口座は振込できません。

※口座をお持ちでない方や口座でのお受取りが困難な事情がある方は、お受取り方法について、「ねんきんダイヤル」またはお近くの年金事務所にお問い合わせください。
○下記㋐加算額の対象者欄記入について
配偶者が「児童扶養手当」を受けており、障害年金の決定後に子の加算へ移行することを希望する場合のみ「障害基礎年金の子の加算請求に係る確認書」の内容をご確認のうえ記載してください。

㋐加算額の対象者	⓳氏名	生年月日	障害の状態	診
	（フリガナ）（氏）（名）	昭・平 5 7　年　月　日	障害の状態に ある・ない	◆
	（フリガナ）（氏）（名）	昭・平 5 7　年　月　日	障害の状態に ある・ない	◆
	（フリガナ）（氏）（名）	昭・平 5 7　年　月　日	障害の状態に ある・ない	◆

連絡欄	
X線フィルムの送付	
有・無	枚
X線フィルムの返送	
年　月　日	

1305 1018 008　(25.04)

Q369

障害の程度が**軽くなったとき**にも，**届出**が必要ですか。

A　障害の程度が２級より軽くなったときは，日本年金機構あての障害基礎年金のみの受給権者の「**障害給付受給権者障害不該当届**」を住所地の市区町村役場に提出します。また，再び２級以上の障害に該当するようになった場合は，日本年金機構あての「老齢・障害給付受給権者支給停止事由消滅届」を住所地の市区町村役場に提出することになっています（国年則33の７，35，35の２，38の２）。

Q370

初診日が**20歳前の**障害基礎年金が**支給停止**に該当したときは，どのような手続きをするのですか。

A　20歳前の障害の受給権者が外国に居住する等支給停止事由に該当したときは，14日以内に「**国民年金受給権者支給停止事由該当届**」に年金証書と支給決定通知書の写を添えて，住所地の市区町村役場に提出します（国年則34の２）。

Q371

障害の程度が**重くなったとき**は，どのような手続きをするのですか。

A　障害基礎年金のみを受けている人の障害の程度が重くなった場合は，「**障害給付額改定請求書**」を住所地の市区町村役場に提出します（国年則33，38の２）。

なお，添付書類として，受給権者の年金証書その他証明するための書類，たとえば医師の診断書等を添えます。

Q372

障害基礎年金の受給権者は，厚生労働大臣の求めに応じて，障害の現状に関する届出をする必要があると聞きましたが，どのような届出でしょうか。

A

そうです。厚生労働大臣は，障害基礎年金の受給権者について障害の程度を診査する必要があるときは，その指定する年の指定日（誕生月の末日）までに，障害の現状に関する医師の診断書を提出させます（受給権者はこれを提出しなければなりません）。なお，その**診断書**は，**指定日前１月以内に作成されたもの**であることが必要です（国年則36条の４）。

Q373

受給権者が**氏名を変えたとき**は，どのような手続きをしますか。

A

国民年金の受給権者が氏名を変えた場合は，14日以内に年金証書を添えて，「**年金受給権者氏名変更届**」を年金事務所又は街角の年金相談センターに提出します（国年則19，27）。

Q374

住所や**受取機関**を**変更**した場合の届出は，どのようにしますか。

A

国民年金の受給権者が住所を変更したり，受取機関を変えた場合は，14日以内に「**年金受給権者住所・受取機関変更届**」という書類を年金事務所又は街角の年金相談センターに提出します（国年則20，21）。

Q375 国民年金の受給権者が**年金証書**を**紛失**したときは，どのようにしたらよいでしょうか。

年金証書をなくした場合は，「**年金証書再交付申請書**」を年金事務所又は街角の年金相談センターに提出します（国年則22）。

届書コード		処理区分コード	届書
8 0 1	年金証書	090 その他の制度 390 新法船保 490 共済 590 新法・旧法短期	
8 0 4	改定通知書		
8 2 1	振込（郵政）		
8 2 2	振込（金融機関）		

平成　　年　　月　　日提出

□ 年金証書
□ 改定通知書　再交付申請書
□ 振込通知書

① 年金証書の基礎年金番号・年金コード	
② 生年月日（該当する文字を○印で囲んで）	1明治 3大正 5昭和 7平成　　年　　月　　日　送信　③ 作成　送信
㋐ 受給権者氏名	（フリガナ） ㊞
㋑ 受給権者住所	〒　　－
㋒ 電話番号	－　　－
㋓ 再交付を希望する通知書等を○印で囲んでください。	ア 年金証書　イ 改定通知書　ウ 振込通知書
㋔ 再交付を申請する理由	ア 紛失　イ き損 ウ その他（　　）

これ以降は、改定通知書又は振込通知書の再交付を申請される方のみご記入ください。

㋕ 改定通知書の再交付を申請される方は、年金額の改定が行われた年月をご記入ください（おおよそでも結構です）。	平成　年　月 平成　年　月
㋖ 振込通知書の再交付を申請される方は、現在、年金を受けている支払機関を○印で囲んでください。	1 金融機関(ゆうちょ銀行を除く) 2 ゆうちょ銀行(郵便局)

Q376

国民年金の**受給権者**が**死亡**したときの手続きを教えてください。

A　国民年金の受給権者が死亡した場合は，親族などが14日以内に「**年金受給権者死亡届**」に添付書類をつけて提出します（国年則24）。

①　**未支給**があるのが普通ですから，「**死亡届**」と「**未支給年金・保険給付請求書**」を提出するケースが多いでしょう。

②　「死亡届」のみを提出する場合は，添付書類として年金証書と受給権者の死亡の事実を明らかにする書類の添付が必要です。

※　平成23年７月以降は，日本年金機構に住民票コードが収録されていれば，原則として「年金受給権者死亡届」を省略できるようになりました。

Q377

障害基礎年金を受けている人が，新たに障害が発生したが軽度の障害ということで「その他障害」に該当しました。先発障害とこの「**その他障害**」を**併合**したところ，障害の程度が重くなり，**改定**する場合の**手続き**について教えてください。

A　**障害等級２級**を受給中の人が**後発障害**が発生し，「**その他障害**」に該当するが併合すると**１級**になる場合は，65歳に達する日の前日までに，「**障害給付額改定請求書**」という書類に記入し提出します。

Q378

障害基礎年金の受給権者が権利を取得した当時，**胎児**だった子が生まれたときの**手続き**は，どのようにするのですか。

A　胎児が生まれてから14日以内に，日本年金機構に「**障害給付加算額・加給年金額加算開始事由該当届**」という用紙に記入し提出します。添付書類は，出生した子の戸籍抄本，出生した子が障害者の場合は医師の診断書を添えます。

次は，**障害厚生年金関係**の**手続き**に入ります。**窓口**は，**年金事務所**になります。

Q379 **障害厚生年金**の**裁定の手続き**は，どこでするのですか。

近くの**年金事務所**に提出します。

Q380 どのような**書類**（障害厚生年金の請求）が必要でしょうか。

A **「年金請求書（国民年金・厚生年金保険障害給付）」**に記入し提出します。その他年齢を証明する書類（戸籍抄本等），障害の状態を証明する書類（医師又は歯科医師の診断書），レントゲンフィルム，病歴，就労状況等申立書等の必要書類を添付します。これら必要書類に添えて，年金手帳又は被保険者証を提出します。**裁定権者**は，**厚生労働大臣**（平成27年10月からは「実施機関」）です（厚年則44）。

Q381 障害厚生年金の受給権者の**障害の程度**が重くなったり，軽くなったりした場合の**手続き**は，どのようになりますか。

A 障害の程度が**悪化したり**，**軽減した**ときは，厚生労働大臣の診査や受給権者の請求により**年金額が改定**されます。手続きの書式は，**「障害給付額改定請求書」**を年金事務所又は街角の年金相談センターに提出します（厚年則47）。

Q382

受給権者が障害等級のいずれにも**該当しなくなった場合**は，どのようにするのですか。

A　障害等級のいずれにも該当しなくなったら，すみやかに年金事務所又は街角の年金相談センターに行き，「**障害給付受給権者障害不該当届**（様式212号）」を提出しなければなりません（厚年則48）。

Q383

受給権者が，**労働基準法**の規定による**障害補償**を受けられるようになったときの**手続き**は，どのようにするのですか。

A　受給権者は，労基法上の障害補償を受ける権利の取得後10日以内に年金事務所に行き，「**障害基礎・厚生年金保険受給権者業務上障害補償の該当届**（様式213号）」を提出しなければなりません（厚年則49）。

Q384

障害厚生年金は，**業務外**（仕事以外）の傷病による障害に**限られますか**。

A　障害厚生年金の障害は，**業務外に限られず**，**業務上も対象**になります。改正前は負傷した日に被保険者であることが要件とされていましたが，現在，**初診日**において厚生年金保険の被保険者であることが要件とされています。業務上であるか業務外であるかは問いません（厚年法47）。

Q385

障害厚生年金の２級の受給権者が，その後に**共済組合員**である間に**初診日**のある傷病によって**２級の障害状態**となった場合の調整は，どのようになりますか。

A　こういうケースでも，**併合認定**が行われます。

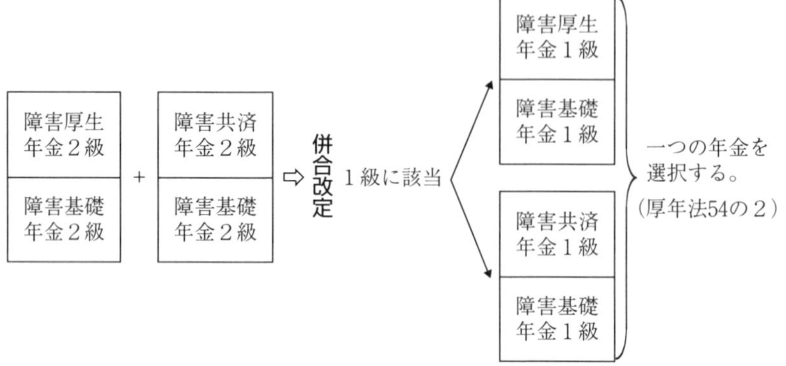

併合した結果１級に該当しますと，障害厚生年金１級と障害共済年金１級の受給権を得ることになり，そのうち**一つを選択**することになります。

Q386 障害厚生年金の受給権者は，障害の**程度が増進**したときには，いつでも障害厚生年金の額の**改定**を**請求**できますか。

A 厚生労働大臣は，障害厚生年金の受給権者について，その障害の程度を診査し，その程度が従前の障害の程度以外の等級にあてはまる場合には，その程度に応じて障害厚生年金の額を改定することができることになっています（厚年法52①）。しかし，障害厚生年金の受給権者は，厚生労働大臣に対し，この障害の程度が増進したことによる改定の請求をすることができるのですが（厚年法52②），**請求の時期**に制限があります。この請求は，原則として，障害厚生年金の**受給権を取得した日**，又は**厚生労働大臣**の**診査**を**受けた日**から起算して**１年を経過した日後**でなければ，行うことができないことになっています。ただし，障害の程度が増進したことが明らかな場合は，１年の待期期間を要しません（厚年法52③）。

障害の認定についてのQ&A

さて，ここで，**障害**の**基本的用語**と**障害の程度**による**認定**の目安について触れておきましょう。

Q 387　障害基礎年金，障害厚生年金が支給される「**障害の状態**」とは，どのような状態ですか。

A　**障害等級表**１級，２級又は３級に定める程度の障害の状態にあり，かつその状態が**固定**し，**長期**にわたって**回復しない**と見込まれる状態をいうわけです。

Q 388　**障害の原因**となる**傷病**は，どのようなものをさしますか。

A　傷病というのは，**疾病**と**負傷**及びこれらに起因する疾病を総称していうのです。起因するというのは，前の病気が原因で後の病気が生じたことが**一般的に**認められるものをいいます。

Q 389　**初診日**と**障害認定日**の関係は，どのようになっているのですか。

A　**初診日**は，前にも登場しましたが，障害の原因となった傷病につき，**初めて医師**又は**歯科医師**の**診療を受けた日**をいいます。**障害認定日**は，前に述べたように，初診日から起算して**１年６か月を経過した日**です。その間に**治った場合**には，**治った日**を障害認定日といいます。

Q 390

傷病が治った状態とは，どのような状態ですか。

A

「傷病が治った状態」とは，完全に元の状態になったことをさすのではなく，医学的に医療効果が期待し得る治療はすべて終えその症状が安定し，長期にわたってその疾病の固定性が認められる状態です。**症状が固定**し，**器質的欠損**もしくは**変形**又は**機能障害**が残された状態を障害といっております。

Q 391

障害の**程度の認定**は，どのように行うのですか。

A

障害の程度の認定は，**医師**又は**歯科医師**の**診断書**及びX線フィルム等の**資料**によって行われます。障害の程度の認定は，「障害等級認定基準」によって行ったり，「併合等認定基準」に定めるところにより行います。傷病が治ゆしていないものについては，認定時期以後１年以内くらいに，その状態が予測される場合にはその予測される状態を勘案して認定を行います。障害等級認定基準と併合等認定基準に明示されていないものについては，医学的検査結果等により総合的に判断します。

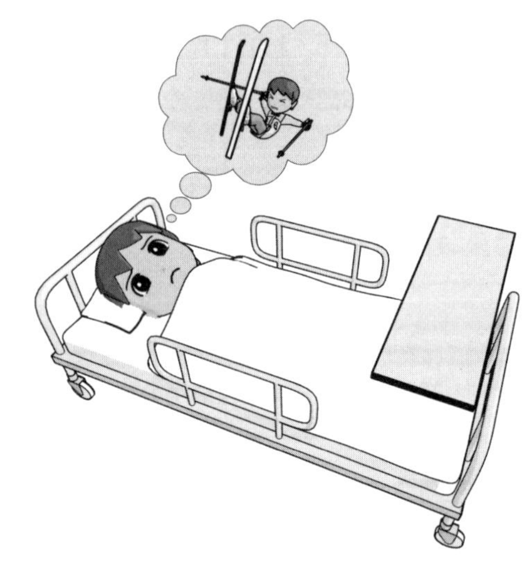

第7章

遺族に関する給付

（Q392～Q473）

1　遺族基礎年金（国年法37～42）

次の(1)①～④の死亡について，(2)の遺族に支給される。

(1)　支給要件（国年法37一～四）

①　被保険者が死亡したとき※

②　被保険者であった者で，日本国内に住所を有し，かつ60歳以上65歳未満であるものが死亡したとき※

③　老齢基礎年金の受給権者が死亡したとき

④　老齢基礎年金の受給資格期間を満たした人が死亡したとき

※　**保険料納付要件**…①②に該当する人が死亡した場合，死亡日の前日に，死亡日の属する月の前々月までの国民年金の被保険者期間のうち，保険料納付済期間と免除期間を合わせて３分の２以上あることが必要である。

なお，平成38年３月31日以前に死亡した場合は，３分の２以上の保険料納付要件を満たさなくても，死亡日の属する月の前々月までの直近の１年間に，保険料の滞納がなければよいことになっている。

ただし，この特例は，死亡日に65歳未満でなければならない。

(2)　遺族の要件（国年法37の２）

死亡当時，亡くなった人に**生計を維持**されていた「**子のある配偶者**」又は「**子**」（18歳年度末までの間にある※か20歳未満で障害等級１級又は２級の状態にあり，かつ婚姻していないこと）

※　18歳年度末までの間にある…「18歳に達する日以後の最初の３月31日までの間にある」という意味

(3)　年金額（国年法38）

780,900円×改定率※（＋子の加算）

※　平成26年度までは物価スライド特例措置による年金額が支給されていたが，平成27年度から本来水準の年金額である。マクロ経済スライドによる調整も行われている。

（注）　次に，遺族厚生年金についての基礎事項が，遺族基礎年金とかなり異なるので，要点をいくつか述べて，それからQ&Aに入っていく。

2　遺族厚生年金（厚年法58～70）

次の(1)①～④の死亡について，(2)の遺族に支給される。

(1) **支給要件**（厚年法58）

① 厚生年金保険の被保険者が死亡したこと※

② 被保険者資格を喪失後被保険者であった間に初診日がある傷病によりその初診日から起算して5年以内に亡くなったとき※

③ **障害等級1級**又は**2級**に該当する**障害の状態**にある**障害厚生年金**の**受給権者**が亡くなったとき

④ 老齢厚生年金の受給権者又は受給資格期間を満たしている人が亡くなったとき

※ **保険料納付要件**…①②に該当する人が死亡した場合は，遺族基礎年金の保険料納付要件を満たす必要がある。

(2) **遺族の要件**（厚年法59）

死亡当時，亡くなった人に**生計を維持**されていた次の人

① 妻（**年齢制限なし**），夫（55歳以上），子（18歳年度末までの間にあるか20歳未満で障害等級1級又は2級の状態にあり，かつ婚姻していないこと）

② **父母**（55歳以上）

③ **孫**（18歳年度末までの間にあるか20歳未満で障害等級1級又は2級で，かつ婚姻していないこと）

④ **祖父母**（55歳以上）

（注） ただし，平成8年4月1日前の死亡の場合は，夫，父母，祖父母が障害等級1級，2級の障害者の場合は年齢を問わない。

(3) **年金額**（厚年法60）

報酬比例の年金額※×4分の3

（＋一定の妻には中高齢の寡婦加算）

※ **報酬比例の年金額**は，**短期要件（上記(1)①～③の死亡）**の場合は，給付乗率の生年月日による読み替えはないが，**被保険者期間の300か月の保障がある**。一方，**長期要件（上記(1)④の死亡）**の場合は，被保険者期間の300か月の保障はない，**給付乗率の生年月日による読み替えがある**。

Q392

自営業の夫が亡くなったのですが，**3歳になる子**がいます。遺族基礎年金は，支給されるでしょうか。

A 国民年金法第37条第1号の被保険者が死亡したときに該当しますから，遺族基礎年金が支給されます。

年金の額は，**780,900円×改定率**で，**子の加算額**（1人目の額）224,700円×改定率が加えられます（国年法37，37の2，38）。

Q393

遺族基礎年金の**金額の計算**について，説明してください。

A 遺族基礎年金の額は，**780,900円×改定率**の**定額**となっています。この金額は，老齢基礎年金の40年納付済65歳支給の年金額と同一額です。

以上のほか，**子の加算額**があります（国年法39）。配偶者が受給する場合には，「子と生計を同じくしている」ことが条件ですから，必ず子の加算が行われます。「生計を同じく」とは，配偶者と「同居している子」と考えてよいでしょう。

Q394

遺族基礎年金の受給権を有する**遺族**は，どのような人ですか。

A 遺族基礎年金の遺族の範囲については，国民年金法第37条の2に規定があります。それによりますと，被保険者の死亡当時に**生計を維持**されている**配偶者**と**子**に限定しております。しかも配偶者の場合には子がいることが条件で，18歳年度末までの間にあるか，又は20歳未満で障害等級1級又は2級で，かつ婚姻していない子と**生計を同じく**（同居）していることが要件として求められます。**子**については，**年齢が18歳到達年度末までの間**にあるか，又は**20歳未満**で**障害等級１級**又は**２級**の障害の状態にある者で，かつ**婚姻していない**ことという要件が求められています（国年法37の２①一・二)。

Q395　夫が自営業者で，夫が死亡した当時３歳の子がおりましたが，実は私は妊娠中で当時３か月になる**胎児**が，今月４日に無事出生しました。どのような**手続き**が必要ですか。

A　あなたは，すでに遺族基礎年金は受給中ですね。胎児が出生してから14日以内に，「**国民年金・厚生年金保険　遺族基礎・厚生年金額改定請求書**」を住所地の市区町村長に提出してください（国年則42)。

Q396　自営業者である夫が死亡当時は**妊娠中**でしたが，その**胎児**が今月10日に無事**出生**しました。私は，遺族基礎年金を受け取れますか。

A　遺族基礎年金を受け取れます。死亡当時に胎児であった者は，その被保険者が死亡当時にその者によって**生計を維持**していたものとみなし，配偶者（この場合は，妻）は，その者の死亡当時その子と**生計を同じく**していたものとみなすことになっています（国年法37の２②)。

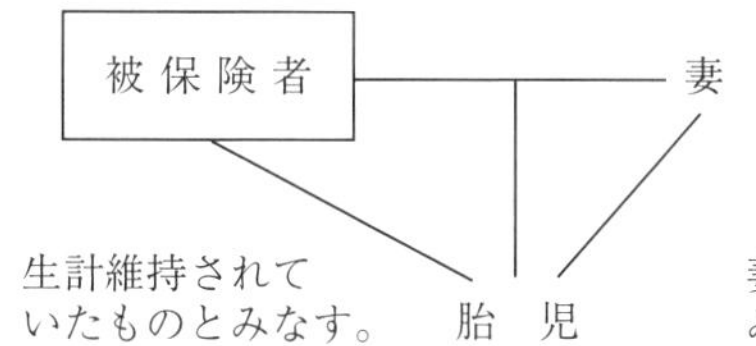

このケースは，この**胎児が出生**したことによって**妻に受給権**が生じたのですから，国民年金法施行規則第40条の裁定の請求の特例に当たります。「**年金請求書（国民年金遺族基礎年金)**」に記入し，提出します（国年則40)。

Q 397

私の夫は自営業者でしたが，夫の死亡当時に**妊娠２か月**でした。私は，その後**７か月**経って**再婚**しました。夫には，**60歳以上**の**父母**がいます。遺族基礎年金は，誰が受け取れるのですか。**再婚後１か月**して子供は**出生**し，再婚相手の**新夫**との間に**養子縁組**を結びました。

A

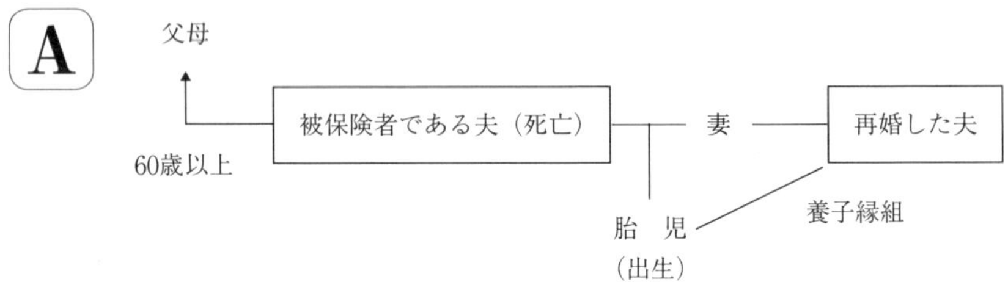

関係が複雑なので，図解しました。死亡した夫の父母は，60歳以上でも，遺族基礎年金の受給権が発生することはあり得ません。遺族基礎年金の受給権者は，**子のある配偶者**と**子**だけです。さて，18歳年度末までの子のある配偶者であれば受給権は発生しますが，あなたの場合は胎児がいますから，無事出生すれば受給権を得られるはずでした。ところが，失権事由の再婚をしたのですから，あなたにも受給権は発生しません（国年法40①二）。

そうなると，受給権が得られるのは，胎児だけです。胎児は，**出生**によって**受給権**を**取得**します（国年法37の２②)。再婚した夫との養子縁組は，**直系姻族**の養子となったことになります。このときは失権しません（国年法40①三)。

ところが，この子が年金を受け取れるかというと，生計を同じくするその子の父もしくは母があるときは，その間，その**支給を停止**する（国年法41②）となっているのです。再婚して，前夫の遺族基礎年金を子に受給させようという試みも，これによってうまくいかないようですね。その子が将来，18歳年度末まで等の制限がありますが，親と**別居**する運命になったときは，**支給停止が解除**されて支給が開始します。

Q 398

遺族基礎年金は，**遺族の要件**が厳しく，**子のある配偶者**と**子**だけと聞いています。この，子の要件について，18歳到達年度末の子はわかるのですが，障害等級１級又は２級の子の場合は，どうして**20歳まで**で打ち切りにしたのですか。

A

子の要件として**20歳**で打ち切ったのは，20歳からはその障害者である子が，**自分の障害基礎年金**１級又は２級を**受給**することができるようになるためです。

「20歳前の障害」は，先天性のものであれ，後発性のものであれ，障害等級１級又は２級の状態であれば，**20歳から支給**する福祉年金的な考え方の年金です。

なお，20歳未満の障害児が，特別児童扶養手当法に定める障害の程度（障害基礎年金の障害の程度と同じ）である場合には，その障害児を監護する父又は母に障害児が20歳に達するまでの間は，国から特別扶養手当が支給されるという制度もあります。

Q 399

遺族基礎年金の受給権者である**子のある配偶者**が**再婚**すると失権するとありますが，その後**離婚**したら**復権**しますか。

A

１度婚姻をしたこと等により**失権**した（国年法40①二）人が，離婚をすることにより，復権することはあり得ません。

Q 400

被保険者が死亡当時に**胎児**だった子が出生して子の人数が増えた場合は，いつから年金額が**改定**されますか。

A

胎児が出生してから14日以内に，「**国民年金・厚生年金保険　遺族基礎・厚生年金額改定請求書**」を住所地の市区町村役場に提出しますと（国年則42），その胎児の生まれた日の属する月の**翌月**から，遺族基礎年金の額を**改定**します（国年法39②）。

Q 401　遺族基礎年金を受給していた子のある配偶者について，**子が全員18歳到達年度末後**になってしまった場合は，どのようになりますか。

A　生計を同じくしていた子がみんな18歳到達年度末に達して，障害等級にも該当しないことになれば，その配偶者は受給要件を欠くことになりますから，**失権**することになります（国年法40②）。

Q 402　遺族基礎年金の**保険料納付要件**は，障害基礎年金の場合と同じですか。

A　遺族基礎年金の場合も，**保険料納付要件**が必要です。障害基礎年金の場合と同じです。

①　国民年金の保険料納付済期間と保険料免除期間が，全被保険者期間の**3分の2以上**あること。いいかえれば，保険料を滞納した期間が３分の１を超えていないことです。国民年金には，滞納者がきわめて多いのです。厚生年金保険や共済組合では，事業主が被保険者の給料から控除し納付する義務を負っているので，滞納ということはないのです。

②　死亡した日が**平成38年４月１日前**の場合は，上の①の要件を満たさなくても**直近の１年間**に滞納期間がなければ，この保険料納付要件を満たしたことになっています。また，平成３年５月１日前の場合は，死亡した月前の直近の基準月の前月までに滞納期間がなければよいことになっています（国年法37，昭60法附則20②，21）。

この**基準月**は１月，４月，７月，10月をさしますが，適用は**平成３年５月１日前**の死亡日に該当するケースだけです。

Q 403

遺族基礎年金の受給要件で，死亡した被保険者であった人は，**国内**に住んでいなければならないのですか。

A　国民年金の被保険者であった人で，**日本に居住**していて**60歳以上65歳未満**の間に死亡した場合は，その要件を備えた遺族に遺族基礎年金を支給することになっています（国年法37①二）。

国民年金の被保険者が死亡した場合や老齢基礎年金の受給権者が死亡した場合，又は老齢基礎年金の受給資格期間を満たした者が死亡した場合は，**海外に居住**しているときに死亡しても，遺族は遺族基礎年金を受給できます。老齢基礎年金の受給資格期間を満たさない短期間被保険者だった人で60歳以上65歳未満の間に死亡した人の遺族は，要件を備えれば支給されますが，その被保険者だった人が**海外に居住している間の死亡**については，支給しないということです。海外居住者は，20歳以上65歳未満の日本国籍を有する人は，任意加入できますから，障害給付や遺族給付のことが心配でしたら，任意加入して被保険者になることはできるわけです。

Q 404

遺族基礎年金は，被保険者等の死亡が支給要件になっていますが，「**死亡の推定**」とか「**失踪宣告**」について，説明してください。

A　**船舶**が**沈没**，**航空機**が**墜落**した場合等又は行方不明になった場合に，死亡が**３か月間**わからないときは，その沈没，墜落した日，又は行方不明になった日に死亡したものと推定する規定が，国民年金法第18条の２にあります。これは，民法第30条第２項が**特別失踪**について**１年間**という期間を定めていますが，国年法では，遺族給付関係をもっと早く支給しましょうということで，**３か月の特例**を設けたのです。

失踪宣告の方は，**民法**の原則どおりです。不在者の生死が不明なときは，民法上の失踪宣告が行われた日（行方不明から７年を経過した日）に死亡したものとみなされます（国年法18の２，民法30①，31）。

Q 405 被保険者等に「**生計を維持されていた**」という用語がよく登場しますが，遺族基礎年金の受給権の要件となる生計維持とは，具体的には，どのようなことをいいますか。

A この生計維持されていたか否かの認定については，国民年金法施行令第６条の４で，厚生労働大臣が定める金額以上の収入を将来にわたって有すると認められる者以外のものといっております。この厚生労働大臣が定める金額は，年収で**850万円以上**の収入をさします。したがって，配偶者や子の収入が年収850万円未満であれば，この遺族基礎年金を受給する「生計を維持されていた」に該当します。

Q 406 遺族基礎年金の支給が停止されるケースで**労働基準法**による**遺族補償**が行われるときについて，説明してください。

A 遺族基礎年金は，その被保険者又は被保険者であった人が亡くなった場合に，労働基準法の規定による遺族補償が行われるときは，**死亡日から６年間**，その支給を停止することになっています。

Q 407 子に対する遺族基礎年金の**支給停止事由**のうち，配偶者が支給を受けている間はわかりますが，生計を同じくするその子の父もしくは母がいるときは，その間その**支給を停止**するというのがわかりません。

A 国民年金法第41条第２項により，ご質問のように支給停止するとされています。

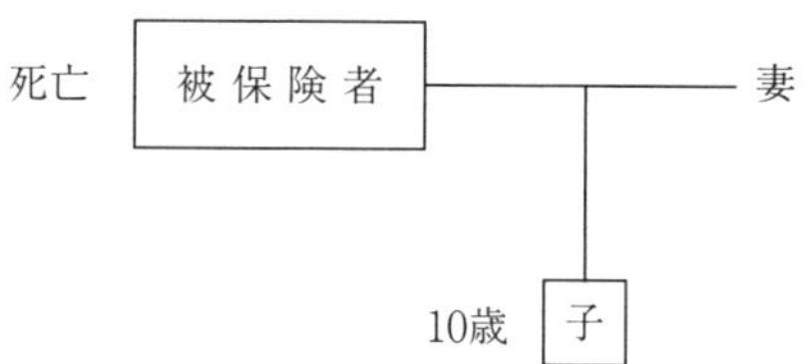

上の図解で，まず妻が18歳年度末までの間にある子と**生計を同じく**していれば，（子と同居の）妻が受給権者になります。その妻に支給されている間は，**子の受給権は支給が停止**されます（国年法41②）。

妻と子が生計を同じくしていない場合は，（子と別居の）妻に受給権がなく**子に支給**されます。子が，たとえば死亡した夫の実家で妻と別居して暮らしていれば，子に受給権が発生します。

もう一つ，下の図解のように**妻が再婚**して受給権が**消滅**したとします。18歳到達年度末までの子は，この母である妻と同居していると，**支給停止**になります。

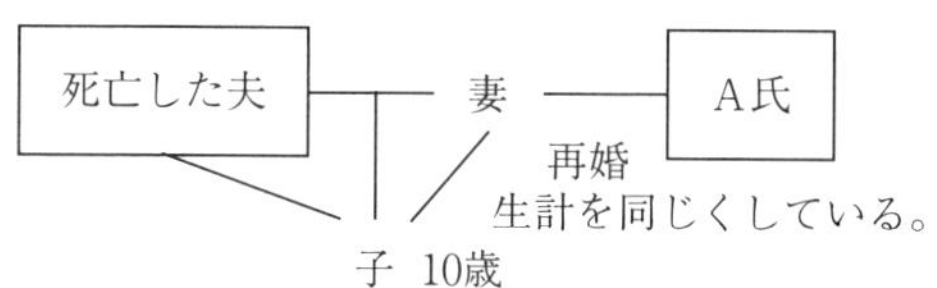

妻の受給権は，Ａ氏との婚姻により消滅しますから，残る受給権者は10歳の子だけです。この子が母と**生計を同じくしている間は**，**支給停止**なのです（国年法41②）。

Q408　配偶者が，**行方不明**になりました。その場合は，遺族基礎年金の受給権者である**子の権利**はどのようになりますか。

A　配偶者の所在が**１年以上**明らかでないときは，遺族基礎年金の受給権を有する子の**申請**によって，その所在が不明となったときにさかのぼって**支給を停止**することになっています（国年法41の２①）。

配偶者は，いつでも支給停止の解除申請をすることができます（国年法41の2②）。

Q 409 遺族基礎年金の受給権を有する子が２人以上いる場合に，その子のうちの一人が**行方不明**になった場合は，どのようにすればよいでしょうか。

A 遺族基礎年金の受給権を有する子が２人以上いて，その子のうち１人が**１年以上**行方不明になった場合には，その子に対する遺族基礎年金は，**他の子の申請**によって，行方不明になったときにさかのぼって支給を停止することになっています（国年法42①）。

この場合に，遺族基礎年金の支給を停止された子は，出てきたならいつでもその支給の停止の解除の申請をすることができます（国年法42②）。

Q 410 遺族基礎年金の受給権者である**配偶者の失権事由**には，どのようなものがありますか。

A 配偶者の**受給権が消滅**する場合として，

① 死亡したとき

② 婚姻したとき

③ 養子となったとき

④ 生計を同じくしていた子のすべての者が失権した場合

があげられます（国年法40①，②）。

Q411

遺族基礎年金の**子の受給権**が**消滅**するのは，どのような場合ですか。

A

配偶者の失権事由と同じく，

① 死亡したとき

② 婚姻したとき

③ 養子となったとき（直系血族又は直系姻族の養子となったときは失権しません）

のほか，

④ 離縁によって，死亡した被保険者等の子でなくなったとき

⑤ **18歳到達年度末に達したとき**，ただし，障害等級に該当する**障害の状態**にあるときは，**20歳**に達したとき

⑥ 障害等級に該当する障害の状態にある子については，その事情がやんだときで18歳到達年度末に達した場合

に**失権**します（国年法40③一～四）。

Q412

遺族基礎年金を受給できるようになった場合は，どのような**手続き**をするのですか。

A

遺族基礎年金の受給権者は，「**年金請求書（国民年金遺族基礎年金）**」を住所地の市区町村役場に提出します（国年則39)。ただし，死亡日に国民年金**第３号被保険者**の場合は，近くの**年金事務所又は街角の年金相談センター**に提出します。遺族基礎年金の裁定請求書を提出する際の添付書類としては，

① 死亡した人の年金手帳

② 請求者と加算額対象者と死亡した人の身分関係を明らかにするための戸籍謄本

③ 死亡診断書等

④　内縁関係であれば，それを証明する書類

⑤　生計維持関係を証明する書類等

添付書類もその都度かなり多くなりますが，これは，手続きの際，市区町村役場で相談，指示を受けながら準備すればよいのです。

様式第108号

届書コード			
7	3	2	届書

年金請求書（国民年金遺族基礎年金）

年金コード			
6	4	5	

○　　　のなかに必要事項を記入してください。
（★◆印欄には、なにも記入しないでください。）
○フリガナはカタカナで記入してください。
○この請求書は市区町村役場又はお近くの年金事務所に提出してください。
○請求者が自ら署名する場合には、押印は不要です。

❾ ★市区町村 受付年月日　　年金事務所 受付年月日

※基礎年金番号が交付されてない方は、❶、❸の「基礎年金番号」欄は記入の必要はありません。

死亡した人	❶基礎年金番号	
	❷生年月日	明・大・昭・平 1 3 5 7　年　月　日
	氏名	(フリガナ) (氏)　(名)　性別 男 女 1 2
請求者	❸基礎年金番号	
	❹生年月日	明・大・昭・平 1 3 5 7　年　月　日
	⓰氏名	(フリガナ) (氏)　(名)　㊞　⓱続柄 ◆　性別 男 女 1 2
	⓲住所の郵便番号	⓳住所　住所コード　(フリガナ) ◆　市区町村

❺記録不要制度			送信	❻作成原因	❼進達番号
(厚)	(船)	(国)		01 02	

❽別紙区分	❿重	⓫未保	⓬支保	⓭受数	⓮長期	⓯沖縄

死亡した人：過去に加入していた年金制度の年金手帳の記号番号で、基礎年金番号と異なる記号番号があるときは、その記号番号を記入してください。

厚生年金保険		国民年金	
船員保険			

請求者：「❸基礎年金番号」欄を記入していない方は、つぎのことにお答えください。（記入した方は回答の必要はありません。）
過去に厚生年金保険、国民年金または船員保険に加入したことがありますか。○で囲んでください。　ある　ない
「ある」と答えた方は、加入していた制度の年金手帳の記号番号を記入してください。

厚生年金保険		国民年金	
船員保険			

受取機関（いずれかを選んで記入してください）

⑳ 1 金融機関
銀行・金庫・信組　㉑金融機関コード ◆　㉓支店コード ◆　㉔預金種別 1.普通　㉕預金口座の口座番号
(フリガナ)　本店・支店・出張所　金融機関の証明 印 ※貯蓄口座は振込できません
〔ゆうちょ銀行を除く〕(フリガナ)　信連・農協・漁協・信漁連　本所・支所・本店・支店

⑳ 2 ゆうちょ銀行（郵便局）
◆ ㉒支払局コード　㉕貯金通帳の口座番号　記号（左詰めでご記入ください）　番号（右詰めでご記入ください）　ゆうちょ銀行（郵便局）の証明 印 ※貯蓄口座は振込できません

※口座をお持ちでない方や口座でのお受取りが困難な事情が有る方は、お受取り方法について、「ねんきんダイヤル」又はお近くの年金事務所にお問い合わせください。

㋐	氏名		㉖生年月日	障害の状態	㉗診
加算額の対象者	(フリガナ) (氏)	(名)	昭 平 5 7　年　月　日	障害の状態にある・ない	◆
	(フリガナ) (氏)	(名)	昭 平 5 7　年　月　日	障害の状態にある・ない	◆
〔注意事項2参照〕	(フリガナ) (氏)	(名)	昭 平 5 7　年　月　日	障害の状態にある・ない	◆

連絡欄

X線フィルムの送付	
有・無	枚
X線フィルムの返送	
年　月　日	

1203 1018 011　　(24.5)

Q413 私は，**35歳の男性**で，最近，飲食店を経営していた妻に先立たれました。妻は，国民年金の保険料を毎月欠かすことなく納めていました。婚姻してから10年以上になるのですが，私ども夫婦は，私が，いわゆる専業で家事を行っており，**妻に扶養されていた**のです。私は，遺族年金をもらえるのでしょうか。

A あなたの奥さんは自営業でしたから，国民年金にのみ加入していました。保険料を毎月納めていた被保険者が亡くなったのですから，保険料納付要件も**生計維持関係**も問題ないようです。あなたは，一定の子があれば，遺族基礎年金を受け取ることができます。

平成26年４月施行の法改正の前には，国民年金法の遺族基礎年金の受給権者になれる人は，**子のある妻**と一定の**子だけ**でした。夫は，遺族基礎年金の受給権者になることができなかったのです（国年法37の２）。

Q414 私の夫はレストラン経営者でしたが，先月亡くなりました。私達は，再婚同士でお互いに**連れ子**が１人ずついます。**夫の連れ子**は，**10歳**で夫の**実家で生活**しています。生活費は，夫が送金していました。私の連れ子は５歳です。３年前に再婚したのですが，夫と養子縁組をしていませんでした。このような場合は，**どのような年金**がいくら出るのですか。夫は，保険料を10年前から欠かさず納めていました。

A　この関係も，やや複雑ですから図解してみましょう。

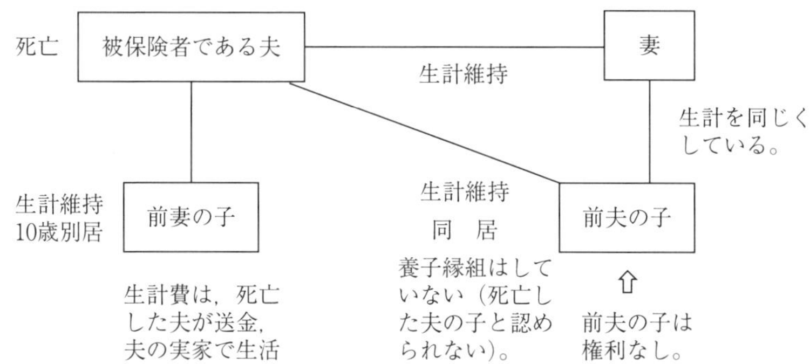

この関係で，まず受給権者になり得るのは，妻と夫の連れ子（10歳の子）です。問題になるのは，妻の連れ子です。子については，認知された子は含みますが，事実上の子というものは認められません。したがって，**養子縁組を結んでいなければ**，受給権者になれません。社会保険関係では，配偶者については事実上の配偶関係を広く認めようとしていますが，子については限定的で事実上の養子縁組を認めていません。

事実上の養子縁組を認める場合は，厚生年金保険法第63条第１項第３号のように**特別の規定が必要**です。

さて，このケースにおいて，「妻の連れ子」は死亡した夫との間に養子縁組を結んでいませんから，権利がありません。妻は，この前夫との間の子と生計を同じくしていても権利は得られないのです。なぜなら死亡した夫の子と認められないのですから，要件を欠きます。そうすると，ご質問の場合は，受給権を獲得し**遺族基礎年金が支給されるのは，夫の連れ子（10歳の子）だけ**です。夫の連れ子は，死亡した夫に生計を維持されていて，18歳年度末終了前ですから要件を満たします（国年法37の２①二）。

Q415

遺族基礎年金を受給できるのか，**旧法の規定**によるのかの**区別**について，教えてください。

A

老齢基礎年金の場合と異なり，**遺族基礎年金**では**被保険者の生年月日によるのでなく**，被保険者が**死亡した日**が，**昭和61年３月31日以前は旧法の適用**，**昭和61年４月１日以後は新法の適用**になるという区別をします。

旧法の適用者というのは，**昭和61年３月31日**に，旧国民年金法による母子年金，準母子年金又は遺児年金の**受給権**がある人には，遺族基礎年金は支給されず，引き続き**旧国民年金法**による母子年金，準母子年金，遺族年金などが支給されます（昭60法附則32）。

ただし，福祉年金は，昭和61年３月31日において，母子福祉年金又は準母子福祉年金の受給権者だった人については，昭和61年４月１日からは遺族基礎年金の受給権者になります。この場合は，従前の母子福祉年金又は準母子福祉年金は消滅します（昭60法附則28）。

Q416

夫が死亡して，遺族になりました。夫の職業は自営業でした。夫には先妻との間に７歳になる子がいます。私との間には２歳になる子がいて，私と生計を同じくしています。私が**再婚**した場合の**権利関係**は，どのようになりますか。

A

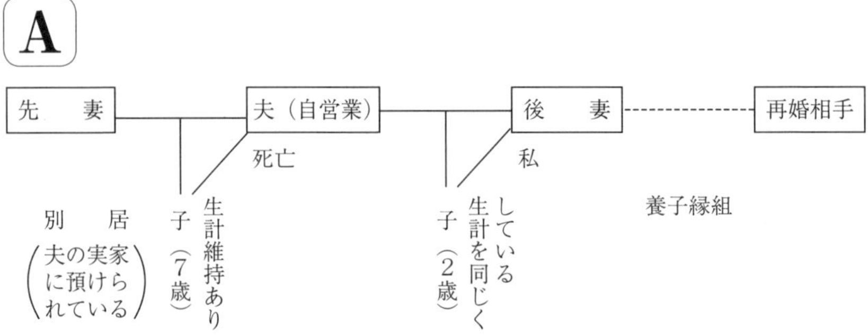

この図解で，遺族基礎年金の受給権者になり得る人は，後妻と先妻の子とそれに後妻の子の３人です。まず，後妻が受給権を得ます。子は支給停止です。その後妻が再婚するとどうなるでしょう。再婚相手と後妻の子の養子縁組もしました。さて，誰が遺族基礎年金を受け取れるのでしょうか。

後妻の権利は，**再婚**により**消滅**します。すると，**先妻の子**と**後妻の子**の支給停止が解除されます。後妻の子は，再婚相手の人と養子縁組をしても直系姻族の養子になったケースは失権しません。

先妻の子は，夫の実家に預けられていますから，親と別居ということです。後妻の子（私の子で２歳）は，父や母と生計を同じくしていますから，国年法第41条第２項により**支給停止**になります。そうすると遺族基礎年金の支給を受けることができるのは，**先妻の子**（７歳で死亡した夫の実家に預けられている）**だけ**となります。

Q417

遺族基礎年金の受給要件に保険料納付要件というのがありますが，**サラリーマン期間**について**20歳前**の扱いと**60歳以後**の期間は，どのように取り扱われるのですか。

A

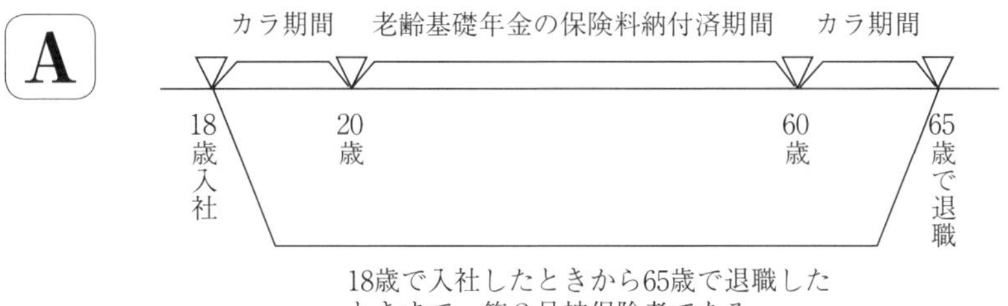

第２号被保険者（サラリーマン）の場合だけ，被保険者期間に年齢制限がありません。他は，20歳以上60歳未満という年齢制限があります。この20歳前の期間と60歳以後の期間について，第１号被保険者と第３号被保険者とのバランスの問題で，老齢基礎年金の計算上は，年金額の計算に影響しない合算対象期間として扱われています。**第２号被保険者**の**20歳前**と**60歳以後**は，このよう

に**合算対象期間**とされていますが，それは**老齢基礎年金の計算上**だけです。**障害基礎年金**と**遺族基礎年金**の**計算上**は，**保険料納付済期間**として取り扱われます。

Q418 旧法の**母子福祉年金**又は**準母子福祉年金**を受給していた人は，**新法の施行後**どのようになったのですか。

A **昭和61年４月１日**がいわゆる**新法の施行日**（実施日）ですが，**その前日**において，旧国民年金法による**母子福祉年金**又は**準母子福祉年金**の受給権を有する者については，**昭和61年４月１日**より，**遺族基礎年金**の受給権者とみなし，遺族基礎年金を支給することとされました（いわゆる裁定替え）。

（注） 上記のように，母子福祉年金・準母子福祉年金は，新法の施行日に遺族基礎年金に裁定替えされましたが，母子年金・準母子年金は，裁定替えされず，新法の施行日以後もその名称で引き続き支給されています（ただし，その年金額は，遺族基礎年金と同額に引き上げられました）。
　一方，母子福祉年金・準母子福祉年金は，遺族基礎年金に裁定替えされました。

Q419 私は，**19歳になる学生**ですが，実は１歳になる**子**がいます。先月，レストラン経営者である主人を交通事故で失いました。私は国民年金の被保険者ではありませんが，遺族年金を受け取れますか。

A あなたのご主人が，国民年金の保険料納付要件を満たしていれば，遺族基礎年金を受け取れます。あなたが20歳未満で被保険者でないことは無関係で，１歳になる子と**生計を同じく**していれば受給資格があります。なお，生計維持要件は，あなたが年収850万円以上の収入を将来にわたって得られない場合には，満たしていることになります。

Q 420　遺族基礎年金を**受給できる配偶者**に，たくさん子がいる場合は，どのようになりますか。３歳になる五つ児が**５人生計を維持**され，**配偶者と生計を同じく**している場合には，**年金額はいくら**ですか。

A　受給権者が配偶者だとしますと，本人が780,900円×改定率で子の加算額が５人分支給されます。**１人目と２人目が各224,700円×改定率**，**３人目以降が１人につき74,900円×改定率**です（合計で約140万円）。

Q 421　遺族基礎年金の**受給権者**が，17歳を頭に，16歳，15歳，13歳，７歳と５人いた場合（死亡した被保険者に生計維持されていた場合で，配偶者が再婚等で失権したら，子だけが受給権を得ることになるそうですが）には，**年金額はどうなっていきますか**。

A　**子が**18歳到達年度末未満か20歳未満で障害等級に該当し，かつ，現に婚姻していないという受給要件も満たしていれば，受給権を得ます。この場合に，子のうちの１人が代表して**780,900円×改定率**の**基本額**となり，**２人目の子**は**224,700円×改定率**で，**３人目以降**は**１人につき74,900円×改定率**です（合計で約120万円）。そして，障害者でないと，18歳到達年度末に達したときに失権し，**減額改定**します。１人が18歳到達年度末に達すると74,900円×改定率の年金額が減って，２人目が18歳到達年度末に達するとさらに74,900円×改定率が減額され，３人目が18歳到達年度末になって780,900円×改定率＋224,700円×改定率です。やがて４人目も18歳到達年度末になると，今度は224,700円×改定率が減額されて基本額の780,900円×改定率が末の子に支給されていきます。末の子が12歳から18歳到達年度末に達するまでは，単独で780,900円×改定率を受け取り，18歳到達年度末に達するとすべて失権して打ち切りとなります。

Q422 **配偶者**に支給される**遺族基礎年金**が**減額**される場合には，どのようなケースがありますか。

A 配偶者に支給される**遺族基礎年金**は，**基本額780,900円×改定率**に**子の加算額**を加えたものですから，子の数が減れば**減額**します。この配偶者と生計を同じくしている子の該当者は，18歳到達年度末までであるか，20歳未満で障害等級に該当し，かつ婚姻していないという条件がありますから，この条件に該当しなくなれば**失権**します。この減額事由の子の該当事由は，次のとおりです。

加算対象者である子が次の事由に該当した場合は，その対象からはずします（国年法39③一～八）。

① 死亡したとき

② 婚姻したとき（事実婚を含む）

③ 配偶者以外の者の養子となったとき

この場合に，「届出をしていないが，**事実上養子縁組**と同様の事情にある者を含む」という規定が登場します。これは，減額事由としては，こういうケースを特に認めているのです。

④ 離縁によって，死亡した被保険者，又は被保険者であった者の子でなくなったとき

⑤ 配偶者と生計を同じくしなくなったとき

⑥ 18歳到達年度末になったとき，又は障害等級１級又は２級に該当する人が20歳になったとき

⑦ 障害等級１級又は２級である人で18歳到達年度末後20歳未満の間に障害等級１級又は２級に該当しなくなったとき

以上のような場合に該当するようになったら，その**該当した月の翌月から**年金額を子の数に応じて**改定**することになります。

Q423

配偶者に支給される**年金額が増額改定**されるケースは，どのような場合ですか。また，その**手続き**について，教えてください。

A

配偶者に支給される遺族基礎年金は，**子の数が増減**したときは増減した**月の翌月から改定**されます。増額改定の典型は，受給権を得た当時に**胎児**であった子が生まれたときです。改定事由に該当したときは，14日以内に「**国民年金・厚生年金保険遺族基礎・厚生年金額改定請求書**」を住所地の市区町村役場に提出します（国年則42）。

Q424

自営業者の夫が死亡しました。夫の死亡当時15歳の子は私の連れ子で，夫とは**養子縁組**を結んでおり，親子３人同居しておりました。

その後１年たち，私は別の男性と婚姻し，その直後に16歳になった子が私の**再婚相手の養子**になりました。この場合の権利関係は，どのようになりますか。

A

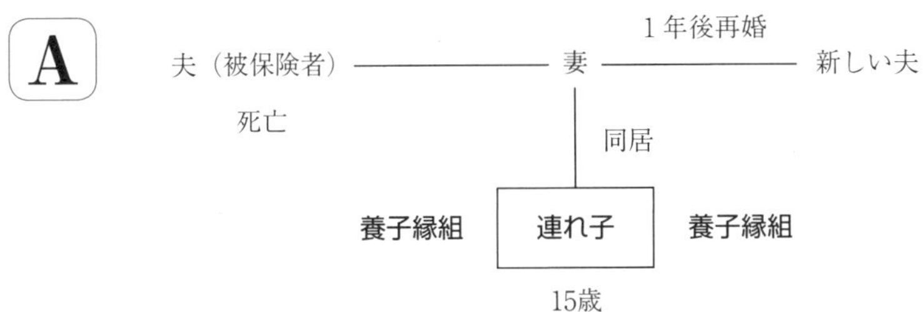

妻は，生計を維持されていたという要件と，18歳到達年度末までの子と生計を同じくしているという要件を満たせば，遺族基礎年金を受給できます。**前の夫**とも**連れ子は養子縁組**を結んでいますから，権利ができます。ところが，**再婚によって失権**です。しかし，妻が失権すると，この連れ子の権利が**支給停止を解除**されます。そして，新しい夫との間に養子縁組を結んでも，直系姻族の養子に該当しますから，権利が続きます。ところが，もう一つの要件がありま

す。子の場合には，その子の父又は母と同居している間は**支給停止**ですから，**親と別居**していれば，**遺族基礎年金**を18歳到達年度末まで受け取れます。**同居**していれば**支給停止**です。養子は，養子縁組を結べば，実子と同じ扱いになります。その子が再婚相手と養子縁組をすれば二重の身分を取得することになりますが，是認されるでしょう。このケースで，「新しい夫」も事故死したとしますと，二つの遺族年金ということになります。こういうケースになっても，併給の調整（国年法20）により，一年金を選択することになります。**一人一年金の原則**というのがあって，二つの年金が支給されることはありません。

遺族厚生年金のQ&A

さて，ここまでで遺族基礎年金の説明は終わります。**遺族厚生年金**に入ることにします。自営業者等は，国民年金にだけ加入しますので，遺族基礎年金だけがその遺族に支給されますが，サラリーマンは２階建てとなります。すなわち，会社員であれば**遺族基礎年金**と**遺族厚生年金**（公務員であれば，遺族基礎年金と共済組合の遺族共済年金）となります。

そして，遺族の要件が異なります（基本事項のまとめ参照）から，**子のない配偶者**や**父母**，**孫**あるいは**祖父母**が受給権者となる場合は，**遺族厚生年金**だけが支給されることになります。

子のある配偶者 （18歳到達年度末まで等の子と同居）	子 （18歳到達年度末まで又は20歳未満で障害等級１級又は２級，かつ婚姻していない）	子のない **中高齢の妻**	**その他の人** （父母等）
遺族厚生年金	遺族厚生年金	遺族厚生年金	遺族厚生年金
遺族基礎年金	遺族基礎年金	中高齢の加算	

Q 425　**遺族厚生年金**を受けられる遺族の範囲は，遺族基礎年金の**遺族の範囲**と，どのように異なるのですか。

A　遺族基礎年金を受けられる人は，これまでも説明してきたように子のある配偶者と子だけです。ここでいっている子は，18歳到達年度末までの子か20歳未満で障害等級１級又は２級，かつ婚姻していない子をさします。

これに対して，**遺族厚生年金**は，子と子のある配偶者以外に**子のない配偶者**，**父母**，**孫**及び**祖父母**がそれを受けられる遺族になります（厚年法59）。

したがって，会社員等の遺族のうち，子のある配偶者か子が受給権者になった場合は，２階建てで支給されます。

子のある配偶者，子の場合	子のない配偶者，父母，孫，祖父母の場合
遺族厚生年金	遺族厚生年金のみ
遺族基礎年金	

Q426

遺族厚生年金は，どのような場合に**支給**されるのですか。

A 遺族厚生年金は，被保険者又は被保険者であった者が死亡した場合です。行方不明者が死亡したと推定された場合は，行方不明当時被保険者であればよいことになっています。また，被保険者であった者については，被保険者の資格を失った後に，**被保険者**であった間に**初診日**がある病気やけがによって**初診日**から**起算**して**５年**を経過する日前に死亡したときに遺族に支給されます。

また，**障害等級１級**又は**２級**の**障害厚生年金**の**受給権者**が**死亡**したとき，さらに老齢厚生年金の受給権者，又は受給資格期間を満たした人が死亡したときは，その遺族に支給されます（厚年法58）。

支給を受けられる遺族は，被保険者又は被保険者であった人の死亡の当時，その人によって**生計を維持**されていた**配偶者**，**子**，**父母**，**孫**又は**祖父母**です（厚年法59）。

もう一つ**保険料納付要件**ですが，これは遺族基礎年金の場合と同じです。被保険者期間全体の３分の２以上が保険料納付済と保険料免除期間で占められていること，あるいは直近の１年間に保険料滞納期間がないことです。この期間は，厚生年金保険ではなく国民年金の期間でみることになっていますから，注意してください（厚年法58①）。

遺族基礎年金（国民年金）と遺族厚生年金（厚生年金保険）の遺族の範囲

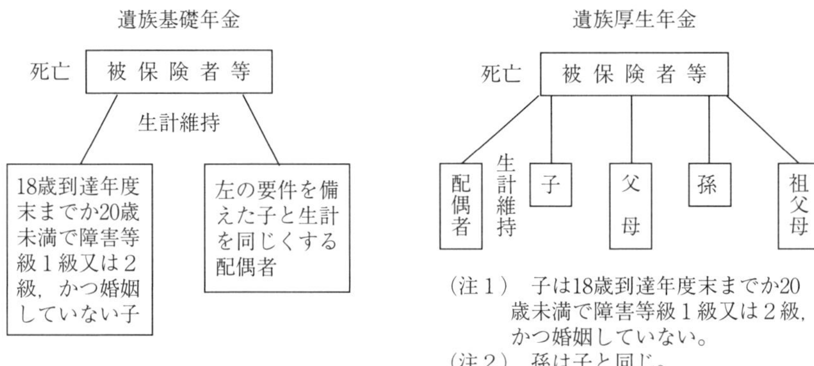

（注１）　子は18歳到達年度末までか20歳未満で障害等級１級又は２級，かつ婚姻していない。
（注２）　孫は子と同じ。
（注３）　妻のみ年齢制限なし。
（注４）　夫，父母，祖父母は55歳以上。
（注５）　**兄弟姉妹は入らない。**

Q 427　遺族厚生年金を受けられる遺族のうち，**夫**と**父母**，**祖父母**の**年齢要件**の扱いについて，説明してください。

A　遺族厚生年金は，被保険者又は被保険者であった人に生計を維持されていた**55歳以上**の夫，父母，祖父母にも要件を満たせば支給されます。ただし，**60歳までは支給停止**で，実際の支給は，60歳から開始されます（厚年法65の２）。**遺族基礎年金**の受給権を有する夫に限り，60歳前でも支給することとしています。

また，新制度では，原則として55歳未満の障害者である夫，父母，祖父母については支給されないことになったのですが，**経過的措置**として**平成８年４月１日前の死亡**については，従前どおり，**障害等級１級**又は**２級**に**該当する夫，父母，祖父母**は**55歳未満でも支給**されます（昭60法附則72②）。

Q428 遺族厚生年金の支給を受けることのできる遺族の**支給順位**は，どのようになっていますか。

A 遺族厚生年金の遺族の支給順位は，⑴**配偶者と子**，⑵**父母**，⑶**孫**，⑷**祖父母**の順です。先順位者が１人もいない場合には，後順位の要件を満たした人が受け取れます（厚年法59①）。

Q429 遺族厚生年金の場合，**子が受給権**を得たとします。子については，年齢要件18歳到達年度末のほか，**障害者**についても**20歳未満**という年齢制限を設けているのは，なぜですか。

A 遺族厚生年金について，厚生年金保険法第59条第１項第２号で子又は孫について，18歳到達年度末か又は20歳未満で障害等級１級もしくは２級に該当する障害の状態にあり，かつ，現に婚姻していないこととあります。労働者災害補償保険法では，障害等級に該当し，遺族補償年金を支給されている場合には，特に20歳という制限を設けていません。労災も厚生年金保険も，障害等級の扱い方は異なっていますが，労災でいう障害等級５級以上と厚生年金保険でいう障害等級２級以上はほぼ同程度です。

さて，厚生年金保険法で**20歳で制限**をしたのは，**国民年金法**に**20歳前の障害**という扱いがあり，20歳からは，障害等級１級，２級に該当する人は，本人が**自分**の**障害基礎年金**を受け取ることができるからです（国年法30の４）。

Q430 遺族厚生年金にも順位があるようですが，**先順位者**が**受給権を失った場合**は，どのようになるのですか。

A 遺族厚生年金には順位があり，⑴**配偶者と子**，⑵**父母**，⑶**孫**，⑷**祖父母**ですが，先順位者が権利を失った場合は，後の順位の人に転給することはありません。労災保険では転給を認めていますが，**厚生年金保険**には

転給という**考え方**はありません。支給停止されている人が支給停止を解除されて受給権者が変わることはありますが，これは転給ではありません。同順位者の間ですから，意味が違います。転給というのは，先順位者が失権した場合に後順位者が権利を得るという考え方です。この考え方は，労災保険の遺族補償年金の場合は採用されているのですが，社会保険である厚生年金保険法ではこういう考え方はありません。

Q431

遺族厚生年金の第２順位以下の人が受給している場合に，先順位者である**胎児が出生**したときは，どのようになりますか。

A

遺族厚生年金は，第１順位が配偶者と子，第２順位が父母，第３順位が孫，第４順位が祖父母とされています。先順位の遺族が遺族厚生年金の受給権を取得したときは，後順位の遺族は遺族厚生年金を受けることはできません（厚年法59②）。先順位の遺族が遺族厚生年金の受給権を取得した後にその権利が消滅したとしても，後順位のものが転給によって受給権を取得することはないのです。しかし，受給権者が変わる例の一つとして，**胎児の出生**があるのです。被保険者，又は被保険者であった人の**死亡当時胎児**であった**子が出生**したときは，**将来に向かって**，その子は被保険者又は被保険者であった人の死亡の当時その人によって**生計を維持**していた**子**とみなされます（厚年法59③）。

（その１）

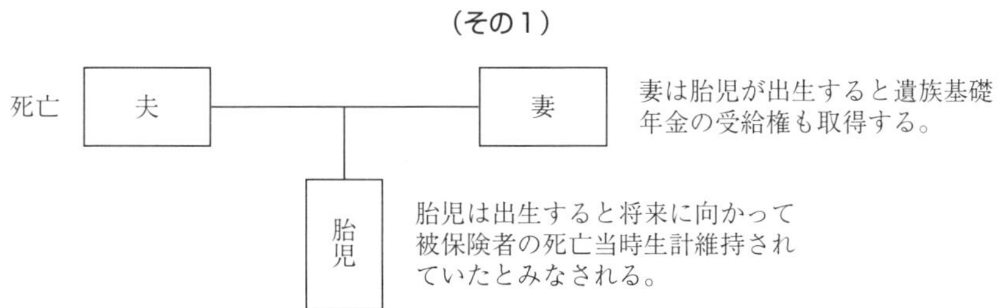
死亡
夫
妻
妻は胎児が出生すると遺族基礎年金の受給権も取得する。
胎児
胎児は出生すると将来に向かって被保険者の死亡当時生計維持されていたとみなされる。

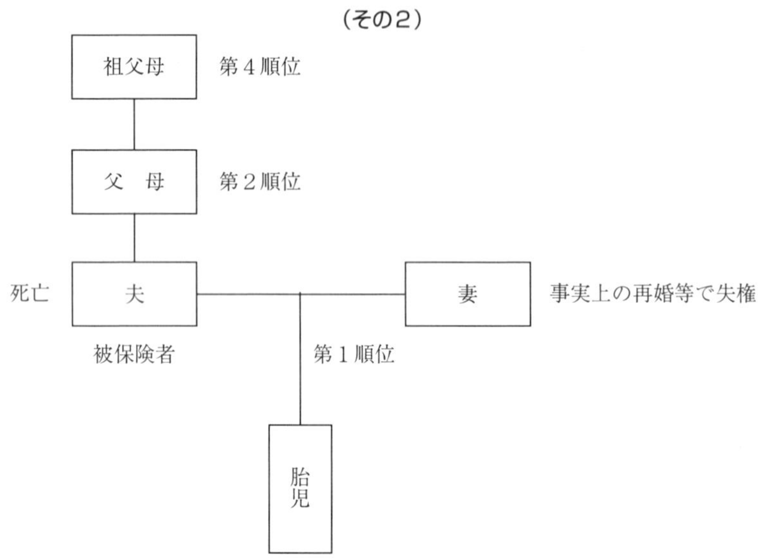

上の図解（その２）のように，妻が事実上の婚姻関係などの理由により受給する前に失権した場合は，第２順位の父母が遺族厚生年金を受け取ります。その後，被保険者の死亡当時**胎児であった子**が**出生**すると，この胎児であった子は出生と同時に将来に向かって，遺族厚生年金の受給権者となり，**父母の権利**は，**消滅**するのです（厚年法59③，63③）。

厚生年金保険法第63条第３項は，「**父母**，**孫**又は**祖父母**の有する遺族厚生年金の**受給権**は，被保険者又は被保険者であった者の死亡の当時胎児であった**子**が**出生**したときは，**消滅**する。」と規定しています。

Q 432

被保険者が**死亡した当時**にその被保険者によって生計を維持されていた子が**15歳**だったとします。この子がその後**17歳**で交通事故にあい，**障害等級２級**に**該当**するようになった場合は，この子は18歳到達年度末になったときに権利を失いますか。

A

被保険者の**死亡当時に障害でなかった子**が，その後17歳で障害等級２級に**該当**というケースです。これは，厚生年金保険法施行規則第62条の２という条文に，遺族厚生年金の受給権者である18歳到達年度末までの子又は孫は，１級又は２級の障害の状態に該当するようになった場合は，すみやかに一定の書類を添付した届書を日本年金機構に提出しなければならないことになっております。**事後に障害**になっても，**18歳到達年度末まで**のうちは認められます。認められた場合は，**20歳**まで権利を失わなくなるわけです。これも，**労災保険**では，遺族補償年金の受給権者にこのような事態が起きても**認めません**。労災保険は，あくまで労働者の死亡当時に，障害等級に該当する状態でなければいけないことになっています。これに対して，**厚生年金保険**は，**20歳**でストップするせいか，後から障害等級に該当するようになったケースでも**18歳到達年度末まで**であれば**認めている**のです。18歳到達年度末後になってから障害等級に該当しても，18歳到達年度末で１度消滅してしまったものが再び受給権を得るのは不合理ですから，認めていません（厚年法59①二）。

厚生年金保険の遺族厚生年金

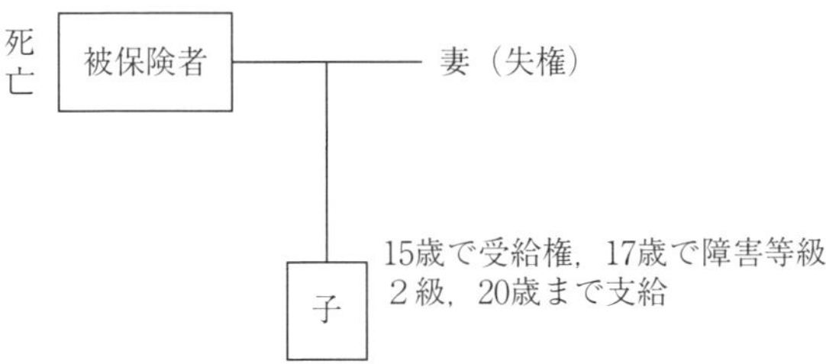

（注）　子が，18歳到達年度末までの間に障害等級１級又は２級に該当するようになった……20歳で消滅

労働者災害補償保険法の遺族補償年金

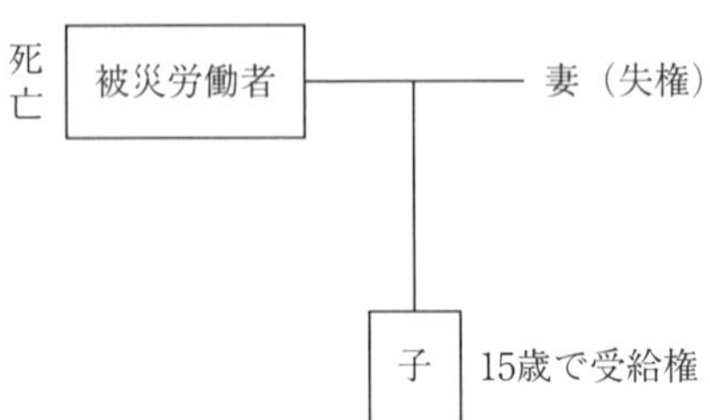

（注） 労災では，15歳で受給権を得た当時は障害でない子が，その後17歳で障害になっても認めないから，18歳到達年度末になると消滅する。

Q433 私たち**夫婦**は，ある会社に**住込みで働いていた**のですが，夫が死亡しました。こういう場合に，私は**生計を維持**されていたといえるのでしょうか。

A 遺族厚生年金を受けるためには，死亡した被保険者に**生計を維持**されていた必要があります。夫婦で住込みで働く場合は，**お互いに生計を維持**していたといえるでしょう。これについては通達が出ており，「社会通念上普通の生活水準を保持するための相互維持の関係も含まれる。したがって，たとえば，夫婦がともに住み込んで働いていて夫が死亡した場合，妻は夫によって生計を維持していたといえる。」（昭30．4．21保文発3640）としています。

Q434

内縁関係だった夫が死亡したのですが，**夫の死後**３か月目に分べんした子が**遺言**も**認知**もされていないのです。このような場合は，認めてもらえないのでしょうか。

A　このような内縁関係の場合に，内縁の妻は広く認めてくれるようになったのですが，子については**認知が必要**です。これについて行政解釈は，「認知もされていなければ，たとえ生計維持関係が認められても，被保険者であった人の子でないため，加給年金額の対象者とならないが，民法第787条の規定による**裁判上の認知**がなされたときは対象となる。」（昭28.10.８保文発6699）としています。

Q435

遺族厚生年金を受給する要件のうち，**短期要件**とは何のことですか。

A　**被保険者**が被保険者期間中に死亡したとき（厚年法58①一），**被保険者であった人**が被保険者の資格を失った後で被保険者期間中に**初診日**がある傷病によって**５年を経過する日前**に死亡したとき（厚年法58①二）と，**障害等級１級**又は**２級**に該当する**受給権者**が死亡したとき（厚年法58①三）の**三つの場合**を**短期要件**といっています。要するに，被保険者が死亡するか，５年以内死亡あるいは障害者で障害厚生年金１級又は２級の受給権者が死亡したときを，短期要件といっているのです。

Q436

遺族厚生年金の受給要件で，**長期要件**とは何のことですか。

A　**【Q435】**の〔A〕で説明したように，短期要件というものがありますが，それに対する用語です。それぞれ，**法律上の扱いが異なってくる**ので区別しています。一般に被保険者期間が長かった人が死亡した場合を長期要件といいます。**老齢厚生年金**の**受給権者**が死亡した場合と，**老齢厚生年金**の**受給資格期間**を満たした人が死亡した場合をいっています（厚年法58①四）。

Q437 遺族厚生年金を受け取るための要件で，**保険料納付要件**が**必要な場合**と**必要でない場合**があるのですか。

A 原則として，障害給付と遺族給付は，保険料納付要件が必要です。しかし，実際には，厚生年金保険の場合は，滞納ということは数少ないのです。納付義務を負っているのは，事業主です（厚年法82①・②，83）。**被保険者**が死亡するか，**被保険者であった人が５年以内**に死亡したケースは，保険料納付要件が必要ですから判定しますが，実際には，納付する義務が本人でなく事業主ですから，厚生年金保険の期間については，滞納ということはあまりありません。

障害厚生年金１級又は**２級**の**受給権者**が死亡した場合は，保険料納付要件の判定は障害給付を受給するときに判定済ですから，必要ありません。**老齢厚生年金**の**受給権者**又は**受給資格期間**を満たした人が死亡した場合も，保険料納付要件の判定は，必要ありません。

Q438 **旧法の障害年金**，**老齢年金**などの**受給権者**が死亡した場合は，どのようになりますか。

A **旧法**による**障害等級１級**又は**２級**の障害年金の受給権者が**昭和61年４月１日以後**に**死亡**した場合，**老齢年金**又は**通算老齢年金**の**受給権者**が**昭和61年４月１日以後**に死亡した場合は，**新法**により**遺族基礎年金**，**遺族厚生年金**が支給されます（昭60法附則72①，昭61措置令88）。

Q439　遺族厚生年金について，遺族厚生年金と遺族基礎年金が**２階建て**で支給される場合と，**遺族厚生年金だけ**が支給される場合とは，何のことでしょうか。

A　遺族基礎年金は，受給要件の遺族の範囲がせまいのです。**子のある配偶者**と**子**だけです。他の受給要件を満たしていても，この二者以外受け取れません。

子のある配偶者		子
（18歳到達年度末の子と生計を同じくしているか，20歳未満で障害等級１級，２級，かつ婚姻していない子と生計を同じくしている。）		18歳到達年度末又は20歳未満で障害等級１級，２級，かつ婚姻していない子
遺　族　厚　生　年　金	厚・年	遺　族　厚　生　年　金
遺　族　基　礎　年　金	国・年	遺　族　基　礎　年　金

これに対して，**子のない配偶者**，**父母**，**孫**，**祖父母**にあっては，はじめから国民年金法の遺族基礎年金の対象者ではないので，**２階部分**の**遺族厚生年金のみ**支給されます。

子のない配偶者	父母，祖父母	孫
（たとえ子がいても，18歳年度末後の子であれば，２階のみ）	（55歳以上又は障害等級１級，２級）	（18歳年度末まで又は障害等級１級，２級で，かつ現に婚姻していないこと）
遺　族　厚　生　年　金	遺　族　厚　生　年　金	遺　族　厚　生　年　金

（注１）　子のない妻の場合には，一定の要件に該当すれば，中高齢の寡婦加算が付く。
（注２）　夫，父母，祖父母の場合には，障害でない人は，60歳までは支給停止。
（注３）　**平成８年４月１日前**に死亡した場合には，**特例で夫，父母，祖父母**は，**55歳未満でも障害等級１級**又は**２級**に該当すれば支給される。

遺族厚生年金の**年金額**は，いくら支給されるのですか。

遺族厚生年金の額は，死亡した者について計算した**報酬比例の年金額の４分の３**に相当する額です。

しかし，短期要件に該当する場合と長期要件に該当する場合とで，報酬比例の年金額の計算方法が若干異なります。

(1)　短期要件の遺族厚生年金の額

> **報酬比例の年金額**※の**４分の３**に相当する額
>
> ※　給付乗率の生年月日による読み替えなし，被保険者期間の300か月保障の規定あり。つまり，障害厚生年金に係る報酬比例の年金額と同様に計算した額（【Q353】を参照）…その４分の３が短期要件の遺族厚生年金の額

＜短期要件の遺族厚生年金とは＞

①被保険者が死亡したこと，②被保険者であった者が被保険者の資格を喪失した後に被保険者であった間に初診日がある傷病により当該初診日から起算して５年を経過する日前に死亡したこと，③障害等級の１級又は２級に該当する障害の状態にある障害厚生年金の受給権者が死亡したこと，を理由として支給される遺族厚生年金をいいます。

(2)　長期要件の遺族厚生年金の額

> **報酬比例の年金額**※の**４分の３**に相当する額
>
> ※　給付乗率の生年月日による読み替えあり，被保険者期間の300か月保障の規定なし。つまり，老齢厚生年金に係る報酬比例の年金額と同様に計算した額（【Q269】を参照）…その４分の３が長期要件の遺族厚生年金の額

＜長期要件の遺族厚生年金とは＞

老齢厚生年金の受給権者又は老齢厚生年金の受給資格期間を満たした者が死亡したこと，を理由として支給される遺族厚生年金をいいます。

子のない妻が遺族厚生年金の受給権者になったとき，**中高齢の加算**がされるようですが，中高齢の加算とは，何のことですか。

A　**中高齢の寡婦加算**は，遺族厚生年金の受給権者が，**一定の要件に該当する妻（寡婦）**である場合に，その妻が**40歳以上65歳未満**である間は遺族厚生年金の額に加算されるものです。その額は，国民年金法の**遺族基礎年金の４分の３に相当する額**です（厚年法62）。

なお，その遺族厚生年金が長期要件に該当することにより支給されるものである場合には，死亡した夫の被保険者期間の月数が240か月（中高齢の期間短縮あり）以上でなければなりません。

具体的に，妻の要件をみてみましょう。次のいずれかの妻が対象となります。

①　**子のない妻の場合 →** 夫の死亡当時40歳以上65歳未満である妻

②　**子のある妻の場合 → 40歳**に達した当時に夫の死亡による遺族基礎年金を受けていた妻（ただし，子が18歳年度末が終了するなどして遺族基礎年金を失権するまでの間は，中高齢の寡婦加算は支給停止されるので，その間については加算されません）

（注）　中高齢の寡婦加算が**加算される期間**は，**最長**で，これらの妻が**40歳以上65歳未満である間**となります（有期の加算）。

この加算は，**65歳**で打ち切られます。新法の考え方では，65歳からは自分の老齢基礎年金が支給されますから，65歳で区切るのです。

中高齢の加算

◎　**子のない妻**

（注）　中高齢の寡婦加算が**加算される期間**は，**最長**で，妻が**40歳以上65歳未満である間**となる（有期の加算）。なお，夫には中高齢寡婦加算はない。

◎　**子のある妻（18歳到達年度末前等の子）**

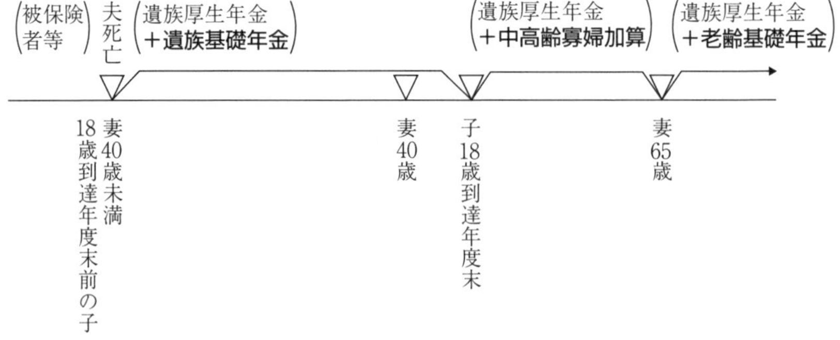

Q442

経過的寡婦加算とは，何のことですか。

A　遺族厚生年金の前問の続きになります。**40歳から65歳まで，中高齢の寡婦加算**が遺族厚生年金に加算されていた妻が，**65歳になると**自分の老齢基礎年金を受給できるようになるので，中高齢の寡婦加算がストップします。そこで，老齢基礎年金と遺族厚生年金の組合わせになります。中高齢の寡婦加算が，老齢基礎年金に変わります。そうすると，**老齢基礎年金よりも**中高齢の寡婦加算のほうが，金額が多い人もいます。要するに，年金額がダウンするのです。これは，不都合だというので，その差額を支給することにしたのが，**経過的寡婦加算**の性格です。

経過的寡婦加算
（妻が専業主婦だった場合）

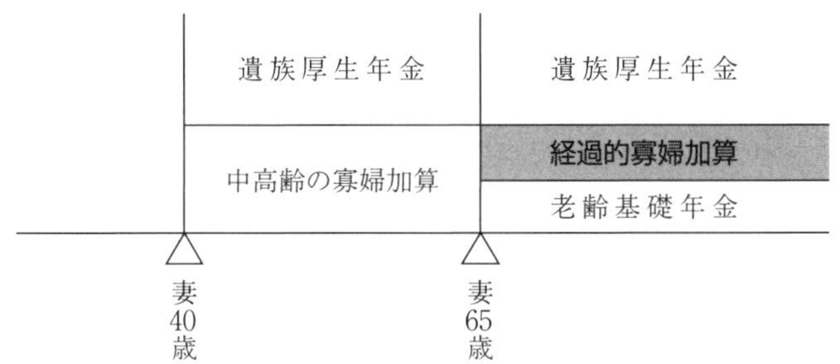

Q443

経過的寡婦加算は，どのように計算するのですか。

A　**経過的寡婦加算の制度**は，**昭和31年４月１日以前**生まれの人を対象にしています。昭和31年４月２日生まれの人は，昭和61年４月１日新法の施行日に30歳です。60歳に達するまで加入したら，30年です。国民年金はフルに加入して40年が限度ですから，新法施行後しか加入していなかったときの老齢基礎年金の額は**780,900円×改定率**×$\frac{30年}{40年}$となりますから，おおむね**中高齢の寡婦加算の額**と同じ額になります。遺族厚生年金の受給権を得た妻で子のない場合は，遺族基礎年金が支給されません。遺族基礎年金が支給されない代わりに，**中高齢の寡婦加算**として，40歳から65歳まで，そのおおむね４分の３が支給されることになったのです。

この中高齢の寡婦加算は65歳で打ち切りとなりますが，**昭和31年４月１日以前**生まれの妻は，一般的に自分の老齢基礎年金の額が低額となるため，**経過的寡婦加算**を行って４分の３は保障しましょうという趣旨です。算式は，次のようになります。

$$経過的寡婦加算額 = \begin{matrix}中高齢の寡婦\\加算の額\end{matrix} - \begin{matrix}老齢基礎年金\\の満額\end{matrix} \times 0 \sim \frac{348}{480}$$

（注） 結局，経過的寡婦加算の額と，一般的にその世代の妻が受給する老齢基礎年金の額とを合わせて，中高齢寡婦加算と同じ額を保障することになる。

経過的寡婦加算の額

妻　の　生　年　月　日	乗　　　率
昭和２年４月１日以前	－
昭和２年４月２日～昭和３年４月１日	312分の12
昭和３年４月２日～昭和４年４月１日	324分の24
昭和４年４月２日～昭和５年４月１日	336分の36
昭和５年４月２日～昭和６年４月１日	348分の48
昭和６年４月２日～昭和７年４月１日	360分の60
昭和７年４月２日～昭和８年４月１日	372分の72
昭和８年４月２日～昭和９年４月１日	384分の84
昭和９年４月２日～昭和10年４月１日	396分の96
昭和10年４月２日～昭和11年４月１日	408分の108
昭和11年４月２日～昭和12年４月１日	420分の120
昭和12年４月２日～昭和13年４月１日	432分の132
昭和13年４月２日～昭和14年４月１日	444分の144
昭和14年４月２日～昭和15年４月１日	456分の156
昭和15年４月２日～昭和16年４月１日	468分の168
昭和16年４月２日～昭和17年４月１日	480分の180
昭和17年４月２日～昭和18年４月１日	480分の192
昭和18年４月２日～昭和19年４月１日	480分の204
昭和19年４月２日～昭和20年４月１日	480分の216
昭和20年４月２日～昭和21年４月１日	480分の228
昭和21年４月２日～昭和22年４月１日	480分の240
昭和22年４月２日～昭和23年４月１日	480分の252
昭和23年４月２日～昭和24年４月１日	480分の264
昭和24年４月２日～昭和25年４月１日	480分の276
昭和25年４月２日～昭和26年４月１日	480分の288
昭和26年４月２日～昭和27年４月１日	480分の300
昭和27年４月２日～昭和28年４月１日	480分の312
昭和28年４月２日～昭和29年４月１日	480分の324
昭和29年４月２日～昭和30年４月１日	480分の336
昭和30年４月２日～昭和31年４月１日	480分の348
昭和31年４月２日以後	－

（注）　経過的寡婦加算の額

　　　＝中高齢の寡婦加算の額－老齢基礎年金の満額×上の表の乗率

Q444

平成19年4月1日から，**子のない30歳未満の妻の遺族厚生年金**が**5年間の有期年金**とされたそうですが，くわしく教えてください。

A

はい，**平成19年4月1日**から，**子のない30歳未満の妻の遺族厚生年金**が**5年間の有期年金**とされました。

具体的には，次の場合に受給権が消滅します。

① **30歳未満**で遺族厚生年金の受給権のみを取得した妻 → **遺族厚生年金の受給権を取得した日**から起算して**5年**を経過したとき

② **30歳未満**で遺族厚生年金と遺族基礎年金の受給権を取得した妻で，**30歳未満である間**に**遺族基礎年金の受給権が消滅**したもの → **遺族基礎年金の受給権が消滅した日**から起算して**5年**を経過したとき

Q445

遺族厚生年金は，一人一年金の原則にかかわらず，65歳以後に**老齢基礎年金**と併給できるそうですね。その際の経過的寡婦加算の扱いなどを含め，併給の問題点を取り上げてください。

A

はい，**遺族厚生年金**は，**65歳以後**，自分の**老齢基礎年金と併給**できます。また，自分の**老齢厚生年金の一部とも併給**できます。

ここで，**老齢基礎年金**と**老齢厚生年金**そして**遺族厚生年金**の受給権を有する人が，**どのような組合わせで受給できるか整理**してみましょう。

①(65歳前でも可)　②(65歳以後のみ可)　③(65歳以後のみ可)

①(65歳前でも可)		②(65歳以後のみ可)		③(65歳以後のみ可)	
老齢厚生年金	又は	遺族厚生年金	又は	遺族厚生年金×2/3	老齢厚生年金×1/2
		経過的寡婦加算		経過的寡婦加算×2/3	加給年金額
老齢基礎年金		老齢基礎年金		老齢基礎年金	

注意点

上記③の組合わせは，**遺族配偶者**（配偶者が死亡したことにより支給される遺族厚生年金の受給権者）のみに認められます。

なお，この際に，当該遺族厚生年金に**経過的寡婦加算**が加算されているときは，その額も**3分の2**のみ支給されます。一方，老齢厚生年金に子の加給年金額が加算されているときは，その額は全額支給されます。

平成19年4月1日を施行日として，上記のようなケースについて改正が行われました。その規定のもとでは，同一人が**65歳以後**に，自分自身の老齢厚生年金と遺族厚生年金の受給権を有する場合には，①まず，自分自身の**老齢厚生年金を全額支給**し，②「改正前の制度で支給される額」と自分自身の老齢厚生年金の額とを比較して，後者の額のほうが少ない場合は，その差額を遺族厚生年金として支給することとされます（詳しくは，**【Q189】**を参照）。

<改正後>

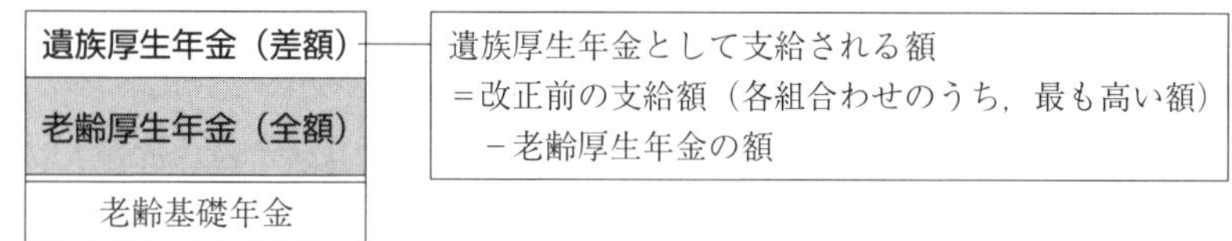

Q446　**遺族厚生年金**は，65歳以後，**障害基礎年金**とも併給できるそうですね。その際の経過的寡婦加算の扱いなどを含め，併給の問題点を取り上げてください。

A　はい，**遺族厚生年金**は，**65歳以後**，**障害基礎年金とも併給**できます。この場合も，自分の**老齢厚生年金の一部とも併給**できます。

ここで，**障害基礎年金**と**老齢厚生年金**そして**遺族厚生年金**の受給権を有する人が，**どのような組合わせで受給できるか整理**してみましょう。

①（65歳前でも可）

障害厚生年金
障害基礎年金

②（65歳以後のみ可）

老齢厚生年金
障害基礎年金

又は

③（65歳以後のみ可）

遺族厚生年金
障害基礎年金

又は

④（65歳以後のみ可）

遺族厚生年金×2/3	老齢厚生年金×1/2
障害基礎年金	

注意点

1　上記④の組合わせは，**遺族配偶者**（配偶者が死亡したことにより支給される遺族厚生年金の受給権者）のみに認められる。

2　経過的寡婦加算が加算された**遺族厚生年金**の受給権者が**障害基礎年金**を併給する場合には，**経過的寡婦加算**の部分は**支給停止**される。

（注）遺族厚生年金と直接関係はないが，１階部分を**障害基礎年金**とした場合には，２階部分の老齢厚生年金の**子の加給年金額**（障害基礎年金に子の加算がなされている場合），老齢厚生年金の子の加給年金額は，**支給停止**される。

平成19年４月１日を施行日として，同一人が**65歳以後**に，自分自身の老齢厚生年金と遺族厚生年金の受給権を有する場合について，**【Q445】**で説明したとおりの改正がありました（詳しくは，**【Q189】**を参照）。

<改正後>

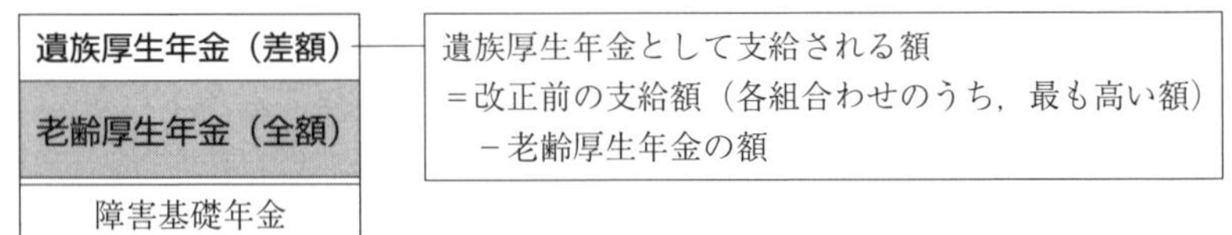

Q 447

平成19年４月１日から，**高齢期の遺族配偶者に対する遺族厚生年金の支給方法の見直し**が図られたそうですが，くわしく教えてください。

はい，平成16年の改正で「**高齢期の遺族厚生年金の支給方法の見直し**」が図られ，**平成19年４月１日から**実施されています。

これは，自分自身が納めた保険料をできるだけ年金額に反映させるため，65歳以降の遺族に対する年金給付について，まず自分自身の老齢厚生年金を優先的に全額支給することにして，遺族厚生年金と老齢厚生年金の差額を遺族厚生年金として支給する仕組みに改めるものです（結局，支給される総額は変わりません）。

具体的には，**【Q189】**を参照してください。

Q 448

夫，父母又は祖父母に支給される遺族厚生年金が，**若年停止**されるとは，何のことですか。

A

夫と父母，祖父母については，年齢要件があり，厚生年金保険法第59条第１項第１号で，**55歳以上**であることと規定しています。ところが，**実際の支給**は**60歳**から支給されるので，その間は**支給停止**されます（厚年法65の２）。これを**若年停止**とよぶこともあります。

ただし，**遺族基礎年金の受給権を有する夫**には，60歳前でも支給します。平成26年４月から，遺族基礎年金が**子のある夫**にも支給されるようになりましたので，それに伴う改正です。

Q 449　遺族厚生年金を受けている妻が再婚した場合は失権するということですが，**結婚前の姓**に戻ったときは，どのようになりますか。

A　夫婦の一方が死亡した場合には，その配偶者が遺族厚生年金を受給できますが，離婚と異なり，姻族関係は，姻族関係を終了させる意思表示をしない限り存続します。**復氏**については，離婚の場合には，原則として当然に復氏しますが，**一方の死亡**による場合は，**手続き**をすることにより，**復氏**することができるようになっているのです。この復氏をしても，遺族厚生年金の**受給権**は影響を受けません。したがって，死別後復氏をしても遺族厚生年金を受給できます。

Q 450　会社員である**長男が死亡**（在職中の死亡で妻子はいません）しました。私は，長男の死亡した当時は**年齢56歳**で，私の**妻**は年齢53歳です。私も私の妻も長男に生計を維持されていました。遺族厚生年金は，誰が受け取れるのですか。

A　ご質問のケースを図解してみましょう。

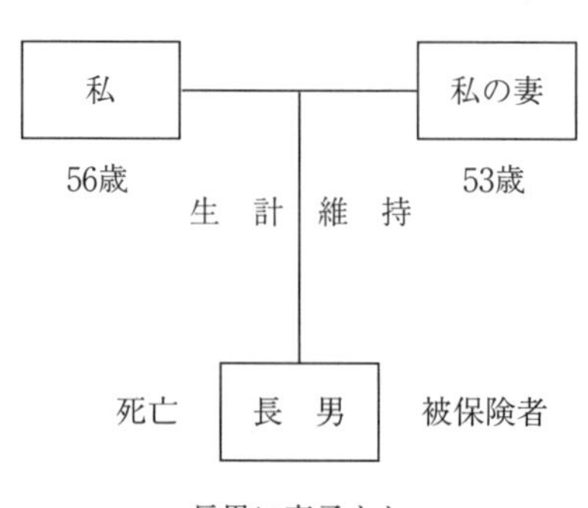

このケースの場合は，死亡した被保険者の長男に妻子がいません。そうすると，**父母**であるあなたたち夫婦が対象になります。被保険者の死亡の当時に，

父母の場合は，**55歳以上**でないと対象になりません。したがって，あなたの奥さんは53歳ですから対象外です。結局，あなただけが要件を満たしているので，遺族厚生年金が受け取れます。しかし，60歳までは支給停止になり，実際の支給は，あなたが**60歳に達した日**以後になります（厚年法65の２）。

Q451

私達夫婦には，子がありませんでした。５年前に生まれて３か月目の男の子をもらい受け，大事に育ててまいりました。会社員の夫は，この子を大変可愛がり，早く**養子縁組**を結ばなければいけないといっていたのですが，先月死亡しました。私は，**遺族年金**を**受給**することができますか。また，この子は権利があるのでしょうか。

このケースは，**事実上の親子関係**を認めるかどうかという難しい問題です。

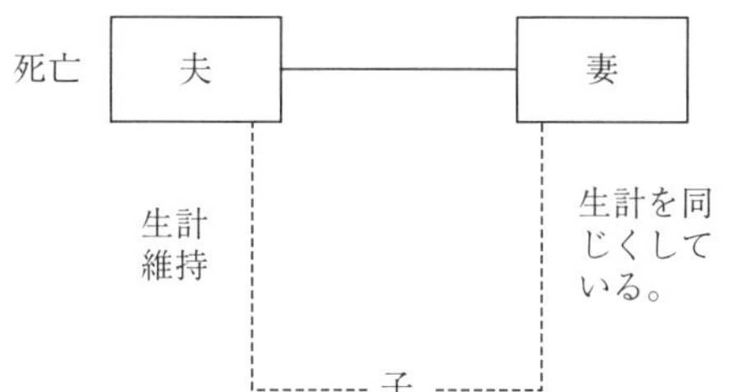

この子は，**養子縁組をしていない。**
子は，夫に生計維持されており，
妻と生計を同じくしている。
実態は，親子そのものである。

事実上の親子関係が認められれば問題なく，あなたは**遺族厚生年金**だけでなく，**遺族基礎年金**と**子の加算額**も受け取れたのです。

しかし，**事実上の養子縁組**は認められていません。どんなに親しく大事に育てていても，養子縁組をしていなければ，あなたたちの子とは認められません。このケースでは，子は何らの権利も得られないし，あなたも，**遺族厚生年金だけ**は受給できますが，子なし妻と扱われるため，**遺族基礎年金**や**子の加算額**は受け取れません。もし，特別に事実上の養子縁組を認める場合は，厚生年金保険法第63条第１項第３号のように，必ず規定が置かれることになっています（厚年法63①三カッコ書き）。

Q452　民法でいう**失踪宣告**を受けた日とは，何のことでしょうか。

A　前に，死亡の推定として，飛行機事故や船舶の沈没の場合は，３か月間生死不明のときには，沈没，墜落した日又は行方不明になった日に受給権が発生するという説明をしました（**【Q404】**の〔A〕を参照）が，**普通失踪**について，少し詳しく説明しましょう。

失踪宣告の図解

1　普通失踪

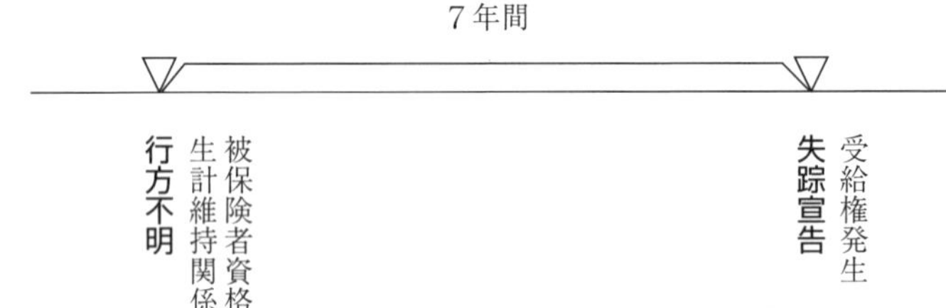

2　死亡の推定

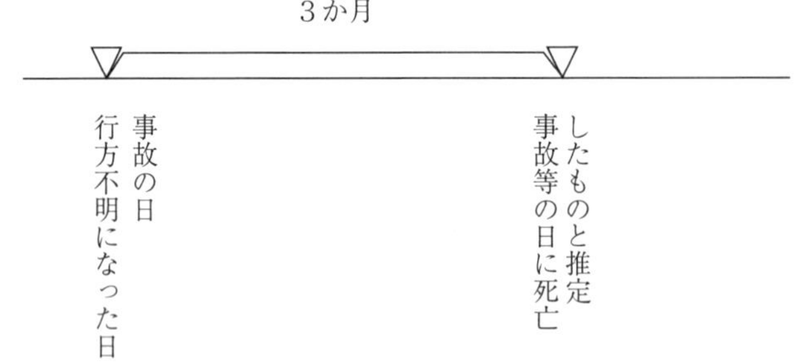

普通失踪の場合は，いわゆる突如世間から蒸発してしまったケースです。7年間行方不明で生死もわからない場合は，遺族の請求により，**失踪宣告**がなされた**時点**で**死亡とみなし**受給権を発生させます。これは，死亡の推定によるものと異なり，**7年間経過し**失踪宣告がなされた日から権利を発生させます。しかし，**被保険者の資格**とか**生計維持関係**については，7年前の行方不明になった時点で判断することになっています。

Q 453　遺族厚生年金の**年金額に増減**を生じた場合は，いつから**改定**されるのですか。

A　**配偶者以外**の者に遺族厚生年金を支給する場合は，受給権者の数に増減を生じたときには，増減を生じた月の**翌月**から，年金額を改定することとされています（これは，１人当たりの年金額の改定の規定です）。

平成19年４月１日を施行日とする「高齢期の遺族厚生年金の支給方法の見直し」に併せて，**年金額の改定**の規定に，次のようなものが加わりました。

○　遺族厚生年金（配偶者に対するものに限る）の受給権者が65歳に達した日以後に老齢厚生年金の受給権を取得した日（支給繰上げの規定による老齢厚生年金の受給権を有する者にあっては，65歳に達した日）において年金額が増加するときは，その日の属する月の**翌月**から年金額を改定する。

○　「遺族厚生年金×$\frac{2}{3}$＋老齢厚生年金×$\frac{1}{2}$」に基づいて額が計算される遺族厚生年金は，その額の算定の基礎となる老齢厚生年金の額が退職時の改定により改定されたときは，**当該老齢厚生年金の額が改定された月**から当該遺族厚生年金の額を改定する。

Q 454　事実上の配偶関係については，社会保険各法はなるべく広く認めようとしているようですが，**事実上婚姻関係が認められない**場合とは，どういうケースですか。

A　確かに，社会保険各法は，**事実婚**について広く認めています。しかし，**社会通念上**許し難いもの，法律上禁止されている関係は認めません。たとえば，叔父と姪の関係は保護されません。２人の女性と事実婚の関係にある例も，具体的事実を充分勘案の上，配偶者となるべき人を認定すべきであるとしています（昭31．１．30保文発626）。

一方，事実上婚姻関係にある外国人であっても，遺族厚生年金の受給権の要件を満たしていれば，受給権を取得します（昭31．９．26保文発7544）。

反倫理的な内縁関係として，前述の叔父と姪の関係（昭28.11.16保文発8035）の他，**直系姻族間**の婚姻禁止，**養親子関係者間**の婚姻禁止等の規定に反するような内縁関係は認められません。難しいのは，**重婚的内縁関係**です。この点については，法律上の婚姻関係がその実体を全く失っていて，内縁関係を保護することが社会通念上望ましい場合のみ，内縁関係を認定するということです。内縁は，先ほど述べたように，具体的事情を勘案し決定するのですが，「判定し難く重複しているケースでは，先行する者を認定する」という通達が出されたことがあります（昭55.5.16庁保発15）。

Q455　私たちの長男は，会社員でしたが，3年前死亡しました。長男と先妻との間には**当時5歳になる女の子**がいて，長男が4年前に後妻と婚姻した後は，私たちと**生計を同じく**しておりました。後妻は，遺族年金を受け取っておりますが，2年前からこの先妻の子を私たちに預け，後妻の実家に帰ってしまいました。後妻は，今でもこの女の子の分として，**子の加算額相当額**のみ**送金**してくるのですが，この女の子が受給権を得るべきだと思います。請求すれば，この女の子（現在8歳）が，受給権者となれるでしょうか。

A　まず，関係を図解（次頁）にして説明します。

図解で整理すると，よくありそうな話です。長男（被保険者）の死亡当時は，後妻も女の子も，長男に**生計を維持**されていました。後妻は，その後に**生計を同じく**していた女の子を夫の実家に預けて，2年前から別々に暮らしていますが送金をしてきます。こういうケースでは，まず後妻が，遺族厚生年金，遺族基礎年金を取得することについては問題ありません。後妻は，死亡した長男によって**生計を維持**されていた**妻**であり，**長男の子**と**生計を同じく**していたわけです。問題となるのは，2年前から後妻は1人で自分の実家に帰ってしまい，この女の子と**別に**暮らしているということです。この状態を生計を同じくしていないとみなせば，後妻は権利を失います。

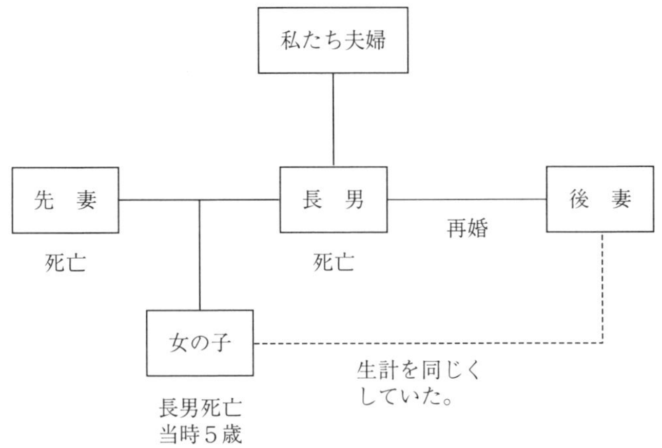

（注１）　その後，後妻は実家へ帰り，女の子の分を送金している。
（注２）　現在８歳になる女の子は，私たち夫婦のもとで生活している。

ところが，後妻は，**別居後**も女の子の分として，**子の加算額相当額**を**養育費**として**送金**しています。この点をどう解釈するかの問題です。このケースについて行政解釈は，「遺族年金受給権者（妻）が，先妻の子を残して，自分の実家に帰っても，先妻の子に対し，加給年金相当額を**養育費**として，**送金している場合**は，**生計を同じく**している状態にあるといえる」（昭31．３.17保文発2034）という通達を出しています。ということは，**後妻の受給権**は，そのまま**有効に存続**することになります。

Q456

遺族基礎年金の受給権を特例によって，55歳未満で得た障害等級１級又は２級に該当する，夫，父母又は祖父母が，その後，**障害の程度が軽減**して，**障害等級１級，２級**に**該当しなくなった**場合は，どのようになりますか。

A

夫，父母，祖父母の受給権が55歳未満で発生することは，**障害等級１級**又は**２級**に該当する場合に，**特例**※として認められています（昭60法附則72)。ところが，その後に障害の程度が**軽減して**１級又は２級に該当しなくなったら，遺族厚生年金の受給権は消滅します。しかし，受給権を取得した当時55歳以上であったときは，消滅することはありません（旧厚年法63）。

※　ただし，平成８年３月31日以前に被保険者等が死亡した場合に限られます。

Q 457

遺族厚生年金の受給権者である妻が，その後に**再婚し受給権**を失ったが，**離婚**した場合には，受給権は**復活**しますか。

A

厚生年金保険法第63条第１項第２号は，受給権者が婚姻したら**失権**すると規定しております。事実婚でも権利が消滅します。このような場合に，一度消滅した権利が，離婚などによって**復活することはありません**（昭31．４.27保文発3098）。

Q 458

遺族厚生年金の受給権者である妻が，その後実家に帰り，姓名も前の旧姓に**復氏**しましたが，**受給権**を失いますか。

A

厚生年金保険法第63条第１項第４号の，「離縁によって死亡した被保険者等の親族との関係が終了した場合」は，**実家に帰った**とか，**復氏**した場合は該当しません。妻は，実家に帰っても，復氏をしても，遺族厚生年金等の権利を失うことはありません（昭32．２．９保文発9485）。

Q 459

直系血族と**直系姻族**とは，何のことですか。

A

直系血族とは，自然の血のつながりのある父母，祖父母，子及び孫などの関係をいいます。**直系姻族**とは，自分の配偶者の父母，祖父母，子及び孫などをいいます。婚姻によって生じた関係です。子が１度受給権を取得した後，養子縁組をすると権利を失うわけですが，直系血族と直系姻族の養子となっても，受給権を失うことがない（厚年法63①三）という扱いになっていて注意が必要です。したがって，遺族年金の受給権者である妻が再婚し，加給年金額対象者の子が**妻の再婚相手**と**養子縁組**をしても，養父すなわち**直系姻族の養子**となったのですから，その子は失権しません(昭36.11.７保文発9826)。

Q460　遺族厚生年金が支給停止されるケースで，**労働基準法の遺族補償**の支給が行われるときとは，何のことですか。

A　**遺族厚生年金**は，**業務上**でも**業務外**の傷病でも，障害等級に該当すれば支給されることになっています。ところが，業務上の災害によるものであれば，労働基準法が使用者に補償を義務づけております。労働基準法第79条は,「労働者が業務上死亡した場合においては，使用者は，遺族に対して，平均賃金の1,000日分の遺族補償を行わなければならない」と規定しています。そこで，この調整をするため，厚生年金保険法第64条では，遺族厚生年金は，その被保険者等の死亡について，労働基準法第79条（遺族補償）の規定による遺族補償の支給が行われるべきものであるときは，**死亡の日から６年間はその支給を停止する**ことにしたのです。

Q461　遺族厚生年金の被保険者等が死亡した，いわゆる**短期要件**に該当する遺族厚生年金の受給権者が，**遺族共済年金**の**受給権**を得た場合の調整は，どのようになっていますか。

短期要件の遺族厚生年金
短期要件の遺族共済年金
支給停止－**選択**

まず，厚生年金保険の被保険者等が死亡したことによる，いわゆる**短期要件の遺族厚生年金**と**共済組合**の**遺族共済年金**が重複した場合は，両者とも支給停止で，どちらか一つ**選択したほう**が支給されます。

短期要件の遺族厚生年金
長期要件の遺族共済年金
支給停止－**選択**

遺族厚生年金が**短期要件**で，**遺族共済年金**が**長期要件**の場合でも，同じように，両者とも支給停止され一つを**選択**します。

Q462 老齢厚生年金が転化したといわれる**長期要件**の**遺族厚生年金受給権**と**共済組合**の**遺族共済年金**の受給権が同時に発生した場合の調整を説明してください。

老齢厚生年金の受給権者の死亡による**長期要件の遺族厚生年金**
短期要件の共済組合員等の死亡による**遺族共済年金**
⇨ **遺族共済年金**を支給する。

長期要件の遺族厚生年金の受給権者が，共済組合の組合員等が死亡したことによる**短期要件**の**遺族共済年金**を受けることができるようになった場合は，**遺族共済年金**の方を**支給**し，遺族厚生年金は支給しません（厚年法69）。

（注） ここで長期要件といっているのは，老齢厚生年金の受給権者，又は受給資格期間を満たしている長期間被保険者であった人が死亡した場合の遺族厚生年金という意味です。

Q463

老齢厚生年金の受給権者等が死亡したことによる遺族厚生年金の受給権者が，同時に退職共済年金の受給権者等が死亡したことによる遺族共済年金の受給権を取得した場合は，どのようになりますか。

A

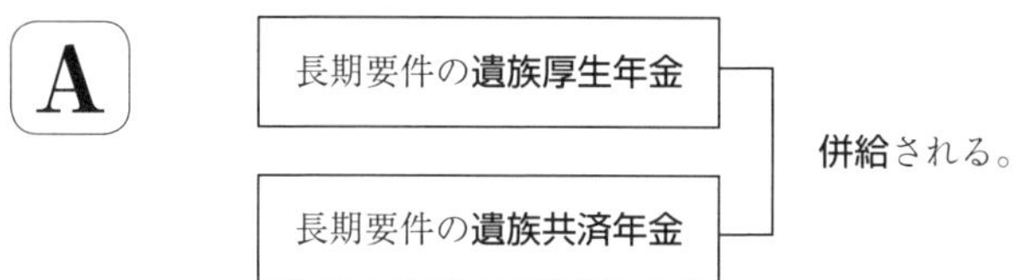

厚生年金保険も**共済組合等**も，**長期要件**の場合は，両者を合算して計算されることになります。

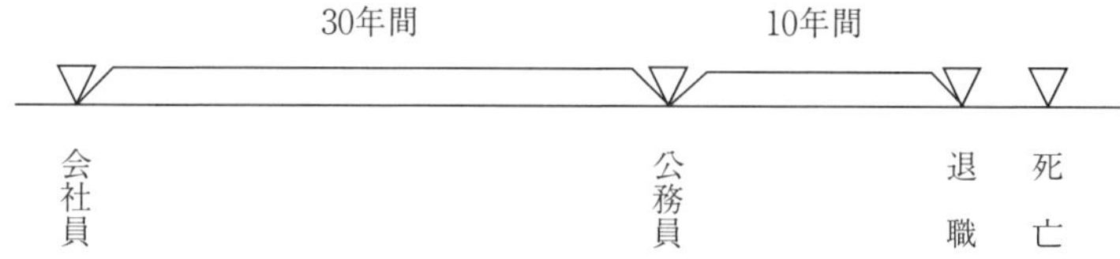

上の図解を説明します。新しい年金制度は，２階建てで考えます。**会社員時代30年**，**公務員10年**だとすると，合計被保険者期間は40年です。新法では，被保険者期間は，すべて国民年金の期間で考えます（厚年法42）。会社員時代も公務員時代も，１階部分は，国民年金の第２号被保険者です。

遺族年金が支給される場合も，報酬比例部分に該当する２階部分は，30年＋10年分支給されますから，併給されることになります。

Q464

子に対する遺族厚生年金は，**配偶者が遺族厚生年金を受給**している間は**支給停止**ということですが，説明してください。

A

遺族厚生年金の支給順位は，第１順位が，配偶者と子になっています。この両者の関係は，なかなか複雑です。

次の図解のように，妻と子が遺族厚生年金の受給権者となった場合については，原則として妻に遺族厚生年金を支給し，子に対する遺族厚生年金は支給停止となります。妻と子が**生計を同一**にしていれば，**妻が優先**です（厚年法66）。

妻と子が生計を同じくしていないときには，今度は**子**が**受給**し，**妻に**対する遺族厚生年金は**支給停止**となります。妻と子は，どちらか一方が遺族基礎年金と遺族厚生年金とを，２階建てで受け取ることになります。

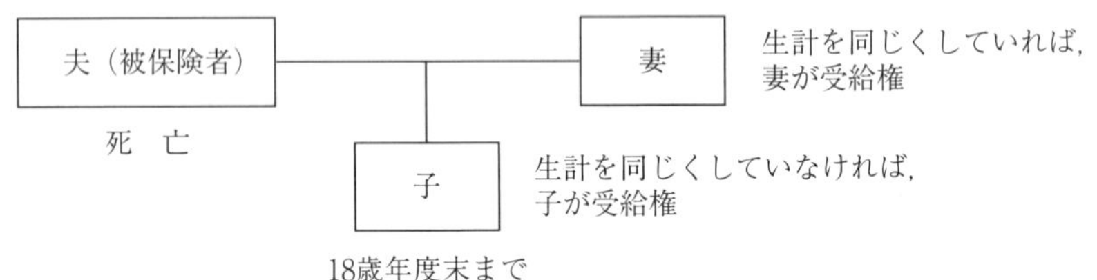

Q465　遺族厚生年金の受給権者について，**夫と子の優先順位**は，平成26年４月から何か変わったのですか。

A　夫と子が受給権者になった場合は，従来は原則として**子に**遺族厚生年金を支給し，夫に対する遺族厚生年金は**支給停止**されていました。遺族基礎年金が夫には支給されない制度だったため，子に２階建てで支給することを優先していたのです。

平成26年４月からは，子のある夫も遺族基礎年金を受け取れます。このため，夫より子を優先させていた条文が削除されました。基本的に**配偶者**が優先される，という分かりやすい制度になったのです。

Q466　**障害厚生年金２級**の**受給権者**が**海外に在住**し，国民年金に任意加入せずに死亡した場合には，遺族厚生年金は支給されますか。

海外在住中の死亡でも，障害厚生年金２級の受給権者が死亡した場合には，**遺族厚生年金**は支給されます（厚年法58①三）。この場合は，

この受給権者の妻が18歳到達年度末までの子と生計を同じくしていても，**遺族基礎年金**の受給要件には該当しません（国年法37）。しかし，それでは外国に住んでいる人の保護に欠けるので，**特例**を認めたのです。

障害厚生年金の受給権者が，外国に居住する間に死亡した場合と，昭和36年4月1日前の期間のみを有する老齢厚生年金の受給権者が死亡した場合は，その遺族である妻が子と生計を同じくしている場合であっても，遺族基礎年金が支給されません。そこで，**遺族基礎年金の代わり**に遺族基礎年金に**相当する金額**を遺族厚生年金に加算することにしています（昭60法附則74）。

Q467

旧共済組合期間を有する人の遺族に対する**特例遺族年金**とは，何のことですか。

A

厚生年金保険の被保険者期間が1年以上あり，被保険者期間と旧共済組合期間とを合算した期間が20年以上ある人が亡くなったときに，その人の遺族が遺族厚生年金の受給権を取得しない場合は，その遺族に**特例遺族年金**を支給することにしています。

特例遺族年金の額は，特別支給の老齢厚生年金の額の**2分の1相当の額**となっています（厚年法附則28の4）。

Q468

配偶者又は子に対する遺族厚生年金の受給権者の中に**所在が1年以上不明**の人がいる場合は，どのようになりますか。

A

配偶者又は子の所在が**1年以上不明**になったときは，遺族厚生年金の受給権を有する子又は配偶者の**申請**によって，行方不明になったときにさかのぼって**支給を停止**することになっています。

行方不明となっていた配偶者又は子は，いつでも支給停止の解除申請をすることができます（厚年法67①・②）。

Q469

配偶者以外の人に対する遺族厚生年金の受給権者が２人以上の場合は，その受給権者のうちの誰かが１年以上所在不明となったときは，どのようにするのですか。

A

このような場合も，他の受給権者の**申請**によって，行方不明のときにさかのぼって，その**支給を停止**します（厚年法68①）。

行方不明者は，出てきたら，いつでもその支給の停止の解除を申請することができます（厚年法68②）。

それぞれ増減が生じた月の翌月から，年金の額の改定がされます。

Q470

厚生年金保険の被保険者であった夫が死亡したのですが，**どのような書類**をどこへ提出するのですか。

A

厚生年金保険の被保険者であるときに死亡の場合は，「**年金請求書（国民年金・厚生年金保険遺族給付）**」に記入し，最後に勤めた事業所を受け持つ年金事務所又は街角の年金相談センターに提出します（厚年則60）。

Q471

厚生年金保険の被保険者であった人で，**退職している人が死亡**した場合の遺族厚生年金は，**どこへ**請求するのですか。

A

厚生年金保険の被保険者であった人の死亡の場合の遺族厚生年金の裁定請求は，**住所地を受け持つ年金事務所**又は**街角の年金相談センター**へ提出します。

Q472　私たちの長男が，事故で死亡しました。長男には，妻子があります。会社員だった長男は，厚生年金保険に入っておりました。遺族年金は，はじめ妻が受け取っていたのですが，**長男の妻は再婚**し，長男の子は現在７歳ですが，妻の再婚後は私たち夫婦が育てています。遺族厚生年金等の支給は，どのようになりますか。

A　このケースでは，生計維持されていた妻であれば，18歳到達年度末までの子と**生計を同じく**していたのですから，再婚するまでは，遺族厚生年金と遺族基礎年金それに子の加算額が支給されます。

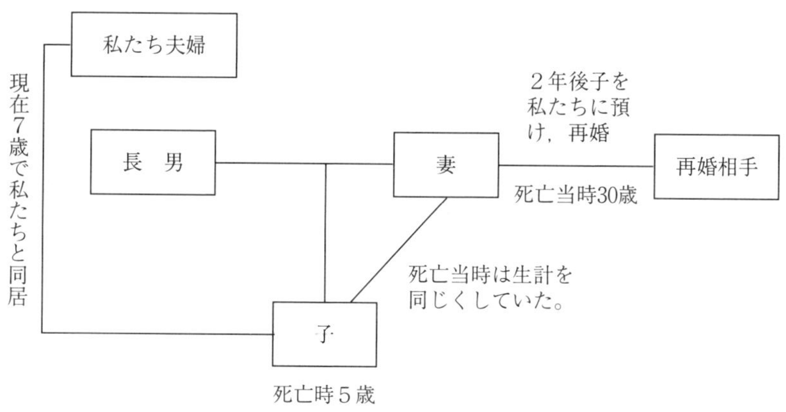

妻は再婚によって**失権し**，７歳になった子がその父又は母と生計を同じくしていないので，このケースでは，この子が**18歳の年度末に達するまで**，遺族厚生年金と遺族基礎年金を受給することになります。妻が受給していた間は支給停止されますが，支給停止が妻の失権によって解除され，受給できます。

Q473 私の妻は会社員で，夫である私は家事に専念しています。厚生年金保険に10年間加入していた妻が，事故死しました。残された遺族は，**夫である私**（35歳）と**妻の父母**（２人とも60歳以上）です。遺族年金は，どのようになるでしょうか。その後に，私が再婚したらどのようになりますか。

A

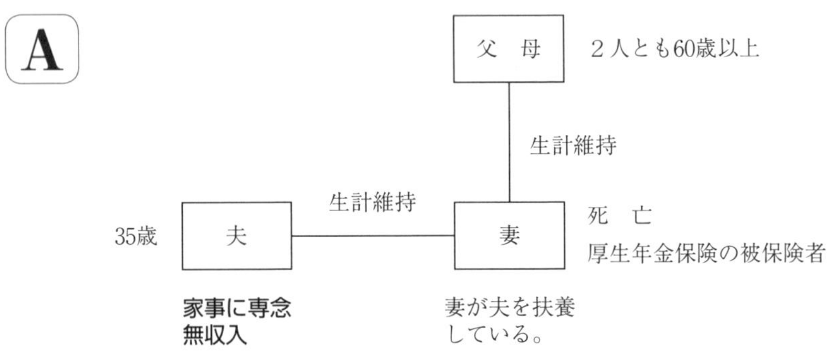

このケースでは，55歳未満の夫であるあなたには権利が発生しません。あなたが障害等級１級又は２級の障害者（ただし，平成８年３月以前に死亡した場合に限る）でない限り，すべて**妻の父母**だけが受給権を有することになります。妻の父母は，遺族基礎年金の受給権者ではないので，**遺族厚生年金だけ**が支給されます。

第8章

その他の重要事項

（Q474～Q682）

1　国民年金法独自の給付に関するQ&A

Q474　**寡婦年金**とは，どういう人に**支給**されるのですか。

A　寡婦年金とは，保険料納付済期間と保険料免除期間を合算した期間が**25年以上**ある**第１号被保険者**である**夫**※が死亡した場合に，夫の死亡当時夫に**生計を維持**され，かつ，夫との**婚姻関係**が**10年以上継続**している**妻**に支給されます。支給期間が60歳から65歳未満の間だけの**有期年金**です。ただし，夫に障害基礎年金等の受給権があったり，老齢基礎年金を受けていたときは，寡婦年金は支給されません（国年法49）。

※　死亡した夫は，年金額の計算の基礎となる期間を有している必要があります（たとえば，年金額の計算の基礎とならない学生納付特例期間のみで25年の受給資格期間を満たした夫が死亡しても，その夫に支給されるはずであった老齢基礎年金の額がゼロ円となるため，寡婦年金は支給されません）。

Q475　**寡婦年金の額**は，いくらですか。

夫が受けるべき**老齢基礎年金**の額の**４分の３**に相当する額です。

Q476　寡婦年金が**支給停止**になるのは，どのような場合ですか。

寡婦年金は，その夫の死亡について**労働基準法**による**遺族補償**を受けられるときは，死亡日から**６年間支給停止**となります（国年法52）。

Q 477

寡婦年金の受給権が**失権**する場合は，どのようなときですか。

寡婦年金の受給権は，次の場合に消滅します。

① **65歳**に達したとき

② 死亡したとき

③ 婚姻をしたとき

④ 養子となったとき

⑤ **繰上げ支給**による老齢基礎年金の受給権を取得したとき

以上の場合は，寡婦年金は消滅します（国年法51）。

Q 478

死亡一時金の受給要件は，何でしょうか。

A

死亡一時金は，死亡日の前日において，死亡日の属する月の**前月**までの第１号被保険者としての「**保険料納付済期間の月数＋保険料４分の１免除期間の月数の４分の３＋保険料半額免除期間の月数の２分の１＋保険料４分の３免除期間の月数の４分の１**※」が**36か月以上**である者が死亡した場合に，その遺族に支給されます。

しかし，死亡した人が老齢基礎年金又は障害基礎年金の支給を受けたことがある場合には，死亡一時金は支給しないことになっています。また，遺族の中に，その人の死亡により遺族基礎年金を受けることができる遺族がいるときは，死亡一時金は支給されません（国年法52の２）。

※　保険料４分の１免除と保険料４分の３免除は，平成18年７月から実施されています。

Q479

死亡一時金を受け取る**遺族の範囲**と**順位**は，どのようになっていますか。

A　死亡一時金を受け取ることのできる遺族は，死亡した人の**配偶者**，**子**，**父母**，**孫**，**祖父母**又は**兄弟姉妹**であって，その人の死亡の当時その人と**生計を同じく**していた者です。死亡一時金を受ける順位も，上に列挙した順位になります。死亡一時金を受けるべき同順位の遺族が２人以上いるときには，その１人がした請求は，全員，全額に及びます。また，そのうちの１人にした支給は，全員に対してしたものとみなします（国年法52の３）。

Q480

死亡一時金の金額は，いくらですか。

死亡日の属する月の前月までの第１号被保険者としての保険料納付済期間の月数等に応じて，次のとおりです（定額制）。

保険料納付済期間の月数 ＋保険料４分の１免除期間の月数の４分の３ ＋保険料半額免除期間の月数の２分の１ ＋保険料４分の３免除期間の月数の４分の１	金　額
36か月以上　180か月未満	120,000円
180か月以上　240か月未満	145,000円
240か月以上　300か月未満	170,000円
300か月以上　360か月未満	220,000円
360か月以上　420か月未満	270,000円
420か月以上	320,000円

なお，付加保険料を３年以上納めている場合は，一律に8,500円加算した金額とします（国年法52の４②）。

Q481 **死亡一時金**の支給を受ける者が，同一人の死亡によって**寡婦年金**も受けることができる場合は，どのようになるのですか。

A **死亡一時金**と**寡婦年金**の両方の受給権を得た場合は，その人の**選択**によって，死亡一時金と寡婦年金のうちの一つを支給し，他は支給しません（国年法52の６）。

Q482 **寡婦年金**を受けられるようになったときの**手続き**は，どのようにするのですか。

A **寡婦年金**を受けられるようになったときは，「**年金請求書（国民年金寡婦年金）**」に必要書類を添付して，住所地の市区町村役場に提出します（国年則60の２，60の９）。なお，年金事務所又は街角の年金相談センターに提出することもできます。提出に際しての必要書類は，

① 死亡した人の年金手帳

② 請求者と死亡した人との身分関係を明らかにすることができる戸籍抄本

③ 請求者が死亡した人と内縁だったら，その事実を証明できる書類（住民票等）

④ 請求者が，被保険者又は被保険者であった人の死亡当時に，その人によって生計を維持されていた（年収850万円以上は認めない）ことを証明する書類

⑤ 請求者が公的年金制度から年金を受けている場合は，それを証明する書類等

Q483

死亡一時金を受け取れるようになった場合の**手続き**は，どのようにすればよいのですか。

A **死亡一時金**を受けられるようになったときは，「**国民年金死亡一時金請求書**」に必要書類を添えて提出します。提出先は，住所地の市区町村役場です（国年則61，62)。なお，年金事務所又は街角の年金相談センターに提出することもできます。

必要な添付書類は，以下のようになります。

① 死亡した人の年金手帳

② 死亡した人の死亡日を証明するもの，戸籍抄本等

③ 同じく死亡した人との身分関係を明らかにする戸籍抄本等

④ 住民票の写しなど，生計を同一にしていたことを証する書類

Q484

失踪宣告を受けた人について，死亡一時金の**消滅時効の起算日**が取扱いが変わったようですね。どのような趣旨ですか。

A 従来，失踪宣告を受けた人に係る消滅時効の起算日については，死亡とみなされた日（原則として失踪の７年後）の翌日とされていました。平成26年に，この取扱いが改められました。死亡とみなされた日の翌日から２年を経過した後に請求があったものであっても，**失踪宣告の審判の確定日の翌日**から**２年以内**に請求があった場合には，給付を受ける権利について時効を援用せず，**死亡一時金を支給する**こととしたのです。

死亡一時金については，給付を受ける権利が時効にかかれば，何も受給できなくなってしまいます。死亡一時金は，いわゆる掛け捨て防止の考え方に立って，一定期間加入したものの年金給付を受けることなく亡くなった人について一定の金額を支給するものです。このため，失踪宣告を受けた人の死亡一時金の請求期間について，改正が行われました。

<改正前>

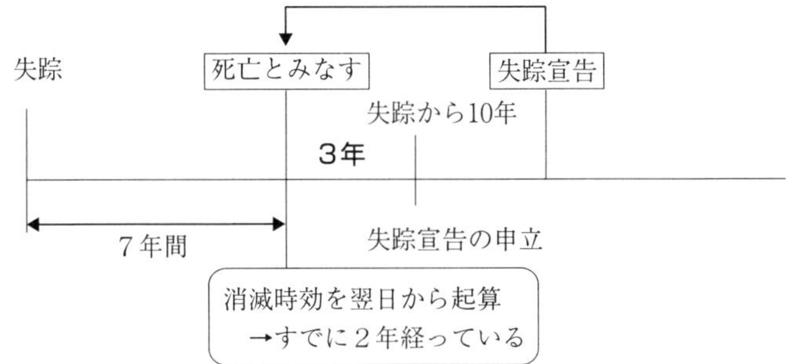
失踪
死亡とみなす
失踪宣告
失踪から10年
3年
7年間
失踪宣告の申立
消滅時効を翌日から起算
→すでに２年経っている

<改正後>

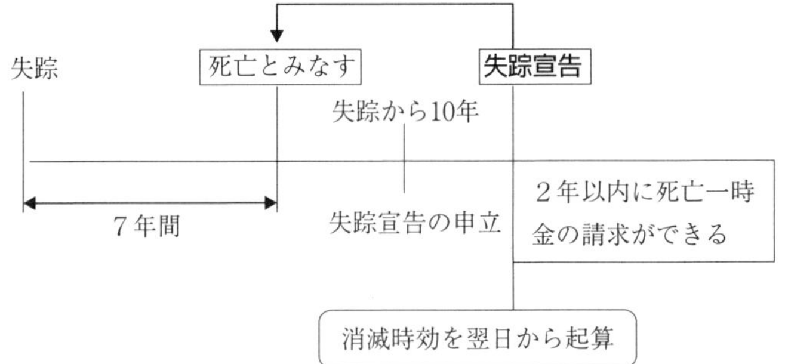
失踪
死亡とみなす
失踪宣告
失踪から10年
7年間
失踪宣告の申立
２年以内に死亡一時金の請求ができる
消滅時効を翌日から起算

Q485 **脱退一時金**というのは，何のことですか。

A **日本に短期在留する外国人**については，在留中に保険料を納付していても，老齢基礎年金・老齢厚生年金等の受給資格期間を満たすまでには至らないことが多く，結局，**保険料が掛け捨て**になってしまう問題が指摘されていました。

この問題については，本来，外国との年金通算協定により解決すべき問題なのですが，平成６年の改正により経過的な措置として，**脱退一時金**の制度が設けられました。つまり，外国との年金通算が可能になるまでは，日本で納付した保険料に見合う分だけの一時金を支給するものです。

なお，この脱退一時金の制度は，国民年金法と厚生年金保険法の双方に，それぞれ設けられています。

Q486 **国民年金の脱退一時金**の支給要件を教えてください。

A **国民年金の脱退一時金**は，**請求日の前日**において，**請求月の前月**までの**第１号被保険者**としての「**保険料納付済期間の月数＋保険料４分の１免除期間の月数の４分の３＋保険料半額免除期間の月数の２分の１＋保険料４分の３免除期間の月数の４分の１**」が**６月以上**ある**日本国籍を有しない者**が，帰国後**２年**以内に**請求**したときに支給されます。

ただし，老齢基礎年金の受給資格期間を満たしている場合には支給されませんし，障害基礎年金等の受給権を有したことがある場合にも支給されません（国年法附則９の３の２）。

国民年金の脱退一時金の額は，どのようになっていますか。

A　請求日の属する月の前月までの第１号被保険者としての保険料納付済期間の月数等に応じて，次の表のとおりです。なお，脱退一時金の額は，次の表の金額を基準として，毎年度，保険料額の引上げに応じて自動的に改定されることになっています。

保険料納付済期間の月数 ＋保険料４分の１免除期間の月数の４分の３ ＋保険料半額免除期間の月数の２分の１ ＋保険料４分の３免除期間の月数の４分の１	金　額
６月以上　12月未満	40,740円
12月以上　18月未満	81,480円
18月以上　24月未満	122,220円
24月以上　30月未満	162,960円
30月以上　36月未満	203,700円
36月以上	244,440円

Q488

厚生年金保険の脱退一時金の支給要件を教えてください。

A　**厚生年金保険の脱退一時金**は，**厚生年金保険の被保険者期間の月数**が**６か月以上**ある**日本国籍を有しない者**が帰国後**２年**以内に**請求**したときに支給されます。

ただし，老齢厚生年金の受給資格期間を満たしている場合には支給されませんし，障害厚生年金等の受給権を有したことがある場合にも支給されません。

Q489 **厚生年金保険の脱退一時金**の額は，どのように決められるのですか。

厚生年金保険の脱退一時金の額は，**被保険者であった期間の平均標準報酬額**（再評価率による再評価はしない）に**支給率**を乗じて得た額です。

この**支給率**は，次のように求めます。

支給率 ⇒ **最終月**※**の属する年の前年10月の保険料率**（最終月が１月から８月までの場合は，前々年10月の保険料率）に**２分の１**を**乗じて得た率**に，**一定の数（6〜36）を乗じて得た率**とする。

※　最終月…最後に被保険者の資格を喪失した日の属する月の前月

被保険者であった期間	支　給　率	
６か月以上12か月未満	保険料率×２分の１×一定の数(６)	小数点以下１位未満の端数は四捨五入する。
12か月以上18か月未満	保険料率×２分の１×一定の数(12)	
18か月以上24か月未満	保険料率×２分の１×一定の数(18)	
24か月以上30か月未満	保険料率×２分の１×一定の数(24)	
30か月以上36か月未満	保険料率×２分の１×一定の数(30)	
36か月以上	保険料率×２分の１×一定の数(36)	

Q 490

特別一時金とは，何のことですか。

A

旧厚生年金保険法で，**障害年金等の受給権者**は，**国民年金**に**任意加入**することができました。そこで，昭和61年４月１日前に国民年金に任意加入した人，又は法定免除（障害等級１，２級により）された保険料を追納した人については，保険料の納付済期間に応じて**特別一時金**が支給されます。

この特別一時金の支給を受けた場合は，その支給の対象となった期間は保険料納付済期間でないものとみなされます。特別一時金を受けた対象旧保険料納付済期間は，老齢給付の支給要件上の保険料納付済期間から除かれ，年金額に反映しないことになります。

支給される**特別一時金の額**は，一時金の対象となる保険料納付済期間が１年以下の期間の人は27,300円です。24年を超え25年に達するまでの期間の人は，682,500円まで決められています（昭60法附則94，昭61措置令136）。

また，付加保険料を納付していた人は，１年以下4,800円から15年を超え15年６月までの76,800円まで加算した額となります。

2　旧制度，通算年金制度の要点に関するQ&A

Q491　**旧国民年金**の給付で，**10年年金**とか**5年年金**といわれるものがありましたが，どのような内容のものですか。

A　昭和36年4月から拠出型国民年金がスタートしたのですが，**10年年金**というのは，当初，高齢任意加入の対象となっていた明治39年4月2日から明治44年4月1日生まれの人たちに**特例加入**を認めたものです。

年金額の計算を以下に示します。

（10年年金の計算例）

① 2,576円×10年（120か月）＝309,120円

② 997円×（300か月－被保険者期間の月数120か月）＝179,460円

③ ①＋②＝309,120円＋179,460円＝488,580円 → 488,600円

明治44年4月1日以前に生まれた人に特例支給される老齢年金の額の計算では，「2,576円」が「3,864円」となります。

（注） 10年年金は，①で計算した定額年金の額309,120円に特別加算の②で計算した179,460円を加えるので，きわめて有利な内容でした。

これは，当時，スタート時に**50歳～54歳**の人たちに**任意加入**として，**10年年金**を設けたのです。

5年年金は，10年年金に加入しなかった人たちを対象に，有利な特例で設けたものです。**受付期間は，昭和45年1月**から**同年6月30日まで**でした。さらに，5年年金は再度，**昭和48年10月1日**から**昭和49年3月31日まで**受け付けました（旧法77，昭60法附則32）。

5年年金の年金額は，**定額制**で403,300円（平成6年10月価格）でしたが，支払保険料に比べ，きわめて有利な内容でした（昭60法附則32）。

Q 492

旧厚生年金保険法の老齢年金は，**大正15年４月１日以前に生まれた**人と昭和61年３月31日までに受給権が発生した人※に支給されるとのことですが，老齢年金の支給要件は，何ですか。

※　共済組合の退職年金，減額退職年金の受給権者については，昭和61年３月31日に55歳以上に達している人に限ります。

次の２要件が必要です。

①　被保険者期間が**20年以上**，又は**40歳**（女子と坑内員，船員は35歳）**以後**の被保険者期間が**15年以上**あること

②　**60歳**（女子と坑内員，船員は**55歳**）以上であること

Q 493

旧厚生年金保険法の**老齢年金**の年金額の**計算**は，どのようになっていましたか。

改正前の旧法の適用者とは，大正15年４月１日以前生まれの人と昭和61年３月以前に受給権が発生した人たちです。この基本年金額の計算は，**定額部分**と**報酬比例部分**に分けて計算します。

（注）　物価スライド特例措置により，平成26年度は次のように計算されていた。特例が適用されるのは平成26年度までである。

定額部分＝3,143円×被保険者期間の月数※1×0.961

報酬比例部分＝平均標準報酬月額×$\frac{10}{1,000}$×被保険者期間の月数※2×1.031×0.961

※1　240か月（20年）未満の場合は240か月とし，420か月（35年）を超えるときは420か月として計算する。

※2　実際に加入した月数で計算する。

加給年金額＝次の【Q494】を参照

Q494

旧厚生年金保険法の老齢年金につく**加給年金額**は，いくらですか。

A

加給年金額は，老齢年金を受けられるようになったときに，その人に**生計を維持**されていた配偶者，18歳到達年度の末日までの子又は１級，２級の障害の状態にある子がいるときは，次の額が加算されて支給されます。

	加給年金額の額
配偶者	224,700円×改定率
１人目，２人目の子（各）	224,700円×改定率
３人目以降の子（各）	74,900円×改定率

Q495

通算老齢年金とは，何のことですか。

A

旧制度では，現在のように基礎年金という考え方がなかったので，**各年金制度間**を渡り歩いた人たちの年金は，**それぞれの制度から**加入期間にみあった額が支給されています。

厚生年金保険から支給される年金額は，次の算式で計算し，合算します。

（注） 物価スライド特例措置により，平成26年度は次のように計算されていた。特例が適用されるのは平成26年度までである。

定額部分＝3,143円×被保険者期間の月数×0.961

報酬比例部分＝平均標準報酬月額×$\frac{10}{1,000}$×被保険者期間の月数×1.031×0.961

なお，老齢年金の場合と異なり被保険者期間の月数は，実際の被保険者期間の月数で計算します。

また，加給年金額も加算されません。

Q 496

旧国民年金の**通算老齢年金**は，大正15年４月１日以前に生まれた人と昭和61年３月以前に受給権が発生した人を対象に支給されるそうですが，その他の要件は，何でしょうか。

A

国民年金の保険料納付済期間，保険料免除期間を１年以上有し，かつ老齢年金の受給資格期間を満たしていない人が，通算対象期間が25年以上あるか，又は国民年金以外の通算対象期間が20年以上あるか等の要件を満たすと，**それぞれの制度から加入期間に対応**した**金額**が支給されます。

Q 497

通算老齢年金の受給要件を満たしたとして国民年金から支給される**年金額**は，どのように計算されますか。

A

国民年金から支給される**年金額**の計算は，次のようになります。

（注）　物価スライド特例措置により，平成26年度は次のように計算されていました。特例が適用されるのは平成26年度まででです。

（2,576円×保険料納付済期間の月数）

＋（2,576円×保険料免除期間の月数×$\frac{1}{3}$）×0.961

◎　**明治44年４月１日以前**に生まれた人の場合は，「**2,576円**」を「**3,864円**」に読み替えて計算します。

◎　付加保険料を納めた期間については，「200円×付加保険料納付済期間の月数」が加算されます。

Q 498

通算老齢年金の**支給期間**は，どのようになっていますか。

A

国民年金の通算老齢年金は，原則として**65歳に達した日**の属する月の翌月から**死亡月まで**支給されます。

通算老齢年金にも繰上げ支給の制度があって，65歳前であっても希望すれば，希望した年齢から減額された年金額が支払われます。減額率は，老齢基礎年金の繰上げ支給の減額率（昭和16年４月１日以前に生まれた者用）と全く同じです。

Q499 私は会社員を17年間勤め，その後**旧国民年金**に加入していた期間が９年間あります。年金は受け取れますか。

A 受け取れます。貴方の場合は，受給権発生時で**旧法の適用**という場合です。17年間＋９年間＝26年間で，**資格期間25年以上**を満たします。60歳からは厚生年金保険の通算老齢年金が，65歳からは国民年金の通算老齢年金が支給されます。

Q500 私の妻は，**旧厚生年金保険**に15年間加入した後に専業主婦となり，旧国民年金の**任意加入をしなかった期間**が12年間あります。年金受給権はありますか。

A あります。旧厚生年金保険被保険者期間15年間＋任意加入しなかった期間12年間＝27年間です。25年以上の資格期間を満たしていますので，60歳から厚生年金保険の**通算老齢年金15年分**が支給されます。

Q501 通算年金制度には，**受給資格期間短縮の取扱い**があったそうですが，どのような内容でしょうか。

A まず通算年金制度の受給資格期間は旧法の適用で，合算した期間が**25年以上が原則**です。厚生年金保険９年，共済組合10年，国民年金６年で合算25年以上というケースです。これが**国民年金以外だけ**ですと，**合算20年以上**でよいのです。共済組合10年と厚生年金保険10年でもよいということです。さて，**受給期間短縮の特例**ですが，次に示すように，生年月日によって10年まで短縮されていました。

〔例　示〕

①　大正５年４月１日以前に生まれた人……**10年**

②　昭和４年４月２日から昭和５年４月１日までの間に生まれた人……24年

生年月日により，**24年から10年まで**短縮する特例を認めていたのです。

Q502

旧通算老齢年金で**合算されない期間**には，どのようなものがありますか。

A

通算年金制度のもとで，**１年未満の加入期間は通算されません**。さらに，**脱退手当金**を受けた加入期間は除きます。旧法時代，厚生年金保険では加入期間が５年以上，船員保険では加入期間が３年以上，共済組合では加入期間が１年以上ある人が60歳に達し，いずれの年金も受けられないときは，脱退手当金（共済組合では，脱退一時金といいます）を請求により支給する制度がありました。脱退手当金は，旧制度時代，支給要件に特例があり，過去においては短い加入期間で若い年齢でも支給されたケースがあり，権利を完全に失うと新法のもとでも被害が大きいということで，昭和36年４月１日以後の期間対応分で旧法時代の**昭和61年３月31日まで**に受け取ってしまった人については，その対応する期間につき国民年金の**合算対象期間**として扱われることになったのです。

3　給付の制限，費用の負担，不服申立て等に関するQ&A

Q503　給付制限とは，何のことでしょうか。

A　給付事由をわざと起こして，給付を受け取ることって，許されませんね。これって，わかりやすくいえば「保険金詐欺」ですよね。

そこで，どんな保険においても，わざと給付事由を起こしたような場合は，「給付を行わない」などとして，給付を制限することにしています。

国民年金と厚生年金保険では，次のような給付制限の規定を設けています。

1　絶対的給付制限

次の者には，障害・死亡に関する給付（保険給付）は行わない
①　故意に障害又は直接の原因となった事故を生じさせた者
②　被保険者又は被保険者であった者を故意に死亡させた者
③　被保険者又は被保険者であった者の死亡前に，その者の死亡によって遺族厚生年金等の受給権者となるべき者を故意に死亡させた者

2　裁量的給付制限

次の者には，障害・死亡に関する給付（保険給付）は全部又は一部を行わないことができる
イ自己の故意の犯罪行為，**ロ重大な過失**，**ハ正当な理由がなくて療養に関する指示に従わないこと**のいずれかにより，障害もしくは死亡もしくはその**原因**となった事故を生じさせ，又は障害の程度を増進させた者（厚生年金保険法では，“回復を妨げた者”も含む）

3　受給権の消滅

次の場合，遺族基礎年金（遺族厚生年金）の受給権は消滅する
受給権者が他の受給権者を故意に死亡させたとき

4　全部又は一部の支給停止

次の場合，年金の額の全部又は一部につき，その支給を停止することができる
①　受給権者が，正当な理由がなくて，厚生労働大臣の書類等の提出命令に従わず，又は当該職員の質問に応じなかったとき
②　障害基礎年金（障害厚生年金）の受給権者又は子の加算（加給年金額）の対象者である子が，正当な理由がなくて，厚生労働大臣の受診命令に従わず，又は当該職員の診断を拒んだとき
③　障害厚生年金の受給権者又は加給年金額の対象者である子が，故意もしくは重大な過失により，又は正当な理由がなくて，療養に関する指示に従わないことによりその回復を妨げたとき（この③の規定は，厚生年金保険に限る）

（注）厚生年金保険に限り，次のような制限もある。

◎　**保険料の徴収権が時効によって消滅した場合の制限**

保険料を徴収する権利が時効によって消滅したときは，当該保険料に係る被保険者であった期間に基づく保険給付は行わない。

ただし，事業主からの被保険者の資格取得の届出，被保険者からの資格取得の確認の請求又は原簿の訂正の請求があった後に，保険料を徴収する権利が時効によって消滅したものであるときは，この限りでない。

◎　**障害等級に関する制限**

障害厚生年金の受給権者が，故意もしくは重大な過失により，又は正当な理由がなくて療養に関する指示に従わないことにより，その障害の程度を増進させ，又はその回復を妨げたときは，厚生労働大臣は増額改定を行わないことや等級を下げて減額改定を行うことができる。

5　支払の一時差し止め

次の場合，年金の支払を一時差し止めることができる
受給権者が，正当な理由がなくて，法令に基づく届出をせず，又は書類等を提出しないとき

Q504

給付の制限で，**故意**とか**重大な過失**によりといっていますが，どのように違うのでしょうか。

A この**故意**と**重大な過失**について，通達が出ているのです。それによりますと，「**故意**」とは，自分の行為が必然的に障害又は死亡等の結果を生ずるのであろうことを**知りながら**あえてすることをいいます。それに対して「**重大な過失**」は，一定の結果を生ずるであろうことを何人も容易に知るべきでありながら，**不注意で知らない**ですることをいっております（昭34. 8.21年福発30）。

Q505

給付の制限で故意の障害は支給しないといっていますが，**自殺した人の遺族**は，**遺族給付**を受け取れませんか。

A 自殺のように絶対的な事故の場合には，**遺族給付**については遺族に責任があるわけではないので支給されます。旧法時代，夫の死亡が自殺による場合でも，母子福祉年金は支給されるという行政解釈が示されています（昭34. 9.21年発182）。

Q506

夫の死亡の原因が**飲酒上の争い**による**結果**であったときは，遺族給付は行われないのですか。

A 夫の死亡の原因が，酒を飲んでけんかの結果である事例ですが，こういうケースでも遺族基礎年金が支給されることはあります。**遺族給付**の場合は，行政解釈もゆるやかに適用し，**給付制限は行わない**場合が多いようです。遺族に責任がないということと，死亡事故という絶対的事故のためでしょう（昭37. 2.12年福発11）。

Q 507　自動車事故で夫が**飲酒運転**によって**障害者**になった場合は，障害基礎年金は支給されませんか。

A　飲酒運転ですから過失責任は免れないのですが，事情により給付制限もされないで支給された事例もあります。このような場合でも，**事情をよく調査**し，国民年金法第70条の適用をしているようです（昭48．８．９庁文発1750）。

Q 508　給付制限で，「正当な理由なく」という意味は，どういうことをさしますか。

A　「正当な理由」とは，震災，風水害，火災，交通通信機関のと絶等，本人の責に帰せられない理由による場合をさす（昭37．５.24年国発９）とされております。

Q 509　自己の**犯罪行為**により，障害や死亡の原因となった事故を生ぜしめたときというのは，どのような場合ですか。

A　犯罪行為の中には，広く**行政犯も含める**のが妥当である（昭29.10.５保文発115）といっていますから，**刑法上の犯罪行為**のすべてを含むと解せられます。被保険者の自己の故意の犯罪行為による場合には，障害厚生年金又は障害手当金の「**全部又は一部を行わないことができる**」こととされています。

Q510 保険給付の制限で**重大な過失**による場合とは，**どの程度**をいうのですか。

A 行政解釈が**ゆるやかで**「単なる自動車事故」は，重大な過失によるものとは思われず，また「私用で職務時間中上司に無断で自動車を借用し」は，「重大な過失」の判断に際して何ら影響を及ぼすものではない（昭29．8.11保発66）としています。また，次のような通達もあります。「被保険者が勤務終了後，金もうけのため，グループで会社の三輪車を無断持ち出し，運転を誤まり右上肢欠損という障害をうけた場合」，無断持ち出しと障害事故とに相当因果関係は認められない（昭40．9．3庁文発6738）。

以上の通達をみてもわかるように，なるべく保険給付してあげましょうという行政当局の姿勢が感じられます。

Q511 **故意や過失による死亡**は，遺族厚生年金の保険給付に，どのような制限が加わりますか。

A 厚生年金保険法第73条の２では，障害だけでなく**死亡**についても，**故意や重大な過失**によるものは，保険給付の全部又は一部を行わないことができると規定しています。死亡した被保険者の故意や過失は，遺族に責任がないので，広く保険給付を認めています。遺族給付については，「保険給付の制限を行う場合は，**遺族の生活状態を勘案**のうえ，妥当な決定を行われたい。」（昭31．1.12保文発185）という通達があります。また，「自殺により保険事故を生じた場合の遺族年金の給付制限については，自殺行為は何らかの精神異常に起因して行われる場合が多く，たとえその行為者が外見上通常人と全く同様の状態にあったとしても，これをもって直ちに故意に保険事故を発生せしめたものとして給付制限を行うことは適当ではないと考えられる。」（昭35.10.６保険発123）という通達が出ています。

Q512　厚生年金保険法では，**給付制限の一つ**として障害等級を下げることがあるのですか。

A　そうです。障害厚生年金の受給権者が，故意もしくは重大な過失によって，又は正当な理由がないのに療養の指示に従わないことによりその障害の程度を増進させたり回復を妨げたりしたときは，増額改定をしないだけでなく，障害厚生年金の**等級を下げた年金額**に改定されることがあります（厚年法74）。

Q513　「支給停止」と「支払の一時差し止め」というのは，違うのですか。

A　「支給停止」の場合は，その事由が消滅しても，停止されていた期間の分が支給されることはありません。

一方，「**支払の一時差し止め**」の場合は，支給停止とは違って，**その事由が消滅すればさかのぼって支払われる**ことになります。つまり，差し止められていた期間の分も支払われることになります。

Q514　基礎年金の給付に要する費用について国庫負担が行われているようですが，その割合が平成16年の改正で引き上げられたようですね。さらに，「税方式」についても議論されているようですね。これらについて，教えてください。

A　公的年金は一定期間にわたり保険料を拠出し，それに応じて年金を受け取る社会保険方式で運営されています。ただし，**基礎年金**については，**給付費の一部が国庫負担（つまりは税金）**で賄われています。この基礎年金給付費の国庫負担割合が，平成16年の年金制度改正において見直され，３分の１から２分の１へ引き上げられることになったのは，先に述べたとおりです。

現在の人口構成では，社会保険方式のみによる公的年金の運営が限界に来ているため，国庫負担（つまりは税）で賄う部分を増やさざるを得ないといえます。

これよりさらに進んだ考え方が，「**税方式**」です。これは，基礎年金については，社会保険方式を取りやめ，**基礎年金の給付費を全額税**で賄う方式です。将来的には，この方式が導入されることになるかもしれません。

Q515 国民年金における**国庫負担**について，具体的に教えてください。

A 今まで，本書では，基礎年金給付費の国庫負担については幾度か取り上げましたが，特別な国庫負担や事務費の国庫負担についてはくわしく取り上げていませんでした。ご質問の趣旨は，それらを含め，くわしく説明して欲しいということでしょう。少々細かい内容となりますが，以下にまとめておきます。

1 基礎年金の給付費についての国庫負担

◎ **「2分の1」への引上げが完了するまでの経過措置**（平16法附則14）

国庫は，毎年度，次の費用の一定割合を負担する。

① **基礎年金の給付に要する費用（第1号被保険者分）の総額**※
=その **3分の1＋1,000分の25**

② 保険料4分の1免除期間（「480－保険料納付済期間の月数」を限度とする）に係る老齢基礎年金の給付に要する費用
=その**10分の1**（**12分の1÷6分の5**〔年金額への算入割合〕）

③ 保険料半額免除期間（「480－保険料納付済期間の月数－保険料4分の1免除期間の月数」を限度とする）に係る老齢基礎年金の給付に要する費用
=その**4分の1**（**6分の1÷3分の2**〔年金額への算入割合〕）

④ 保険料4分の3免除期間（「480－保険料納付済期間の月数－保険料4分

の１免除期間の月数－保険料半額免除期間の月数」を限度とする）に係る老齢基礎年金の給付に要する費用

＝その**２分の１**（４分の１÷２分の１〔年金額への算入割合〕）

⑤　保険料全額免除期間に係る老齢基礎年金の給付に要する費用

＝その全額（３分の１÷３分の１〔年金額への算入割合〕）

⑥　20歳前傷病による障害基礎年金の給付に要する費用＝その**100分の38**

※　①の基礎年金の給付に要する費用の総額からは②～⑥の特別の国庫負担分の額が除かれる。逆にいえば，**②～④⑥の残りの部分**については，**３分の１＋1,000分の25**の国庫負担がされるということになる。

※　1,000分の25は，平成19年，20年は1,000分の32とされていた。次の【Q516】も同様である。

◎　**「２分の１」への引上げの完了以後**（国年法85①）

国庫は，毎年度，次の費用の一定割合を負担する。

①　**基礎年金の給付に要する費用（第１号被保険者分）の総額**※

＝その **２分の１**

②　保険料４分の１免除期間（「480－保険料納付済期間の月数」を限度とする）に係る老齢基礎年金の給付に要する費用

＝その**７分の１**（**８分の１**÷**８分の７**〔年金額への算入割合〕）

③　保険料半額免除期間（「480－保険料納付済期間の月数－保険料４分の１免除期間の月数」を限度とする）に係る老齢基礎年金の給付に要する費用

＝その**３分の１**（**４分の１**÷**４分の３**〔年金額への算入割合〕）

④　保険料４分の３免除期間（「480－保険料納付済期間の月数－保険料４分の１免除期間の月数－保険料半額免除期間の月数」を限度とする）に係る老齢基礎年金の給付に要する費用

＝その**５分の３**（**８分の３**÷**８分の５**〔年金額への算入割合〕）

⑤　保険料全額免除期間に係る老齢基礎年金の給付に要する費用

＝その**全額**（**２分の１**÷**２分の１**〔年金額への算入割合〕）

⑥　20歳前傷病による障害基礎年金の給付に要する費用

＝その**100分の20**

※　①の基礎年金の給付に要する費用の総額からは②～⑥の特別の国庫負担分の額が除かれる。逆にいえば，②～④⑥の残りの部分については，２分の１の国庫負担がされるということになる。

平成21年度以後，国庫は「３分の１＋1,000分の32」との**差額を負担**してきた。平成24年度・25年度は，**公債の発行**による収入を活用した。平成26年度以後の各年度については，**消費税引上げ**による収入を活用する。次の**【Q516】**も同様である。

（注）　学生納付特例期間（若年者納付猶予期間も同様）については，老齢基礎年金の額の計算に算入されないので，国庫負担の問題は生じない。

２　事務費の国庫負担

国庫は，毎年度，予算の範囲内で，国民年金事業の事務の執行に要する費用を負担する（国年法85②）。

Q516

厚生年金保険における**国庫負担**について，具体的に教えてください。

A

厚生年金保険においても，**基礎年金給付費の国庫負担（＝基礎年金拠出金に対する国庫負担）**の他に，昭和36年４月１日前の被保険者期間に係る給付費や事務費についても国庫負担が行われています。

１　基礎年金の給付費（基礎年金拠出金）についての国庫負担

◎　**「２分の１」への引上げが完了するまでの経過措置**（平16法附則32）

国庫は，毎年度，厚生年金保険の管掌者たる政府が国民年金法の規定により負担する基礎年金拠出金の額に，**３分の１に1,000分の25を加えた率を乗じて得た額**に相当する額を負担する。

◎　**「２分の１」への引上げの完了以後**（厚年法80①）

国庫は，毎年度，厚生年金保険の管掌者たる政府が国民年金法の規定により負担する基礎年金拠出金の額の２分の１に相当する額を負担する。

２　昭和36年４月１日前の被保険者期間に係る給付費についての国庫負担

国庫は，毎年度，昭和36年４月１日前の被保険者期間に係る給付に要する費用を，次の率で負担する（昭60法附則79）。

一般の被保険者	その期間に係る保険給付に要する費用	100分の20
坑内員・船員		100分の25

3　事務費の国庫負担

国庫は，毎年度，予算の範囲内で，厚生年金保険事業の事務（基礎年金拠出金の負担に関する事務を含む）の執行に要する費用を負担する（厚年法80②）。

Q517

国民年金の保険料について，説明してください。

A　国民年金の**保険料**は，現在，保険料水準固定方式により，毎年度280円ずつ引き上げられているところです。最終的には，月額16,900円で固定されます（国年法87）※。

また，第１号被保険者（任意加入も含む）は，更に**月額400円の付加保険料**を納めることができます（国年法87の２，国年法附則５⑩）。

※　国民年金の保険料の額

平成16年の改正前	月額13,300円
平成17年度	月額13,580円×保険料改定率（平成17年度は１）
平成18年度	月額13,860円×保険料改定率
平成19年度	月額14,140円×保険料改定率
⋮	毎年度，基本額を280円ずつ引き上げ
平成26年度	月額16,100円×保険料改定率
平成27年度	月額16,380円×保険料改定率
平成28年度	月額16,660円×保険料改定率
平成29年度以降（最終水準）	**月額16,900円×保険料改定率**

保険料改定率は，毎年度，賃金の変動に応じて改定される。

Q518

国民年金の保険料の納付義務を負っているのは，誰ですか。

A　まず，**被保険者**は，保険料を納付しなければいけません。**世帯主**は，その世帯に属する被保険者の保険料を連帯して納付する義務を負っております。また，**配偶者**は，お互いに他方の保険料を連帯して納付する義務を負っているのです（国年法88)。この配偶者には，別居している者を含むこととされています（昭35．9.21年国発48)。

Q519

国民年金の保険料は，どのように納めるのですか。

国民年金の保険料は，日本年金機構から送られてくる納付書（国民年金保険料納付案内書）によって納めることになります。

納付の窓口は，**全国の銀行・郵便局**，農協，漁協，信用組合，信用金庫，労働金庫です。また，現在では，これらの他に**コンビニエンスストア**でも納付することができるよう窓口が拡大されています。ドラッグストア，病院内の売店等でも，公共料金収納端末があれば納付できますし，あらかじめ申し込みをすれば**クレジットカード**による納付も可能です。

さらに，自宅からインターネット等を利用して，国民年金の保険料を納付する方法もあります（ただし，この電子納付についてはあらかじめ利用する金融機関と契約を結ぶ必要があります)。

そして最後に，これが最も納付が確実であるとして，日本年金機構が推奨している方法を紹介します。それは**口座振替**です。この口座振替の申込みや引落としには，一切手数料がかかりません。

Q520

保険料の納期限は，**翌月末日まで**となっていますが，その月の末日が日曜日の場合は，どのようになりますか。

A

納期限の当日が法定の休日であった場合は，民法の規定が適用されます。国税通則法で，納期限の当日が日曜日や国民の祝日に当たるときは，その日の**翌日**をもって期限とみなすことになっています。

Q521

保険料は，まとめて納めると有利であると聞きました。本当ですか。

A

国民年金の保険料は，まとめて納めることができます。これを保険料の前納制度といいます。保険料を前納した場合は，その期間に応じて保険料が割り引かれます。

前納の単位は，２年度分，１年度分，６か月（４月～９月分，10月～３月分）の選択となります。**２年度分の前納は，口座振替に限ります**。そのほかの前納は，現金でも口座振替でもすることができます。

なお，まとめて納めるものではありませんが，口座振替による早割の制度もあります。これは，毎月の保険料をその納期限より１か月早く納付すれば，毎月50円ずつ割り引く制度です。

Q522

国民年金の**保険料の徴収**は，国税徴収の例によって徴収するとありますが，**死亡**した被保険者に**滞納保険料**がある場合は，どのようになりますか。

A

保険料納付義務者が保険料を滞納して死亡してしまったケースですが，このような場合は，**相続人に納付義務**が発生します。

死亡した被保険者に滞納保険料がある場合にあっては，国民年金法第95条の規定により，国税徴収法第139条の納付義務の承認の規定が適用され，相続人に納付義務が発生することになっています（昭35.12.15年国発82）。

Q523 国民年金，厚生年金保険の保険料の**督促**及び**滞納処分**について，説明してください。

A 保険料，徴収金を滞納する人に対して，厚生労働大臣は，**期限を指定**して督促します（国年法96，厚年法86）。

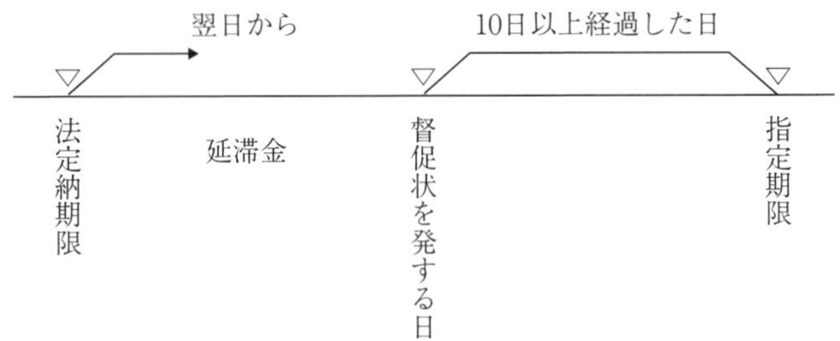

① 厚生労働大臣……期限の指定

② 指定する期限……督促状を発する日から起算して10日以上経過した日

③ 指定期限まで納付しない……国税滞納処分の例によって処分

④ 市町村……処分の請求を受けたときは，市町村税の例によって処分。厚生労働大臣は徴収金の100分の４相当額をその市町村に交付

⑤ 先に経過した月の保険料から順次充当し，１か月の保険料に満たない端数は，納付義務者に交付する。

Q524 国民年金，厚生年金保険の保険料を納期限までに納めないときの**督促状**とは，どのような効力があるのですか。また，**延滞金**とは，何のことですか。

A まず差し押えるにしても，その前提として，督促状を出すことが必要です。督促状を発行すると**時効中断の効力**が生じます。

督促状に指定した期日までに納付しない場合は，法定納期限の翌日から保険料完納又は財産差し押えの日の前日まで，原則として年14.6％の割合で**延滞金**を課すことになっています（国年法97，厚年法87）。

Q 525 厚生年金保険の保険料の額は，どのように計算するのですか。

A 厚生年金保険の保険料の額は，現在，「標準報酬月額及び標準賞与額に，それぞれ保険料率を乗じて得た額」とされています（厚年法81③)。簡単にいうと，保険料は，①毎月，報酬（給料等）を基礎として徴収され，さらに，②賞与（ボーナス等）が支払われたときには，賞与を基礎として徴収されます。

［毎　　　月］	**標準報酬月額＊×保険料率**
［賞与支払時］	**標準賞与額＊＊×保険料率**（保険料率は上と同じもの）

＊標準報酬月額……報酬を定時決定などの方法で一定の範囲で区切ったもの
（第１級98,000円～第30級620,000円）
＊＊標準賞与額……賞与の額の1,000円未満の端数を切り捨てたもの
（上限150万円）

なお，賞与（標準賞与額）について，毎月の保険料と同率で，保険料を賦課するようになったのは，**平成15年４月**からです。なお，この仕組みは，「**総報酬制**」とよばれています。

Q 526 **厚生年金保険の保険料率**について，説明してください。

A 厚生年金保険の保険料率は，現在，保険料水準固定方式により，毎年，段階的に引き上げられているところです。**最終的には，1,000分の183**で固定されます（厚年法81)。

厚生年金保険の保険料率

	原則的な保険料率（第１種・第２種・第４種被保険者）	坑内員・船員の保険料率（第３種被保険者）
平成16年の改正前	1,000分の135.8	1,000分の149.6
平成16年10月～平成17年８月	1,000分の139.34	1,000分の152.08
平成17年９月～平成18年８月	1,000分の142.88	1,000分の154.56
平成18年９月～平成19年８月	1,000分の146.42	1,000分の157.04
	毎年1,000分の3.54ずつUP	毎年1,000分の2.48ずつUP
平成26年９月～平成27年８月	1,000分の174.74	1,000分の176.88
平成27年９月～平成28年８月	1,000分の178.28	1,000分の179.36
平成28年９月～平成29年８月	1,000分の181.82	1,000分の181.84
平成29年９月以後	1,000分の183.00	1,000分の183.00

なお，**存続厚生年金基金の加入員**である被保険者にあっては，**これらの率**から**免除保険料率**を**控除して得た率**が厚生年金保険の保険料率となります。

Q527 いわゆる**旧三公社（旧JR共済，旧JT共済，旧NTT共済）**は，平成９年４月から厚生年金保険に統合され，厚生年金保険の適用を受けるようになったようですね。しかし，その**保険料率に特例**が設けられていたようですね。

A はい，厚生年金保険に統合された旧三公社に係る厚生年金保険の保険料率は，次のようになっています。旧NTT共済を除き，平成21年８月までの間は，原則的な厚生年金保険の保険料率より高い率となっていました。これは，旧JR共済，旧JT共済の掛金率が高かったことから，それを据え置いたためです。

なお，平成29年９月以後は，すべての厚生年金保険の保険料率が1,000分の183で統一されます。

	旧ＪＲ共済	旧ＪＴ共済
平成16年10月～平成21年８月	1,000分の156.90	1,000分の155.50
そ の 後	原則的な保険料率と同率 （毎年引き上げ，**平成29年９月以後**は，1,000分の183.00）	

（注）旧NTT共済は，当初から，原則的な厚生年金保険の保険料率と同率である。

Q528

旧農林漁業団体職員共済組合は，平成14年４月から厚生年金保険に統合され，厚生年金保険の適用を受けるようになったようですね。その**保険料率についても**，**特例**が設けられていたようですね。

A

はい，厚生年金保険に統合された**旧農林漁業団体職員共済組合**に係る厚生年金保険の保険料率は，次のようになっています。

平成29年９月以後は，1,000分の183となります。

	旧農林漁業団体職員共済組合関連の事業所
平成16年10月～平成20年８月	原則的な厚生年金保険の保険料率＋1,000分の7.70
そ の 後	原則的な保険料率と同率 （毎年引き上げ，**平成29年９月以後**は，1,000分の183.00）

Q529

存続厚生年金基金の加入員の厚生年金保険の保険料率は，どのようになりますか。

A

存続厚生年金基金の加入員は，①**通常の保険料率**（最終的には1,000分の183）**から免除保険料率を差し引いた率**が厚生年金保険の保険料率となり，これに基づき計算した保険料を**国に納めます**。そして，②**免除保険料率**（厳密には，これを基準に決定された掛金率）に基づき計算した保険料（掛金）を**存続厚生年金基金に納めます**。

なお，**免除保険料率**は，厚生労働大臣が，存続**厚生年金基金ごとに決定**することになっています（平25法附則５）。

Q530

厚生年金保険の保険料は，**被保険者負担分**と**事業主負担分**とに分けられるようですが，どのようになっていますか。

A

保険料は，被保険者と事業主がそれぞれ**半額ずつ負担**することとされ，事業主が両方の負担分を納付する義務があります。被保険者の報酬から**源泉控除**し，**納付事務**についても，**事業主の責任**になります。毎月の保険料は，**翌月末日までに**納付します（厚年法83）。

Q531

第４種被保険者，高齢任意加入被保険者，船員任意継続被保険者の保険料の納付事務等の取扱いについて，説明してください。

A

ここでは，**納期限等**を示します。

◎　**第４種被保険者**については，納期は**その月の10日まで**です。

◎　事業主の同意を得られなかった**高齢任意加入被保険者**についての納期は，**翌月末日まで**です。

◎　**船員任意継続被保険者**の納期は，第４種と同様**その月の10日まで**です。

（注）第４種被保険者，事業主の同意を得られなかった高齢任意加入被保険者及び船員任意継続被保険者の**保険料の負担**については，**全額被保険者本人**の**負担**となります。

◎　また，初めて納付すべき保険料を滞納し，督促状の指定期限までに納付しない場合には，適用事業所に使用されている事業主の保険料負担につき同意を得られていない高齢任意加入被保険者と第４種被保険者，船員任意継続被保険者は，はじめから被保険者にならなかったものとみなされます（厚年法附則４の３，昭60法附則43⑦，44②）。

Q532　厚生年金保険料の源泉控除の件ですが，事業主は，通貨をもって報酬を支払う場合には，被保険者が負担すべき**前月分の保険料を控除**できるとあります。ところが，被保険者が事業所に使用されなくなった場合には，前月分とその月分の保険料を控除できるのは，なぜですか。

A　源泉控除される保険料が前月分であるのは，わかると思います。厚生年金保険の被保険者期間が厚年法第19条にあるように，「資格を**取得した月から**，その**資格を喪失した月の前月まで**」を算入とあります。このように規定しておきながら，退職した月は前月分とその月分の２か月分を報酬から控除できるのはおかしいですね。しかし，次の**〔例2〕**のケースでは，それが可能となります（厚年法84①カッコ書）。

〔例１〕　退職日　５月30日
　　　　喪失日　５月31日（翌日喪失の原則）
（注１）　このケースは，前月分しか控除できない。
（注２）　**退職日が月末の日**であるときのみ，**前月分**と**その月分**の**２か月分控除**できる。

〔例2〕　退職日　５月31日
　　　　喪失日　6月1日
（注）　退職日が月末日の場合は，喪失日が翌日なので月が改まる。
この**月末に退職**した場合のみ，**前月分**と**その月分**の保険料を控除できる。
４月分と５月分の２か月分を控除し，事業主は自己負担分をそえて納付する。被保険者期間も当然，２か月分算入される。

Q533　**育児休業期間中の保険料の免除制度**について，教えてください。

A　平成７年４月から，１歳に満たない子の養育に係る育児休業の期間中の被保険者について，その厚生年金保険の保険料の被保険者負担分が免除されることとされました。ついで，平成12年４月からは，被保険者負担分に加え，事業主負担分も免除されることになりました。免除される期間は，いずれの場合も，「**事業主が申出をした日の属する月**から**育児休業等が終了する日の翌日が属する月の前月**まで」でした。

そして，前述のとおり，**平成17年４月**からは，育児に係る**厚生年金保険の保険料の免除の対象となる休業**が，「１歳に満たない子の養育に係る育児休業」から「**３歳に満たない子の養育に係る育児休業等**※」に延長されました。

同時に，免除される期間も，「**育児休業等を開始した日の属する月**から**育児休業等が終了する日の翌日が属する月の前月**まで」とされました（厚年法81の2）。

※　**育児休業等**……育児・介護休業法に規定する育児休業又は同法に規定する**育児休業の制度に準ずる措置による休業**（簡単にいえば，**３歳に満たない子の養育に係る休業**）をいいます。

なお，この規定は，**事業主**が厚生労働大臣に**申出**をすることにより適用されます。このことは，この規定の実施当初から変更はありません。

Q534　**産前産後休業期間中の保険料の免除制度**について，教えてください。

A　平成26年４月から，産前産後休業の期間の厚生年金保険の保険料が，育児休業中と同様に免除されることになりました。基本的な仕組みは，育児休業中の免除と同じです。健康保険法においても，同様に改正されています。

なお，**産前産後休業から引き続き休業している**場合でも，育児休業期間中の免除については，**あらためて申出**をしなければなりません。

厚生年金保険の保険料の**繰上徴収**ができるのは，どのような場合ですか。

A　保険料は，次の場合には**納期前**であっても，すべて徴収することができます。

①　**納付義務者**が，次のいずれかに**該当**するとき
　イ　国税，地方税その他の公課の滞納があり，滞納処分を受けるとき
　ロ　強制執行を受けるとき
　ハ　破産手続開始の決定を受けたとき
　ニ　企業担保権の実行手続の開始があったとき
　ホ　競売の開始があったとき
②　法人である納付義務者が**解散**した場合
③　被保険者の使用される**事業所**が**廃止**された場合
④　被保険者の使用される船舶について船舶所有者の変更があった場合，又はその船舶が滅失し，沈没し，もしくは全く運行に堪えなくなった場合

このような場合は，保険料を**納期前**に早く**徴収**することができるようにしたのです（厚年法85）。

厚生年金保険の**保険料の納付義務を被保険者自身**が負わなければならない場合とは，どのようなケースですか。

A　厚生年金保険料の納付義務は，原則として事業主です（厚年法82②）。

例外として，被保険者自ら納付義務を負う場合は，まず，**第４種被保険者**と**船員任意継続被保険者**です。もう一つは，適用事業所に使用される**高齢任意加入被保険者**で，事業主の同意が得られなかった場合は，自ら納付義務を負います。

（注） 注意すべきは，**任意単独被保険者**（厚年法10）と**適用事業所以外の事業所**に使用される**高齢任意加入被保険者**の場合は，納付義務を事業主が負うことと，保険料の２分の１を事業主が負担することを，事業主が同意してはじめて加入できるので，納付義務者は事業主だけになります。

延滞金の計算で，厚生年金保険法と国民年金法の取扱いが異なるところがあると聞きましたが，どこでしょうか。

A

厚生年金保険法と国民年金法を比べてみます。

厚生年金保険法第87条	国民年金法第97条
保険料額の14.6% （納期限の翌日から３月は7.3%）	徴収金額の14.6% （納期限の翌日から３月は7.3%）
保険料額1,000円未満端数切捨て	徴収金額500円未満端数切捨て
延滞金の金額100円未満切捨て	延滞金の金額50円未満切捨て

このように，延滞金についての取扱いが異なります。

なお，延滞金は，原則として年14.6%の割合で，**納期限の翌日から徴収金完納又は財産差し押えの日の前日までの日数**によって計算することとされています（このことについては，両法律に共通）。

※ 当分の間，**各年の特例基準割合が年7.3%に満たない場合**は，次のようになります。

① 14.6% → 特例基準割合＋7.3%

② 7.3% → 特例基準割合＋１%

特例基準割合とは，各年の前々年10月～前年９月の各月の，「銀行の新規の短期貸出約定平均金利」の合計を12で除して得た割合（財務大臣が告示）に，年１%を加算したものです。

Q538

延滞金は，どのようなときに徴収されるのですか。

A　厚生労働大臣は，国民年金・厚生年金保険の保険料その他の徴収金の滞納者があれば，督促状を発する日から起算して10日以上を経過した日を期限（指定期限）として，その納付を**督促**することになります。

延滞金は，厚生労働大臣がこの**督促をしたときに徴収**することとされています。ただし，督促状に指定する期限までに完納した場合など一定の場合には，延滞金は徴収しないこととされています。

Q539

国民年金法における**不服申立て**について，教えてください。何について，不服申立てができるのですか。

A　まず，**被保険者の資格**，**給付**，**保険料**，**徴収金**に関する処分に不服がある人は，**社会保険審査官**に対して審査請求をし，その決定に不服がある人は，**社会保険審査会**に対して再審査請求をすることができます。

ただし，国民年金原簿の訂正の請求に対する決定については，審査請求できません。

Q540

再審査請求をする**手続き**は，どのようになっていますか。

A　審査請求をした日から**60日以内**に決定がないときは，審査請求人は，社会保険審査官が審査請求を棄却したものとみなして，社会保険審査会に対して**再審査請求**することができます（国年法101②，厚年法90②）。

この審査請求と再審査請求は，**時効の中断**に関しては，**裁判上の請求**とみなされます（国年法101③，厚年法90③）。

Q541

厚生年金保険法の**審査請求**と**再審査請求**の**対象**となるのは，何ですか。

A

被保険者の資格と**保険給付**については，国民年金法と取扱いは同じです（厚生年金保険原簿の訂正請求に対する決定については，審査請求できません）。厚生年金保険では，これに**標準報酬**に関する処分に不服があるときが加わります。

保険料と徴収金についての処分に不服がある場合には，国民年金法は第１次審査を社会保険審査官としていますが，**厚生年金保険法**では最初から**社会保険審査会**に対して審査請求をすることになっています（厚年法91）。

Q542

保険給付等に不服がある場合には，**訴訟**に持ち込むことはできますか。

A

最後は裁判です。しかし，せっかく短期間ですばやく解決し得る制度を設けたのですから，訴訟は，まず**社会保険審査官**又は**社会保険審査会**に不服を申し立て，その結果さらに不満である場合に**裁判所に訴える**という制度にしました。審査請求及び再審査請求（又は保険料のようにいきなり審査会に審査請求する場合も含む）に対する**社会保険審査会**の**裁決**を**経た後**でなければ，**訴訟を提起**することが**できない**こととしました（厚年法91の３，国年法101の２）。

厚生年金保険法の不服の申立て

厚年法第90条

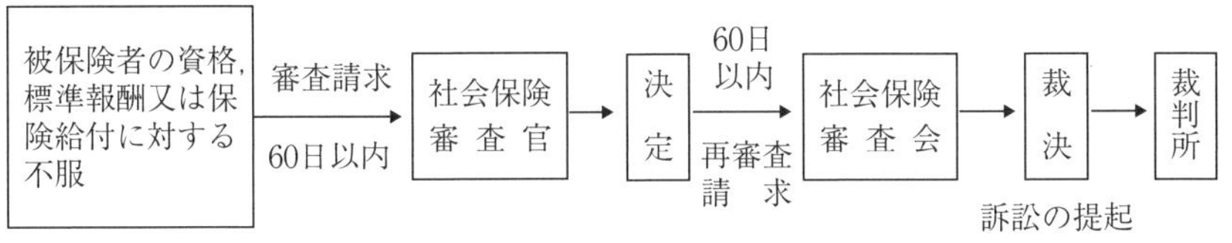

厚年法第91条

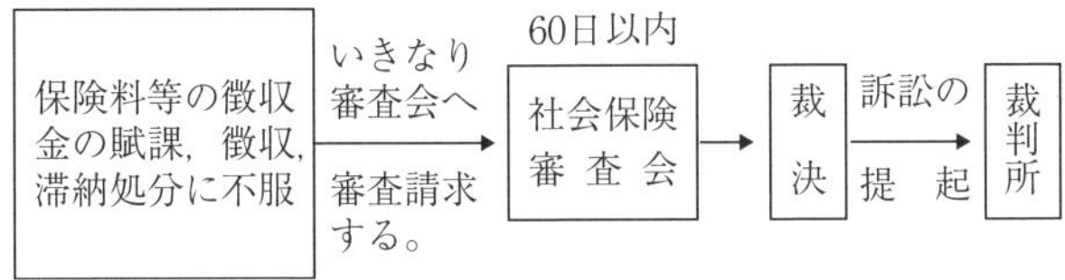

Q543　**国民年金法**の**消滅時効**は，どのようになっていますか。

A　国民年金法では，**保険料の徴収**，**還付を受ける権利**，**死亡一時金**を受ける権利の三つについては，**消滅時効を２年**としました。**年金給付**を受ける権利は，**５年間**です。

Q544　**厚生年金保険法**の**消滅時効**は，どのようになっていますか。

A　厚生年金保険法の消滅時効も，**保険料を徴収**したりその**還付**を受けたりする権利は，**２年間の消滅時効**にかかります。ただし，**保険給付**を受ける権利は，**すべて５年間の消滅時効**です。年金，一時金も全て５年です。また保険料徴収の納入の告知，督促状による督促は，時効中断の効力を有します。

Q545 厚生年金保険や国民年金で届出期間とか年齢とか**期間の計算**が出てきますが，どのように計算するのですか。

A 特別な規定がない限り，**民法**の期間に関する規定を**準用**します（厚年法93，国年法103）。

民法の第140条に，日，週，月又は年をもって計算をするときは，初日は算入しない。ただし，午前零時から始まるときは，初日から算入してもよいとあります。**初日不算入の原則**です。また，「**年齢計算に関する法律**」では，年齢は**出生の日より起算する**とあります。したがって，出生については，その日の何時に生まれたかは関係なく，出生日の午前零時から起算します。そこで，年金でよく満65歳に達したときというのは，誕生日の前日をさすといわれるのです。

Q546 国民年金法でも厚生年金保険法でも**戸籍事項の無料証明**について規定していますが，内容はどのようなものですか。

A 被保険者，被保険者であった人又は受給権者の戸籍に関し，無料で証明を行うことができるとされています（国年法104，厚年法95）。無料証明についての通達では，「国民年金法第104条は，**戸籍記載事項証明のみ**に係るものであって，戸籍の謄本及び抄本ならびに住民票の謄本等は該当しない」とされています（昭34．8．21年福発30）。同じような通達では，「戸籍の謄抄本に係る手数料は，法104条の規定により市町村が特に無料でその証明を行なう旨を定めた場合でも納付させるべきものである」（昭34．8．27法務省民事甲1847）としています。結局，無料というのは，あまり意味を持ちません。ただし，別の通達では，「生活保護法により現に保護を受けている世帯に属する者のほか保護を必要とする**生活困窮状態**にあると認められる世帯に属する者についても，民生委員等の調査を必要とするため戸籍の謄抄本の請求があった場合には無料交付の取扱いがされる」（昭34．10．24年福発178）としています。

Q547

厚生年金保険，船員保険，国民年金の年金は，**消滅時効**にかかるのですか。

A

年金を受ける**基本権**の**時効**は，**５年間**です。これは受給権者の請求に基づいて厚生労働大臣が裁定することになっています。この裁定請求を５年間行わないままにしておくと，基本権が時効によって消滅してしまいます。したがって，せっかく長年保険料を納めてようやく受け取れるようになったのに，知らずに手続きしないでいたら時効で消滅という，もっとも損をする事態をまねくということもありえます。

Q548

国は，**時効による消滅**の防止の努力をしていますか。

A

国の具体的指示を紹介します。

裁定は，現実に年金の支払を受けるための手続上の要請として行われるものであり，その本質はすでに発生している基本権の確認処分と解されます。したがって，裁定請求の処理にあたっては，現行法令の許容する限度において，できる限り弾力的な運用を図るとともに，受給権者に対する早期裁定請求の指導の徹底を期し，もって時効による**受給権の消滅を防止**するようにできる限り配慮してください，という通達を出しています（昭42．４．５庁文発3665）。

Q549

厚生年金保険の届出について，**事業主**が行わなければならないものについて，主なところを教えてください。

A 届出事項は，数多くありますが，**事業主**が行うべき主要なものは，次のとおりです。

① **被保険者氏名変更届**（様式第10号の２）
すみやかに，日本年金機構に提出（厚年則21）

② 被保険者の**種別が変更**したとき
５日以内に，日本年金機構に提出（厚年則20）

③ 当然被保険者（船員被保険者を除く）が資格を取得したとき，**厚生年金被保険者資格取得届**（様式第７号）
その事実があったときから５日以内に，日本年金機構に提出(厚年則15)

④ 新規適用事業所の届出
初めて適用事業所になった事業所の事業主が，その日から５日以内に，日本年金機構に提出（厚年則13)

⑤ **報酬月額の届出**（７月１日から10日まで），
報酬月額変更の届出（すみやかに），
日本年金機構に提出（厚年則18，19)

⑥ 被保険者の資格喪失の届出
その事実のあった日から５日以内に，**厚生年金保険被保険者資格喪失届**（様式第11号）を日本年金機構に提出（厚年則22)

Q550

いわゆる宙に浮いた年金の記録問題で，消滅時効にかかってしまった期間の年金額が訂正された場合には，その分を受け取ることはできますか。

A 平成19年７月６日以前に受給権が発生した年金の支給を受ける権利（支分権）は，会計法の規定により，５年を経過したときは時効によって消滅します。ただし，**年金記録の訂正**がなされた上で裁定（裁定の訂正を含む）が行われた場合は，**支分権が時効消滅**している場合であっても，全額が支給されます。

また，**年金時効特例法**の制定に伴う厚生年金保険法及び国民年金法の一部改正により，平成19年７月７日以降に受給権が発生した年金の支分権は５年を経過しても**自動的に消滅せず**，国が**個別に時効を援用**することによって，時効消滅することになりました。

時効というのは，時効期間が過ぎれば自然に成立するというものではありません。時効が完成するためには，**時効によって利益を受ける者**が，時効が成立したことを主張する必要があります。この主張をすることを「時効の援用」といいます。

会計法には，時効による消滅について「援用を要しない」と定められています。つまり，**時の経過によって自動的に権利が消滅する**ということです。年金時効特例法は，この会計法の規定を「**適用しない**」と定めました。こうしないと，過去の年金記録が訂正されるという事態に対応できなくなってしまったのです。

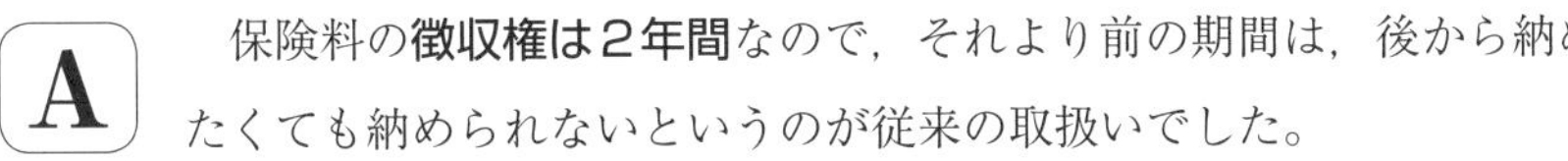

Q551　保険料の時効の消滅についても，問題になっているようですね。

A　保険料の**徴収権は２年間**なので，それより前の期間は，後から納めたくても納められないというのが従来の取扱いでした。

平成24年に**後納保険料**の制度が設けられ，平成27年９月30日までの間に限り，**過去10年分**を納められることになりました。該当する人には，「国民年金保険料の納付可能期間延長のお知らせ」が送付されています。

遅れて払うのですからその分の**加算**がありますが，納めておけば，**受給資格**や年金の**増額**につながります。ただ，すでに**老齢基礎年金の受給権がある人**は，対象外です。

Q552

サラリーマンやその妻の国民年金保険料の**特例**とは，何のことですか。

A 第２号被保険者（サラリーマン）及び第３号被保険者（サラリーマンに扶養されている妻など）の被保険者期間については，政府は保険料を徴収せず，被保険者は保険料を納付することを要しない（国年法94の６）とされています。しかし，これは個別に国民年金保険料として納付しないでよいという意味で，毎月控除されている厚生年金保険料のなかに第２号被保険者分と第３号被保険者分の国民年金保険料が含まれており，まとめて厚生年金保険の方から国民年金の方へ**基礎年金拠出金**として流れていきます。

$$\text{基礎年金の給付に要する費用} \times \frac{\text{第２号被保険者総数} + \text{第３号被保険者総数}}{\text{国民年金被保険者総数}}$$

こうやって，第２号被保険者と第３号被保険者の保険料を納付しているのです。決して，納めていないわけではありません。

Q553

厚生年金保険料の納付方法に，**納入告知書**によるものと**納付書**によるものがあると聞きましたが，どのように違うのですか。

A 「**納入告知書**」は，毎月年金事務所から事業所に送られてきます。通常，翌月中旬に送られてきますので，その月の末日までに保険料額を添えて納めます。

納入告知書は，事業所に送られてくるものですから，第１種被保険者，第２種被保険者及び第３種被保険者については，この「納入告知書」で納めます。

ところが，退職後個人で被保険者になっている**第４種被保険者**は，納入告知書が送られてきませんから，それに代わる「**納付書**」で保険料を納めます。

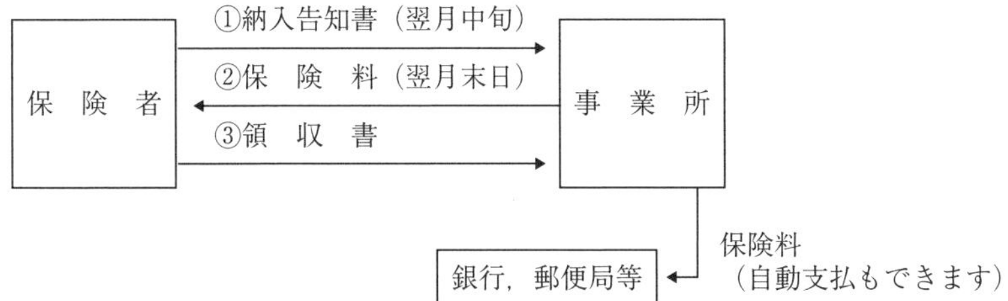

※　事業所が**口座振替**で保険料を納めている場合には，「保険料納入告知額・領収済額通知書」が送付される。

Q554

厚生年金保険料を**事業主が滞納**した場合は，どのようになるのですか。

A

納付期限までに保険料を納めないと保険者から期限を指定した督促状が送られてきます。この**督促状**は，その発する日から**10日以上経過した日を指定期限**とする内容のものです。その指定期限が過ぎても事業主が厚生年金保険料を納めなかったときは，**国税滞納処分**の例によって財産差し押えなどの強制的な徴収が行われることになります。

また，督促状の指定期限までに納めないときは，本来の法定の納付期限の翌日から保険料完納又は財産差し押えの日の前日までの期間について，原則として**年率14.6%**の割合で**延滞金**が課せられるのです。

Q555

厚生年金保険の被保険者が同時に**２以上の事業所**に使用される場合には，事業主等の義務は，どのようになりますか。

A

被保険者が同時に二以上の事業所に勤めていることもあります。そこで厚生年金保険法施行令第４条で，二以上の事業所又は船舶に使用される場合の保険料の納付等の取扱いについて定めています。

それによりますと，各事業主の負担すべき保険料の額は，次のようになります。

$$\text{保険料額} \times \frac{1}{2} \times \frac{\text{当該事業所について資格取得時の決定，定時決定，随時改定等により算定した報酬月額}}{\text{被保険者の報酬月額（各事業所の報酬月額の合計）}}$$

算式は複雑そうにみえますが，**保険料額の２分の１**を**報酬月額の比率で按分**して，それぞれの事業主の負担を求めるのです（厚年令４）。

そして，それぞれの事業主が，その負担分と使用している被保険者の負担分とあわせて納付する義務を負います（厚年令４①・②）。

Q556 **第４種被保険者**の保険料の**前納の制度**の趣旨は，何でしょうか。

A 第４種被保険者とは，旧法より経過的に受け継いだ制度で，被保険者期間の受給資格期間を満たすために，単独で個人として加入します。加入の要件として**被保険者期間**が**10年以上**必要であり，**昭和16年４月１日以前生まれ**の人，施行日（昭和61年４月１日）の前日において第４種被保険者であった人，あるいは施行日の前日に第４種被保険者の申出をすることができたのに申出をしなかった人等が決められています。このような任意継続の被保険者は，個人で保険料を毎月納めるのがめんどうで忘れがちになることもあります。そこで，年を単位として**保険料の前納**ができることとしたのです（昭61措置令103）。

なお，第４種被保険者が前納する場合の具体的な納付額については，毎年，厚生労働省から告示されます。

Q557

第４種被保険者が保険料を前納する場合の金額の取扱いや**納付手続き**は，どのようになっていますか。

A　前納された保険料は，前納に係る**各月の初日が到来**したときに，それぞれの月の保険料が納付されたものとみなされます（旧厚年法83の２）。

前納する保険料の額は，前納時から各月までの期間分年４分の利率により，割り引かれた額（**複利現価法**という）となります。

Q558

厚生年金保険法の**保険料率**が，以前は**男**と**女**によって異なっていたのは，なぜですか。

A　男性と女性では，実際問題として勤務形態，労働条件等が異なっていました。女子は，勤続年数が短く，給料も低い。法律上，形式的に平等を強制しても**実態をみれば**，著しく**格差**があったのです。民主主義もようやく定着してきたので，実態を重んじる社会保険である厚生年金保険においても，**男女平等化**に踏み切ったわけです。女子の保険料率は（昭和56年度以降，当時男子よりも1,000分の18低かった保険料率を），**毎年1,000分の1.5ずつ引き上げ**られてきました。

昭和56年に始まった女子の保険料率引き上げは，今まで毎年1,000分の１，又は1,000分の1.5ずつ引き上げられてきており，**平成６年１月**から**女子**と**男子**の**保険料率**は，同じ**1,000分の145**となりました。なお，平成８年10月からは，1,000分の173.5に引き上げられました。

特別支給の老齢厚生年金は，支給開始年齢が**女子**は**55歳から59歳**，**男子**は**60歳から**となっていましたが，この年齢も**平成12年から**は，**男子も女子も60歳から**となっています。

◎　昭和７年４月１日生まれ以前………………55歳

◎　昭和７年４月２日～昭和９年４月１日……56歳

◎　昭和９年４月２日～昭和11年４月１日……57歳

◎　昭和11年４月２日～昭和13年４月１日……58歳

◎　昭和13年４月２日～昭和15年４月１日……59歳

女性の職場進出などの現象，男女雇用機会均等法など，社会的地位の向上に伴って，男女差を解消したのです。

Q559　国として，**全国民を適用対象者**として把握するときに，一番困難な人たちが「**第３号被保険者**」だと聞きましたが，なぜですか。

A　**第３号被保険者**という人たちは，**サラリーマンに扶養されている配偶者**をいいます。夫でも妻でも相手が勤め人で生活を維持されている人であれば，**20歳以上60歳未満**であれば「**第３号被保険者**」です。一般的にいえば，専業主婦のことです。適用対策を国が実施するとき最も把握し難いのが家庭の主婦だということです。まず，本人から届出を徹底して行ってもらうことです。サラリーマンの披扶養配偶者がなぜこんなに難しいのか実例をあげてみましょう。

①　**生計を維持**されていることが条件になっているので専業主婦であっても，たとえば**年収130万円以上**あると，**第１号被保険者**として扱われます。その年収があるかないかについて届出がないとわからないのです。

②　ところが，**第３号被保険者**の人たちは，**国民年金の届出**をすることの**必要性について知識がない**。

③　特に，**結婚**することによって，第３号被保険者になる人が多い。たとえばOLが社内結婚とか，他の会社の人との恋愛結婚をしたとします。そこで，会社を退職して専業主婦になって，収入がなくなったとします。そのとき，１年間の年収が130万円未満だと「**第３号被保険者**」になれるわけです（一定の障害者は，180万円未満）。この届出は，本人の得となり，届出をしないと大変損をすることがあるのに，本人は**知らないため，届出を**

しないことが多いのです。

届出さえすれば，**国民年金保険料**を納めなくても納付済となり，将来年金が受け取れることを知らないのです。いかにこの点について，知らない人が多いかは，驚くべきことです。国のPRが不十分といえるかもしれません。

Q560　第３号被保険者から第１号被保険者に切替が行われないため，受け取る年金額が多くなってしまった人が大勢いると聞きました。なぜ，このようなことが起こったのですか。

A　被保険者の種類が変わったときには，**種別変更**が必要です。特に，第１号被保険者に変わったときの届出が漏れてしまうことが多いのです。ほかに，今回の問題には，平成14年改正で設けられた，「サラリーマンでも**65歳以上**の**老齢基礎年金等**の**受給権者**は，**第２号被保険者としない**」という規定も関わっているようです。知らずに「第３号被保険者でなくなった人」がいるということです。

その後，**年金記録上は第３号被保険者**として取り扱われ，**保険料納付済期間**として受給資格と年金額に算入されたのです。本来なら，**第１号被保険者として保険料を納めていないと払われない部分**なので，返還してもらうべきかどうかという議論がありました。

Q561　この問題については，どのような取組みがされていますか。保険料の消滅時効は２年なので，たとえば今から10年前の分を納めたくても，難しいですね。そうかといって，年金を減らされるのは困ると思うのですが，どうですか。

A　法改正により，時効消滅した期間についても，最大**10年前**までさかのぼって保険料の納付が可能となりました。これを**特例追納**とよんでいます。

特例追納を行わなくても，**平成30年３月分まで**は従来の年金額で支払われますが，その後は減額されます。追納する場合には，遅れた分の**加算額**も支払うことになりますが，平成30年４月以後の年金額に反映されます。

日本年金機構では，該当する人は急いで年金事務所に問い合わせをしてほしいとよびかけています。

Q 562 特例追納をするには，まず，何をすればよいのですか。

A 第３号被保険者としての被保険者期間（平成25年７月の前月までの間にある保険料納付済期間（政令で定める期間を除く）に限る）のうち，**第１号被保険者としての被保険者期間として記録の訂正がされた期間**を，「**不整合期間**」といいます。このうち，保険料を徴収する権利が時効によって消滅しているものを，**時効消滅不整合期間**とよびます。この期間について厚生労働大臣に届出をするのが，第一段階です。これにより，時効消滅不整合期間は，**学生納付特例**と同じように**受給資格期間に算入**されます。この段階では，**年金額には算入されません**。これを「特定期間」といいます。

その後，特定期間について保険料を納めることについて**厚生労働大臣の承認**を受けます。納付は平成27年４月１日から３年間の時限措置となっています。

Q 563 特例追納には，年齢の要件はありますか。

A **50歳以上60歳未満**であった期間（60歳未満である場合にあっては，承認の日の属する月前10年以内の期間）の各月につき，特例追納できることになっています。

Q564 特例追納をしたときは，いつ納付したものとして取り扱われますか。

A この保険料を「特定保険料」といいます。納付が行われたときは，**納付が行われた日**に，納付に係る月の保険料が納付されたものとみなします。この保険料は，**平成30年４月**から**年金額に反映**されます。ただ，納付する人もしない人も，平成30年３月までは従来の年金額で支払われます。

Q565 特例追納をしなかった場合には，年金額はどれくらい減りますか。

A 訂正後の年金額が，**訂正前の年金額の90%**（減額下限額）に満たないときは，減額下限額に相当する額が支給されます。最大で，**10%**減額されることになります。たとえば，従来が60万円の年金なら，最大で６万円の減額です。

Q566 第３号被保険者の「不整合」問題は，**障害や遺族の給付**にも，影響がありそうです。どのように取り扱われますか。

A 平成25年７月１日において，不整合期間が「年金記録上は第３号被保険者期間」と扱われたために保険料納付要件を満たし，障害基礎年金等・遺族基礎年金等を受給している人もいます。このような人については，不整合期間はそのまま**保険料納付済期間とみなされます**。

Q 567 この問題は，老齢厚生年金の受給資格にも影響を及ぼしますか。

A はい。老齢厚生年金は，**老齢基礎年金の受給資格期間**を満たすことが前提となっていますから，不整合期間の問題は，この点にもかかわりがあります。特例追納を行わないにしても，せめて届出をして「特定期間」にしておかないと，老齢基礎年金だけでなく**老齢厚生年金も受け取れない**恐れがあります。

４　共済組合についてのQ&A

Q 568　**共済組合（共済制度を含む）**には，どのようなものがありますか。

種類は，次の３種類です。

① **国家公務員共済組合**

② **地方公務員等共済組合**

③ **私立学校教職員共済**

共済組合では，官公庁の常時勤務者，地方公務員等で常時勤務する人，私立学校の先生や職員等を対象にしています。

Q 569　**国家公務員共済組合**の概要を教えてください。

A　国家公務員が加入する国の年金制度です。以前は，旧三公社の日本鉄道（JR），日本たばこ（JT），日本電信電話（NTT）の各共済組合も含まれていましたが，平成９年４月から厚生年金保険に統合されました。

共済組合からは，主に，退職共済年金，障害共済年金，遺族共済年金が支給されます。支給要件や年金額の計算方法は厚生年金保険とほぼ同じですが，共済独自の**職域加算部分**がされます。

なお，公的年金の給付（長期給付）のほか，医療関係の給付や災害給付（短期給付）も行っています。

Q570

地方公務員等共済組合の概要を教えてください。

A 地方公務員が加入する年金制度です。都道府県や市町村に勤務する地方公務員，公立学校の教職員，警察官などが対象になります。

公的年金の給付の種類は，国家公務員共済組合と同じです。また，公的年金の給付（長期給付）のほか，医療関係の給付や災害給付（短期給付）も行っています。

Q571

私立学校教職員共済の概要を教えてください。

A 私立学校の教職員が加入する国の年金制度です。学校法人，準学校法人の私立の幼稚園から大学，特別支援学校などの教職員が対象になります。平成10年1月から**日本私立学校振興・共済事業団**が**運営**しています。

公的年金の給付の種類は，国家公務員共済組合と同じです。また，公的年金の給付（長期給付）のほか，医療関係の給付や災害給付（短期給付）も行っています。

Q572

職域加算とは，何のことですか。

A 昭和61年4月から基礎年金が導入され，共済組合も厚生年金保険と同様に，基礎年金（1階部分）に上乗せする報酬比例の年金（2階部分）を支給する制度になりました。年金額の計算は，厚生年金保険と同じですが，これに加えて共済組合独自の年金として，**報酬比例部分の20%（組合員期間の月数が20年未満である場合は10%）に相当する額が**，**職域加算部分**（3階部分）として加算されています。

65歳以後のイメージ

職域年金相当額（共済年金）	← **職域加算部分**……報酬比例部分の20％（10％）
厚生年金相当額（共済年金）	← **報酬比例部分**……厚生年金保険と同様
基礎年金（国民年金）	

※　厚生年金保険との一元化が行われると職域加算部分は廃止されるが，新たな年金について，別に法律で定めることとされている。

Q573　**共済組合**の**年金給付の種類**には，どのようなものがありますか。

共済組合の年金給付としては，次の３種類があります。

①　**退職共済年金**

②　**障害共済年金**

③　**遺族共済年金**

昭和61年３月31日までに受給権が発生している場合には，**旧法の適用**となります。

旧共済組合の年金給付には，次のようなものがあります。

①　退職年金

②　減額退職年金

③　通算退職年金

④　障害年金

⑤　遺族年金

⑥　通算遺族年金

また，旧共済組合にあった脱退手当金と特例死亡一時金は廃止されましたが，**障害一時金**は，共済組合の独自給付として現行法に残っています。

 **60歳代前半の退職共済年金**とは，何ですか。

 厚生年金保険の特別支給の老齢厚生年金に該当するもので，次の２要件を満たすことが必要です。

① 共済組合の組合員期間が１年以上あって，老齢基礎年金の受給資格期間を満たしていること

② 60歳以上であること

上記①と②の要件を満たしている人が，**65歳に達するまで**支給されます。65歳からは，老齢基礎年金の上乗せ年金として**退職共済年金**が支給されます。

60歳代前半の退職共済年金は60歳から支給されるのが原則ですが，生年月日や**勧奨退職者の特例**があります。生年月日が昭和５年７月１日以前の人たちは，支給開始年齢が56歳です。組合員期間が20年以上あって退職して組合員の資格を失っていれば支給されます。昭和５年７月２日から昭和11年７月１日生まれの人たちは，１年ごとに区切り57歳から59歳の支給開始となっています。勧奨退職者の場合は，退職年月日が昭和61年４月１日から昭和61年６月30日の場合は56歳から支給開始です。以下段階的に決められ，平成４年７月１日から平成７年６月30日に退職した場合は59歳から支給開始です。同じように，組合員期間が20年以上あって勧奨を受けて退職した人に対して支給されます。また，**定年退職自衛官の特例**があり，20年以上勤続し定年で退職する自衛官は，**55歳から**特別支給の退職共済年金が支給されます。

Q575 **60歳代前半の退職共済年金**の**年金額**は，どのように**計算**されますか。

A 特別支給の退職共済年金の年金額は，**定額部分**と**報酬比例部分**に分けて計算します。その合算額に，加給年金額を加えた額です。

（注） 物価スライド特例措置により，平成26年度は次のように計算されていました。

特例が適用されるのは平成26年度までです。

◎　**定額部分**

1,676円×組合員期間の月数×0.961

定額部分の単価は，昭和21年４月１日以前生まれの人は，生年月日に応じて1.875〜1.032を乗じます。したがって，1,676円×1.875〜1.032となり，組合員期間の月数は，480か月（40年）を超えた場合は480か月とし，受給資格期間短縮の特例に該当する人が240か月に満たないときは，240か月として計算します。

※　定額部分の本来水準は1,628円×改定率×組合員期間の月数。

◎　**報酬比例部分**

この報酬比例部分の計算が60歳代前半の老齢厚生年金と異なり，**厚生年金相当額**に**職域年金相当額**を加えた金額になります。

◎　**厚生年金相当額**（当面，５％適正化前の従前額を保障する）

① **平均標準報酬月額**$\times\frac{7.5}{1,000}$×平成15年３月以前の**組合員期間の月数**

② **平均標準報酬額**$\times\frac{5.769}{1,000}$×平成15年４月以後の**組合員期間の月数**

☆ **年金額＝{①＋②}×「1.031×0.961」**

給付乗率の読み替え；昭和21年４月１日以後に生まれた者が対象

①　1,000分の7.5 → 1,000分の10〜1,000分の7.61の範囲で読み替え

②　1,000分の5.769 → 1,000分の7.692〜1,000分の5.854の範囲で読み替え

この厚生年金相当額は，厚生年金保険法の60歳代前半の老齢厚生年金の報酬比例部分と同じですが，それに加えて職域年金相当額が加算されます。

◎　**職域年金相当額**（当面，５％適正化前の従前額を保障する）

① **平均標準報酬月額**$\times\frac{1.500}{1,000}$×平成15年３月以前の**組合員期間の月数**

＊　組合期間が20年未満の人は，$\frac{0.750}{1,000}$

② **平均標準報酬額**$\times\frac{1.154^{*}}{1,000}$×平成15年４月以後の**組合員期間の月数**

＊　組合期間が20年未満の人は，$\frac{0.577}{1,000}$

☆　**年金額＝{①＋②}×「1.031×0.961」**

給付乗率の読み替え；職域年金相当額に係る給付乗率も，それぞれ，昭和21年4月1日以前に生まれた者を対象として読み替えが行われる。

なお，昭和16年4月2日以降生まれの人については，段階的に報酬比例部分と職域年金相当額の退職共済年金に切り替えられます。

Q576

60歳代前半の退職共済年金には，**加給年金額**がつきますか。

A　**加給年金額**は，定額部分と報酬比例部分の退職共済年金を受けられるようになったとき，その人に**生計を維持**されている**65歳未満の配偶者**（大正15年4月1日以前生まれの配偶者は年齢制限なし），**18歳年度末までの子**又は**20歳未満で障害等級**が**1級**又は**2級**に該当する子があるときに支給されます。もう一つ要件として，共済組合の**組合員期間**が**20年以上**ある場合に限ります。

Q577

60歳代前半の退職共済年金は，**在職中の組合員**に支給されることがありますか。

A　在職中の組合員に支給される60歳代前半の退職共済年金は，総報酬月額相当額と年金額に応じて，全部又は一部が支給停止されます。支給停止方法は，60歳代前半の老齢厚生年金と同じです（**【Q282】**を参照）。なお，職域年金相当額については，在職中は支給されません。

Q578

退職共済年金について説明してください。**支給要件**は，どのようになっていますか。

老齢基礎年金の上乗せ年金として，**65歳から支給**されるのが**退職共済年金**です。

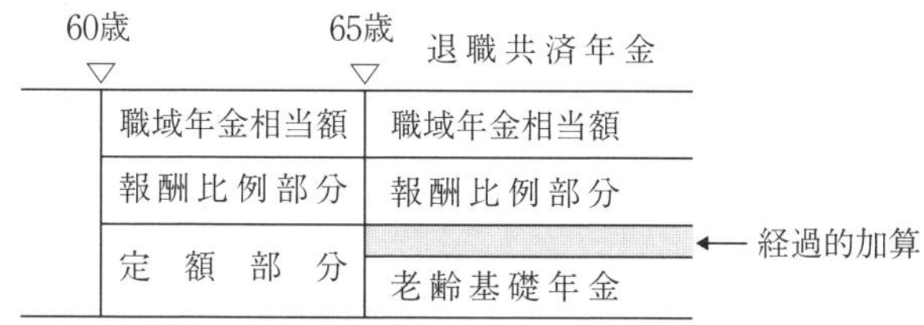

退職共済年金の支給を受ける条件は，次のとおりです。

①　退職共済組合の組合員期間が１か月以上あること

②　国民年金の老齢基礎年金の支給要件を満たしていること

65歳から老齢基礎年金の上乗せ年金として支給されます。

Q579

退職共済年金として**支給される年金額**は，どのような内容ですか。

退職共済年金の年金額は，**報酬比例の年金額（厚生年金相当額＋職域年金相当額）**に**加給年金額を加算**した額です。

それに，報酬比例の年金額には，当分の間経過的加算が行われます。

報酬比例の年金額は，厚生年金保険法の老齢厚生年金の報酬比例部分の額相当額に，職域年金相当額を加えた金額になります。この二つの厚生年金相当額と職域年金相当額は，**【Q575】**の**〔A〕**で説明した**60歳代前半の退職共済年金**の報酬比例部分と同じ算式ですから，参照してください。

Q580 退職共済年金に加算される**経過的加算**とは，何ですか。

A 厚生年金保険においては，60歳代前半の老齢厚生年金から65歳になると老齢厚生年金にバトンタッチされる際に，60歳代前半の老齢厚生年金の定額部分の金額が65歳から代わって支給される老齢基礎年金より金額的に上回っているので，当分の間その差額を支給し，従来よりダウンしないようにするための**経過的加算**が行われています。

それと全く同じことが，共済組合でも行われているのです。60歳代前半の退職共済年金の**定額部分に相当する額**が**老齢基礎年金の額**を上回っているため，当分の間その差額が報酬比例部分の年金額に加算されるのです。

Q581 退職共済年金の**加給年金額**について，説明してください。

A 退職共済年金の加給年金額は，**組合員期間が20年以上**ある人が退職共済年金の受給権を得たとき，その人によって**生計を維持**されていた65歳未満の配偶者，18歳到達年度の末日までの子又は20歳未満の子で，障害等級が１級もしくは２級に該当する人があるときに加算されます。

① **配　偶　者**　224,700円×改定率

② **子**　各224,700円×改定率（３人目以降は各74,900円×改定率）

昭和９年４月２日以後に生まれた受給権者の場合は，厚生年金保険と同じように特別加算が行われます。この場合は，配偶者がこの生年月日に該当するか否かではなく，あくまで**退職共済年金の受給権者**が**昭和９年４月２日以後**に生まれた場合の加算額です。特別加算額は，生年月日により33,200円×改定率～165,800円×改定率と決められているのも同じです。

Q582

退職共済年金には，**在職者でも支給**されることがありますか。

A

支給される場合があります。65歳前に支給される60歳代前半の退職共済年金や65歳以後に支給される退職共済年金は，原則として在職中は年金の支給が停止されます。しかし，在職中（組合員）であっても60歳以上であれば総報酬月額相当額（期末手当等を含む報酬）と年金額に応じて年金額の一部が支給されることがあります。なお，職域年金相当額については，在職中は支給されません。

Q583

障害共済年金・障害一時金の支給要件は，何ですか。

障害共済年金は，共済組合の組合員が，次の要件を備えたとき支給されます。

①　共済組合の組合員期間中に**初診日**がある病気やけがであること

②　障害認定日に，障害等級が１級から３級の**障害の状態**に該当すること

③　在職中の組合員である間は，標準報酬月額が一定額以下である場合

組合員期間中に初診日のある病気，けがで，あるいは退職した日又は退職後**初診日から５年以内**に軽い障害にある場合には，**障害一時金**が支給されます。

障害共済年金，障害一時金の支給される**金額**は，どのように計算されますか。

A　障害共済年金，障害一時金の金額の計算は，次のようになります。

◎　**1級障害の場合**

報酬比例の年金額×1.25＋配偶者加給年金額＋障害基礎年金＋子の加算額

◎　**2級障害の場合**

報酬比例の年金額＋配偶者加給年金額＋障害基礎年金＋子の加算額

◎　**3級障害の場合**

報酬比例の年金額

◎　**3級より軽い場合（一時金）**

報酬比例の年金額×2.0

（注1）　報酬比例の年金額とは，厚生年金相当額に**職域年金額**を加えた金額です。

（注2）　給付乗率については，生年月日による読み替えはされません。

（注3）　組合員期間の月数とは，実際に共済組合に加入した月数のことですが，300か月（25年）に満たないときは300か月とします。

（注4）　障害共済年金の額，障害一時金の額には，障害厚生年金の額，障害手当金の額と同様，最低保障額が設けられています。

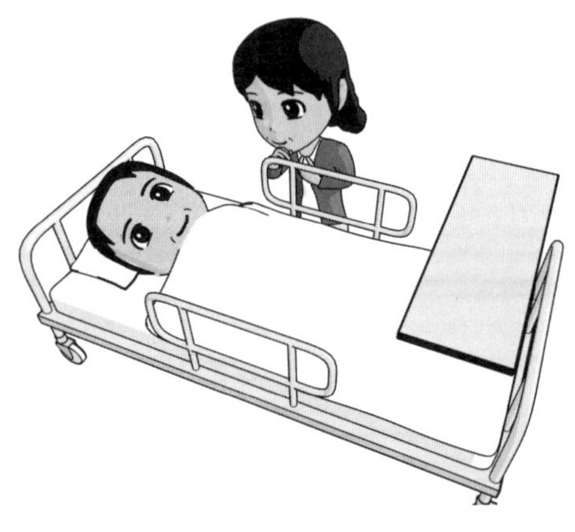

Q585

障害共済年金には，**配偶者加給年金額**が加算されますか。

A

配偶者加給年金額は，**障害共済年金**の**１級**と**２級**を受給できるようになったとき，その人に**生計を維持**されている65歳未満の配偶者（大正15年４月１日以前生まれの配偶者には年齢制限はない）がいる場合に支給されるものです。加給年金額は，年額224,700円×改定率です。

なお，組合員として在職中は，職域年金相当額は支給されません。厚生年金相当額は，退職共済年金と同様に，総報酬月額相当額と年金額との合計額に応じて，その一部が支給されることがあります。この際，配偶者加給年金額については，調整の対象から除かれます（つまり，支給されます）。

Q586

遺族共済年金の**支給要件**は，どのようになっていますか。

遺族共済年金は，次の要件が必要です。

① 共済組合の組合員が死亡したとき

② 共済組合の組合員が資格喪失後，組合員期間中に初診日がある病気，けがで初診日から５年以内に死亡したとき

③ 障害等級１級又は２級の障害共済年金の受給権者が死亡したとき

④ 退職共済年金の受給権者又は受給資格期間を満たした人が死亡したとき

以上の要件に該当したときには，一定の遺族に支給されます。

遺族の範囲は，厚生年金保険の遺族厚生年金と同じですが，遺族共済年金については転給の制度があります。

遺族共済年金の**年金額**は，**報酬比例の４分の３相当額**です。この報酬比例の年金額も厚生年金相当額＋**職域年金相当額**の４分の３ですから，遺族厚生年金の額よりは多くなります。

また，子のない妻が受ける遺族共済年金には，40歳から65歳の間，**中高齢の加算**が行われます。

◎　子のある妻が受ける場合

(報酬比例の年金額) × $\frac{3}{4}$ ＋遺族基礎年金＋子の加算額

◎　子が受ける場合

(報酬比例の年金額) × $\frac{3}{4}$ ＋遺族基礎年金＋子の加算額

◎　子のない中高齢の妻が受ける場合

(報酬比例の年金額) × $\frac{3}{4}$ ＋中高齢の加算

◎　その他の人が受ける場合

(報酬比例の年金額) × $\frac{3}{4}$

（注）子といっているのは，18歳到達年度の末日（３月31日）までの子又は20歳未満で障害等級１級又は２級の子をさします。

Q587

減額退職年金とは，何のことですか。

A　共済組合が支給する旧厚生年金保険法による退職年金は，60歳支給を原則としていました。60歳より前に支給してほしいと申し出た場合に，一定率減額して支給するので**減額退職年金**といいます。たとえば，５年早い55歳から支給を受けると申し出た場合は，減額して支給されます。

新年金制度には，減額退職年金という制度はありません。

5　厚生年金基金についてのQ&A

Q588

厚生年金基金とは，何のことですか。

A　厚生年金基金の制度は，昭和41年に発足し，**我が国の企業年金制度の中核**をなしてきました。具体的には，厚生年金保険の老齢厚生年金の一部を**国に代わって支給**するとともに，企業の実情に合わせて上乗せ給付（**プラスαの給付**）を行うことで，従業員により手厚い老後の所得保障をするという制度でした。

事業主が負担する掛金は全額損金として扱われ，加入員が負担する掛金は社会保険料控除の対象となるなど，公的年金と同様の税制上の優遇措置が認められてきました。

平成26年４月施行の改正後も，当面存続する基金はあります。しかし，10年以内にすべての基金が，解散し又は確定給付企業年金等に移行するよう促されています。

次の図解のように，プラスαの部分が手厚い制度なので，老後の保障として頼りにしてきた人がたくさんいますので，これは大きな問題となっています。

60歳代前半（特別支給）の老齢厚生年金

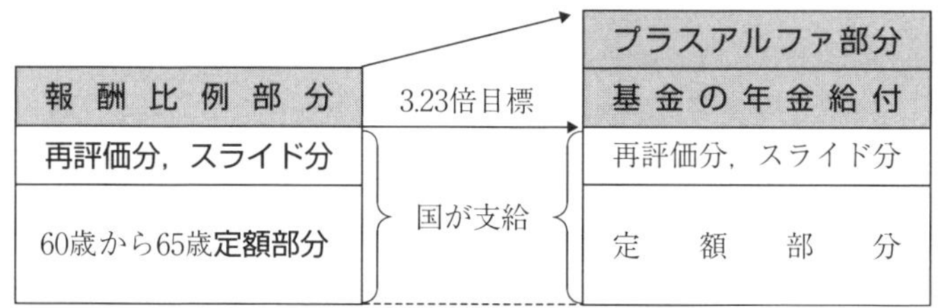

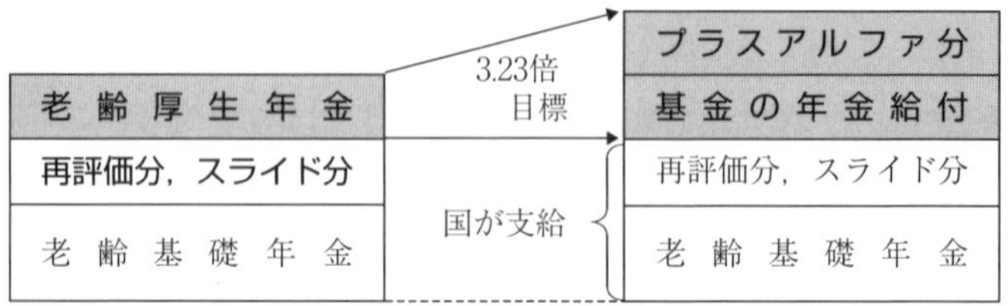

Q589 厚生年金基金の今後の方向について，教えてください。

A 平成26年４月１日から５年を経過する日までの間に，自主的に解散する基金は，**責任準備金の減額**の認定を申請することができます。

また，厚生労働大臣は，事業の継続が著しく困難なものと認める基金については，**清算型基金**として指定することができます。指定された場合には，清算計画を作成して承認を受けなければなりません。

なお，**解散基金加入員**については，**企業年金連合会**が給付を行います。

Q590 事務担当者として，加入員から今後のことを質問されることがあるのですが，自分の会社が加入している基金が解散する場合には，どこに問い合わせてどのようにすればよいですか。

A 解散を決めた基金からは，会社に通知が届きます。事務手続きのため，しばらくは連絡がとれるようですから，早めに質問や相談をしてください。

また，基金に加入している間は厚生年金保険料と基金の掛金を給料から控除していましたが，解散後は**厚生年金保険の保険料に一本化**されます。給料計算上の処理が変わりますから，その時期についても，しっかり確認してください。

６　企業年金についてのQ&A

Q591　**企業年金**とよばれるものには，どのようなものがありますか。すでに廃止されたものや，今後廃止されていくものも含めて，教えてください。

次のようなものがあります。

◎　**厚生年金基金**

◎　**適格退職年金**

◎　**確定給付企業年金**（確定給付企業年金法による年金）

◎　**確定拠出年金**（確定拠出年金法による企業型年金）※

※　確定拠出年金には，個人型年金もあります。

Q592　**適格退職年金**とは，どのような制度ですか。

A　適格退職年金は，厚生年金基金と並ぶ企業年金制度として，昭和37年に発足しました。年金原資を外部機関に積み立てるなど，一定の**適格要件**（法人税法の附則に規定されている）を満たすことについて**国税庁長官の承認**を得たものです。

事業主が負担する掛金は全額損金として扱われるなど，税制上の優遇措置があります。退職金の原資を社外積立によって平準化できることや，厚生年金基金に比べ少人数（15人以上）でも設立できるメリットがありました。

しかし，この制度は廃止され，**平成14年度以降，新たな適格退職年金の設立は認められない**ことになりました。なお，既存のプランは**平成23年度末までの間**に**他の企業年金制度**や中小企業退職金共済制度に**移行**でき，移行しない場合は廃止とされました。

Q593 年金制度のタイプを大別すると，**確定給付型**と**確定拠出型**に分かれると聞きましたが，くわしく教えてください。

A わが国で，「確定給付型」か「確定拠出型」かという年金制度の分類が注目されたのは，確定拠出年金法が制定された頃からです。それまでは，「確定給付型」しか存在しませんでした（そのため，このような分類の余地はありませんでした)。

◎　**確定給付型の年金制度**

加入した期間や給付水準に基づいてあらかじめ給付額が定められている年金制度です。わが国では，公的年金のほか，厚生年金基金，確定給付企業年金がこれに当たります。給付建て制度といわれることもあります。

あらかじめ給付額が決まっているため，加入者にとっては老後の生活設計を立てやすい反面，予想を超える少子・高齢化の進行や運用の低迷などで定められた給付に必要な積立水準が不足した場合は，国や企業が追加拠出をする必要が出てきます。

◎　**確定拠出型の年金制度**

拠出した掛金額とその運用収益との合計額を基に給付額が決定される年金制度です。確定給付型と対比され，掛金建て制度といわれることもあります。企業が追加拠出をする必要はありませんが，加入者にとっては運用のリスクを負い，給付額が定まらないため老後の生活設計を立てにくい面があります。わが国では，確定拠出年金がこれに当たります。なお，アメリカでは401(k)とよばれる確定拠出型年金が普及しています。

Q594 **確定給付企業年金**とは，どのような制度ですか。

確定給付企業年金とは，確定給付企業年金法（平成13年６月公布）に基づき，**平成14年４月**から実施された確定給付型の企業年金制度

です。**国の代行を行わない**点が，厚生年金基金と大きく異なります。

母体企業から独立した法人格を持つ基金を設立し，基金が年金資金を管理・運用して年金を給付する「**基金型企業年金**」と，労使が合意した年金規約に基づいて事業主が年金制度を運営する「**規約型企業年金**」という二つの仕組みがあります。

年金資産の積立基準をはじめ，受託者責任（管理・運営に関わる者の責任）が明確になっているほか，財務状況などの情報開示も事業主などへ義務づけられています。

Q595　確定給付企業年金には，どのような人が加入できますか。

A　確定給付企業年金に加入できるのは，「実施事業所に使用される被用者年金被保険者等（**厚生年金保険の被保険者及び私立学校教職員共済制度の加入者**をいう）」です。

ただし，各企業の実情に応じて，規約で資格要件を定めることができます。その場合には，その資格を有しない者を除くことができます。

Q596　確定給付企業年金の給付には，どのようなものがありますか。

次のようなものがあります。

◎　**老齢給付金**，**脱退一時金**（行うものとする）

◎　**障害給付金**，**遺族給付金**（規約で定めるところにより行うことができる）

なお，老齢給付金は，「年金」として支給することを原則としますが，規約で定めるところにより「一時金」として支給することもできます。

また，**障害給付金**，**遺族給付金**は，規約で定めるところにより「年金又は一時金」として支給することとされています。

Q597 確定給付企業年金における掛金の負担は，どのようになっていますか。

A 掛金は，**事業主**が年1回以上**拠出する**ことを原則とします。ただし，規約に定めれば，掛金の一部を**加入者本人が負担**することができることになっています。

Q598 確定給付企業年金と税制との関係について，教えてください。

A 次のようになっています。

◎　拠出時……事業主拠出分は損金算入されます。規約の定めにより本人が拠出した分は**生命保険料控除**（上限年４万円）の対象となります。

◎　給付時……年金は公的年金等控除の対象となります。一時金（老齢・脱退）については，退職所得課税が適用されます。

Q599 **受託者責任**について，教えてください。

年金制度の運営や年金資産の運用管理に携わる人（受託者）が果たすべき責任のことをいいます。

受託者が果たすべき一般的な義務は，加入者や受給者の利益のためだけに忠実に職務を遂行する「忠実義務」と，それぞれの立場にふさわしい専門家として払うべき「注意義務」です。「資産運用関係者の役割及び責任に関するガイドライン」においては，①資産運用関係者の役割や義務，②運用に当たっての留意事項，③情報開示の重要性，などが規定されています。

Q 600 **企業年金連合会**とは，何のことですか。

A 平成26年４月から，**確定給付企業年金法**に規定されています。事業主等は，**中途脱退者**や**終了制度加入者**に係る老齢給付金の支給を共同して行うとともに，積立金の移換を円滑に行うため**企業年金連合会**を設立することができます。連合会は，**全国を通じて一つ**だけで法人とします。連合会の住所は，その主たる事務所の所在地とします。また，連合会は，その名称中に企業年金連合会という文字を用いなければいけません。さらに，企業年金連合会以外のものは，企業年金連合会という名称を用いてはならないことになっています。

もともと，**企業年金連合会**は，従来の厚生年金基金連合会を発展的に改称したもの（平成17年10月～）です。中途脱退者と解散基金加入者に対する給付などを行うため設立され，改称と同時に，当該連合会の業務に「年金給付等積立金の移換の業務」が加わりました。つまり，平成17年10月からの**ポータビリティの拡充**に伴い，**企業年金連合会**は，**各企業年金制度間の橋渡し**の役割も担うことになったのです。この法改正前の規定による企業年金連合会は，確定給付企業年金法による新たな企業年金連合会が成立すると，解散します。

Q 601 **企業年金連合会**の**業務**は，どのようなことですか。

A 連合会の業務の第１は，**中途脱退者**又は**その遺族**に対して老齢給付金又は遺族給付金の**支給**を行うことです。さらに終了制度加入者等又はその遺族に老齢給付金又は遺族給付金の支給を行います。また，①積立金の額を付加する事業，②事業の健全な発展のために必要な事業等を行うことができますが，①は厚生労働大臣の認可を受けなければなりません。

また，連合会は政令で定めるところにより，その業務の一部を信託会社，生命保険会社その他政令で定める法人に委託することができることになっています。

Q602 ポータビリティとは，どのようなことですか。

A ポータビリティ（portability）とは，年金制度において，年金原資を「持ち運びできる」という意味です。転職の際に，退職する会社の企業年金から年金原資を受け取り，転職先の企業年金に移換することをさします。

確定拠出年金の場合，年金原資が個人別口座で管理されているため，その発足の当時からポータビリティが確保されています。

平成17年10月からは，**ポータビリティの拡充**（企業年金通算措置の実施）により，転職先企業の制度の規約と本人の同意を要件に，厚生年金基金，確定給付企業年金の間でもポータビリティが確保されるようになりました。また，厚生年金基金・確定給付企業年金から確定拠出年金へのポータビリティも確保されるようになりました。

なお，ポータビリティが確保されない個別のケースについては，企業年金連合会で引き受け，将来，年金として受給できる途が開かれています。

ポータビリティの全体像

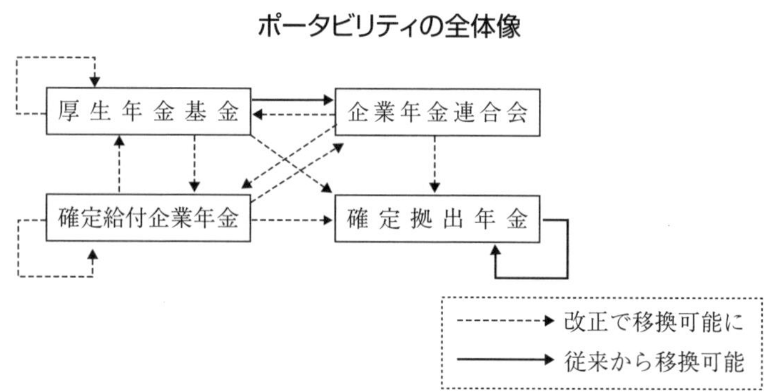

なお，企業年金連合会からの移換は，規約で定める年金給付等積立金の移換となるなどの一定のルールがあります。

Q 603 **確定拠出年金**とは，どのような制度ですか。

A **確定拠出年金**とは，確定拠出年金法（平成13年６月公布）に基づき，**平成13年10月から実施**された確定拠出型の企業年金制度です。

掛金があらかじめ定められていて，かつ加入者が自らの判断で資産運用（運用の指図）を行います。事業主が実施主体となっている「**企業型**」と，国民年金基金連合会が実施主体となっている「**個人型**」の２種類があります。

これらの制度間においては，**この制度が実施された当初**から，**ポータビリティが確保**され，離職や転職の際に，自分の年金資産を移換することができることとされていました。

Q604

確定拠出年金においては，加入者本人が**年金資産を運用**するようですが，具体的にはどのような形で行われますか。

次のような流れで行われます。

① まず，加入者本人が運営管理機関に対し運用の指図を行います。

② 運営管理機関は，各加入者からの運用の指図をとりまとめ，企業型の場合は資産管理機関に，個人型の場合は国民年金基金連合会（実際は委託を受けた金融機関）に指図します。

なお，運営管理機関は，上記①に先立って，加入者に対し，預貯金，有価証券，信託，保険商品等のうちから**三つ以上の商品（一つは元本が確保されたものであること）を選択肢として提示**することになっています。

また，事業主は，加入者に対し，年金資産の運用に関する一般的な情報の提供等必要な措置を講ずるように努めることとされています。

Q605

確定拠出年金には，どのような人が加入できますか。

A

企業型の場合は，「実施事業所に使用される被用者年金被保険者等（**60歳未満の厚生年金保険の被保険者及び私立学校教職員共済制度の加入者**をいう）」です。

ただし，各企業の実情に応じて，規約で資格要件を定めることができます。その場合には，その資格を有しない者を除くことができます。

個人型の場合は，「**国民年金の第１号被保険者**（保険料の全額・一部を免除されている者は除きます），又は，**60歳未満の厚生年金保険の被保険者**（企業型年金の加入者，存続厚生年金基金の加入員等の企業年金等対象者は除きます）」です。

Q606　確定拠出年金の給付には，どのようなものがありますか。

A　**老齢給付金**，**障害給付金**，**死亡一時金**の３種類です。

これに加え，経過措置で，**脱退一時金**を支給することとされています。

なお，**老齢給付金**と**障害給付金**は「年金」として支給することを原則としますが，規約で定めるところにより「一時金」として支給することもできます。

（注）　脱退一時金……加入者であった者が，専業主婦になる等，加入者となることができなくなった場合等に支給されます。通算拠出期間が１月以上３年以下であること又は年金資産が50万円以下であること等が要件とされています。

Q 607　確定拠出年金における掛金の負担は，どのようになっていますか。

A　**企業型の場合は**，原則として事業主が拠出しますが，規約で定めて加入者が上乗せして拠出することもできます。個人型の場合は，全額につき加入者が拠出することになっています。

なお，法令で，次のような**拠出限度額**が定められています。

	加入者の区分	拠出限度額〔月額〕
企業型年金	①　他の企業年金（存続厚生年金基金等）に加入していない者	55,000円
	②　他の企業年金に加入している者，私立学校教職員共済制度の加入者	27,500円
個人型年金	③　国民年金の第１号被保険者（自営業者等）	68,000円＊
	④　企業型年金，企業年金の対象外の60歳未満の厚生年金保険の被保険者	23,000円

＊　国民年金基金の加入員については，68,000円から国民年金基金の掛金又は付加保険料を控除した額が拠出限度額となる。

Q 608　確定拠出年金と税制との関係を教えてください。

次のようになっています。

◎　拠出時……企業型における事業主拠出分は損金算入されます。企業型・個人型における本人拠出分は**小規模企業共済等掛金控除**の対象となります。

◎　給付時……年金は公的年金等控除の対象となります。一時金（老齢）については退職所得課税が適用されます。

7　国民年金基金等についてのQ&A

Q609　**国民年金基金**とは，どのようなものですか。

A　国民年金基金は，自営業者などの**国民年金の第１号被保険者**を対象に**老齢基礎年金に上乗せ**して給付を行い，老後の所得保障を充実させるための制度です。平成３年から本格的にスタートしました。

都道府県単位で設立される**地域型基金**と，同種同業の人によって全国単位で設立される**職能型基金**があります。

給付設計には，全員が加入する１口目と希望に応じて選択する２口目以降があり，口数に応じて掛金を納めます。掛金は社会保険料控除となります。

Q610　**国民年金基金**は，現在どのくらい**設立**されていますか。

自営業者のための待望の上乗せ年金といわれている**国民年金基金**は，**平成３年４月１日**から本格的にスタートしました。

①　**地域型国民年金基金**は，現在全国で**47基金設立**されています。設立要件は，同じ都道府県に住所を有する人で組織し，都道府県につき一つ設立されます。加入員は1,000人以上が設立の条件です。

②　**職能型国民年金基金**は，現在**25基金が設立**されています。同種の事業又は業務に従事する者で組織し，全国を通じて一つ設立されます。加入員は3,000人以上が設立の条件です。

③　**国民年金基金連合会**が，**平成３年５月30日に設立**されました。途中で基金を脱退した人に対する給付事業などを行います。

Q611 **農業者年金基金**とは，何のことですか。

A **農業者年金基金**は，農業者の老後生活の安定や農業の担い手を確保することを目的に，**国民年金に上乗せする年金を支給**する**独立行政法人**です。

第１号被保険者で農業に年間60日以上従事していれば，誰でも加入できる任意加入の年金制度となっています。

支給される給付は，自らが積み立てた保険料とその運用益が基礎となる**農業者老齢年金**であり，保険料の国庫助成を受けた方には**特例付加年金**があわせて給付されるほか，**死亡一時金**の制度もあります。

なお，財政方式は積立方式であり，保険料の一部を国庫が補助する制度があります。

Q612 **石炭鉱業年金基金**とは，何のことですか。

A **石炭鉱業労働者**の福祉の向上と雇用の安定確保を目的として，昭和42年10月特別法で設置された法人です。会員は，石炭鉱業の全事業主でしたが，石炭産業の縮少によって加入者数は大幅に減少し，現在は，約280人です。**給付内容**は，①**老齢年金**，②**死亡一時金**，③**脱退一時金**の３種類で，①・②の資格期間はいずれも20年間必要です。**坑内員老齢年金**は，55歳支給の終身年金です。**坑外員老齢年金**は，55歳から60歳までの有期年金です。掛金は，**全額事業主負担**です。いずれにしても，石炭産業の斜陽化で，当初加入員数は10万人を超えていましたが，現在は激減しています。

Q613

国民年金基金は，どのような人たちで構成されるのですか。

A

国民年金基金には，二つの型があります。地域型基金と職能型基金ですが，いずれにしても**第１号被保険者**だけです。農業者年金の被保険者は除かれます。また，保険料を免除されている人たちも除きます。

国民年金の任意加入被保険者は，60歳以上65歳未満で日本国内に住所を有する人なら，国民年金基金に加入することができます。ただし，前にも述べましたように，付加保険料を支払っている人たちは加入できません。また，基金は法人とされます。基金の住所は，その主たる事務所の所在地になります。名称として必ずその名称中に国民年金基金という文字を用いなければならず，基金でないものは国民年金基金という名称を用いてはいけないことになっています。基金の地区は，地域型基金は一つの都道府県，職能型基金は全国とします。**地域型基金**は，**都道府県に１個**のみ，**職能型基金**は，同種の事業又は業務につき**全国を通じて１個**だけとすることになっています。

Q614

国民年金基金を**設立**するには，どのようにすればよいのですか。

A

地域型基金を**設立**するには，**加入員の資格**を有する人と年金についての**学識**を有する人のうちから，厚生労働大臣が任命した人が**設立委員**となります。その設立委員の任命は**300人以上の加入員**の**資格**を**有する人**たちが厚生労働大臣に地域型基金の設立を希望する旨の申出を行った場合に行うものとします。

職能型基金を設立するには，その加入員となろうとする**15人以上**の人たちが**発起人**となります。地域型基金は1,000人以上の加入員，職能型基金においては3,000人以上の加入員がなければ，設立できません。

Q615

国民年金基金を**設立**するための**創立総会**は，どのように開きますか。

A　国民年金基金の設立委員又は発起人は，**規約**を**作成**し，**創立総会の日時**及び**場所**とともに公告して創立総会を開かなければなりません。

設立委員会等が作成した規約の承認その他設立に必要な事項の決定は，創立総会の議決によります。創立総会の議事は，加入員である資格を有する人たちの半数以上が出席して，その出席者の３分の２以上で決することになっています。

Q616

国民年金基金の**加入員**の**資格取得**の**時期**は，いつですか。

A　加入員の資格として，まず原則として**第１号被保険者**であることが必要です。第１号被保険者は，その人の住所がある地域の地域型国民年金基金，又はその人が従事する事業の職能型国民年金基金に**申し出て**，**その日から加入員**になることができます。ただし，他の基金の加入員であるときは，この申出はできません。

Q617

国民年金基金の加入員の**資格喪失の時期**は，いつですか。

加入員の資格を喪失するのは，

①　被保険者の資格を喪失したとき，又は，第２号被保険者もしくは，第３号被保険者になったとき

②　地域型基金の加入員の場合は，その基金の地区内に住所を有しなくなったときの翌日，職能型基金の加入員の場合は，その事業や業務に従事する人でなくなったときの翌日

③　保険料納付の免除を受けるようになったとき

④　農業者年金の被保険者となったとき

⑤　加入していた基金が解散したときはその翌日

以上の場合に，加入員の資格を喪失します。

Q618

国民年金基金の**規約**には，どのようなことを定めるのですか。

A

国民年金基金は，**規約**に**次の事項**を定めます。

①　名　　称

②　事務所の所在地

③　地　　区

④　代議員及び代議員会に関すること

⑤　役員について

⑥　加入員に関すること

⑦　年金及び一時金について

⑧　掛金について

⑨　資産の管理その他財務に関すること

⑩　解散及び清算について

⑪　業務の委託について

⑫　公告に関すること

⑬　その他組織及び業務に関する重要事項

職能型基金の規約には，以上のほか，その設立に係る事業又は業務の種類を定めます。

Q619

国民年金基金の**代議員会**は，どのようになっていますか。

A 国民年金基金の**規約**，**予算**，**決算**，**事業計画**などを決める**議決機関**です。代議員は，加入員の中から選出されることになっています。代議員の任期は３年を超えないことになっており，補欠の代議員の任期は前任者の残任期間とします。代議員会の議長は，**理事長**をもって充てます。

Q620

国民年金基金の**理事会**は，どういう職務を行うのですか。

A 国民年金基金の理事会は，代議員会の議決事項を実行する執行機関です。理事は代議員会で互選します。ただし，理事の定数の３分の１を超えない範囲内については，代議員会において年金に関する学識経験を有する人たちのうちから選ぶことができます。理事のうちの１人を理事長とします。

Q621

国民年金基金の**理事長の職務**としては，どのようなものがありますか。

A 国民年金基金の**理事長**は，**基金を代表**し，その**業務を執行**します。理事長に事故があったり欠けたりした場合に備えて，あらかじめ理事長が指定する人がその職務を代理し又はその職務を行うことになっています。基金の業務は，規約に特に定めがある場合以外は理事の過半数によって決め，可否同数のときは理事長が決めることになっています。

Q 622　国民年金基金の行う**業務**は，どのようなことですか。

A　国民年金基金は，加入員又は加入員であった人に対して**年金の支給**を行い，あわせて加入員又は加入員であった人の死亡について**一時金の支給**を行います。

また，基金は，加入員及び加入員であった人の福祉を増進するために必要な**施設**をすることができます。

Q 623　国民年金基金の**給付**は，どのような内容ですか。

A　国民年金基金は，原則として**基金加入員**が**老齢基礎年金**を受けられるようになったときに，老齢基礎年金に**上乗せ支給**する形で支給されます。

基金加入員であった人が老齢基礎年金の受給権を取得したときには，必ずその人に支給されるものでなくてはならないとされています。また，老齢基礎年金の受給権者に対し基金が支給する年金は，老齢基礎年金の受給権の消滅事由以外の事由によって消滅することはありません。そして，基金が支給する一時金は，少なくともその基金の加入員又は加入員であった人が死亡した場合においてその遺族が死亡一時金を受けたときには，その遺族に支給されなければならないとされています。

Q 624　国民年金基金が**解散**するのは，どのような場合ですか。

国民年金基金は，次の理由の場合には解散します。

①　**代議員会**の定数の**４分の３以上**の多数による代議員会の議決に

よるとき

② 国民年金基金の事業の継続が不能となったとき

③ 事業の継続が困難である等により，厚生労働大臣が解散を命令したとき

以上のような場合は，国民年金基金は解散します。

Q 625

国民年金基金連合会とは，何のことですか。

A 基金は，**中途脱退者**や**解散基金加入員**に係る**年金**及び**一時金**の支給を共同して行うために，**国民年金基金連合会**を設立することができます。国民年金基金連合会は，法人とする連合会の住所はその主たる事務所の所在地にあるものとされています。連合会は，その名称中に国民年金基金連合会という文字を用いることになっています。

Q 626

国民年金基金連合会の行う**業務**には，どのようなものがありますか。

A 基金の加入員資格を喪失し，別の地域とか別の職種の基金に加入したり基金に加入しない場合は，**基金を中途脱退**することになります。このような場合は，**国民年金基金連合会**が**中途脱退者**に対する**年金**や**一時金**を**支給**する方が合理的です。そこで，各基金が中途脱退者に対する給付に必要な資金を連合会に交付し，現価相当額の交付を受けた連合会は，その交付金を原資として，その中途脱退者に係る年金又は一時金を支給することにしました。

また，事業継続不能などにより**解散した基金の給付**は，基金から徴収した**責任準備金**によって**国民年金基金連合会**が行うことになっています。

さらに，**国民年金基金連合会**は，確定拠出年金法が実施されてからは，**確定拠出年金の個人型年金**を管理・運営する役割も果たしています。

Q627

農業者年金基金の目的は，どのようなことですか。

A

農業者の老齢について必要な**年金等の給付の事業**を行うことにより，国民年金の給付と相まって農業者の老後の生活の安定及び福祉の向上を図るとともに，**農業者の確保**に資することを目的としています。

Q628

農業者年金は，どのような給付を行っていますか。

現在，次のような給付を行っています。

①　**農業者老齢年金**

②　**特例付加年金**

③　**死亡一時金**

このような給付を行っています。農業者の老後の生活の安定を図り，農業経営の近代化を目的としています。

Q629

農業者年金の被保険者となれるのは，どのような人ですか。

A

国民年金の第１号被保険者（60歳未満の任意加入被保険者を含みますが，保険料の免除を受けている者は除きます）であって**農業に従事する者**です。なお，国民年金の**付加保険料**を納付することができる者については，これを**納付する必要**があります。

このような者は，農業者年金基金に申し出て，農業者年金の被保険者となることができることとされています。

Q630

農業者年金基金と付加年金は，同時に加入できますか。

A 加入できます。当然加入被保険者であっても任意加入被保険者であっても，**国民年金の付加保険料を納付する人**でなければ加入できません。

Q631

農業者年金基金と国民年金基金との関係は，どのようになっていますか。

A 農業者年金基金と国民年金基金の両制度に同時に加入することはできないことになっています。国民年金基金と付加年金も同時に加入することができないのですが，農業者年金基金は，付加保険料を納付する者でなければならないことになっています。

Q632

農業者年金の保険料は，どのようになっていますか。

A 保険料は，被保険者期間の計算の基礎となる各月について，徴収されます。

保険料の額は，基金に申し出て，農業者年金の被保険者が決定します（変更することもできます）。ただし，1月について納付することができる保険料の額は，納付下限額（20,000円）以上の額とし，納付上限額（67,000円）以下の額とすることとされています。

Q633 農業者老齢年金とは，何のことですか。

A 保険料納付済期間等に応じて，65歳に達した日の翌月から終身支給されます。

なお，農業者老齢年金の額は，「納付された保険料及びその運用収入の額の総額を基礎として，予定利率及び予定死亡率を勘案して政令で定めるところにより算定した額」とされています。

8　個人年金等についてのQ&A

Q634

個人年金には，どのようなものがありますか。

A　国民年金や厚生年金保険のような公的年金に入っている人も，より豊かな生活を望む人が多いでしょう。その場合，**生命保険**や**銀行等**で扱っている**個人年金**を利用するのもよい方法です。この**個人年金**には，大きく分けて，**保険型**と**貯蓄型**があります。

個　人　年　金
企　業　年　金
公　的　年　金

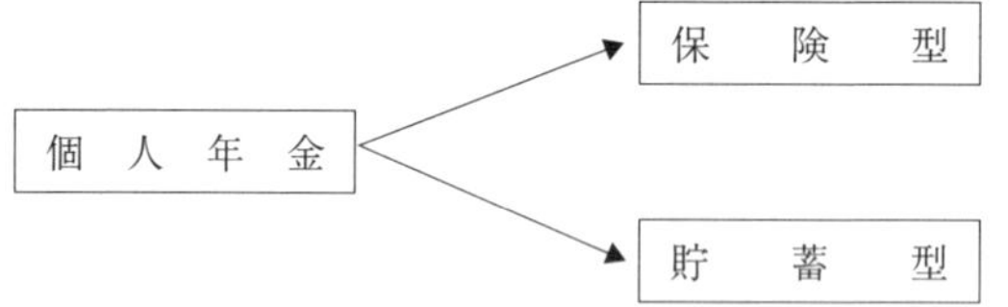

Q635

保険型の個人年金とは，どのようなものですか。

A　**保険型年金**にも，**終身年金型**と**確定年金型**とがあります。**終身年金**は，言葉のとおり，年金として死ぬまで受け取れるものです。**確定年金**は，５年とか10年の一定期間受け取るタイプです。

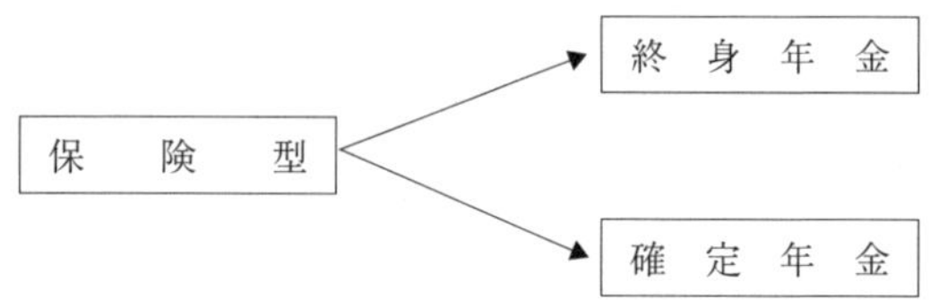

Q 636

貯蓄型の個人年金は，どのような年金ですか。

A

貯蓄型年金には，**元本温存型**と**元本取崩型**があり，元本温存型は元本に手をつけずに，**利子や配当金**を年金として支給するのですから，死ぬまで年金を受け取れることになります。

元本取崩型は，運用しながら元本と利息の両方を分割して受け取っていきます。

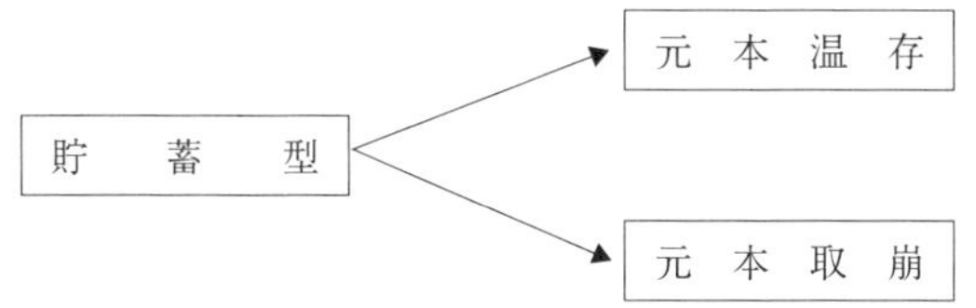

Q 637

保険型の個人年金は，どこで扱っているのですか。また，どのようなものがありますか。

A

保険型の個人年金は，**生命保険会社**，**損害保険会社**，**銀行**，**全労済**，**JA等**が扱っています。いろいろな種類があります。その特徴としては，期間と利率の他に死亡についての確率的要素も加味しています。

保険型では，積立期間が長くなればなるほど，被保険者の受取り総額が増えていきます。

Q 638

貯蓄型の個人年金は，どこで扱っていますか。また，どのようなものがありますか。

A

貯蓄型個人年金は，**信託銀行**，**銀行**，**証券会社**，**JA等**が扱っていますが，保険型個人年金に比べると種類は少ないといえます。加入者から払い込まれた金を運用して，そこから得られた利益を年金支払原資とするのです。年金の受給は，加入者の年齢と関係なく受け取れます。

Q639

個人年金には，受取り方によっていろいろ種類があるということですが，どのようなものがありますか。

いろいろ種類があるといっても，**確定年金型**か**有期年金型**及び**終身年金型**があるということです。

① **確定年金**……被保険者が死亡しても，あらかじめ予定した期間受け取れるものです。生死に関係なく一定期間受給できるものを確定年金といいます。

② **有期年金**……個人年金の受取り期間があらかじめ10年とか15年というように決まっているタイプで，かつ被保険者が生存している場合に限り支給されます。また，有期年金に一定の保証期間をつけたものを，保証期間付有期年金といいます。

③ **終身年金**……被保険者の死亡まで受け取れる年金を終身年金といいます。

また，**保証期間付終身年金**というのもあり，被保険者が死亡した後も，遺族が一定期間年金を受け取れるタイプです。

Q640

財形年金制度というのは，どのようなものをいいますか。

A

財形年金は，給与から天引きする方法によります。会社と金融機関が契約を結びます。保険料の払込みの期間は５年以上で，受給開始は60歳以後です。財形制度というのは，「**勤労者財産形成促進制度**」といい，会社と金融機関が契約を結び天引きにより貯蓄していく制度です。利用できるのは勤労者であり，個人事業主や農業者は利用できません。**財形年金貯蓄**は，財形住宅貯蓄と合算して元利合計が550万円まで非課税という**税制上の特典**もあります。

Q641

サラリーマンの場合は，個人年金をどのように利用したらよいですか。

サラリーマンの場合ですと，次のような組合わせが考えられます。会社員であれば，公的年金として，老齢基礎年金と老齢厚生年金が２階建てで支給されます。

個人年金
厚生年金基金
老齢厚生年金
老齢基礎年金

自社年金に加入していれば，上乗せがあります。それに自助努力としての個人年金等があるのです。その**個人年金**には，**生命保険会社，全労災，JA及び銀行等**のさまざまなタイプのものがあります。その中で何を選択するかは，本人の事情を考慮して決めればよいといえます。個人年金は，再評価・スライドしませんが，賃金や物価の上昇があまり急激でなく安定した横ばい社会が続くのであれば，個人年金もより豊かな老後生活に役立つものです。

Q642

自営業者の場合は，個人年金をどのように利用したらよいですか。

(1)　付加保険料を支払っている場合

付加保険料は，月額400円と決まっており，付加保険料として40年間入っていたとしても，400円×480月＝192,000円が支払総額です。付加年金の年金額は，200円×480月＝96,000円となっています。これは月額8,000円ですから，**個人年金に加入**し，老後の生活に備えるのも一つの方法でしょう。

個人年金
付加年金
老齢基礎年金

(2)　国民年金基金に加入している場合

個人年金
国民年金基金
老齢基礎年金

国民年金基金には，**地域型**と**職能型**がありますが，いずれも任意加入で，掛金として月額68,000円まで（一定の者は，月額102,000円まで）支払うことができ，付加年金と異なり上乗せ額を大きく選択することができます。国民年金基金に

加入している人がより多くの年金を受給しようとすれば，**個人年金に加入**する方法をとればよいでしょう。第１号被保険者の妻で，特に専業主婦が長かった人は，昭和36年４月より任意加入していなかった場合は年金額が少なくなります。このような人は，国民年金基金と個人年金にできるだけ多く加入すれば，老後の生活をカバーすることが可能です。

Q643

国民年金基金と個人年金と付加年金を利用することはできますか。

A

国民年金基金と**付加年金**は，いずれも自営業者の第１号被保険者のみを対象としたものですが，**両方に同時に加入することはできません**。これに対して**農業者年金基金**は，**付加保険料を納付する者でなければ加入できない**ことになっています。しかし，**国民年金基金と農業者年金基金と同時に加入することは**，**できない**のです。国民年金基金と個人年金及び付加年金と個人年金は，自由に加入できます。

Q644

公的年金は不利だし財政もあぶないから，全て個人年金に変えたほうが得ですよと教えてくれた人がいます。これはどのようなことですか。

A

そのような話をよく聞きますが，あくまで**公的年金が主柱**で，**個人年金は公的年金を補うもの**と考えてください。公的年金と個人年金を同じ土俵で論じるのは間違っています。国は，営利で公的年金の事業を行っているのではなく，**社会保障制度を実施**しているのです。

たとえば，最も率が悪いといわれる国民年金に例をとって考えてみましょう。

現在，昭和36年４月から保険料を支払ってきた人がいて，昭和４年４月２日生まれの人は，60歳までの加入可能年数は27年です。27年間の324か月間保険料を納付済として，これまで，いくらの保険料を支払ってきたか考えてみます。**昭和36年４月１日国民年金の拠出型年金が発足した当時の保険料は，月額100円**でした。現在は，**月額16,000円程度**です。これまでわずかな保険料しか支払っていなくても，約78万円の年金が支給されます。

個人年金は，公的年金の上乗せとして加入すれば，**より豊かな老後の生活**が実現するでしょう。

Q645

損害保険会社では，どのような個人年金を扱っていますか。

損保では，**年金払積立傷害保険**，**積立介護費用保険**及び**年金プラス介護セット等**のものを扱っています。

特に**年金払積立傷害保険**は，**損保型個人年金**として位置づけられる商品で，保険期間中の傷害による死亡および後遺障害を補償するとともに，保険期間の途中から，年金払いの給付金が支払われます。

年金の受取り方は，**確定型**と**保障期間付有期型**の２種類です。確定型は５年～20年の受取期間を選択できます。年金払積立保険は，**終身受け取ることはできません**ので，定年後から公的年金が受け取れるまでのつなぎの年金や，一定期間だけ多く年金を受け取りたい人に向いています。

Q646

貯蓄型個人年金には，どのような税金がかかりますか。

貯蓄型の個人年金の場合は，預貯金にかかる税金と同じように**利子所得**として約20％の**源泉分離課税が適用**されます。

貯蓄型個人年金といいますのは，銀行，信託銀行，証券会社等で扱っているものです。

税金については，「**非課税貯蓄申し込み書**」を提出すれば，65歳以上の場合は350万円まで非課税扱いの制度があります。

Q647

保険型個人年金には，どのような税金がかかりますか。

A 契約者本人が受取人となる**保険型個人年金**は，**雑所得**として課税の対象となります。契約者と年金受取人が異なる場合は，年金受取開始時に贈与税がかかるほか，毎年受給する年金に所得税がかかります。

保険型個人年金は，生命保険会社，銀行，JA，全労済等で扱っております。

個人年金保険も，４万円を限度として支払った保険料につき**生命保険料控除の対象**となります。

Q648

公的年金控除額は，どのようになっていますか。

A 社会保険の場合は，**掛金等が全額「社会保険料控除」**の対象となっています。**年金受給額**については，老齢，退職等が，課税の対象となっています。**雑所得**として，所得税が課せられるのです。しかし，民間の保険と異なり，**公的年金控除額の対象**となります。その内容は，次のとおりです。

受給者の年齢	公的年金等の収入金額合計（A）	公的年金等控除額
65歳以上の者	330万円未満	120万円
	330万円以上　410万円未満	（A）×25％＋37万５千円
	410万円以上　770万円未満	（A）×15％＋78万５千円
	770万円以上	（A）×５％＋155万５千円
65歳未満の者	130万円未満	70万円
	130万円以上　410万円未満	（A）×25％＋37万５千円
	410万円以上　770万円未満	（A）×15％＋78万５千円
	770万円以上	（A）×５％＋155万５千円

Q649

自助努力ということなら最近，**投資信託**が注目されているようですが，投資信託の仕組みを簡単に教えてください。

A

投資信託は，**不特定多数の投資家**から集めた資金を**専門家が管理，運用**し，**分散投資**によって得られた収益を**投資家に還元**する仕組みになっています。一般的に有価証券投資は，豊富な資金を持つ投資家でなければ有利な立場が得られないと考えられています。投資信託では，小口零細な投資家でも利益が得られるよう，**多数の人々の資金**が，**一つの基金（ファンド）**にまとめられて運用されます。

また，投資には多くの情報が必要です。効率的な投資を行うために，**専門家**によって運用されます。

Q650

投資信託は，元本が保証されている商品なのでしょうか。

投資信託は，**株式**や**公社債**などの値動きのある証券に投資しますので，**元本が保証されているものではありません。**

投資信託は，投資対象の組み合わせにより，大きく分けると「**公社債投資信託**」と「**株式投資信託**」の２種類になります。株式に全く投資せず公社債のみに投資するものを「公社債投資信託」といい，株式を組み入れることができるものを「株式投資信託」といいます。また，どちらも購入が一定の募集期間に限定されている「**単位型（ユニット型）**」と，設定後の追加購入ができる「**追加型（オープン型）**」に分けられます。

投資信託は，安定重視型や値上り益追求型などさまざまなタイプのものがありますので，自分自身のニーズに合わせて商品を選択することができます。

Q 651

保険の中にも，運用実績に基づいて増減する保険があるとききましたが，どのような商品なのでしょうか。

A

運用実績に応じて保険金や解約返戻金が変化するものに，**変額保険**があります。もともと保険は，固定金利商品であるため，インフレに対応できないという欠点を抱えていました。変額保険は，**株式**や**債券**を中心に投資しますので，**インフレヘッジが期待できる**とともに，「**ハイリスク・ハイリターン**」の投資型金融商品です。**変額保険終身型**と，**変額保険有期型**があります。

9　年金の国際化についてのQ&A

Q652　**年金の国際化**が進んでいるようですが，その背景を教えてください。

A　日本と諸外国の間において国際的に活発な人的交流が行われていることに伴い，日本の事業所から海外にある支店や駐在員事務所などに派遣される日本人が増加しています。このような海外に派遣される人については，年金制度をはじめとする日本の社会保険制度と就労地である外国の社会保険制度にそれぞれ加入し，両国の制度の保険料を負担しなければならないことがあります（二重加入の問題）。

また，派遣期間が比較的短い場合は，外国の年金制度の加入期間が短いという理由で年金が受けられないなど，外国で納めた保険料が結果的に掛け捨てになってしまうことがあります（保険料掛け捨ての問題）。

そのため，諸外国と「社会保障協定」を結び，このような問題を解決しようとしています。

Q653　**社会保障協定**とは，何のことですか。

A　社会保障協定は，①日本と相手国いずれかの国の社会保障制度のみに加入すればよいこととすること，②相手国の年金加入期間を通算して年金が受けられるようにすることを約する協定です。二重加入の問題及び保険料掛け捨ての問題の解決を図ることを目的としています。この社会保障協定は，条約の締結，法令の整備を経て，実施（発効）されます。

なお，社会保障協定の内容は，相手国との交渉の結果，上記①のみとなる場合や，上記①②の双方が盛り込まれる場合とがあります。

また，年金のみならず，医療保険に関しても結ばれることもあります。

Q 654 **社会保障協定**は，いずれは，世界中の各国との間に締結され，実施されることになるのでしょうが，**現在の締結・実施**（発効）**の状況**を教えてください。

A 平成26年10月現在，**ドイツ**（**平成12年２月発効**；我が国初），**イギリス**（平成13年２月発効），**韓国**（平成17年４月発効），**アメリカ**（平成17年10月発効），**ベルギー**（平成19年１月発効），**フランス**（平成19年６月発効），**カナダ**（平成20年３月発効），**オーストラリア**（平成21年１月発効），**オランダ**（平成21年３月発効），**チェコ**（平成21年６月発効），**スペイン**（平成22年12月発効），**アイルランド**（平成22年12月発効），**ブラジル**（平成24年３月発効），**スイス**（平成24年３月発効），**ハンガリー**（平成26年１月発効）の15か国との間で社会保障協定を締結しています。また，イタリア，インド，ルクセンブルクとの間では，まだ発効はしていませんが，署名済となっています。スウェーデン，中国，フィリピン，トルコとの間でも，締結のための政府間交渉を行っています。

現在**発効済み**の**社会保障協定**の概要を教えてください。

平成26年10月現在，発効済みのものに限定して，概要を説明します。

相　手　国	発効時期	二重加入防止の対象となる制度	年金加入期間の通算措置
ドイツ	平成12年２月	年　金	あ　り
イギリス	平成13年２月	年　金	な　し
韓　国	平成17年４月	年　金	な　し
アメリカ	平成17年10月	年金と医療	あ　り
ベルギー	平成19年１月	年金と医療等	あ　り
フランス	平成19年６月	年金と医療等	あ　り
カナダ	平成20年３月	年　金	あ　り
オーストラリア	平成21年１月	年　金	あ　り
オランダ	平成21年３月	年金と医療等	あ　り
チェコ	平成21年６月	年金と医療等	あ　り
スペイン	平成22年12月	年　金	あ　り
アイルランド	平成22年12月	年　金	あ　り
ブラジル	平成24年３月	年　金	あ　り
スイス	平成24年３月	年金と医療等	あ　り
ハンガリー	平成26年１月	年金と医療等	あ　り

10　その他のQ&A

Q656　**公的年金等控除**について，簡単に説明してください。

A　公的年金等控除とは，年金受給者のための所得控除で，会社員にとっての給与所得控除に相当するものです。65歳以上と65歳未満とで控除額が異なりますが，65歳以上の控除額は給与所得控除に比べてかなり高いものとなっています。国の年金のうち老齢の年金は，雑所得として扱われ所得税の対象になります。その際，年金所得からまず控除されるのが公的年金等控除です。さらに，配偶者控除や扶養控除など該当する各種所得控除を差し引いた残りの額が課税の対象になります。厚生年金基金や確定給付企業年金，確定拠出年金の年金も，公的年金等控除が行われます。

Q657　国が**年金制度**について決定するときに，**諮問する機関**があるようですが，それについて教えてください。

A　はい，現在では，**社会保障審議会**がそれに当たります。

この社会保障審議会は，**厚生労働大臣**の諮問機関の一つで，年金を始めとする社会保障制度や人口問題の基本的な事項について調査・審議し，厚生労働大臣又は関係行政機関に意見を述べることを主に行っています。委員の任期は２年で，学識経験者の中から厚生労働大臣が任命します（30名以内）。

本審議会の下に，年金積立金の運用の基本方針の制定・変更等を審議する機関として年金資金運用分科会が，また，公的年金制度の一元化の推進に係る閣議決定（平成13年３月16日）等の要請を踏まえた検討及び検証を行う機関として年金数理部会が設置されています。

Q658

旧社会保険庁について，教えてください。

A

社会保険庁は，**厚生労働省の外局**です。厚生労働省が掌るもののうち，国民年金，厚生年金保険，船員保険，政府管掌健康保険などを担当していました。

社会保険庁の下には，その地方支分部局（簡単にいえば支部・窓口）として，**地方社会保険事務局**，**社会保険事務所**が置かれていました。

Q659

社会保険庁の解体の経緯は，どのようなものだったのですか。

A

年金積立金の運用のまずさ，保険料納付率向上のための架空免除問題など，国民の信頼を裏切る事柄が多々あった社会保険庁について，改革がさけばれていましたが，その改革の動きが具体化しました。

平成18年３月に，社会保険庁改革関連法案が閣議決定され，国会に提出されたのです。これにより，「**日本年金機構**」が設置され（**平成22年１月１日発足**），社会保険庁は廃止となりました。

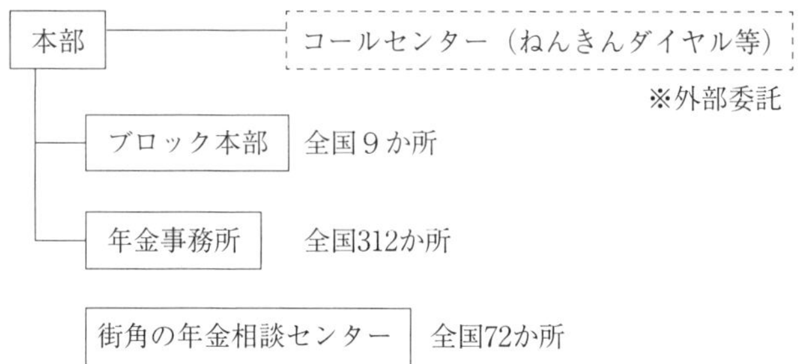

街角の年金センターは，**全国社会保険労務士会連合会**が運営しています。対面によるものに限られますが，年金相談を受け付けています。

Q 660

年金手帳は，どのようなときに必要になりますか。

A 国民年金，厚生年金保険に加入すると，各人の基礎年金番号が記載された年金手帳が交付されます。転職などによって加入する制度が変わっても，年金手帳は同じものを使い，基礎年金番号も一生変わりません。

この年金手帳は，年金の各種届出の際に必要となります。また，再就職したとき，国民年金に加入したとき，年金を受ける際にも必要になります。

Q 661

年金証書の役割を教えてください。

A 年金は，受ける条件が整えば自動的に支給されるわけではありません。そのための手続き（裁定請求）をし，厚生労働大臣が受ける権利があることを確認（裁定）した上で年金が支払われます。**受ける権利の証明として交付される**のが**年金証書**です。年金証書には，自分の基礎年金番号が記載され，年金受給後に各種届出をする際にも必要になります。

Q 662

年金手帳や年金証書に「**基礎年金番号**」が記載されていますが，これは何ですか。

A 平成９年１月から導入された１人に一つ与えられた年金番号で，国民年金や厚生年金保険，共済組合など，どの制度に加入していても共通して使用します。それまでは，加入する制度ごとに年金番号が付けられ，制度ごとに記録の管理が行われていました。基礎年金番号の導入によって，各制度間での情報交換が可能となり，届出を忘れている人への連絡や年金を受ける場合や，相談をする場合も迅速に対応できるようになりました。

Q663

年金の相談や問い合わせをするには，どのようにすればよいですか。

A　年金の相談や問い合わせは，①全国の年金事務所，②街角の年金相談センター，③ねんきんダイヤルで受けてくれます。

年金事務所においては，電話や手紙，ファクシミリでも受けてくれます。

Q664

年金の相談に訪れるとき，あらかじめ用意するものはありますか。

A　年金の相談に行くときは，年金証書，振込通知書，年金手帳や被保険者証といった，本人であることが確認できるものを持参する必要があります。

そのほか，日本年金機構（年金事務所）から最近送られてきた書類があるときには，それも持参しましょう。

Q665

年金の相談に本人が行けないときは，家族や友人でもよいのでしょうか。

A　年金の相談は，本人の依頼があれば，家族や友人の方が代わって行ってもかまいません。この場合は，本人からの依頼状が必要です。

依頼状は，特に定めた用紙はありません。本人の年金証書に記載されている基礎年金番号と年金コード，住所，氏名，生年月日，依頼内容，本人が出向けない理由を記入したうえ，依頼を受けた方の氏名，住所，本人との関係を書いて本人の印鑑が押してあればよいでしょう。本人の年金証書や振込通知書も忘れないで持参しましょう。

昭和61年4月1日以後（基礎年金制度導入以後）の公的年金制度を新法による年金制度としたときの「**新法と旧法の適用区分**」について，整理してください。

A

新法と旧法の適用区分を表にまとめておきます。

＼	旧法（昭和61年４月前の法律）の適用	新法（昭和61年４月以後の法律）の適用
老齢	◎　大正15年４月１日以前生まれの者 又は ◎　昭和61年４月１日前に旧法の老齢年金の受給権を有する者（昭和６年４月２日以後生まれの共済組合の退職年金・減額退職年金の受給権者を除く）	◎　大正15年４月２日以後生まれの者 かつ ◎　昭和61年４月１日前に旧法の老齢年金の受給権を有しない者 （注）　昭和６年４月２日以後生まれの共済組合の退職年金・減額退職年金の受給権者は，新法の適用 …老齢基礎年金や老齢厚生年金の対象
障害	障害認定日が 昭和61年４月１日前にある者	障害認定日が 昭和61年４月１日以後にある者 …障害基礎年金や障害厚生年金の対象
遺族	死亡日が 昭和61年４月１日前にある者の遺族	死亡日が 昭和61年４月１日以後にある者の遺族 …遺族基礎年金や遺族厚生年金の対象

（注）　昭和61年４月１日の新法施行日の前日において，旧法の年金の受給権を有する者については，新法施行日以後においても旧法の年金が支給される。

ただし，旧国民年金法による**障害福祉年金**，**母子福祉年金・準母子福祉年金**は，新法施行日以後，**障害基礎年金**，**遺族基礎年金**に**裁定替え**して支給することとされた。

国会議員の年金が廃止されたというのは，本当ですか。

A　はい，国会議員の年金については「**国会議員互助年金法**」に定められていましたが，**平成18年３月31日**をもって**廃止**されました（ただし，経過措置があります）。

＜廃止前の制度の概要（普通退職年金について）＞

○　受給資格……在職10年以上

○　掛　　金……年額で，約126万円

○　支 給 額……年額で，最低でも約412万円（在職年数10年）。在職年数が１年増えるごとに年額で約８万円増える。

（注）受給資格が得られない場合，在職３年以上であれば掛金の総額の８割が戻ります。

○　国庫負担……約７割（給付費等の約70％が公費からの支出）

国民年金が25年以上払い込まなければ１円も戻ってこないのに対して，国会議員の年金では，在職10年で年金の受給資格が得られ，また，在職期間が10年未満でも３年以上であれば掛金の総額の８割が戻ります。さらに，その支給額も明らかに優遇されています。そして，その費用の７割が公費（＝税金）で賄われている，ということですから，国民の間から批判が噴出したのです。

そんな世論の中，国会議員互助年金法は廃止されることになりましたが，**一定の経過措置**（**【Q668】**を参照）が講じられます。この内容をみると，まだまだ優遇された内容といえます。そのため，とりあえず国民の批判をさけるための，形式だけの廃止であるとの批判もあります。

しかし，国会議員の方が，国民の期待を背負い，重圧の中で職務をまっとうされていると考えれば，この程度の保障は当然ともいえます。そう考えれば，国会議員の年金をめぐる問題は，単なる感情論では片付けられません。

Q668

国会議員の年金の廃止について，**経過措置**が定められているようですが，その内容を簡単に教えてください。

はい，**国会議員互助年金法の廃止に伴う経過措置**の概要を紹介します。

<経過措置の概要>

○　在職10年以上の現職議員については，掛金の総額から20％減額した金額の退職一時金か，従来の制度の給付水準より15％削減された年金かのどちらかを選択して受ける。

○　在職10年未満の現職議員については，掛金の総額から20％減額した金額を，退職一時金として一括して受ける。

○　元議員（受給権者）については，従来の支給額から４～10％減額された年金の支給が継続される。

（注）　国会議員年金が完全に廃止されるのは，40年～50年先になる見込みです。

なお，国会議員は，国民年金に加入しているはずなので，国会議員年金が廃止されても，国民と同じ老齢基礎年金は支給されます。

Q669

平成16年の改正で設けられた規定の中で，画期的というか異彩を放っている「離婚をした場合等の**年金の分割**」について，その**基本認識が法律に明記**されたようですが，簡単に教えてください。

まず，年金の分割の概要をみてみましょう。

①　**離婚時の年金分割**

平成19年４月以降，夫婦が離婚した場合には，当事者の合意又は裁判所の決定があれば，婚姻期間についての厚生年金保険の年金の分割を受けることができます。分割割合は，婚姻期間中の夫婦の保険料納付記録の合計の２分の１を限度とします。**施行日（平成19年４月）以降に成立した離婚を対象としますが，施行日前の保険料納付記録も分割対象となります。**

②　第３号被保険者期間についての年金分割（第３号分割）

平成20年４月以降は，第３号被保険者期間（施行日（平成20年４月）以降の期間）は，この基本認識のもと，離婚した場合，又は配偶者の所在が長期にわたり明らかでないなど分割を適用することが必要な事情にあると認められる場合に，第２号被保険者の厚生年金保険の年金（保険料納付記録）を２分の１に分割できることとなりました。

このように，二つの規定が段階的に実施され，年金分割が充実することになりました（二つの規定が併用されることもあります）。

そして，②の規定の施行にあわせ，「**被扶養配偶者（第３号被保険者）を有する被保険者（第２号被保険者）が負担した保険料については，当該被扶養配偶者が共同して負担したものである**」という旨の**基本認識**が，法律に明記されました。

わが国の年金制度においては，昭和61年４月から，被扶養配偶者（実際には男女を問いませんが，制度の趣旨からみれば主に専業主婦）を対象とした第３号被保険者の制度が実施され「婦人年金権」が確立したといわれています。

この第３号被保険者の制度については，夫婦という視点に立てば平等といえるのですが，既婚者と未婚者（独身者）という視点に立てば不平等であるなどの議論が絶えず，平成16年の改正前はその廃止も示唆されていました。

しかし，それは見送られ，逆方向の制度ともいえる年金分割の制度が導入されました。種々の議論がありますが，わが国の年金制度は，専業主婦の方にも配慮した制度になっていることは確かなようです。

Q670　離婚時の年金分割について，その対象者等を教えてください。

A　平成19年４月から施行された「離婚時の年金分割」は，年金の金額そのものを分割するのではなく，離婚する夫婦２人の年金額の計算の基礎となる標準報酬（厚生年金保険の保険料納付記録）を分割するものです。

① **その対象となる離婚・期間**

平成19年4月1日（施行日）以後の離婚※が対象となります。分割の対象となる期間には，施行日前の婚姻期間も含まれます。

※ **離婚**……厳密には，離婚，婚姻の取消しその他厚生労働省令で定める事由をいいます。条文では「離婚等」とされていますが，本書では単に**離婚**とします。

② **請求することができる人**

離婚をした夫婦ですが，次のいずれかに該当する必要があります。

イ 当事者双方が，標準報酬の改定又は決定の請求をすること及び按分割合について合意していること

ロ 合意がまとまらない場合には，家庭裁判所が請求すべき按分割合を定めていること

Q671 **離婚時の年金分割**において，分割を行う側の人と分割を受ける側の人は，どのように決められますか。

A 離婚時の年金分割においては，婚姻期間（**対象期間**といいます）中の標準報酬を再評価したものの総額（**対象期間標準報酬総額**といいます）が多い人が，少ない人に対して標準報酬の分割を行うことになります。

なお，標準報酬の分割を行う側の人（対象期間標準報酬総額が多い人）を**第1号改定者**といい，標準報酬の分割を受ける側の人（対象期間標準報酬総額が少ない人）を**第2号改定者**といいます。そして，この2人を**当事者**といいます。

Q672 **離婚時の年金分割**において，標準報酬の按分の割合は，どのように決められますか。

A 対象期間に係る当事者の対象期間標準報酬総額の合計額に対する第2号改定者の対象期間標準報酬総額を超え，2分の1以下の範囲で按分割合を定めます。

したがって，**按分割合**（第２号改定者の持分）**の上限は50%**ということになります。なお，これはあくまでも上限であって，必ず50%となるわけではありません。家庭裁判所で按分割合を決めてもらう場合でも，当事者双方の保険料納付に対する寄与の程度その他の事情を考慮して決定されるため，第２号改定者の希望したほどの割合にならない可能性もあります。

＜按分割合の上限の例＞

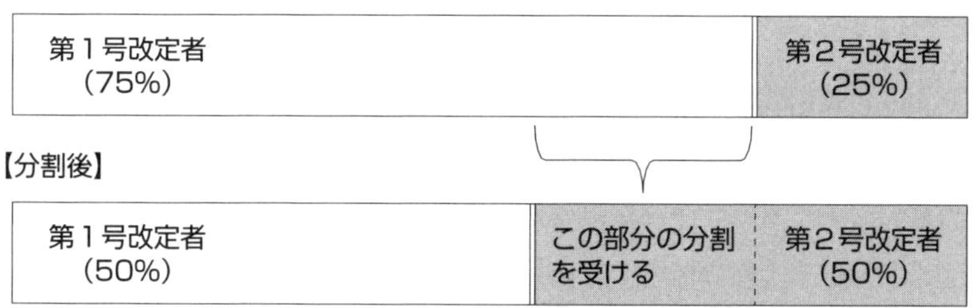

（注）　第１号改定者の持分は，全体（対象期間標準報酬総額の合計額）の50%を下回ることはない（第２号改定者の持分の上限は，50%）。

Q673

離婚時の年金分割の場合，標準報酬の改定又は決定は，どのように行われますか。

A　対象期間中の各月ごとに，次のように標準報酬月額及び標準賞与額が改定されます（なお，分割前において第２号改定者の標準報酬月額及び標準賞与額がない期間については，それらがゼロであるものとして計算します）。

この際，**改定割合**というものを用いますが，これは，按分割合を基礎として厚生労働省令によって定めるところにより算定した率をいいます。

①　**第１号改定者**の場合

・標準報酬月額……改定前の標準報酬月額×（１－改定割合）

・標準賞与額………改定前の標準賞与額×（１－改定割合）

② **第２号改定者**の場合

・標準報酬月額……改定前の標準報酬月額(又はゼロ)＋{改定前の第１号改定者の標準報酬月額×改定割合}

・標準賞与額………改定前の標準賞与額(又はゼロ)＋{改定前の第１号改定者の標準賞与額×改定割合}

（注） 当事者の年齢が異なる場合には，算定に用いられる再評価率の相違から，当事者双方の対象期間標準報酬総額の合計額が分割の前後で増減する場合もあります。

なお，対象期間のうち，第１号改定者の厚生年金保険の被保険者期間であって第２号改定者の厚生年金保険の被保険者期間でない期間については，第２号改定者についても厚生年金保険の被保険者期間であったものとみなします。このような期間を，離婚時みなし被保険者期間といいます。

たとえば，専業主婦などの期間のことをいいます。

Q674 すでに年金を受給している人について**離婚時の年金分割**が行われた場合には，年金額はどのように改定されますか。

次のように年金額が改定されます。

① **老齢厚生年金を受給している人について**

対象期間に係る被保険者期間の最後の月以前の被保険者期間と改定（又は決定）後の標準報酬を額の計算の基礎として，**改定請求のあった日の属する月の翌月**から年金額が改定されます。

なお，第２号改定者の「**離婚時みなし被保険者期間**」は，報酬比例部分（報酬比例の年金額）の計算の基礎とされますが，60歳代前半の老齢厚生年金の定額部分の計算の基礎とはなりません。また，国民年金の老齢基礎年金の計算の基礎とはなりません。

② **障害厚生年金を受給している人について**

改定（又は決定）後の標準報酬を基礎として，**改定請求のあった日の属する**

月の翌月から年金額が改定されます。

なお，被保険者期間について，300か月の保障がされている場合は，「離婚時みなし被保険者期間」は計算の基礎とされません。

Q 675　**離婚時の年金分割**で登場する「離婚時みなし被保険者期間」の特徴を教えてください。

A　「**離婚時みなし被保険者期間**」は，老齢厚生年金の額（報酬比例部分）の計算の基礎とされますが，受給資格期間には算入されません。これと同様に，加給年金額の支給要件となる被保険者期間（240か月）にも算入されません。

また，長期加入者の特例の要件となる被保険者期間（528か月），脱退一時金の支給要件となる被保険者期間等にも算入されません。

Q 676　**離婚時の年金分割**に必要な情報は，政府に提供を求めることができるというのは，本当ですか。

A　はい，離婚時の年金分割を行うにあたって，当事者は，厚生労働大臣に対して，標準報酬改定請求を行うために必要な情報を請求することができます。なお，ここでいう情報とは，一定の**年金個人情報**です。

ただし，分割成立後又は離婚してから２年を経過したときは，情報提供を求めることはできません。

Q677

離婚時の年金分割において，事実婚は，どのように取り扱われますか。

A

離婚時の年金分割において，**事実婚期間**は**基本的には対象外**とされます。ただし，事実婚期間でも，国民年金の第３号被保険者期間として認定されていた期間については，対象となります。

Q678

第３号分割について，その対象者等を教えてください。

A

いわゆる**第３号分割**の対象となるのは，平成20年４月１日（施行日）以後の第３号被保険者期間に限られます（施行日前の第３号被保険者期間については，平成19年４月施行の離婚時の年金分割が適用されます）。

具体的には，婚姻期間のうち，国民年金の第２号被保険者が被保険者であった期間であり，かつ，その被扶養配偶者が国民年金の第３号被保険者であった期間（**特定期間**といいます）が，第３号分割の対象となります。なお，この規定において，国民年金の第２号被保険者のことを特定被保険者といいます。

この**第３号分割**は，被扶養配偶者（国民年金の第３号被保険者又は第３号被保険者であった人）の請求だけで分割が行われ，**他方の同意は不要**です。

なお，第３号被保険者期間以外の期間も含めた離婚時の年金分割では，当事者間の合意又は家庭裁判所の決定により請求が行われる必要があります。

Q679

第３号分割において，標準報酬の分割の割合は，どのようになりますか。また，標準報酬の改定又は決定は，どのように行われますか。

A

第３号分割では，特定期間中の特定被保険者の標準報酬（厚生年金保険の保険料納付記録）を，その被扶養配偶者である第３号被保険者に対して分割することになります。

ただし，特定被保険者が，特定期間を計算の基礎とする障害厚生年金の受給権者である場合には，第３号分割は行われないことになっています。

さて，第３号分割では，特定期間における被保険者期間の各月ごとに，特定被保険者については標準報酬月額及び標準賞与額が２分の１に改定され，被扶養配偶者については，特定被保険者の標準報酬月額及び標準賞与額の２分の１が標準報酬月額及び標準賞与額として決定されることになります。したがって，**分割割合**は，**自動的に50%となります**。

なお，第３号分割を受けた期間は，被扶養配偶者にとっては，厚生年金保険の被保険者期間であった期間とみなします。このような期間のことを，**被扶養配偶者みなし被保険者期間**といいます。

すでに年金を受給している人について，**第３号分割**が行われた場合には，年金額はどのように改定されますか。

A　次のように年金額が改定されます。

①　老齢厚生年金を受給している人について

改定（又は決定）後の標準報酬を額の計算の基礎として，請求のあった日の属する月の翌月から年金額が改定されます。

なお，被扶養配偶者の「被扶養配偶者みなし被保険者期間」は，報酬比例部分の計算の基礎とされますが，60歳代前半の老齢厚生年金の定額部分の計算の基礎とはなりません。また，老齢基礎年金の計算の基礎とはなりません。

②　障害厚生年金を受給している人について

改定（又は決定）後の標準報酬を基礎として，請求のあった日の属する月の翌月から年金額が改定されます。

なお，被保険者期間について，300か月の保障がされている場合は，「被扶養配偶者みなし被保険者期間」は計算の基礎とされません。

Q681 **第３号分割**で登場する「被扶養配偶者みなし被保険者期間」の特徴を教えてください。

A 「被扶養配偶者みなし被保険者期間」は，老齢厚生年金の額（報酬比例部分）の計算の基礎とされますが，受給資格期間には算入されません。これと同様に，加給年金額の支給要件となる被保険者期間（240か月）にも算入されません。また,長期加入者の特例の要件となる被保険者期間（528か月），脱退一時金の支給要件となる被保険者期間等にも算入されません。これらの取扱いは，離婚時の年金分割における「離婚時みなし被保険者期間」と同様です。

Q682 **第３号分割と離婚時の年金分割との関係**を教えてください。

A 離婚時の年金分割の請求を行う際，その対象期間に第３号分割の対象となる特定期間が含まれているときは，離婚時の年金分割の請求があった時点で，あわせて第３号分割の請求があったものとみなされます。

この場合は，第３号分割によって改定又は決定が行われた後の当事者双方の標準報酬を前提として，離婚時の年金分割が行われます。

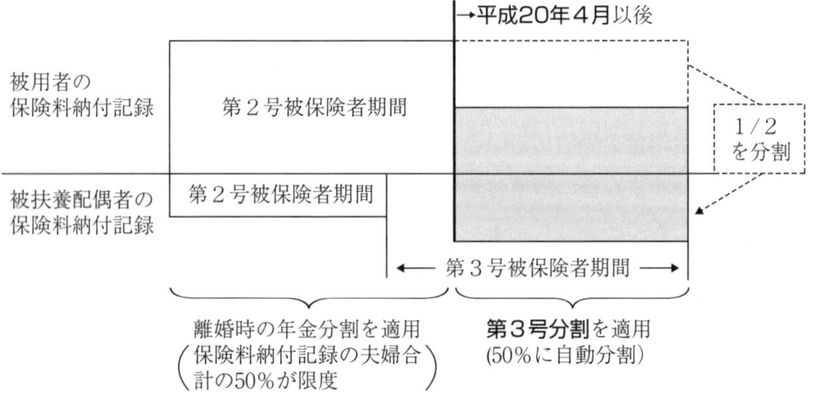

〔主要な参考文献〕

○「厚生年金保険法解説」(旧) 厚生省年金局年金課
社会保険庁運営部年金管理課・年金指導課・
社会保険業務センター監修　社会保険法規研究会
○「厚生年金保険法総覧」社会保険研究所
○「厚生労働白書」厚生労働省編　ぎょうせい
○「国民年金　厚生年金保険　改正法の逐条解説」中央法規
○「国民年金, 厚生年金保険　障害認定基準の説明」
社会保険業務センター年金指導課　厚生出版社
○「国民年金の解説と手続きの実際」厚生出版社
○「国民年金の手引 (市町村事務)」 厚生出版社
○「国民年金ハンドブック」社会保険研究所
○「国民年金法総覧」社会保険研究所
○「社会保険労務ハンドブック」全国社会保険労務士会連合会編　中央経済社
○「社会保障年鑑」健康保険組合連合会編　東洋経済新報社
○「親族法」 我妻　栄 (法律学全集)　有斐閣
○「新年金制度の詳細解説」津村和正編著　社会保険広報社
○「図説　厚生年金」社会保険研究所
○「年金ガイドブック」社会保険広報社
○「年金制度はどうなるか」村上　清著　東洋経済新報社
○「年金相談の手引」社会保険研究所
○「年金の知識」村上　清著　日本経済新聞社
○「ねんきん必携」(旧) 厚生省年金局　厚生出版社
○「年金用語辞典」第一生命保険相互会社編　東洋経済新報社
○「法令の読解法」田島信威著　ぎょうせい
○「わかりやすい　厚生年金保険法」社会保険庁年金指導課　中央経済社

<著者紹介>

■原著者紹介

秋保　雅男（あきほ・まさお）

㈱労務経理ゼミナール代表取締役。30年超の講師歴，２万時間超の講義時間数が数多くの合格者達を輩出。現在も社労士試験全科目の受験指導を担当し，生涯現役講師を志す。各科目の趣旨，仕組み，考え方等全てを明解に，わかりやすく，面白く講義する。

「うかるぞ社労士」シリーズ（週刊住宅新聞社）の監修や,「育児休業法」「公的給付金の本」（東洋経済新報社），「やさしい国民・厚生年金講座」（中央経済社），「年金Q&A 680」「労務管理ノウハウ（上・下）」（税務経理協会）など，50冊超の著書がある。

日本のフーズ·フーといわれる「日本紳士録」（交詢社）に平成４年から掲載。第42版「人事興信録」（興信データー）等の日本のほとんどの現代人名辞典に掲載。

（連　絡　先）

㈱労務経理ゼミナール

（本　　　社）　〒160－0022　東京都新宿区新宿１－９－４　中公ビル２Ｆ

TEL 03－5360－8322　FAX 03－5360－8321

■改訂著者紹介

古川　飛祐（ふるかわ・びゅう）

社会保険労務士。古川労務管理事務所で21年間の実務経験がある。社労士試験をトップクラスで合格し，㈱労務経理ゼミナール，早稲田大学エクステンションセンター講師を歴任。受験生から高い信頼を得ている。

（執筆・共著書）

「秋保雅男の社労士試験最短最速合格法」日本実業出版社，「社労士受験教科書」中央経済社，「社労士受験基本テキスト」「社会保険労務がよく分かるシリーズ公的年金の基本と手続きがよくわかる」「月刊社労士受験」労働調査会，「うかるぞ社労士必修過去問」「うかるぞ社労士必修予想問」「うかるぞ社労士SRゼミ」週刊住宅新聞社,「社労士年金ズバッと解法」秀和システム　他

著者との契約により検印省略

平成５年１月20日　初　版　発　行
平成５年５月１日　第　２　版　発　行
平成７年８月１日　第　３　版　発　行
平成12年10月１日　第　４　版　発　行
平成18年12月25日　第　５　版　発　行
平成27年４月１日　第　６　版　発　行

年金Q&A680
〔第６版〕

著　者　秋保雅男
　　　　古川飛祐
発行者　大坪嘉春
印刷所　税経印刷株式会社
製本所　株式会社　三森製本所

発行所　〒161-0033 東京都新宿区下落合２丁目５番13号　株式会社 税務経理協会
振　替　00190-2-187408　電話 (03)3953-3301（編集部）
ＦＡＸ　(03)3565-3391　(03)3953-3325（営業部）
URL　http://www.zeikei.co.jp/
乱丁・落丁の場合は，お取替えいたします。

ISBN978-4-419-06189-0 C3032

年 金 制

	日本	アメリカ	
制度体系	2階建て 厚生年金保険 / 共済年金 国 民 年 金 全居住者	1階建て （適用対象外） 老齢・遺族・障害保険 無業者 / 被用者及び自営業者	（適用対象外） 無業者
強制加入対象者	全居住者	被用者及び自営業者	被用
保険料率 （2013年末）	（一般被用者） 厚生年金保険：17.120％ （2013.9～，労使折半） ※第1号被保険者は定額 （2013.4～，月あたり15,040円）	12.4％ 本　人：6.2％ 事業主：6.2％	（ 本 事 ※保険料 源にも
支給開始年齢 （2013年末）	国民年金（基礎年金）：65歳 厚生年金保険：男性：61歳 女性：60歳 ※男性は2025年度までに，女性は2030年度までに65歳に引上げ	66歳 ※2027年までに67歳に引上げ	男性 女性 ※女性に に引き に2020 ※さらに， けて男 引上げ
年金受給のために必要とされる加入期間	25年 （今後，25年から10年に短縮される予定）	40加入四半期 （10年相当）	
国庫負担	基礎年金給付費の2分の1	原則なし ※2011年・2012年については一時的な特別措置として保険料率が2％引き下げられたため，不足を分補うために国庫負担が行われた。	

資料出所・Social Security Programs Throughout the World:Europe, 2012／The Americas, 2011
・Mutual Information System on Social Protection in the Member States of the European Union
・先進諸国の社会保障①イギリス ④ドイツ ⑤スウェーデン ⑥フランス ⑦アメリカ（東京大学出版会）
・各国政府の発表資料ほか